Ihr Vorteil als Käufer dieses Buches

Auf der Bonus-Webseite zu diesem Buch finden Sie zusätzliche Informationen und Services. Dazu gehört auch ein kostenloser **Testzugang** zur Online-Fassung Ihres Buches. Und der besondere Vorteil: Wenn Sie Ihr **Online-Buch** auch weiterhin nutzen wollen, erhalten Sie den vollen Zugang zum **Vorzugspreis**.

So nutzen Sie Ihren Vorteil

Halten Sie den unten abgedruckten Zugangscode bereit und gehen Sie auf **www.sap-press.de**. Dort finden Sie den Kasten **Die Bonus-Seite für Buchkäufer**. Klicken Sie auf **Zur Bonus-Seite/ Buch registrieren**, und geben Sie Ihren **Zugangscode** ein. Schon stehen Ihnen die Bonus-Angebote zur Verfügung.

Ihr persönlicher **Zugangscode**: 4fkb-wnt5-3udm-zv6q

SAP® MII – Implementierung und Entwicklung

 **PRESS**

SAP PRESS ist eine gemeinschaftliche Initiative von SAP und Galileo Press. Ziel ist es, Anwendern qualifiziertes SAP-Wissen zur Verfügung zu stellen. SAP PRESS vereint das fachliche Know-how der SAP und die verlegerische Kompetenz von Galileo Press. Die Bücher bieten Expertenwissen zu technischen wie auch zu betriebswirtschaftlichen SAP-Themen.

Jens, Koch, Lauterbach
Discover Logistik mit SAP
ca. 650 S., 2010, Klappbroschur
ISBN 978-3-8362-1460-5

Bögelsack, Gradl, Mayer, Krcmar
SAP MaxDB-Administration
360 S., 2008, geb.
ISBN 978-3-89842-730-2

Tobias Götz
SAP-Logistikprozesse mit RFID und Barcodes
368 S., 2., aktualisierte und erweiterte Auflage 2010, geb.
79,90 Euro, ISBN 978-3-8362-1382-0

Jürgen Remmert
Cut-over-Management in SAP-Projekten
238 S., 2010, geb.
ISBN 978-3-8362-1391-2

Aktuelle Angaben zum gesamten SAP PRESS-Programm finden Sie unter *www.sap-press.de*.

Sebastian Holzschuh

SAP® MII –
Implementierung und Entwicklung

Bonn • Boston

Liebe Leserin, lieber Leser,

vielen Dank, dass Sie sich für ein Buch von SAP PRESS entschieden haben.

Die Auftragsbücher sind gefüllt, das Produktionsmaterial ist verfügbar, das Personal ist gut ausgebildet – das hört sich doch gut an. Aber wissen die Manager in der Chefetage, wie es um die Maschinen in der Produktionshalle bestellt ist? Ist ihnen z. B. bewusst, dass mehrere Maschinen in Kürze wegen Wartungsarbeiten ausfallen? Es stellt sich die Frage, ob dadurch bedingte Mehrkosten und Umsatzeinbußen einkalkuliert sind. Genau dies ermöglicht SAP Manufacturing Integration and Intelligence (SAP MII), die direkte Verbindung von der Managementebene in die Produktionshalle.

Da jedes Unternehmen anders aufgestellt ist, andere Maschinen und Datenbanksysteme nutzt, erfordert jede Implementierung von SAP MII Entwicklerwissen und individuelle Maßnahmen. Dieses Buch ist Ihr Leitfaden für ein SAP MII-Implementierungsprojekt. Es zeigt Ihnen, welche Interessengruppen in der Regel involviert sind, welche Phasen zu bewältigen sind und wie Sie sie optimal vor- und nachbereiten. Sebastian Holzschuh kennt SAP MII durch langjährige Arbeit als Entwickler, Architekt und technischer Berater in- und auswendig und erläutert Ihnen, was das Produkt SAP MII leistet, wie es aufgebaut ist und wie Sie es optimal integrieren. Darüber hinaus lässt er Sie von seiner umfangreichen Praxiserfahrung profitieren und bietet Ihnen die Best Practices aus zahlreichen Projekten. Ich bin sicher, dass dieses Buch neue Ideen für die Arbeit rund um SAP MII weckt und Ihr treuer Begleiter im Projekt wird.

Wir freuen uns stets über Lob, aber auch über kritische Anmerkungen, die uns helfen, unsere Bücher besser zu machen. Am Ende dieses Buches finden Sie daher eine Postkarte, mit der Sie uns Ihre Meinung mitteilen können. Als Dankeschön verlosen wir unter den Einsendern regelmäßig Gutscheine für SAP PRESS-Bücher.

Ihre Patricia Kremer
Lektorat SAP PRESS

Galileo Press
Rheinwerkallee 4
53227 Bonn

patricia.kremer@galileo-press.de
www.sap-press.de

Auf einen Blick

TEIL I Grundlagen und Funktionen von SAP MII

1	SAP MII	25
2	SAP NetWeaver CE	39
3	Verwaltung	45
4	Workbench	83
5	Visualisierung	157
6	Anbindung unterlagerter Systeme	201

TEIL II Das Implementierungsprojekt – ACME-Motorenwerke und ACME-IT-Services

7	Projekt – ACME-Motorenwerke	235
8	Blueprint-Phase	243
9	Systemarchitektur	257
10	Start der Entwicklung	281
11	FAT – Factory Acceptance Test	335
12	SAT – Site Acceptance Test	341
13	100+ Tage	351
14	Was Sie über MII wissen sollten	355

Anhang

A	Namens- und Programmierkonventionen	361
B	Glossar	365
C	Abkürzungsverzeichnis	369
D	Der Autor	373

Der Name Galileo Press geht auf den italienischen Mathematiker und Philosophen Galileo Galilei (1564–1642) zurück. Er gilt als Gründungsfigur der neuzeitlichen Wissenschaft und wurde berühmt als Verfechter des modernen, heliozentrischen Weltbilds. Legendär ist sein Ausspruch *Eppur se muove* (Und sie bewegt sich doch). Das Emblem von Galileo Press ist der Jupiter, umkreist von den vier Galileischen Monden. Galilei entdeckte die nach ihm benannten Monde 1610.

Gerne stehen wir Ihnen mit Rat und Tat zur Seite:
patricia.kremer@galileo-press.de bei Fragen und Anmerkungen zum Inhalt des Buches
service@galileo-press.de für versandkostenfreie Bestellungen und Reklamationen
thomas.losch@galileo-press.de für Rezensionsexemplare

Lektorat Patricia Kremer
Korrektorat Osseline Fenner, Troisdorf
Einbandgestaltung Thomas Losch
Titelbild iStockphoto
Typografie und Layout Vera Brauner
Herstellung Katrin Müller
Satz III-satz, Husby
Druck und Bindung Bercker Graphischer Betrieb, Kevelaer

Bibliografische Information der Deutschen Nationalbibliothek
Die Deutsche Nationalbibliothek verzeichnet diese Publikation in der Deutschen Nationalbibliografie; detaillierte bibliografische Daten sind im Internet über http://dnb.d-nb.de abrufbar.

ISBN 978-3-8362-1449-0

© Galileo Press, Bonn 2010
1. Auflage 2010

Das vorliegende Werk ist in all seinen Teilen urheberrechtlich geschützt. Alle Rechte vorbehalten, insbesondere das Recht der Übersetzung, des Vortrags, der Reproduktion, der Vervielfältigung auf fotomechanischen oder anderen Wegen und der Speicherung in elektronischen Medien. Ungeachtet der Sorgfalt, die auf die Erstellung von Text, Abbildungen und Programmen verwendet wurde, können weder Verlag noch Autor, Herausgeber oder Übersetzer für mögliche Fehler und deren Folgen eine juristische Verantwortung oder irgendeine Haftung übernehmen.

Die in diesem Werk wiedergegebenen Gebrauchsnamen, Handelsnamen, Warenbezeichnungen usw. können auch ohne besondere Kennzeichnung Marken sein und als solche den gesetzlichen Bestimmungen unterliegen.

Sämtliche in diesem Werk abgedruckten Bildschirmabzüge unterliegen dem Urheberrecht © der SAP AG, Dietmar-Hopp-Allee 16, D-69190 Walldorf.

SAP, das SAP-Logo, mySAP, mySAP.com, mySAP Business Suite, SAP NetWeaver, SAP R/3, SAP R/2, SAP B2B, SAPtronic, SAPscript, SAP BW, SAP CRM, SAP EarlyWatch, SAP ArchiveLink, SAP GUI, SAP Business Workflow, SAP Business Engineer, SAP Business Navigator, SAP Business Framework, SAP Business Information Warehouse, SAP interenterprise solutions, SAP APO, AcceleratedSAP, InterSAP, SAPoffice, SAPfind, SAPfile, SAPtime, SAPmail, SAPaccess, SAP-EDI, R/3 Retail, Accelerated HR, Accelerated HiTech, Accelerated Consumer Products, ABAP, ABAP/4, ALE/WEB, Alloy, BAPI, Business Framework, BW Explorer, Duet, Enjoy-SAP, mySAP.com e-business platform, mySAP Enterprise Portals, RIVA, SAPPHIRE, TeamSAP, Webflow und SAP PRESS sind Marken oder eingetragene Marken der SAP AG, Walldorf.

Inhalt

Vorwort 13

Einleitung 15

TEIL I Grundlagen und Funktionen von SAP MII

1 SAP MII 25

1.1   SAP MII – Überblick 25
1.2   SAP MII – technische Übersicht 26
1.3   Positionierung von SAP MII 35
1.4   Einsatzmöglichkeiten von SAP MII 36
1.5   SAP PCo und SAP ME 37

2 SAP NetWeaver CE 39

2.1   Composite Applications – Was ist das? 39
2.2   Was unterscheidet Composite Applications von normalen Applikationen? 40
2.3   Composite Applications und SAP NetWeaver CE .. 43

3 Verwaltung 45

3.1   Historisch gewachsenes System 45
3.2   Benutzer und Gruppen 47
    3.2.1   Verwaltung von Rollen 48
    3.2.2   Verwaltung von Benutzern 52
    3.2.3   SAP MII-Navigationsmenü 54
    3.2.4   Rollennutzung im GUI 55
3.3   Datenbankserver anbinden 55
    3.3.1   Datenbanktreiber bereitstellen 56
    3.3.2   Datenbankverbindung erstellen 58
3.4   Rechte und Datentransfer 62
    3.4.1   Konnektor-Zugriffsverwaltung 62
    3.4.2   Navigationsmenü 63
3.5   Weitere logische Systeme anbinden 66
    3.5.1   Benutzerkonten erstellen 67
    3.5.2   Systemdaten erstellen 68

		3.5.3	Benutzung der jeweiligen Konten und Systemdaten	71
	3.6		Projektverwaltung	73
		3.6.1	Projekt anlegen	73
		3.6.2	Projektverwaltung	75
		3.6.3	Projekt exportieren	76
		3.6.4	Projekt löschen	77
		3.6.5	Projekt importieren	78
		3.6.6	Projekte in der Datenbank	80
	3.7		Logging	81

4 Workbench ... 83

	4.1		Karteireiter »Catalog«, »Web« und »Meta-Inf«	83
		4.1.1	Karteireiter »Web«	84
		4.1.2	Karteireiter »Catalog«	89
		4.1.3	Karteireiter »Meta-Inf«	90
	4.2		Datenabfragen und Visualisierungskomponenten	92
		4.2.1	Datenabfragen	92
		4.2.2	Visualisierungskomponenten	98
	4.3		Businesslogik-Transaktionen	107
		4.3.1	Grundlagen	108
		4.3.2	Properties und Variablen	114
		4.3.3	Parameterverwaltung	115
		4.3.4	Shared Properties	116
		4.3.5	Global Properties	117
		4.3.6	Transaction Properties	118
		4.3.7	Local Properties	122
		4.3.8	Actions	122
	4.4		Projektstruktur	151

5 Visualisierung ... 157

	5.1		Visualisierungskomponenten von SAP MII	157
		5.1.1	Applets	157
		5.1.2	Dynamic Page Generator	170
		5.1.3	Servlets	171
		5.1.4	Session- und Lokalisierungsvariablen	173
	5.2		Zugriff auf SAP MII-Komponenten via JavaScript	175
		5.2.1	Script Assistant	175
		5.2.2	Applet-Zugriffe	176
	5.3		Generierung von Reports mit XML/XSLT	181
		5.3.1	Layout-Definition	181

	5.3.2	Datenbankabfragen	182
	5.3.3	Zusammenführung der Daten	185
	5.3.4	Umformung des HTML-Reports in eine XSLT-Vorlage	190
	5.3.5	Zusammenführung von XML und XSLT	192
5.4	Echtzeiterfassung von Maschinendaten		196
	5.4.1	UDS	197
	5.4.2	SAP PCo	198
	5.4.3	Skriptkommunikation	198

6 Anbindung unterlagerter Systeme ... 201

6.1	Anbindung über den Standard S95		201
	6.1.1	Einlesen von XML-Dateien	202
	6.1.2	Ausführen von XML-Querys	202
	6.1.3	Übergabe im Runner/Web Service	205
6.2	Anbindung über OPC		207
	6.2.1	UDS/UDC	207
	6.2.2	OPC XML-DA	212
	6.2.3	SAP PCo	214
6.3	Anbindung proprietärer Datendateien		221
	6.3.1	Transaktionsparameter und lokale Parameter	222
	6.3.2	Transaktion	224

TEIL II Das Implementierungsprojekt – ACME-Motorenwerke und ACME-IT-Services

7 Projekt – ACME-Motorenwerke ... 235

7.1	Der Kunde	235
7.2	Anforderungen	237
7.3	Interessengruppen	239

8 Blueprint-Phase ... 243

8.1	Blueprint-Workshop	243
8.2	Abnahme des Blueprints	254

9 Systemarchitektur ... 257

| 9.1 | Wichtige Kennziffern ermitteln | 257 |

9.2	Prozessvisualisierung	260
9.3	Logische Ablaufdiagramme	263
	9.3.1 GUI-Berechtigungen	265
	9.3.2 Maschinenvisualisierung	267
	9.3.3 Meldungsquittierung	268
	9.3.4 Teilefluss	269
	9.3.5 OEE-Berechnungen	270
9.4	Kommunikationswege definieren	271
9.5	Benutzer und Gruppen	274
9.6	Datenmodell erstellen	275
	9.6.1 1. Normalform (1NF)	276
	9.6.2 2. Normalform (2NF)	277
	9.6.3 3. Normalform (3NF)	277

10 Start der Entwicklung ... 281

10.1	Die Entwickler	281
10.2	Allgemeine Funktionsplanung	285
	10.2.1 Meldungen	285
	10.2.2 Berechtigungskonzept	288
	10.2.3 Navigation	289
10.3	Strukturen, Software und Vorgaben	289
	10.3.1 Entwicklungssoftware	290
	10.3.2 Projektstruktur	290
	10.3.3 Namenskonventionen und Programmierrichtlinien	292
10.4	Definition und Entwicklung der GUIs	293
	10.4.1 Usability	293
	10.4.2 Anwender	294
	10.4.3 Report und Statistik	298
	10.4.4 Standard-Layout	300
	10.4.5 Seitenbezogene Layouts	301
	10.4.6 Fusion Charts	302
10.5	Definition und Entwicklung der GUI-Steuerung	303
	10.5.1 Usability	303
	10.5.2 Standardfunktionen	304
	10.5.3 Rechtsklickmenü	304
	10.5.4 Tastatursteuerung	307
	10.5.5 Berechtigungskonzept	311
10.6	Implementierung der Schnittstellen	315
	10.6.1 Abfrage der Auftragsliste	316
	10.6.2 Abfrage der Materialliste	322
	10.6.3 Datenanbindung für Fusion Charts	323

10.7　Interaktiven Inhalt entwickeln und die vorhandene Logik anpassen 327
　　10.7.1　Dynamisierung der Auftragsliste 327
　　10.7.2　Dynamisierung der Materialliste 329
　　10.7.3　Dateien laden 330
　　10.7.4　Einzelinhalte nachladen 330
　　10.7.5　Datei-Include IRPT/TXT/HTML 332

11　FAT – Factory Acceptance Test 335

11.1　Vorbereitung 335
11.2　Durchführung und Abnahme 337
11.3　Was bedeutet der FAT für das Projekt? 340

12　SAT – Site Acceptance Test 341

12.1　Dokumentierte Änderungen am System 341
12.2　Vorbereitung 345
12.3　Durchführung 346
12.4　Go-live 348

13　100+ Tage 351

13.1　Akzeptanz der Anwender 351
13.2　Nachbereitung 353

14　Was Sie über MII wissen sollten 355

Anhang

A　Namens- und Programmierkonventionen 361
B　Glossar 365
C　Abkürzungsverzeichnis 369
D　Der Autor 373

Index 375

Vorwort

Die Anforderungen unterschiedlicher Produktionsprozesse in verschiedenen Industriebereichen führten in der Vergangenheit zu einer Vielzahl von zusätzlichen und teilweise sehr spezialisierten Softwarelösungen. Diese reichen auf der maschinennahen Ebene von Speicherprogrammierbaren Steuerungen (SPS) über Wiegesysteme bis zu komplexen Prozessleitsystemen. Auf einer überlagerten, maschinenunabhängigen Ebene stehen die Prozesse hingegen im Mittelpunkt. Diese Ebene umfasst Softwarelösungen für die Erfassung von Maschinen- und Betriebsdaten, spezialisierte Prozessoptimierer (z.B. Verschnittoptimierung) oder vollständige Produktionsleitsysteme (Manufacturing Execution Systeme, MES). Die Produktionssystemlandschaft bietet selten ein homogenes Bild und besteht meist aus vielen unterschiedlichen Systemkomponenten. Insbesondere durch Zukäufe von Unternehmen oder Werken ergeben sich für Fertigungsunternehmen häufig stark heterogene IT- und Produktionslandschaften.

In diesem Zusammenhang erhält zum einen die Anwendungs- und Systemintegration einen hohen Stellenwert. Zum anderen gewinnt die Datenkonsolidierung aus verschiedenen Systemen an Bedeutung, denn sie gewährleistet eine einheitliche Sicht über verschiedene Produktionsstandorte hinweg. Um diesen Anforderungen gerecht zu werden, übernahm SAP im Jahr 2005 das Unternehmen Lighthammer und nahm deren Integrationsanwendung unter dem Namen MII (Manufacturing Integration and Intelligence) in ihr Produktportfolio auf. Mit dem Kauf des Softwarespezialisten Visprise im Jahr 2008 ergänzte SAP eine weitere MES-Anwendung namens SAP Manufacturing Execution (SAP ME), die über SAP MII die betriebswirtschaftliche Standardanwendung SAP ERP integriert. SAP MII setzt seitdem zahlreiche Impulse:

SAP MII hat in den vergangenen Jahren seinen Siegeszug fortgesetzt und ist auf dem besten Wege, die Softwarelandschaft in Industriebetrieben maßgeblich zu prägen. Damit entstehen für Beratungsunternehmen ganz neue Tätigkeitsfelder, die über das reine SAP-Beratungsgeschäft hinaus gehen und bis zur Prozessberatung reichen.

SAP MII findet als Composite Application mit SAP NetWeaver Composition Environment (SAP NetWeaver CE) eine ideale Integrationsumgebung, um die Leistungsvielfalt umfassend zum Einsatz zu bringen. SAP MII bietet viele Möglichkeiten zur Datenkommunikation mit über- und unterlagerten ERP- und Fertigungssystemen. Dies wurde in den vergangenen Jahren in vielen Projekten eindrucksvoll unter Beweis gestellt.

Durch die von SAP MII bereitgestellten Visualisierungskomponenten kann die Anwendung neben ihrer Funktionalität als »Datendrehscheibe« auch verschiedene Applikationen im Produktionsumfeld unterstützen, wie etwa die Betriebsdaten- oder Zeiterfassung. Modernste Webtechnologien (z.B. Adobe Flex, MS Silverlight oder AJAX) verbunden mit der Integration zahlreicher SAP-Anwendungen eröffnen Fertigungsunternehmen bisher ungenutztes Potenzial, um ihre Wertschöpfungsketten weiter auszubauen.

Sebastian Holzschuh beschreibt in diesem Buch neben dem Basiswissen zu SAP MII auch die komplexen Schritte während eines Projekts. Damit behandelt erstmals ein deutsches Buch das Projektgeschäft exemplarisch zu SAP MII und greift dazu auf die umfassende Praxiserfahrung seines Autors zurück. Dieses Buch überzeugt vor allem durch den Ansatz, das theoretische Wissen in einem fiktiven Projekt nachzuvollziehen und so ein Verständnis für die Zusammenhänge in SAP MII zu entwickeln. Insbesondere die praxisnahe Herangehensweise an das fiktive SAP MII-Projekt vermittelt Ihnen schnell und übersichtlich, wie ein Projekt erfolgreich aufgesetzt, durchgeführt und abgeschlossen werden kann.

Auch für fortgeschrittene SAP MII-Berater stellt das Buch noch wenig bekannte Techniken vor, die jedoch bereits erfolgreich in SAP MII-Projekten zum Einsatz kamen. Zahlreiche Tipps runden das Buch ab und stellen eine umfassende Unterstützung für seine Leser dar.

Ich wünsche Ihnen eine spannende Lektüre und einen möglichst großen Nutzen für Ihre Projekte.

Dr. Arne Manthey
Suite Solution Management Manufacturing
SAP AG

Einleitung

Mit dem zunehmenden Einsatz von SAP-Software bei Groß- und mittelständischen Unternehmen weltweit stieg mehr und mehr die Anforderung, Produktionsdaten aus dem *Manufacturing Execution System* (MES) in das ERP-System zu integrieren. Viele MES-Hersteller entwickelten Schnittstellen für die Integration in das SAP ERP-System. Lighthammer Inc. aus Exton (Pennsylvania, USA) spezialisierte sich auf die Kommunikation mit SAP-Systemen und entwickelte mehrere Möglichkeiten, um mit einem SAP ERP-System zu kommunizieren. Eine native Lighthammer *Collaborative Manufacturing Suite* (CMS) konnte bidirektional über den *Business Connector* (BC), den *Java Connector* (JCo) und den *Web Application Service* (WAS) mit SAP kommunizieren.

Kombiniert mit den Integrationsmöglichkeiten zu verschiedensten MES-Systemen – Integration via Datenbank-Services, Web Services, OPC und weiteren Wegen –, bot Lighthammer so eine optimale Integration, die bei jeder Einführung einer Lighthammer-CMS einen schnelleren *Return on Investment* (ROI) sicherstellte. Denn auch bei komplizierten Prozessen war das Management durch die Integration und die Aufbereitung der Daten in der Lage, schnell und unkompliziert Optimierungsmöglichkeiten zu erkennen und die Optimierungen durchzuführen.

MII im Portfolio von SAP

Auch SAP erkannte die Notwendigkeit der Integration von MES-Daten in die ERP-Welt und die Möglichkeiten, die durch die Lighthammer-CMS geboten wurden. Nach mehrjähriger Zusammenarbeit in vielen Projekten wurde die Lighthammer Inc. 2005 von SAP übernommen, und die Lighthammer-CMS der damaligen Version 10.x/11.0 wurde von SAP als xApp unter dem Namen »SAP xApp for Manufacturing Integration & Intelligence« (SAP xMII) ins Portfolio übernommen. SAP xMII (mittlerweile in der Version 11.5) wurde in den Jahren von 2005 bis 2008 in diversen Projekten weltweit eingesetzt und erfolgreich positioniert.

Mit der Integration von MII in die Technologieplattform SAP NetWeaver im Jahr 2008 hat SAP die Einbindung der ehemaligen Lighthammer-Software weitestgehend abgeschlossen. Man brachte SAP MII 12.0 nun mit einigen Neuerungen als Composite Application auf den Markt.

Eine wichtige Neuerung, auf die in diesem Buch unter anderem auch näher eingegangen wird, ist die *SAP MII Workbench*. In der Workbench werden ab dem Release 12.0 die Datenabfragen, die Businesslogik und auch Webdateien verwaltet. Dies ist dadurch zu erklären, dass alle Daten, die in xMII oder Lighthammer-CMS im Dateisystem lagen, nunmehr in die SAP NetWeaver-Datenbank verschoben wurden und in der Workbench zentral verwaltet werden konnten. Die Umlagerung der Daten in die SAP NetWeaver-Datenbank stellt die zweite wichtige Neuerung in SAP MII dar.

Mit dem Release SAP MII 12.1 aus dem Jahr 2009 integriert SAP unter anderem eine Versionsverwaltung in MII, die die kontrollierte Entwicklung auch für ein validiertes Umfeld erleichtern soll.

Mit SAP MII auf Basis von SAP NetWeaver steht ein stabiles SAP-System zur Verfügung, das die Integration von Shop-Floor-Systemen in die ERP-Welt vorantreibt. Neben der Möglichkeit einer Realtime-Anbindung – selbst von Endgeräten (wie beispielsweise Siemens S7-Steuerungen) – bietet SAP MII neben vielen weiteren Funktionen unter anderem auch eine integrierte SPC-Engine (SPC = Statistical Process Control), die live Auswertungen via Webbrowser ermöglicht.

An wen richtet sich dieses Buch, und warum wurde es geschrieben?

Im sich immer weiter ausbreitenden Markt wird der Ruf nach Informationen rund um das Thema SAP MII lauter: Welche Möglichkeiten bringt SAP MII mit sich? Was sind die typischen Bereiche, in denen SAP MII eingesetzt wird, und wie kann man die dort herrschenden Probleme und Aufgaben bewältigen? Wie und womit fängt man am besten an? Was ist die SAP MII Workbench, und wie arbeitet man damit?

Dies sind nur einige der Fragen, die mir in meiner bisherigen Laufbahn schon mehrfach gestellt worden sind und die ich Ihnen in diesem Buch nicht nur beantworten werde. Vielmehr freue ich mich, Ihnen die Grundlagen und das Wissen rund um SAP MII zu vermitteln, das es Ihnen ermöglichen wird, sich diese Fragen selbst zu beantworten.

Dieses Buch richtet sich an Leser, die einen direkten, aktuellen und schnellen Einstieg in die Welt von SAP MII suchen, und es verhilft zu diesem Einstieg durch praxisbezogene Aufgaben und deren Lösungen. Es bietet Ihnen einen

Überblick über die mannigfaltigen Möglichkeiten, die SAP MII bietet, und führt Sie in das alltägliche Projektgeschäft mit SAP MII ein. Dabei werden nicht alle von SAP MII gebotenen Funktionen beschrieben – das hätte den Umfang bei Weitem überschritten –, sondern es wird ein Überblick über die wichtigsten Funktionen gegeben. Wichtig meint hier die Funktionen, die sich in den letzten Jahren und Projekten als nützlich und dauerhaft erwiesen haben.

Aufbau und Struktur dieses Buches

Dieses Buch ist auf Basis von langjähriger Praxis- und Trainererfahrung rund um SAP MII entstanden. Dementsprechend demonstriert ein umfangreiches Praxisszenario die Erstellung einer komplexen Applikation. Dieser beispielhafte Projektablauf ermöglicht es Ihnen, zukünftige Projekte mit SAP MII sicher zu durchlaufen.

Ehe wir uns im zweiten Teil des Buches diesem Praxisprojekt widmen, erhalten Sie im ersten Teil des Buches – Kapitel 1–6 – ausführliche Informationen zu SAP MII: Sie werden Schritt für Schritt an die Nutzung von SAP MII herangeführt und lernen die Kommunikationswege kennen, die ein erfolgreiches Arbeiten mit SAP MII garantieren.

Sie lernen in diesem Buch, SAP MII zu verstehen und die Technik zu nutzen – sowohl die Techniken, die SAP MII mit sich bringt, als auch die Techniken, die von SAP MII unterstützt werden. Gegliedert nach den wichtigsten Schwerpunkten, wird Ihnen der Einstieg in SAP MII leicht ermöglicht. In den theoretischen Teilen der Kapitel erfahren Sie, welche Möglichkeiten Ihnen SAP MII bietet und wie diese zu verstehen und einzusetzen sind. In den entsprechenden praktischen Teilen der Kapitel wird das zuvor Besprochene anhand praxisnaher und realistischer Beispiele dann umgesetzt.

Werfen wir einen Blick auf die konkreten Inhalte des Buches:

In **Kapitel 1**, »SAP MII«, erhalten Sie zunächst die wichtigsten Eckdaten zu SAP MII sowie eine Kurzübersicht über die technische Struktur und die Eigenschaften des Systems. Darüber hinaus bekommen Sie einen Einblick in die Einsatzmöglichkeiten der SAP-Software sowie Hinweise zum System selbst.

Das *SAP NetWeaver Composition Environment* (SAP NetWeaver CE), das heißt der SAP NetWeaver Application Server, der MII zugrunde liegt, wird in **Kapitel 2** beleuchtet. Hier beschränken wir uns aufgrund der Fülle von Informationen auf einige wenige Fakten. Tiefer gehende Informationen zu SAP NetWeaver CE/SAP NetWeaver können Sie den entsprechenden Werken – ebenfalls erschienen bei SAP PRESS – entnehmen.

Die ersten Schritte im MII-System werden in **Kapitel 3**, »Verwaltung«, gemacht. Hier werden Sie in die wesentlichen Verwaltungsfunktionen von MII eingeführt und lernen, diese zu verstehen und zu benutzen. Unter anderem legen wir hier auch die ersten Verbindungen zu Standard-Datenbanksystemen und einem SAP R/3-System an.

Mit **Kapitel 4**, »Workbench«, begeben wir uns in die Tiefen der Entwicklung und der Architektur. Sie lernen Projektstrukturen, Datenabfragen und Logiktransaktionen zu erstellen und die ersten Schritte in der Bedienung der Workbench.

Um den theoretischen Teil abzuschließen, fehlt nun noch ein wichtiger Punkt. In **Kapitel 5** erfahren Sie, wie vorhandene Daten in MII visualisiert werden können. Neben der *Visualisierung* mittels MII-eigenen Visualisierungskomponenten lernen Sie die Visualisierung von Maschinendaten kennen und werden an einem praktischen Beispiel die Erstellung von Reports begleiten. Somit sind Sie in der Lage, die in Kapitel 4 gesammelten Daten grafisch aufbereitet auszugeben. Ein kleines Extra der Visualisierung ist die Benutzung von Adobe Flex-Modulen.

Da das »Wie« der Datenbeschaffung und das Datenhandling sowie die Visualisierung von Daten nun bekannt sind, begeben wir uns mit **Kapitel 6** in den Verbindungs-Layer von SAP MII und befassen uns mit der Anbindung verschiedener Systeme, wie beispielsweise OPC-Servern. Die *Anbindung von Drittsystemen* ist eines der zentralen Features von MII. Sie erfahren, wie Drittsysteme angebunden werden können. Dies wird anhand mehrerer praxisnaher Beispiele verdeutlicht.

In den **Kapiteln 7–12** begleiten Sie ein professionelles SAP MII-Projektteam auf seinem Weg durch ein *Projekt*. Sie lernen dabei nicht nur die wichtigsten Phasen und Eckpunkte kennen, sondern können auch von Erfahrungswerten vieler realer Projekte profitieren. Wer ist in der Regel beteiligt? Welche Maßnahmen zahlen sich aus? Wann ist eine Rücksprache mit dem Kunden sinnvoll? Was darf keinesfalls versäumt werden? Diese und andere wichtige Fragen werden beantwortet. Neben den Voraussetzungen erhalten Sie hier auch weitere Tipps zur Architektur und dem Aufbau der Entwicklung sowie zur letztendlichen Umsetzung der Entwicklungsvorgaben. Abgeschlossen wird die praktische Exkursion mit einem Projekt-Review, in dem zusammenfassend alle Phasen des Projektes nochmals kurz erläutert werden.

Im **Anhang** finden Sie eine Beschreibung der wesentlichen Elemente von SAP MII sowie *Programmierkonventionen*, die primär auf dem SAP MII Best Practices Guide beruhen, aufgrund gemachter Erfahrungen in den Projekten jedoch ein wenig angepasst worden sind. Diese Programmierkonventionen werden in diesem Buch berücksichtigt und durchgehend verwendet. Darüber hinaus enthält der Anhang ein Glossar, das wichtige Begriffe aufgreift, sowie ein Abkürzungsverzeichnis, das alle Abkürzungen enthält, die in diesem Buch verwendet werden.

Hilfreiche Zusatzinformationen finden Sie ebenfalls in den grau hinterlegten Infokästen, die im ganzen Buch verwendet werden. Neben diesen Kästen finden Sie die folgenden Symbole:

Dieses Symbol weist Sie auf häufig gemachte Fehler oder kritische Besonderheiten hin. [!]

Dieses Symbol finden Sie immer dann, wenn wir Tipps für die Praxis oder Hinweise auf weiterführende Informationen geben. [+]

Beispiele dienen der Illustration von beschriebenen Sachverhalten. Wir haben sie mit diesem Symbol gekennzeichnet. [zB]

Wie Sie gesehen haben, führt dieses Buch Sie schrittweise an die Erstellung von Systemarchitekturen und die Entwicklung komplexer Applikationen mit SAP MII heran. Dabei wird ein gewisses logisches Grundverständnis für Geschäftsprozesse sowie für HTML und JavaScript vorausgesetzt.

Systemvoraussetzungen

Um dieses Buch und dessen Inhalt zu verstehen, wird kein aktives SAP MII-System benötigt, jedoch lege ich Ihnen nahe, die Beispiele und praktischen Teile dieses Buches – wenn möglich – an einem verfügbaren SAP MII-System nachzuarbeiten. Nach der Lektüre dieses Buches werden Sie schnell in der Lage sein, sich in realen Projekten und Applikationen zurechtzufinden.

Grundsätzlich unterliegen die meisten in diesem Buch festgehaltenen Programmierschritte keiner Versionsvoraussetzung. Da sich jedoch in der Funktionalität von SAP MII in den letzten Releases viel geändert hat, empfehlen wir die Nutzung von *SAP MII 12.1* als Serversystem. Wenn in Teilen des Buches eine bestimmte MII-Version vorausgesetzt wird, ist das an den entsprechenden Stellen vermerkt.

Als zugrunde liegendes Datenbanksystem wurde für dieses Buch MSSQL Server 2005 verwendet.

Für die Entwicklung empfehlen wir – sollten Sie noch nicht über eine *Integrierte Entwicklungsumgebung* (IDE) verfügen – zusätzlich die Installation des Open-Source-Editors *PSPad*, der kostenlos unter *www.pspad.com* heruntergeladen werden kann.

Nach der Lektüre – Begleitmaterial und weitere Informationen

Dieses Buch soll als Einstieg in die Thematik SAP MII dienen, daher wurden grundlegende und wichtige Funktionen ausgewählt, um Ihnen als Leser einen guten Einstieg zu ermöglichen. Sie werden in diesem Buch demnach nicht jeden Begriff und ebenso wenig jede Entwicklungs- und Verwendungsmöglichkeit oder Funktionalität erläutert bzw. beschrieben finden. Sollten nach dieser Lektüre noch Fragen offen bzw. neu aufgekommen sein, empfehlen wir Ihnen den Besuch der Webseite *http://help.sap.com*. Hier werden Ihnen unter anderem auch zu SAP MII eine umfangreiche Referenz und ein Online-Handbuch zur Verfügung gestellt.

Eine weitere Möglichkeit ist die Registrierung bei der XING-Gruppe *Forum für SAP MII*, in der Fragen und Erfahrungen stets willkommen sind.

Für alle Fragen rund um dieses Buch ist die Webseite zu diesem Buch *http://www.sap-press.de/2175* ein guter Anlaufpunkt. Sie finden hier nähere Informationen zu diesem Buch sowie die Möglichkeit, Begleitmaterial herunterzuladen. Sie können dort zum Beispiel auf Programmcode zugreifen, der Sie dazu einlädt, die eine oder andere im Buch erwähnte Übung auf einem eigenen SAP MII-System nachzuprüfen und weiterzuentwickeln.

Danksagung

Ein Buch lässt sich nicht ohne die tatkräftige Unterstützung vieler Menschen schreiben:

Mein Dank gilt Michael Herrn (itelligence AG), der die Reviews der einzelnen Kapitel durchgeführt hat und mir stets mit Rat und Tat zur Seite stand, sowie Herrn Tobias Vitzthum (Gebhardt Systems GmbH) für die hilfreiche Unterstützung bei der Gestaltung und Umsetzung der Anwendungsbeispiele.

Ebenso danke ich Herrn Volker Stiehl (SAP AG) für die tatkräftige Unterstützung bei der Entstehung des Kapitels zum SAP NetWeaver Composition Environment und Herrn Dr. Arne Manthey, Produktmanager bei der SAP, der das Vorwort geschrieben und dieses Buch dadurch unterstützt und bereichert hat.

Ferner bedanke ich mich herzlichst bei Frau Patricia Kremer und Herrn Frank Paschen (SAP PRESS), die durch ihre Arbeit im Lektorat das termingerechte Erscheinen des Buches sichergestellt haben.

Last but not least danke ich den Kolleginnen und Kollegen der Freudenberg IT und natürlich ganz besonders meiner Familie für die großartige Unterstützung während der Entstehungsphase dieses Buches.

Ihnen, liebe Leserinnen und Leser, danke ich für Ihr Interesse, und ich wünsche Ihnen, dass das vorliegende Buch Ihnen dabei hilft, einen schnellen und problemlosen Einstieg in SAP MII zu finden. Vielleicht kommen Sie auch auf neue Ideen, was mit dieser Software noch alles gemacht werden kann und woran bisher noch nicht gedacht wurde.

Sebastian Holzschuh

TEIL I
Grundlagen und Funktionen von SAP MII

Ehe man eine Lösung nutzen kann, muss man sie zuerst einmal verstehen: Was leistet die Lösung? Welches Umfeld wird benötigt? Welche Entwicklungen sind zu berücksichtigen? Nachdem diese Rahmenbedingungen geklärt sind, kann man sich konkret der Anwendung widmen: Wie ist die Administration organisiert? Welche Möglichkeiten bietet die Workbench? Wie kann ich meine Daten visualisieren und weitere Systeme anbinden? Fragen über Fragen tun sich auf.

Dieser erste Teil des Buches macht Sie mit SAP MII vertraut und erläutert Ihnen die Grundlagen und Funktionen.

Um SAP MII nutzen zu können, müssen Sie zu allererst die Intentionen verstehen, die hinter SAP MII stecken. In diesem Kapitel erhalten Sie Informationen zu SAP MII und wichtigen angrenzenden Systemen.

1 SAP MII

Mit diesem Kapitel sollen die ersten Fragen zum Thema SAP MII beantwortet werden, sodass Sie anschließend eine Vorstellung davon haben, wie SAP MII aufgebaut ist und welche Intentionen hinter SAP MII stehen.

1.1 SAP MII – Überblick

Um am Markt der heutigen Zeit teilhaben und ihn maßgeblich beeinflussen zu können, muss ein Fertiger seine Prozesse und Produktion in Echtzeit beobachten und verwalten können, um schnell auf neue Gegebenheiten oder Anforderungen reagieren zu können. Man spricht hier vom Begriff des *adaptive Manufacturings*. Adaptive Manufacturing beschreibt die dynamische Art der Produktion, die es dem Fertiger ermöglicht, direkt und zielgerichtet zu agieren. Sowohl im Hinblick auf die Lieferung als auch auf die Leistung beschleunigt adaptive Manufacturing die einzelnen Prozesse des Unternehmens und dynamisiert diese gleichzeitig.

Mit SAP Manufacturing Integration and Intelligence (SAP MII) bietet SAP eine Applikation, mit der Sie genau dies erreichen können. Mit MII sind Sie in der Lage, die Produktion mit dem Rest des Unternehmens zu verbinden, und es erlaubt Ihnen, Ihre Produktion zu verbessern und zu dynamisieren. SAP MII bietet eine direkte Verbindung zwischen Ihren Shop-Floor-Systemen (Anwender- und Produktionssysteme) und Ihren Top-Floor-Systemen (Managementsysteme, *from shop-floor to top-floor*) und ermöglicht so, alle wichtigen Kennzahlen Ihrer Produktion live darzustellen. Hierbei erlaubt SAP MII, SAP- und Produktionskennzahlen online zusammenzusetzen und eine detaillierte Auswertung zu erstellen, mit der Auftragsdaten bis ins kleinste Detail dargestellt und analysiert werden können. Da SAP MII auf dem SAP NetWeaver Composition Environment basiert und somit eine webbasierte Lösung ist, können Sie Ihre bereits existierende Infrastruktur nutzen, um Ihre verschiedenen Systeme über MII miteinander zu verbinden.

Durch diese weitreichenden Einsatzmöglichkeiten sind Sie in der Lage, mit SAP MII eine einheitliche Systemlandschaft zu erschaffen, eine höhere Leistung in der Produktion erreichen zu können und die Gemeinkosten (*Total Cost of Ownership*, TCO) zu reduzieren. Auf diese Weise können Sie kostenreduzierend und qualitätssteigernd arbeiten und dabei zusätzlich Ihre Produktions- und Verwaltungsdaten vereinheitlichen sowie die Datenhaltung verschlanken. Denn mit SAP MII kann in jede Richtung zu jeder Zeit eine Brücke zwischen verschiedenen Datenpools geschlagen werden, was eine doppelte Datenhaltung nicht mehr notwendig macht. Ohne doppelte oder asynchrone Datenhaltung werden Sie wiederum in die Lage versetzt, das angestrebte Optimum der *Single Version of the truth* (SVOT) zu erlangen.

Neben den bereits genannten Vorteilen bietet Ihnen SAP MII die Möglichkeit, alle notwendigen Daten, Masken und Reports dynamisch zu generieren und ebenso dynamisch zu gestalten. MII ermöglicht es somit, die erstellten Applikationen oder deren Ergebnisse in jedem erdenklichen Design zu erstellen und damit auch diese in Ihr Intranet zu integrieren. MII nutzt eine erweiterte Form von HTML, und SAP NetWeaver CE erlaubt die Integration aller gängigen Webkomponenten. Ob Sie MII nun mit DHTML, Java oder Flash/Flex-Komponenten erweitern, bleibt natürlich Ihnen überlassen – wichtig ist nur, dass MII dies ermöglicht.

[+] **Weiterführende Informationen**

Weitere Informationen erhalten Sie direkt bei SAP unter *www.sap.com/solutions/manufacturing/manufacturing-intelligence-software*.

1.2 SAP MII – technische Übersicht

Ab der Version 12.1 ist SAP MII unausweichlich mit SAP NetWeaver CE vereint. Einige von denen, die schon länger mit SAP MII arbeiten, haben dieser Hochzeit mit gemischten Gefühlen entgegengesehen. Fakt ist jedoch, dass SAP MII durch die Verschmelzung mit SAP NetWeaver nun endlich ein Teil der großen SAP-Welt geworden ist.

Im Gegensatz zur vorangegangenen MII 12.0-Version bietet die Version 12.1 eine volle Integration mit der *SAP NetWeaver Development Infrastructure* (NWDI) und ihrem Versionsmanagement (*Design Time Repository*). Dies wird vor allem die Leser freuen, die im oder für das regulierte Umfeld arbeiten, denn nichts war bisher schwieriger, als eine komplette Rückverfolgbarkeit der Entwicklung und eine entsprechende Nachverfolgbarkeit zu gewährleisten und gegebenenfalls vorherige Stände zurückzusetzen. Mit der nun integrierten NWDI gehören diese Probleme der Vergangenheit an, und Entwickler können sich in den Projekten auf SAP-eigene Software verlassen. Der NWDI gehören neben dem erwähnten *Design Time Repository* (DTR) noch ein *Change Management System* (CMS), ein *Component Build Service* (CBS) und das *System Landscape Directory* (SLD) an. Zusätzlich wartet die NWDI mit einigen Werkzeugen zum Monitoring der Development Infrastructure (DI) auf.

Eine weitere Neuerung ist die Integration der Business Objects-Tools, die nach der Akquisition von Business Objects durch SAP in den Jahren 2007/2008 eine weitere wichtige Konstante in der Vielseitigkeit von SAP MII darstellt. Somit sind beispielsweise bekannte Komponenten wie *Crystal Reports* oder die *SAP BusinessObjects Edge Series* nun im direkten Zugriff von SAP MII. Zum Abschluss der MII 12.1-Neuerungen fehlen natürlich noch die SAP NetWeaver CE-Basis und die Einführung des SAP NetWeaver CE Connectivity Layers, der zur Kommunikation mit dem HTTP-Adapter von SAP NetWeaver Process Integration (SAP NetWeaver PI, ehemals XI) genutzt werden kann.

Kommen wir nun aber zur technischen Übersicht des SAP MII-Systems. Wie bereits erwähnt, basiert SAP MII 12.1 auf SAP NetWeaver CE, das die Basis für die grundlegenden Funktionen von SAP MII bereitstellt. Abbildung 1.1 zeigt die aktuelle Gesamtübersicht von SAP MII und die direkte Einbettung in die SAP-Landschaft. Dunkler gefärbt sind die in Version 12.1 neu hinzugekommenen Funktionalitäten, wie beispielsweise die SAP BusinessObjects- oder NWDI-Integration.

Um MII besser zu verstehen, werden Sie an dieser Stelle jedoch mit einem etwas anderen Aufbaumodell vertraut gemacht.

Als Composite Application wird SAP MII in SAP NetWeaver CE eingerichtet und lässt sich in drei Komponenten teilen. (Eigentlich handelt es sich um zwei Komponenten, zur Vereinfachung und der besseren Übersicht wegen sprechen wir jedoch von drei Komponenten, siehe Abbildung 1.2).

Historisch gewachsen ist MII eine Java-basierte Applikation, was dazu führt, dass ausschließlich der Java-Stack des SAP NetWeaver AS notwendig ist, um MII betreiben zu können. Dies ist ein Grund dafür, warum SAP MII auf SAP NetWeaver CE positioniert wurde, hier existiert nur der Java-Stack.

1 | SAP MII

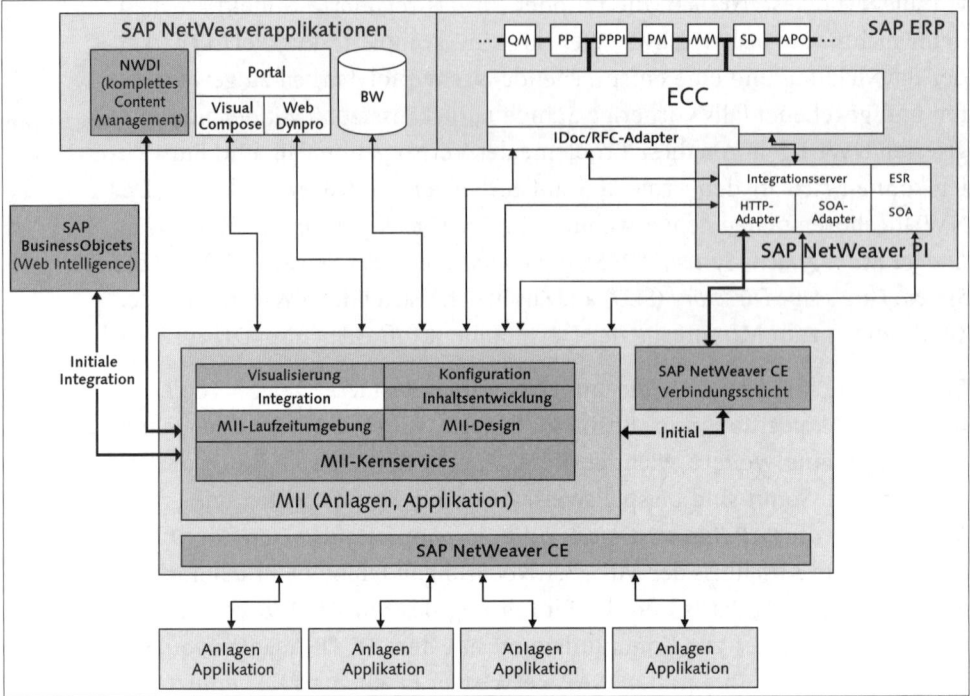

Abbildung 1.1 Offizielle Übersicht über SAP MII

SAP MII hat drei Kernbereiche:

1. **Logikbereich: Runtime**
   Die *erste Komponente* von SAP MII ist der Logikbereich. Hier werden alle Schritte verarbeitet und interpretiert, die – unter anderem auch durch die Interaktion durch ein GUI – im Hintergrund durchgeführt werden. Die *Business Logic Services* (BLS oder Runtime) beinhalten die Umsetzung der Kommunikation, der BLS-Transaktionen (früher Xacute, siehe Kapitel 4, »Workbench«), der eigentlichen Entwicklungsoberfläche sowie die Bereitstellung der Daten.

2. **Visualisierungsebene**
   Diese Daten werden von der *zweiten Komponente*, der sogenannten Visualisierungsbene (früher Illuminator), verarbeitet und am User-Frontend dargestellt. Entwickelte GUIs werden ebenfalls über die Visualisierungsebene abgebildet.

3. **Verbindungs-Layer**
   Die *dritte Komponente* ist eigentlich Teil des Logikbereichs und somit Teil der ersten Komponente. Wie bereits erwähnt, wollen wir aber zur Struk-

turierung der im Nachfolgenden erstellten Beschreibungen in dieser Komponente alle Verbindungsmöglichkeiten zu externen Systemen sammeln, wie einer SQL- oder Oracle-Verbindung, einer OPC-Verbindung oder der Verbindung zu einem SAP ERP-System. Für die nun folgenden Beschreibungen sprechen wir hierbei von einem *Verbindungs-Layer*.

Die Drei-Komponenten-Ansicht ist somit keine offizielle strukturelle Beschreibung von SAP MII, vereinfacht jedoch das Verständnis (siehe Abbildung 1.2).

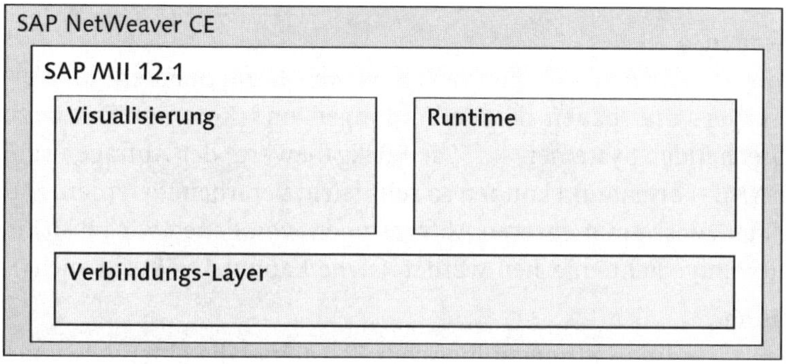

```
SAP NetWeaver CE
  SAP MII 12.1
    [ Visualisierung ]   [ Runtime ]
    [ Verbindungs-Layer ]
```

Abbildung 1.2 Drei-Komponenten-Ansicht

Runtime

Die Runtime ist das Rückgrat von SAP MII. Fast alle Befehle, die in den GUIs ausgeführt werden, werden von der Runtime interpretiert und verarbeitet. Dies beginnt schon mit der Erstellung, dem Parsen der einzelnen IRPT-Seiten.

> **Illuminator Report Page (IRPT)** [+]
> IRPT ist ein eigenes Dateiformat, das (vergleichbar mit PHP oder ASP) durch den MII Interpreter eine Vorverarbeitung erfährt, bevor das letztendliche Ergebnis als Webcontent im Browser dargestellt wird. IRPT stammt noch aus den Ursprüngen der damaligen Lighthammer-CMS und steht für *Illuminator Report Page*, wobei der Illuminator bis zum Release SAP xMII 11.5 die Visualisierungsebene war und nachträglich »ersetzt« wurde.

Das Parsen erlaubt es, Session-Variablen, Übersetzungsvariablen oder auch ganze Logikschritte auszuführen, um eine Seite dynamisch zu generieren. Hierbei kann beispielsweise der komplette Inhalt einer Seite durch eine Logiktransaktion abhängig von Benutzerrechten oder -einstellungen generiert werden. Bei der Generierung und dem Handling von Daten stützt sich MII unter anderem auf die Benutzung des *S95-Standards*. Erstellte Daten können somit als S95-konformes XML erstellt, ausgegeben und beispielsweise mit XSLT verarbeitet werden (XML = *Extensible Markup Language*, XSLT = *Extensible Stylesheet Language Transformation*). Dies gibt den Entwicklern zusätzliche Flexibilität.

Seit Release 12.0 befinden sich die Datenabfragen (Query-Templates) und Logiktransaktionen (TRX = Transactions) zusammen mit einigen weiteren Funktionalitäten gekapselt in der SAP MII Workbench. Die Workbench ist Bestandteil der Runtime und zugleich die integrierte Entwicklungsumgebung für MII-Entwickler. Betrachten wir Datenabfragen und Transaktionen genauer:

- **Datenabfragen**
  Datenabfragen bedienen sich der verschiedenen Komponenten des Verbindungs-Layers und bauen die Verbindungen und Kommunikation zu den entsprechenden Systemen auf. Die Rückgabewerte der Abfragen sind immer im XML-Format und können so sehr leicht verarbeitet werden. MII unterscheidet zwischen mehreren Abfragetypen, von denen wir im späteren Verlauf einige kennenlernen werden (siehe Kapitel 4, »Workbench«).

- **Transaktionen**
  Transaktionen sind Verkettungen logischer Bausteine, die einen bestimmten Prozess abbilden. Die Workbench beinhaltet einen grafischen Editor (ehemals Xacute), in dem diese Transaktionen erstellt, getestet und ausgeführt werden können.

  - Wie Query-Templates können Transaktionen direkt aus den *GUIs* heraus ausgeführt werden.
  - Eine weitere Möglichkeit, Transaktionen auszuführen und sogar zyklisch durchlaufen zu lassen, ist der *MII Scheduler*. Hier können Transaktionen, die zyklisch gestartet und ausgeführt werden sollen, definiert und eingestellt werden. Anhand eines Zeit-Patterns (ähnlich der Unix-Zeit-Patterns für Cronjobs) können bestimmte Sequenzen definiert werden.

  Transaktionen können Datenabfragen, Umformungen, einfache Logikbausteine, SAP-Kommunikation und vieles mehr beinhalten. Die Ergebnisse einer Transaktion können als Web Service oder geschriebene Datei oder über die Visualisierungskomponenten direkt in den GUIs zurückgegeben werden.

Einige Runtime-Elemente, wie zum Beispiel die Administration der anhängenden Datenbank- oder SAP-Systeme, sind wie auch der Scheduler über das Web-Frontend zu konfigurieren (siehe Abbildung 1.3).

Die mit ❶ markierten Bereiche werden über die Workbench ausgeführt, die Bereiche, die durch ❷ gekennzeichnet sind, sind über das Web-Frontend erreichbar (siehe Abbildung 1.3).

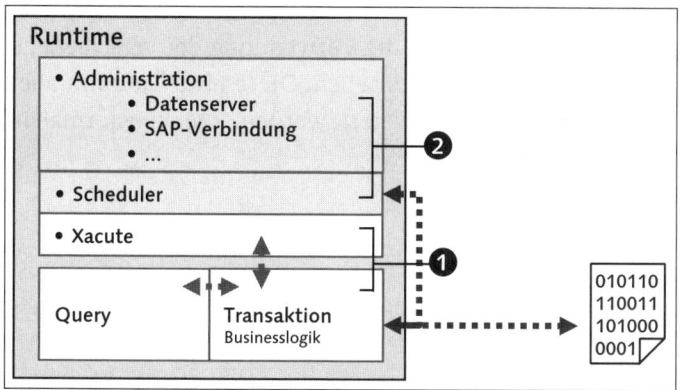

Abbildung 1.3 Runtime-Elemente

Visualisierung

Ist die Runtime das Rückgrat von MII, muss die Visualisierung wohl am ehesten als die Haut des Systems verstanden werden. Sie verleiht MII und den entwickelten Komponenten das Aussehen und dient als Interface für alle unterliegenden Funktionen. Mithilfe der mitgelieferten Visualisierungs- und Datenobjekte kann die Verbindung von Frontend zu Backend über die IRPT-Seiten hergestellt werden. Zur Visualisierung können alle gängigen Webbausteine genutzt werden. Neben HTML, JavaScript und CSS, die wohl den Grundbaustein der meisten Webseiten darstellen, können Sie auf AJAX oder Frameworks wie Prototype/jQuery zurückgreifen. Aber auch Java und Flash sowie Flex stehen Ihnen zur Verfügung.

Moderne Webentwicklung bietet die Möglichkeit, Applikationen zu entwickeln, die sich wie »normale« Java- oder C++-Applikationen steuern lassen. Darüber hinaus können SAP MII-Applikationen im Design bereits existierenden Systemen nachempfunden und beispielsweise voll in firmeneigene Intranets integriert werden (zum Beispiel im SAP NetWeaver Portal).

Die MII-eigenen Visualisierungsobjekte ermöglichen bei der Erstellung von Überwachungsseiten oder Report-Seiten eine native und relativ schnell zu realisierende Darstellung von Daten, die ebenfalls direkt über diese Objekte verknüpft aufgerufen werden können. Durch die direkte Verknüpfung von Visualisierungs- und Datenobjekten können Daten in Echtzeit direkt bei Seitenaufruf aus den unterlagerten Systemen geladen werden. Es stehen unterschiedliche Visualisierungsobjekte zur Verfügung, die jeweils eigene Funktionalitäten mit sich bringen. Besonders hervorzuheben sind die SPC-Komponenten, die Zugriff auf eine komplette SPC-Engine und somit Funktionalitäten bieten, wie beispielsweise eine Six-Sigma-Analyse.

In Abbildung 1.4 (logisch) ist die Visualisierungsebene von SAP MII zu sehen. Anhand einiger Beispiele ist hier die Verwendung der verschiedensten Webentwicklungskomponenten beschrieben. Diese Liste kann mit allen heute gängigen Webkomponenten erweitert werden, die in »normalen« Homepages verwendet werden.

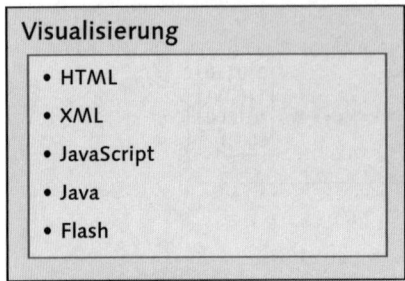

Abbildung 1.4 Visualisierungskomponente von SAP MII – der ehemalige Illuminator

Verbindungs-Layer

Der Verbindungs-Layer als Teil der MII Runtime beinhaltet alle Kommunikationsverbindungen, die zu Datenbanken oder SAP-Systemen aufgebaut werden können. Verschiedenste Treiber (*Konnektoren*) gehören zur Auslieferung von SAP MII, sodass die gängigsten Systeme direkt angebunden werden können. Ein Beispiel hierfür sind MSSQL- oder Oracle-Konnektoren. Für die Verbindung zu Historian-Systemen bzw. tagbasierten Datenbanksystemen benötigt MII noch ein weiteres Programm, den sogenannten *Universal Data Connector* (UDC), der kostenlos über den SAP Service Marketplace zu erhalten ist. Sollen Datenbankverbindungen aufgebaut werden, die nativ von MII nicht unterstützt werden, können ODBC- oder JDBC-Treiber genutzt werden, um MII zu erweitern. Diese Erweiterung kann über die Administrationsseiten auf dem Frontend vorgenommen werden.

Eine weitere Art von Konnektor sind die Verbindungseinstellungen zu SAP-Systemen. Diese sind im Frontend von den übrigen Datenanbindungen getrennt zu betrachten und auch zu bearbeiten. MII bietet hier drei Möglichkeiten der Anbindung eines SAP-Systems:

- Anbindung über den Business Connector (SAP BC)
- Anbindung über den Java Connector (SAP JCo)
- Anbindung über den Web Application Service (WAS)

Diese Konnektoren ermöglichen es der Businesslogik, über Transaktionen Verbindungen zu SAP aufzubauen und zu unterhalten.

Seit Release 11.5 SR5 ist MII in der Lage, SAP-Sessions aufzubauen; somit kann zu Beginn einer Transaktion eine Session aufgebaut werden, die bis zum Ende einer Transaktion offen gehalten wird. Dies erhöht die Performance bei Mehrfachabfrage von SAP-Systemen enorm.

Seit MII-Release 12.0.5 befindet sich die Nutzung des SAP Java Resource Adapters (JRA) ebenfalls im Portfolio von MII. Eine weitere Möglichkeit der Kommunikation (jedoch nur in eine Richtung) ist es, über den Message Listener gesendete IDocs von SAP abzuhören und zu verarbeiten. Wie der Name der Funktionalität jedoch schon vermuten lässt, ist diese Art der Kommunikation auf das Empfangen seitens MII beschränkt. Abbildung 1.5 zeigt, dass der Verbindungs-Layer alle Verbindungsmöglichkeiten zu unterliegenden Systemen beinhaltet.

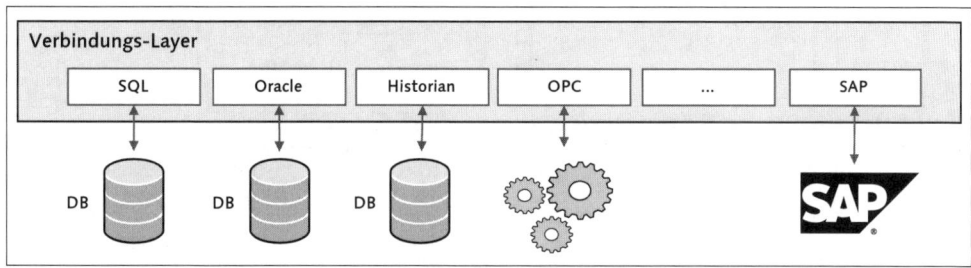

Abbildung 1.5 Verbindungs-Layer – Verbindungsmöglichkeiten zu unterliegenden Systemen

Alle Konnektoren können ausschließlich über die Runtime genutzt werden, ein direkter Zugriff via Visualisierung ist nicht möglich. Aus der Runtime heraus können die Konnektoren in Datenabfragen oder BLS-Transaktionen verwendet werden. SAP-Verbindungen können ausschließlich über BLS-Transaktionen aufgebaut und genutzt werden.

Zusammenfassung

Bei der Zusammenfassung der einzelnen MII-Komponenten und deren angrenzenden Systemen (siehe Abbildung 1.6) lässt sich erkennen, wie gut SAP MII mittlerweile in die Systemlandschaft von SAP integriert ist. Dank des Verbindungs-Layers von SAP NetWeaver CE – siehe ❶ in Abbildung 1.6 – ist MII nun unter anderem in der Lage, via HTTP-Adapter mit SAP NetWeaver PI (ehemals Exchange Infrastructure, XI) zu kommunizieren. Weitere, bereits über die MII Runtime realisierte Möglichkeiten der Kommunikation mit SAP NetWeaver PI ist die Verbindung über die serviceorientierte Architektur (SOA). Üblicherweise werden bei einem Datenaustausch PI-IDocs versendet.

1 | SAP MII

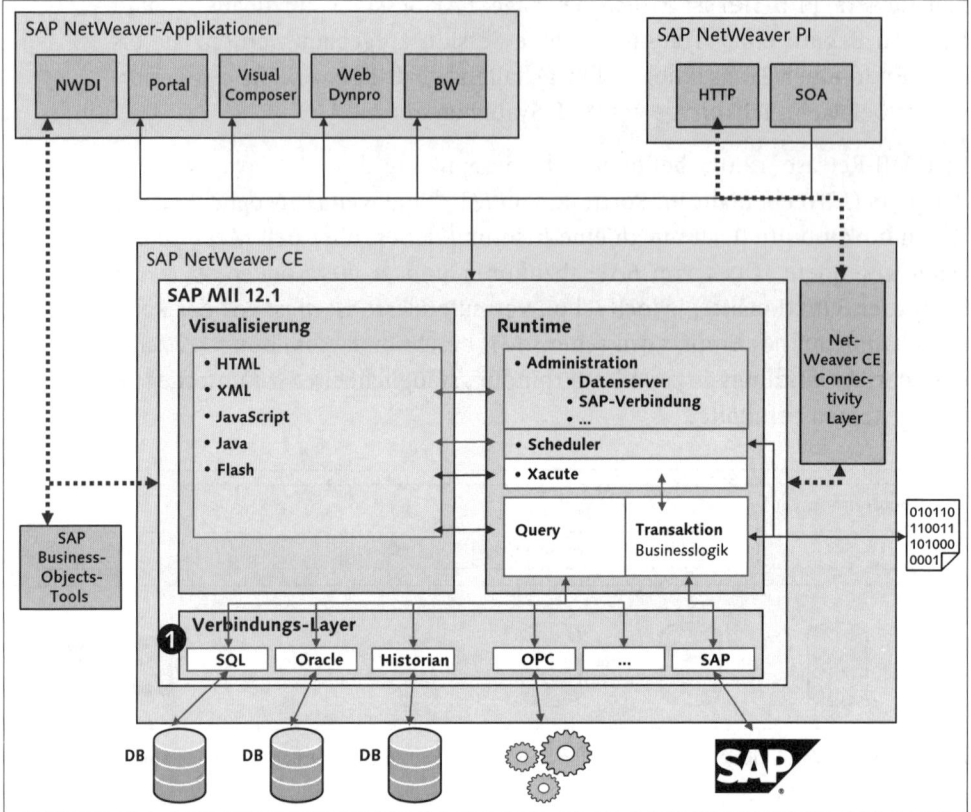

Abbildung 1.6 Technische Struktur von SAP MII

Wie der Verbindungs-Layer von SAP NetWeaver CE sind auch die bereits erwähnten Komponenten NWDI und die ehemaligen Business Objects-Tools (jetzt SAP BusinessObjects) seit der Version 12.1 an das SAP MII-Coresystem angebunden. MII kann mit weiteren Komponenten von SAP NetWeaver CE, wie zum Beispiel dem SAP NetWeaver Portal (kurz Portal), dem Visual Composer, Web Dynpro oder SAP NetWeaver BW, integriert werden. Hier stellt sich NetWeaver als Webbasis und als äußerst kompetente Plattform dar, die eine Integration der verschiedenen Module relativ einfach ermöglicht.

Wie auch bei der Verbindung zu SAP NetWeaver PI kann via IDoc mit einem SAP ERP-System kommuniziert werden (Abbildung 1.5). Üblicher ist jedoch die Verwendung von RFC oder BAPI-Schnittstellen zur Kommunikation, da hier ein bilateraler Austausch stattfinden kann.

1.3 Positionierung von SAP MII

Eine wichtige Frage im Zusammenhang mit jeder SAP-Software ist die nach der Positionierung. Es ist wichtig zu wissen, für welche Bereiche SAP seine Software vorsieht und in welchen Bereichen diese Software an ihre Grenzen stößt und daher eine andere SAP-Software eingesetzt werden muss.

Wann immer wir in den letzten Jahren mit Kunden über diese Thematik gesprochen haben, gab es vor allem eine Frage, die immer wieder gestellt wurde: »Warum sollen wir MII und nicht SAP NetWeaver PI einsetzen?« Gerade jene Kunden, die ein PI-System im Einsatz hatten, haben sich die Antwort auf diese Frage natürlich ganz genau angeschaut, denn in der Tat steht MII mit dem PI-System in eigenen Punkten in Konkurrenz.

Auch vonseiten der SAP gab es hierauf eine Zeit lang keine eindeutige Antwort, mittlerweile ist die Strategie jedoch festgezurrt, und es gibt eine klare Aussage, wann SAP MII eingesetzt werden soll.

- **SAP NetWeaver PI einsetzen**
  Ein PI-System wird eingesetzt, wenn zwei Systeme der gleichen logischen Ebene miteinander kommunizieren (zum Beispiel zwei ERP-Systeme) oder eine Kommunikation über die eigenen Unternehmensgrenzen hinweg erfolgen soll (Business to Business oder B2B).

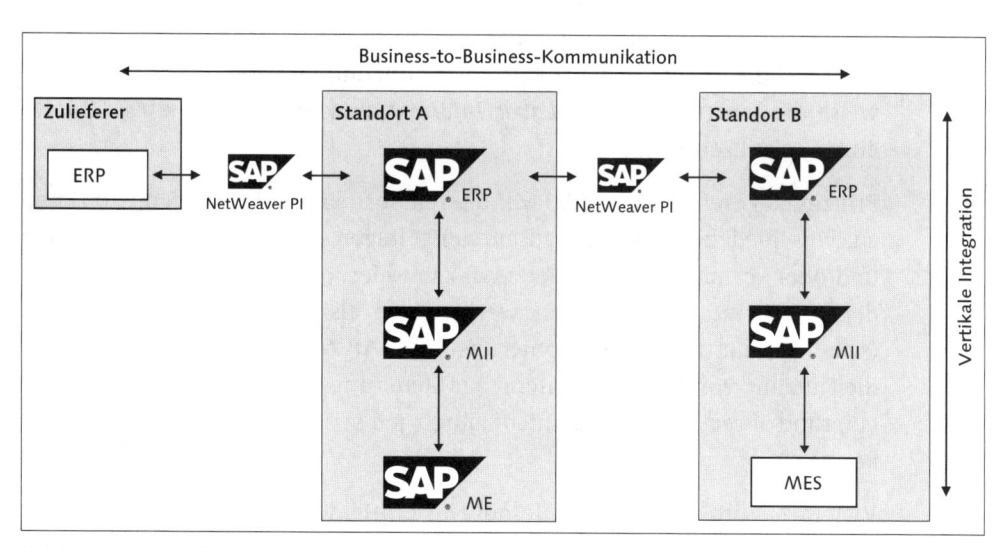

Abbildung 1.7 Vertikale Integration mit SAP MII

▶ **SAP MII einsetzen**
Wenn logische Ebenen durchbrochen werden (zum Beispiel ERP und MES), soll MII eingesetzt werden.

Somit ist MII das SAP-System, das zur vertikalen Integration (VI) verwendet und von SAP auch als solches positioniert wird (siehe Abbildung 1.7).

1.4 Einsatzmöglichkeiten von SAP MII

SAP MII wurde ursprünglich dafür konzipiert, MES- bzw. Produktionsdaten mit der SAP-Welt zu verbinden, um einen schnelleren ROI zu ermöglichen und die Dynamik verschiedenster Produktionsprozesse bei gleichbleibender oder verbesserter Effizienz zu erhöhen.

Dank der Kommunikationsfähigkeit von SAP MII ist das System jedoch zu weitaus mehr in der Lage, sodass sich die Frage nach möglichen Einsatzgebieten durchaus berechtigt stellen lässt. In vielen Fällen wird MII dazu genutzt, MES- und ERP-Daten zusammenzufügen. Immer mehr tendieren verschiedene Unternehmen mittlerweile aber dazu, MII auch in anderen Gebieten einzusetzen. Neben Applikationen wie einer Effektivitätsmessung (*Overall Equipment Effectiveness*, OEE), einer Prozesskontrolle (*Statistical Process Control*, SPC) oder einer *Betriebsdatenerfassung* (BDE) sind Systeme wie *Produktionsleitstände* (PLS) oder gar Wiegesysteme entstanden und bereits im Einsatz. Eine andere Möglichkeit einer Nutzung von SAP MII ist beispielsweise die Integration eines *Labor Information Management Systems* (LIMS) oder Logistikzentrums.

Prinzipiell gesehen, kann SAP MII überall dort eingesetzt werden, wo Daten aus verschiedenen Systemen zusammengetragen, ausgewertet, umgewandelt und/oder verteilt werden sollen. MII kann hierbei an eine Vielzahl verschiedener Systeme angeschlossen werden und als Datendrehscheibe dienen (siehe Abschnitt 1.3, »Positionierung von SAP MII«). Ebenfalls möglich ist die Nutzung von MII als Frontend zur Steuerung anderer Applikationen, die aufgrund ihrer Komplexität nicht durch jeden Bediener gesteuert werden können.

Vielerorts wird SAP MII zur Homogenisierung der IT-Landschaften oder als bereits erwähnte Datendrehscheibe verwendet. Durch die Vielfalt der Einsatzmöglichkeiten sind dem Einsatz von SAP MII nur wenige Grenzen gesetzt.

> **ÜSE/SCADA** [+]
>
> Nicht möglich ist die Live-Darstellung von Prozessdaten, wie beispielsweise bei einem ÜSE-System (ÜSE = *Überwachung, Steuerung, Datenerfassung*), vielleicht auch besser bekannt als SCADA (*System Supervisory Control and Data Acquisition*). Auch die Umsetzung von Maschinensteuerungen ist mit SAP MII nur begrenzt möglich, aber nicht gänzlich auszuschließen.

1.5 SAP PCo und SAP ME

SAP PCo und SAP ME sind eigene Applikationen von SAP, die wir hier kurz erläutern werden, jedoch nicht genauer beschreiben. Trotzdem sollten Ihnen diese beiden Applikationen ein Begriff sein.

Ein Problem bei der Erfassung wichtiger Events bei sich schnell ändernden Werten im OPC-Bereich waren und sind die Refresh-Zyklen, mit denen SAP MII Werte aktualisiert abfragen kann. Im Gegensatz zu SCADA-Systemen, die ihre Daten mehrfach pro Sekunde aktualisieren können, war MII bisher nicht in der Lage, Daten so schnell zu erfassen. Somit konnte es geschehen, dass Wertüberschreitungen nicht erfasst werden konnten, da sie zwischen zwei Update-Zeitpunkten stattgefunden hatten.

SAP konnte dieses Problem mit dem 2009 ins Portfolio aufgenommenen Tool *Plant Connectivity* (PCo) beseitigen. PCo ergänzt die Kommunikationsschnittstellen von SAP MII und erlaubt es MII, eventbezogen zu reagieren. Um dies zu gewährleisten, wird PCo mit den anzubindenden OPC-Servern verbunden. Formeln berechnen entsprechende Wertüberschreitungen, und PCo leitet das Event an ein oder mehrere SAP MII-Systeme weiter.

Abbildung 1.8 zeigt, dass SAP PCo auf Events unterliegender Systeme reagiert und bei entsprechend konfigurierten Wertüberschreitungen SAP MII antriggert.

Um eine optimale Performance zu erreichen, empfiehlt es sich, PCo nahe oder direkt auf dem jeweils abzuhörenden Zielsystem zu installieren.

> **Einsatzbereich von SAP PCo** [+]
>
> PCo beschränkt sich nicht auf die Kommunikation mit MII-Systemen der Version 12.1, sondern kann auch mit Systemen der Version 12.0 und 11.5 arbeiten.

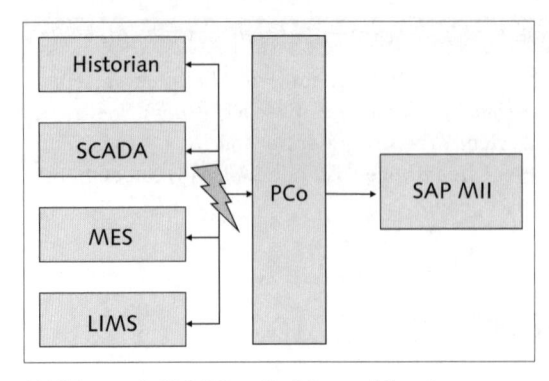

Abbildung 1.8 SAP PCo – Reaktion auf Events

Im Gegensatz zu SAP PCo – einem relativ schmalen Tool zur Erweiterung von SAP MII – ist *SAP Manufacturing Execution* (SAP ME) eine komplexe MES-Anwendung (siehe Abbildung 1.9). SAP ME besitzt eine dynamische Fertigungsprozessmodellierung und eine detaillierte Verfolgung von Ware in Produktion (WIP). Es beinhaltet eine komplette Tracability-Matrix zur Rückverfolgbarkeit von Komponenten und Produkten und organisatorische Module, wie beispielsweise eine Arbeitszeiterfassung.

Dank der Nutzung ähnlicher offener Technologien, wie dies bei SAP MII ebenfalls der Fall ist, sind die beiden Systeme dazu prädestiniert, gemeinsam eingesetzt zu werden. SAP ME stammt aus dem 2008 von SAP zugekauften Unternehmen Visiprise, das sein MES mit Installationen in über 20 Ländern mit mehr als 19.000 Benutzern bei mehr als 200 Kunden positionieren konnte.

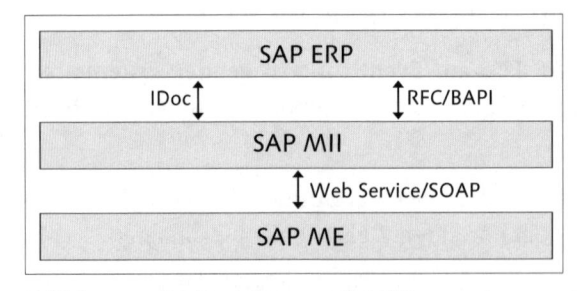

Abbildung 1.9 Positionierung von SAP ME

Das SAP NetWeaver Composition Environment stellt sowohl eine Fülle von Werkzeugen als auch eine Runtime zur Verfügung, um Composite Applications zu entwickeln, zu verwalten und auszuführen.

2 SAP NetWeaver CE

Seit der Akquirierung von Lighthammer-CMS in das SAP-Portfolio 2004 hat SAP große Schritte unternommen, um MII in die SAP-Systemlandschaft zu integrieren. Mit SAP MII 12.0 wurde MII (noch als xApp) auf den SAP NetWeaver AS portiert. Mit der Version 12.1 ist MII nun als Composite Application auf SAP NetWeaver CE portiert.

2.1 Composite Applications – Was ist das?

Um die Intention hinter der Bindung von SAP MII an das SAP NetWeaver Composition Environment nachvollziehen zu können, muss zunächst ein Verständnis für die Bedeutung der Composition Applications im Allgemeinen geschaffen werden.

Composite Applications sind eigenständige Anwendungen, die bewusst auf bereits existierende, wiederverwertbare Komponenten und Dienste zurückgreifen. Auf diese Weise können neue, höchst innovative Prozesse umgesetzt und gleichzeitig so auch die vorhandenen Lücken von Standardanwendungen geschlossen werden.

Der Mehrwert von Composite Applications entsteht dadurch, bereits bestehende Funktionalitäten anderer Softwareprogramme zu nutzen und zu erweitern. Diese ergänzten Funktionalitäten stellen für den Anwender eine neue Applikation dar, die die Gesamtheit der benötigten Funktionalitäten beinhaltet. Composite Applications greifen hierbei wie Teile eines großen Puzzles in andere Applikationen hinein, um deren Funktionen wiederzuverwenden (siehe Abbildung 2.1).

Composite Applications bauen auf Services auf, die durch andere Systeme zur Verfügung gestellt werden.

Abbildung 2.1 Ergänzung und Verknüpfung vorhandener Funktionen

Dies führt uns zu einer weiteren wichtigen Eigenschaft von Composite Applications: Flexibilität. Aufgrund ihrer besonderen Architektur können Composite Applications schnell an sich ändernde IT-Landschaften angepasst werden und vergrößern dadurch ihr Einsatzspektrum.

Ein weiterer sehr interessanter Aspekt, der bei der Entwicklung von Composite Applications zu beobachten ist, ist der Trend hin zur Modellierung anstatt zur Programmierung. Ein immer größer werdender Anteil derartiger Anwendungen kann dank neuester Technologien und Tools modellgetrieben erstellt werden. Ein klassisches Einsatzgebiet ist beispielsweise die Modellierung von Geschäftsobjekten und ihren Beziehungen zueinander sowie deren automatischer Speicherung in Datenbanken. Andere Betätigungsfelder sind die Geschäftsprozessmodellierung oder die Regelerstellung. Dieser Trend hin zur Modellierung erhöht die Entwicklerproduktivität, ohne dabei zu sehr einzuschränken – bei guten Entwicklungsumgebungen ist ein Absprung in die Programmierung jederzeit möglich.

2.2 Was unterscheidet Composite Applications von normalen Applikationen?

Aber was unterscheidet Composite Applications nun von »normalen« Applikationen, und wie kann man hieraus einen Nutzen ziehen?

Im Gegensatz zu klassischen Anwendungen, die ähnlich wie eine Blackbox als geschlossene Einheit funktionieren und oftmals auch nur mit Anwendungen desselben Herstellers aktiv Verbindung aufnehmen können, liegt den Composite Applications der SOA-Gedanke (Service-Oriented Architecture) zugrunde. Dieser Gedanke schließt Heterogenität explizit ein und macht ihn zu einem Grundbestandteil einer Composite Application.

So wie sich ein Softwareentwickler seit Jahren immer schneller ändernden Voraussetzungen am Markt anpassen muss, muss dies mittlerweile auch die Software selbst können. Es besteht der Anspruch, schnelle und effektive Anpassungen an Softwarekomponenten vornehmen zu können, um somit das oftmals schnell wechselnde Umfeld von Applikationen und Anforderungen bedienen zu können.

Dies sind zum einen Veränderungen in der Zusammensetzung der angeschlossenen Systeme, aber auch Erwartungen, die durch den Benutzer gestellt werden.

Die meisten Standardapplikationen wurden entwickelt, um bestimmte fachspezifische Funktionalitäten abzuwickeln. Hierbei wurde bis dato mehrheitlich keine Rücksicht auf den »normalen« Anwender genommen, sondern mehr auf den Fachexperten. Die daraus entstandenen Applikationen waren maßgeschneiderte und anspruchsvolle Programme, die eben nur durch die entsprechende Klientel bedient werden konnten. Für Gelegenheitsbenutzer oder die Anwender, die eine andere Software gewohnt sind/waren, treten an dieser Stelle immer Probleme bei der Nutzung auf: Aufgrund fehlender Erläuterungen und oftmals schwieriger oder gar konfuser Steuerung wird eine intuitive Benutzung zumindest erschwert, wenn nicht sogar verhindert.

Erst nach und nach wurde erkannt, dass eben auch Gelegenheits- oder fachfremde Benutzer einzelne Schritte aus Gesamtprozessen übernehmen können. Die Anforderungen jener Anwender gegenüber der Software sind jedoch unweigerlich andere als die des Fachpersonals. Somit stieg der Bedarf an neuen, rollenspezifischen Ausprägungen der Anwendungen, die durch Composite Applications bedient werden können.

Mit der Entwicklung von Composite Applications rücken mehr und mehr die Erwartungen der Gelegenheitsanwender an die zu nutzende Software in den Vordergrund.

Neben der fachlichen Korrektheit einer Anwendung gewinnen auch die Einfachheit der Bedienung sowie das Erscheinungsbild der Applikation zusehends an Bedeutung für die Softwareentwicklung. Betrachtet man beispielsweise klassische Produktionsbetriebe, fällt einem schnell die Vielzahl unterschiedlicher Softwarekomponenten auf, die zur Erfassung und Auswertung von Produktionsdaten, aber eben auch zur Steuerung von Maschinen notwendig sind.

Mit der Konsolidierung von Daten aus mehreren Systemen erlauben es Composite Applications den Endbenutzern, schnell zu entscheidungsrelevanten Informationen zu gelangen. Durch einheitliche Oberflächen und die Möglichkeit zur intuitiven Bedienung können die unterschiedlichsten Systeme und Datenquellen zu einer einzelnen Applikation verschmelzen, ohne dass der Endbenutzer dies bemerkt.

Diese Oberflächen können auf nahezu jeder erdenklichen Endplattform dargestellt werden (siehe Abbildung 2.2).

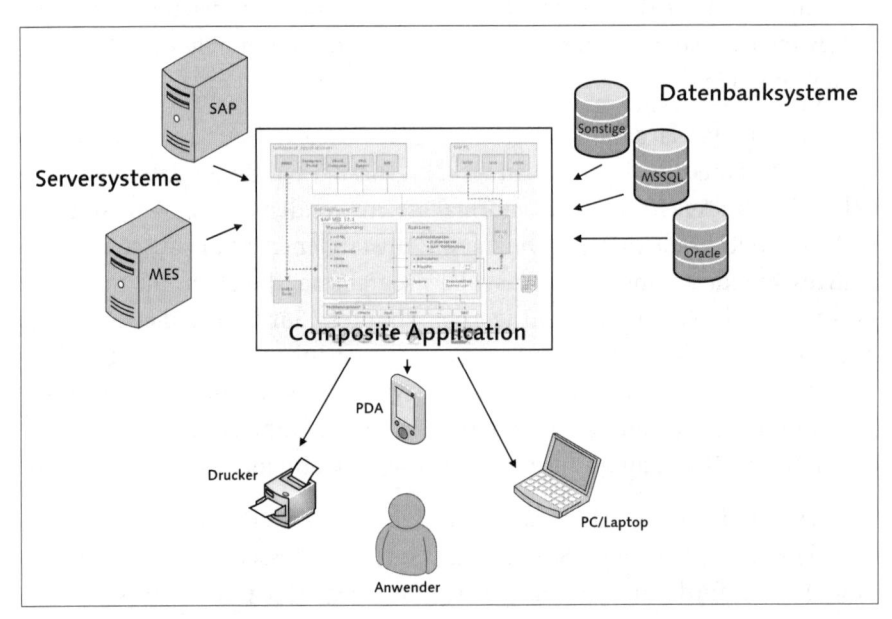

Abbildung 2.2 Composite Application – Kommunikation

Definition von Composite Applications

In dem Buch »Programmierhandbuch SAP NetWeaver Composition Environment«, das ebenfalls bei SAP PRESS erschienen ist, definieren Jan Rauscher und Volker Stiehl die Composite Application wie folgt:

Eine Composite Application ist eine Anwendung, die sich existierender Daten und Funktionen über Service-Aufrufe bedient, die von den in der Systemlandschaft vorhandenen Lösungen zur Verfügung gestellt werden, und kombiniert diese zu neuen, primär kollaborativen Geschäftsprozessen, ergänzt um eigene Benutzeroberflächen und Geschäftslogik.

(Quelle: Rauscher, Jan, Stiehl, Volker: Programmierhandbuch SAP NetWeaver Composition Enviroment. SAP PRESS 2007)

Dies führt zusammen mit den bisher angeführten Punkten zu der zentralen Funktion jeder Composite Application: der rollenspezifischen Bereitstellung einer Fachlichkeit zur optimierten Bedienbarkeit für verschiedenste Anwendergruppen.

2.3 Composite Applications und SAP NetWeaver CE

Doch was genau haben Composite Applications und somit auch SAP MII nun wirklich mit SAP NetWeaver CE zu tun? Worin liegt die Intention, diese beiden Komponenten miteinander zu vereinen? Auf diese beiden Fragen kann mit der Beantwortung einer weiteren, viel wichtigeren Frage reagiert werden: Was ist SAP NetWeaver CE?

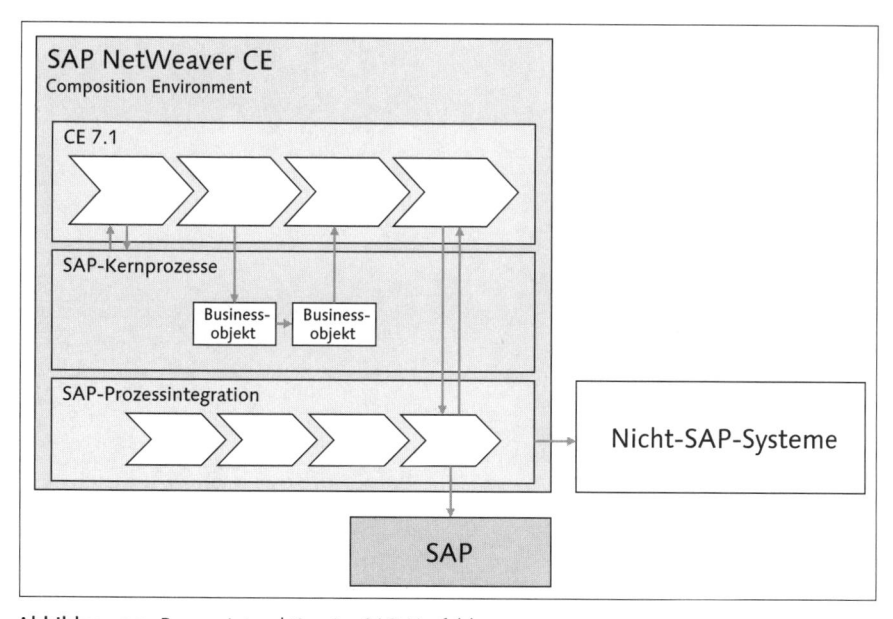

Abbildung 2.3 Prozessinteraktion im SAP-Umfeld

Wie bereits erwähnt, ist SAP NetWeaver CE eine Modellierungs- und Ablaufumgebung für Composite Applications. Da Composite Applications als eigenständige Applikationen aufgrund ihrer losen Kopplung an die Backend-

Systeme nicht den Produkt- und Release-Zyklen eben dieser Systeme unterworfen sind, gelten für Composite Applications eigene Zyklen. Zusätzlich können sie unabhängig von konkreten Systemen agieren.

SAP NetWeaver CE ist die Entwicklungs- und Laufzeitumgebung für Composite Applications und somit eine der tragenden Säulen des SOA-Konzeptes von SAP. Aufgrund jahrelanger Erfahrung bietet SAP NetWeaver CE viele Vorteile einer ausgereiften und robusten Plattform, die insbesondere den stetig wachsenden Anforderungen der Industrie gerecht wird. Mit ihr ist die Wiederverwendung existierender fachlicher Funktionalitäten sowohl aus SAP, aber eben auch aus Nicht-SAP-Systemen innerhalb innovativer Composite Applications möglich (siehe Abbildung 2.3).

SAP MII bietet, übertragen auf Abbildung 2.3, eine solche Fülle an Funktionen, dass alle Kommunikationswege wie die Integration von SAP-Kernprozessen, die Verwendung von SAP BusinessObjects, die Integration von weiteren SAP-Systemen sowie die Anbindung von Nicht-SAP-Systemen in einem gewährleistet werden können.

Mit den Verwaltungsmöglichkeiten von SAP MII lässt sich unter anderem eine Vielzahl unterlagerter Systeme anbinden.

3 Verwaltung

Die Systemverwaltung von SAP MII beinhaltet mit Ausnahme der Gruppen- und Benutzeradministration alle relevanten Einstellungsmöglichkeiten. Die Palette reicht von der Verwaltung der SAP MII-Projekte über die Anbindung von Daten- oder SAP-Servern bis hin zur Erstellung von dynamischen Inhalten.

3.1 Historisch gewachsenes System

Da SAP MII ein von SAP hinzugekauftes Produkt ist, ist die Menüstruktur anders als die »älterer« SAP-Produkte. Dass SAP MII einer noch nicht abgeschlossenen Wandlung unterzogen ist und immer weiter in die große SAP-Welt integriert wird, ist am Beispiel der Benutzerverwaltung gut zu erkennen. Diese wird als eigenes Berechtigungskonzept (das fraglos funktioniert hat) durch die mächtigere Benutzer- und Rollenverwaltung von SAP NetWeaver abgelöst.

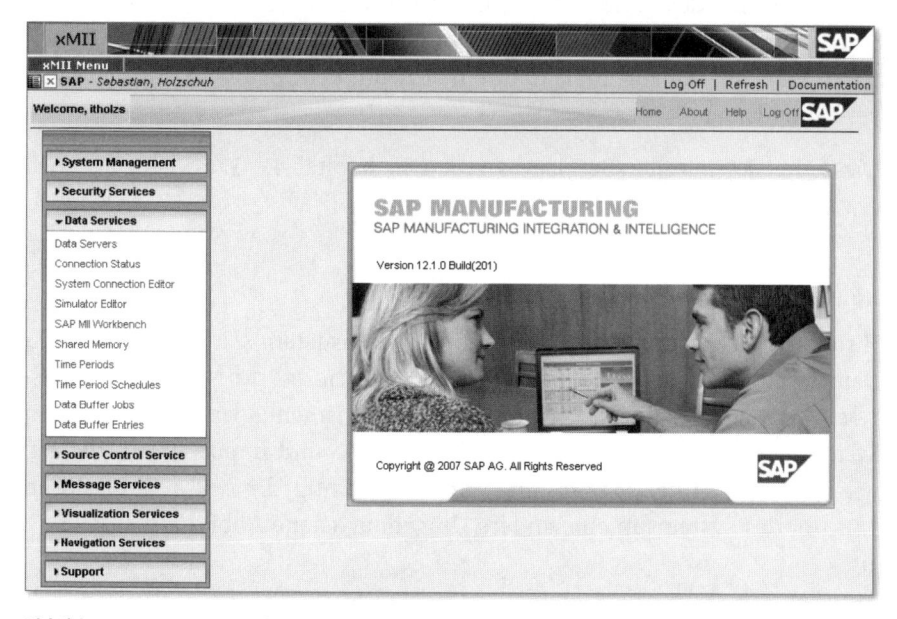

Abbildung 3.1 SAP MII-Administrationsmenü

Darüber hinaus wurde nach der Übernahme der Lighthammer Inc. ein großer Schritt in Richtung Vereinheitlichung der Entwicklung unternommen, indem fast alle Entwicklungsobjekte in einer Workbench zusammengefasst wurden, die sich im weitesten Sinne mit der ABAP Workbench vergleichen lässt.

Nach wie vor befindet sich der Hauptbereich der SAP MII-Verwaltung in MII selbst. Hier können seit jeher Zugriffsrechte auf die einzelnen Datenquellen, die Datenquellen selbst, Servereinstellungen und diverse andere Dinge festgelegt werden.

In Abbildung 3.1 ist das SAP MII-Menü zu sehen, das sich in seiner Struktur in den letzten Jahren nur geringfügig geändert hat. Der wichtigste, bereits erwähnte Punkt bezüglich des Menüs und des Aufbaus von SAP MII ist die Zusammenführung der Entwicklungsobjekte in einer Workbench, die unter dem Menüpunkt DATA SERVICES zu finden ist (siehe Abbildung 3.2).

Abbildung 3.2 Die Karteireiter der Workbench

Hier wurde die ehemalige Trennung von Businesslogik und Webcontent mit der Einführung der Karteireiter CATALOG (Businesslogik) und WEB (Webcontent) fortgeführt. Mit Release SAP MII 12.1 wurde dieser Gruppe der Karteireiter META-INF hinzugefügt, mit dem sich projektspezifische Einstellungen verwalten lassen

Diese drei Karteireiter/Bereiche werden in Kapitel 4, »Workbench«, noch etwas genauer beleuchtet.

Konfiguration speichern

Historisch betrachtet, sind alle Konfigurationsdaten seit jeher in XML-Dateien gespeichert. Mit dem Untermenü CONFIGURATIONS im Bereich SYSTEM MANAGEMENT des SAP MII-Administrationsmenüs lassen sich alle am System verfügbaren Konfigurationselemente ex- und importieren. Dies ist, wie auch der Projektexport- und -import, wichtig für den reibungslosen Transfer des Systems in eine andere Umgebung (siehe Abbildung 3.3).

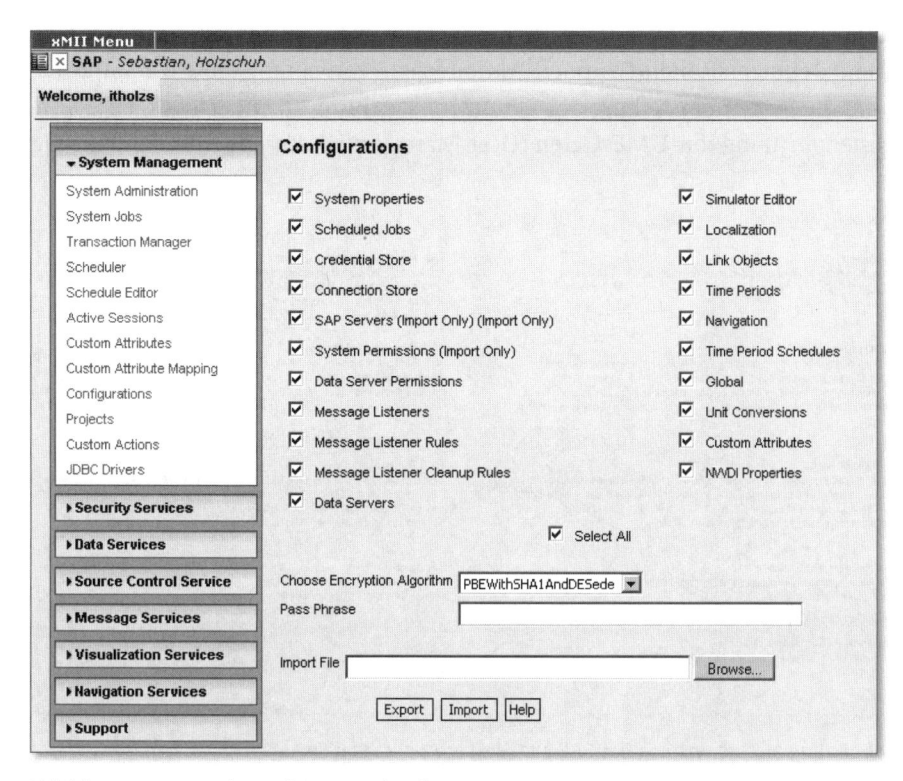

Abbildung 3.3 Verwaltung der Systemkonfiguration

Die jeweiligen in der SAP MII-Administration verfügbaren und konfigurierbaren Elemente sind im Untermenü CONFIGURATIONS durch Anklicken zu selektieren bzw. zu deaktivieren. Mit einem Klick auf den Button EXPORT können die Daten exportiert, mit einem Klick auf den Button IMPORT importiert werden.

> **Überschreiben durch Importieren** [!]
>
> Das Importieren von Konfigurationsdateien überschreibt im System vorhandene Daten!

3.2 Benutzer und Gruppen

Die Verwaltung von Benutzern und Gruppen in SAP MII ist nunmehr Bestandteil der SAP NetWeaver-Benutzerverwaltung, die in SAP NetWeaver CE 7.1, EHP1 über den Menüpunkt USER MANAGEMENT in der SAP NetWeaver-Administrationsübersicht erreicht werden kann (siehe Abbildung 3.4).

3 | Verwaltung

Innerhalb der SAP NetWeaver-Benutzerverwaltung besteht nun die Möglichkeit, Benutzer/Rollen/Gruppen/Aktionen zu verwalten, diese zu importieren, die Systemeinstellung der Benutzerverwaltung zu ändern und eine Konsistenzprüfung der UME-Daten (User Management Engine) durchzuführen.

SAP NetWeaver Application Server Java

SAP Library
SAP Library contains the complete documentation for SAP NetWeaver Application Server Java. You can access it by choosing *SAP NetWeaver*.

System Information
System information provides administrators with an overview of the system configuration and its state. It shows all of the system's instances and processes, their current state and important parameters (such as ports) that may be required for support cases, as well as the versions of the components installed.

User Management
The user management administration console provides administrators with the functions they need to manage users, groups, roles, and user-related data in the User Management Engine (UME). Users without administrator permissions can use it to change their user profile.

SAP Management Console
The SAP Management Console (applet version) offers administrative system access. Use system port *plus 13*.

Information about Usage Types
This page lists the installed usage types on this server (requires administrator authentication).

SAP NetWeaver Administrator
A powerful administration, configuration and monitoring tool, which bundles key administrative tasks to keep your SAP NetWeaver system landscape running. SAP NetWeaver Administrator can be used in a central or local scenario. Here you access the local NetWeaver Administrator.

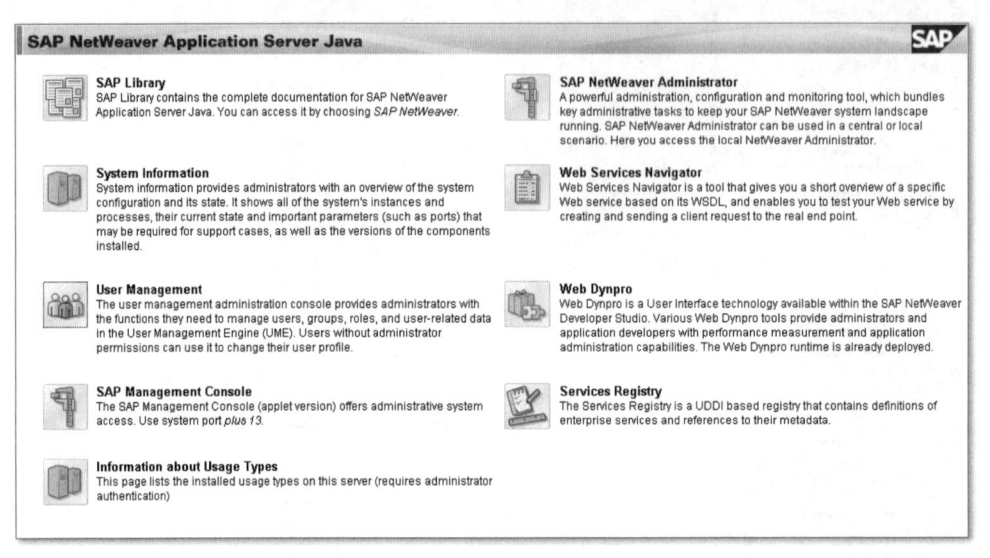

Web Services Navigator
Web Services Navigator is a tool that gives you a short overview of a specific Web service based on its WSDL, and enables you to test your Web service by creating and sending a client request to the real end point.

Web Dynpro
Web Dynpro is a User Interface technology available within the SAP NetWeaver Developer Studio. Various Web Dynpro tools provide administrators and application developers with performance measurement and application administration capabilities. The Web Dynpro runtime is already deployed.

Services Registry
The Services Registry is a UDDI based registry that contains definitions of enterprise services and references to their metadata.

Abbildung 3.4 Verwaltung des SAP NetWeaver Application Servers

3.2.1 Verwaltung von Rollen

Widmen wir uns nun im ersten Schritt der Verwaltung von Rollen. Hier sind anfänglich (ab der Installation von SAP MII) einige Systemrollen installiert.

[!] **Systemeigene Rollen entfernen**
Diese systemeigenen Rollen sind für die Lauffähigkeit von SAP MII zwingend notwendig, weshalb wir an dieser Stelle davon abraten, eine dieser Rollen zu löschen. Das beinhaltet auch, dass keine Rollen entfernt werden, die auf den ersten Blick mit MII nichts zu tun haben!

Für SAP MII sind primär die folgenden Rollen von Belang:

- **SAP_XMII_Administrator**
  Diese Rolle ist die Zusammenfassung der Rollen SAP_XMII_User und SAP_XMII_Developer. Sie hat zusätzlich Zugriff auf fast alle Funktionen des SAP MII-Administrationsmenüs, mit Ausnahme der NWDI-Konfiguration, der Encryption-Konfiguration und dem Ex-/Import von Konfigurationsdaten sowie Projekten.

- **SAP_XMII_Developer**
  Diese Rolle ermöglicht schreibenden Zugriff auf die Entwicklungsumgebung von SAP MII (Workbench) und den Zugriff auf einige wenige administrative Seiten von SAP MII (zum Beispiel TIME PERIODS, CONNECTION EDITOR oder den CREDENTIAL EDITOR).

- **SAP_XMII_DynamicQuery**
  Diese Rolle erlaubt die Ausführung dynamischer Abfragen (Abfragen ohne Query-Template).

- **SAP_XMII_Read_Only**
  Diese Rolle hat Zugriff auf alle Bereiche der Administration und der Workbench, jedoch keine Schreibberechtigung, sofern dies nicht explizit ermöglicht wird.

- **SAP_XMII_Super_Administrator**
  Der Super Administrator besitzt alle in SAP MII verfügbaren Rechte.

- **SAP_XMII_User**
  Die Rolle SAP_XMII_User beschreibt die Grundlagen eines »normalen« Benutzers. Funktionalitäten in Standardapplikationen sollten immer auf diese Benutzerrolle zugeschnitten und vor allem getestet sein. Benutzer dieser Rolle können Funktionalitäten ausführen, haben aber keinen Zugriff auf administrative Funktionen oder die Workbench.

- **Everyone**
  Die Rolle »Everyone« ist ebenfalls eine Rolle, die sich aus der Historie von SAP MII heraus erhalten hat. Sie hat keine speziellen Berechtigungseinstellungen und wird oftmals zum Beispiel als Berechtigungsträger für jene Datenbank-Konnektoren genutzt, die von mehreren der anderen Gruppen benötigt werden.

Allgemeine Datenquellen der Rolle »Everyone« zuweisen	[+]
In den vergangenen Jahren hat sich immer wieder gezeigt, dass allgemeine Datenquellen der Benutzerrolle »Everyone« zugewiesen werden sollten. Dies hat vor allem bei mehreren MII-Benutzern verschiedener Rollen den Zweck, den administrativen Aufwand auf ein Minimum zu beschränken. So kann bei der Neuanlage einer Datenverbindung die Rolle »Everyone« gesetzt werden, anstatt alle Rollen einzeln zuzuweisen. Natürlich muss den MII-Benutzern diese Rolle auch zugeordnet werden.	

Für komplexere Projekte ist die zusätzliche Verwendung eigener Rollen durchaus zu empfehlen, um die Zugriffssteuerung so auf eine etwas breitere Basis zu stellen.

Im Rahmen von Projektentwicklungen sei hier auch die Möglichkeit des Exports von Rollen genannt, wodurch Rollen leicht von System A nach System B transportiert werden können.

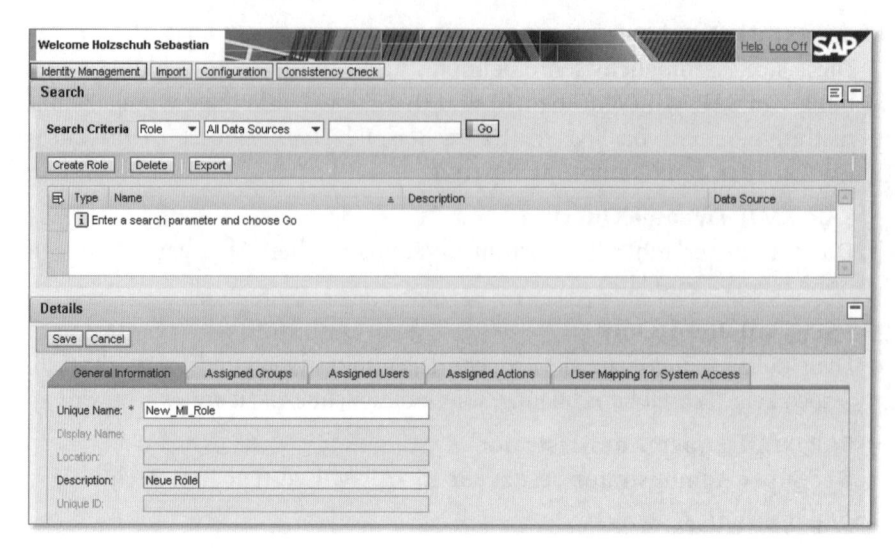

Abbildung 3.5 Anlegen einer Rolle

[zB] **Gründe, um eigene Rollen einzuführen**

Der Schichtleiter muss im Allgemeinen andere Funktionalitäten ausführen als ein Maschinenbediener, beide zählen aber nur zu den beiden Gruppen »Everyone« und XMII_User. Mit eigens kreierten Rollen könnte man die Tätigkeiten der einzelnen Personen stärker hervorheben. Ein Beispiel hierfür wäre die Einführung von Rollen wie »Maschinen_Bediener«, »Schichtleiter« oder ähnlichen, die für das Projekt eine Vereinfachung der Strukturierung ermöglichen würde.

Um eine eigene Rolle anzulegen, wählen Sie im Identity Management der Rollen- und Benutzerverwaltung von SAP NetWeaver unter den Suchkriterien ROLE aus. Hier haben Sie die Möglichkeit, nach bereits vorhandenen Gruppen zu suchen, in unserem Fall benötigen Sie jedoch den unter der Suche erschienenen Button CREATE ROLE.

Im unteren Teil der Seite findet sich nun der Bereich DETAILS, in dem die notwendigen Rolleninformationen hinterlegt werden können. Nach der Eingabe der Daten (siehe Abbildung 3.5) kann die Rolle mit einem Klick auf den Button SAVE gespeichert werden. Zuvor kann diese Rolle jedoch noch weiter konfiguriert werden, indem beispielsweise direkt eine Zuweisung der neuen Rolle zu den entsprechenden Benutzern vorgenommen wird.

Die nach dem Speichern angelegte Rolle kann nun in allen Teilen von SAP MII genutzt werden und ist, sofern sie bereits Benutzern zugewiesen worden ist, nach einer Neuanmeldung für diese Benutzer vorhanden.

3.2 Benutzer und Gruppen

> **Neuanmeldung nach dem Speichern** [+]
>
> Die Einstellungen sind sofort gültig. Durch fortschreitende Komplexität in einigen Applikationen empfiehlt sich jedoch eine Neuanmeldung, um alle relevanten Daten gemäß den gerade gespeicherten Informationen der Benutzeradministration zu aktualisieren.

Ähnlich, aber nicht gleich, ist die Verwaltung von bereits existierenden Rollen. Über die Suche (Wildcard ist *) können vorhandene Rollen gesucht werden. Am Beispiel von Abbildung 3.6 ist die Verwendung der Suchmaske »*MII*« zu ersehen. Nach diesem Suchkriterium werden alle Rollen angezeigt, deren Namen die Buchstabenkombination »MII« beinhalten. Das entsprechende Ergebnis ist der darunterliegenden Tabelle zu entnehmen.

Mit der Auswahl eines der angezeigten Treffer aus der Suchergebnisliste werden die Details dieser Rolle im unteren Teil der Seite angezeigt.

Sollen diese Daten geändert werden, muss mit einem Klick auf den Button MODIFY das Editieren der Einstellungen erlaubt werden. Mit einem Klick auf SPEICHERN werden die eingegebenen Informationen festgeschrieben. Abbildung 3.6 zeigt die der Rolle zugewiesenen Benutzer.

> **Editieren und Verändern von SAP MII-Rollen** [!]
>
> An dieser Stelle sei erwähnt, dass auch SAP MII-eigene Benutzerrollen selbstverständlich nicht editiert werden sollten.

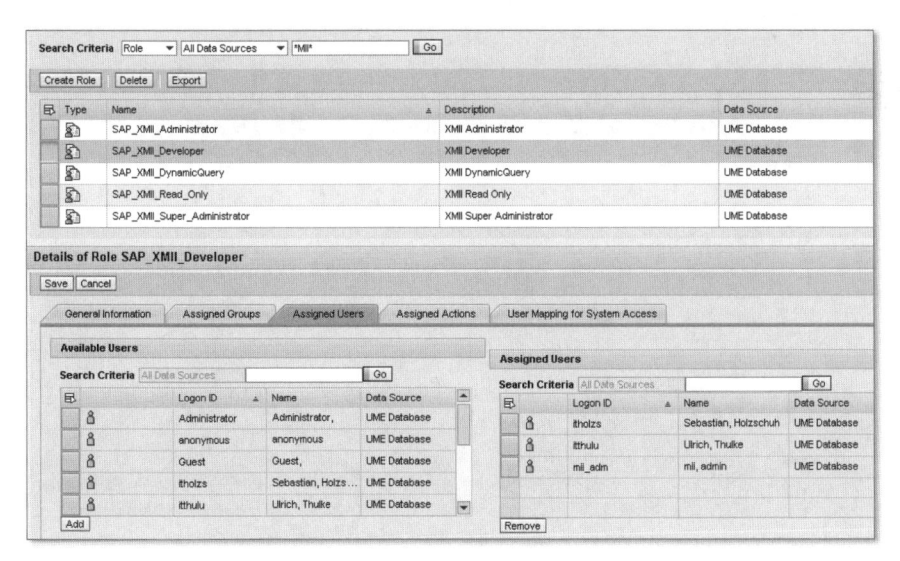

Abbildung 3.6 Änderung bereits existenter Rollen

3.2.2 Verwaltung von Benutzern

Nachdem die Oberfläche der SAP NetWeaver-Rollen- und Benutzerverwaltung schon einmal bekannt gemacht wurde, betrachten wir nun das Anlegen von Benutzern.

Wählt man als Search Criteria statt ROLE nunmehr USER aus, wird ein der Rollenverwaltung gegenüber leicht erweitertes Menü angezeigt, wie in Abbildung 3.7 zu sehen ist.

Ähnlich wie bei der Rollenverwaltung können hier Benutzer angelegt werden. Zur Freude jedes Administrators können Benutzer aber auch auf neue Benutzer kopiert werden. Dies ist vor allem dann eine Erleichterung, wenn in größeren Projekten viele Einstellungen pro Benutzer vorgenommen werden müssen, diese können dann einfach mit kopiert werden. Zudem können Benutzer gelöscht oder auch gesperrt oder mit neuem Passwort versehen werden. Wie die Rollen können auch Benutzer exportiert werden.

Um einen neuen Benutzer anzulegen, muss der Button CREATE USER angeklickt werden.

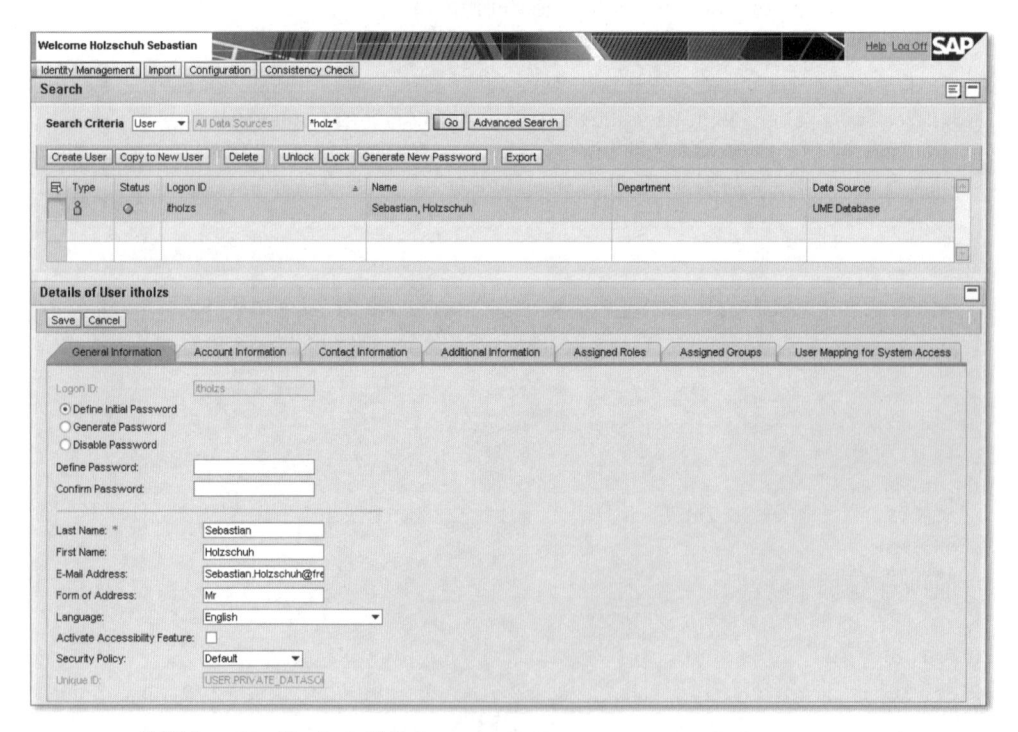

Abbildung 3.7 Menü zur Benutzerverwaltung

Im unteren Teil des GUI können im Bereich DETAILS nun die einzelnen Benutzerdetails angegeben werden (siehe Abbildung 3.7). Wird bei den Sicherheitseinstellungen (Security Policy) die Einstellung für den technischen Nutzer gewählt, läuft das Passwort dieses Benutzers niemals ab.

Passwort nur für den ersten Gebrauch	[+]
Das hier definierte Passwort ist nur für den ersten Login gültig. Danach wird der Benutzer aufgefordert, das Passwort zu ändern.	

Bei der Zuweisung der Rollen zu dem gerade in Erstellung befindlichen Benutzer kann die Liste der verfügbaren Rollen ebenfalls durch die Eingabe eines Parameters eingeschränkt werden. Im Beispiel aus Abbildung 3.9 wurde mit dem Suchparameter SAP_XMII_* ausschließlich nach den SAP MII-Rollen gesucht.

Ausgewählte Rollen können über den Button ADD dem Benutzer hinzugefügt werden (siehe Abbildung 3.8). Mit einem Klick auf den Button SAVE wird der gerade angelegte Benutzer gespeichert und ist ab sofort gültig.

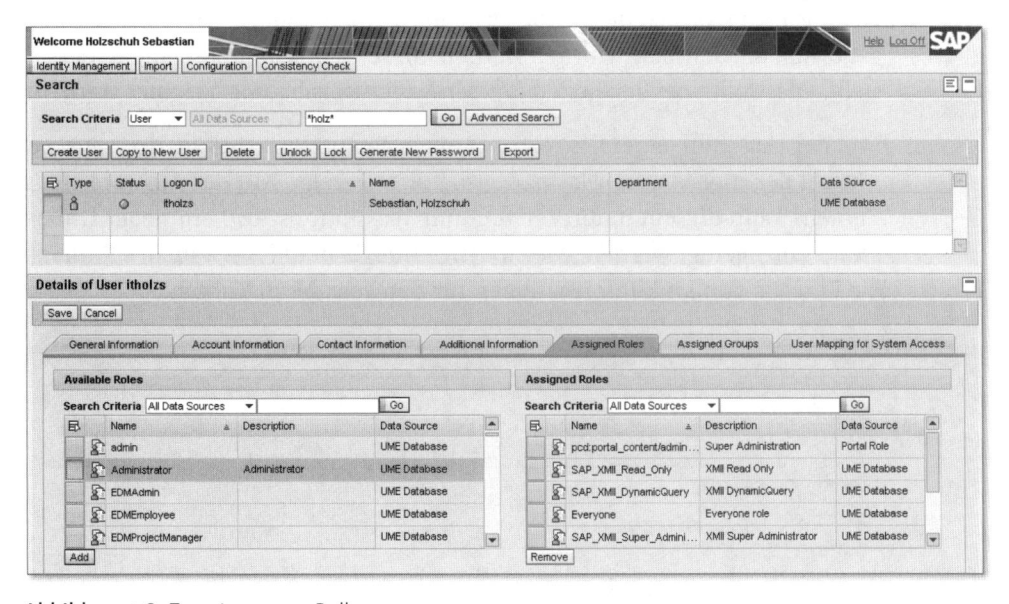

Abbildung 3.8 Zuweisung von Rollen

Für das erwähnte Kopieren eines vorhandenen Benutzers ist ein im Voraus ausgewählter Benutzer erforderlich, der als Vorlage genutzt wird. Mit einem Klick auf den Button COPY TO NEW USER wird das komplette Benutzerprofil kopiert. Einzig die Login-Daten (Benutzer-ID und Passwort) werden nicht vorgegeben. Informationen wie Name oder E-Mail-Adresse sollten noch angepasst werden.

3.2.3 SAP MII-Navigationsmenü

Das Anlegen von Benutzern und Rollen für den Gebrauch in SAP MII ist somit bekannt. Eine erste Nutzung der gerade erstellten Elemente ist im SAP MII-Navigationsmenü möglich. Unter NAVIGATION SERVICES im Administrationsmenü von SAP MII findet sich der Punkt NAVIGATION, der die Erstellung benutzer- und rollenspezifischer Navigationsbäume erlaubt (siehe Abbildung 3.9).

Bevor jedoch mit der Erstellung von Navigationsbäumen begonnen wird, sollten Sie sich über die Logik, die hinter dem Aufbau dieser Bäume stecken sollte, Gedanken machen.

Wie bereits erwähnt, gibt es sowohl benutzer- als auch rollenspezifische Navigationsbäume. Dies lässt von Beginn an den richtigen Schluss zu, dass das letztlich generierte Menü aus mehreren Navigationsbäumen bestehen kann. Existiert ein benutzerspezifischer Navigationsbaum, wird dieser als erster geladen. Besitzt der Benutzer mehrere Rollen, für die ein eigener Navigationsbaum definiert wurde, werden diese Bäume untereinander dargestellt. Dies sollte bei der Erstellung der Navigationsbäume beachtet werden.

Mit der Auswahl einer Rolle bzw. eines Benutzers wird in der unteren Ansicht der zugewiesene Navigationsbaum angezeigt. Mit der Auswahl eines Knotens kann diesem unter Verwendung des Buttons ADD ein neuer Unterpunkt hinzugefügt werden. Gleichzeitig ermöglicht die Auswahl des Knotens die Eingabe von Link-Informationen für den gewählten Knoten.

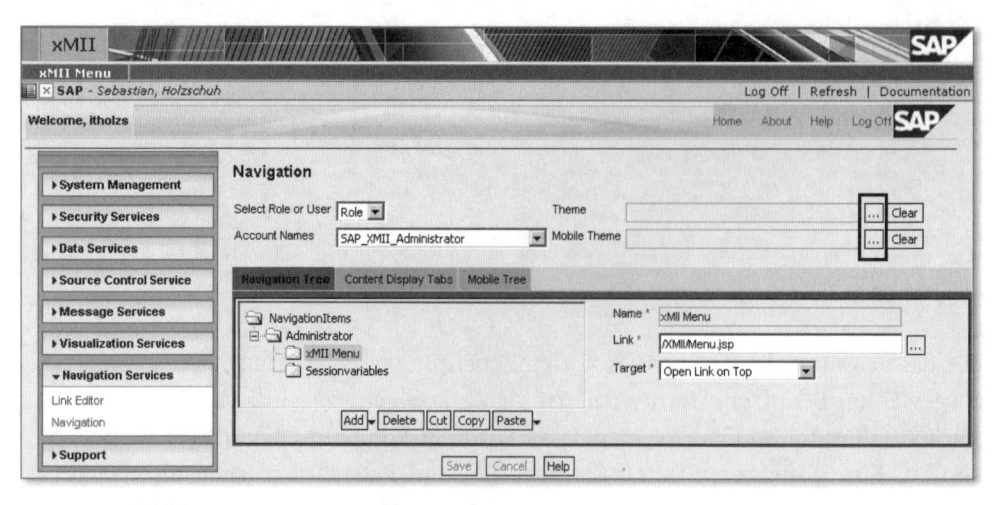

Abbildung 3.9 Navigationseditor

Mit der Erstellung eines neuen Menüeintrags öffnet sich ein Fenster für die Eingabe der Eintragsdetails. Der anzugebende Link kann entweder ein voll qualifizierter Link (*http://...*) oder ein MII-Link sein, der sich auf den lokalen Inhalt des Systems bezieht. Dieser kann entweder manuell eingegeben oder über den Button [...] selektiert werden (siehe Abbildung 3.9).

Mit einem Klick auf den Button [...] öffnet sich eine weitere Ansicht, die das Browsen durch vorhandene Projekte ermöglicht. Mit der Auswahl einer Zieldatei wird der Link in das vorherige Fenster übertragen, und der Menüeintrag kann übernommen werden.

Knotenpunkte
In Knotenpunkten sollten nach Möglichkeit keine Links hinterlegt werden. Dies sollte ausschließlich den Elementen vorbehalten sein, die nicht als übergeordnete Elemente fungieren.

[+]

Generell ist zu sagen, dass Rollennavigationsbäume unterschiedlicher Rollen keine gleichen Einträge beinhalten sollten. Besteht die Notwendigkeit, dass zwei Benutzer unterschiedlicher Rollen gleiche Funktionen aufrufen können sollen, ist die Einführung einer dritten, vereinheitlichenden Rolle eine gute Option.

3.2.4 Rollennutzung im GUI

Eine weitere Möglichkeit, Rollen bei der Steuerung der einzelnen Seiten zu verwenden, wird mit der Session-Variablen `IllumLoginRoles` gegeben. Diese Rolle beinhaltet alle dem aktuellen Benutzer zugewiesenen Rollen. So kann man beispielsweise alle SPEICHERN-Buttons innerhalb der Seiten nur dann anzeigen, wenn die Rolle SAP_XMII_Administrator zugewiesen ist. Doch dazu mehr im praktischen Teil dieses Buches (siehe Kapitel 7–14).

3.3 Datenbankserver anbinden

Wie bereits erwähnt, gibt es eine große Bandbreite an Datenquellen, die an SAP MII angebunden werden können. Doch bevor die Erstellung der einzelnen Verbindungen genauer erläutert werden kann, muss zuerst wieder ein Blick hinter die Kulissen gewagt werden – vor der Einrichtung einer MII-Datenbankverbindung müssen Sie die notwendigen Treiber kennenlernen.

> **JDBC-/ODBC-Schnittstellen**
>
> SAP MII kann eine JDBC/ODBC-Schnittstelle verwenden, um auf lokale ODBC-Datenquellen, wie beispielsweise Microsoft Access, zuzugreifen (ODBC = Open Database Connectivity, JDBC = Java Database Connectivity).

3.3.1 Datenbanktreiber bereitstellen

Als Java-basierte Software kann SAP MII mit der Einspielung verfügbarer JDBC-Treiber die jeweiligen Datenbanken ansteuern, aber auch ODBC-Treiber können gewählt werden. Dies wird jedoch nicht empfohlen. In diesem Buch beschränken wir uns auf die Einrichtung einer Datenbankverbindung zu einem MSSQL 2005-Datenbankserver, weshalb auch nur ein entsprechender Treiber installiert wird.

Das Procedere bei der Treiberinstallation ist jedoch bei allen Treibern identisch. Das Einspielen der Datenbanktreiber erfolgt im SAP MII-Administrationsmenü unter SYSTEM MANAGEMENT und dort unter dem Unterpunkt JDBC DRIVERS. Nach einer Neuinstallation sind dem MII-System keine Treiber bekannt. Eine Verbindung zu einem aktuellen Datenbanksystem ist somit zuerst nur eingeschränkt möglich (siehe Abbildung 3.10).

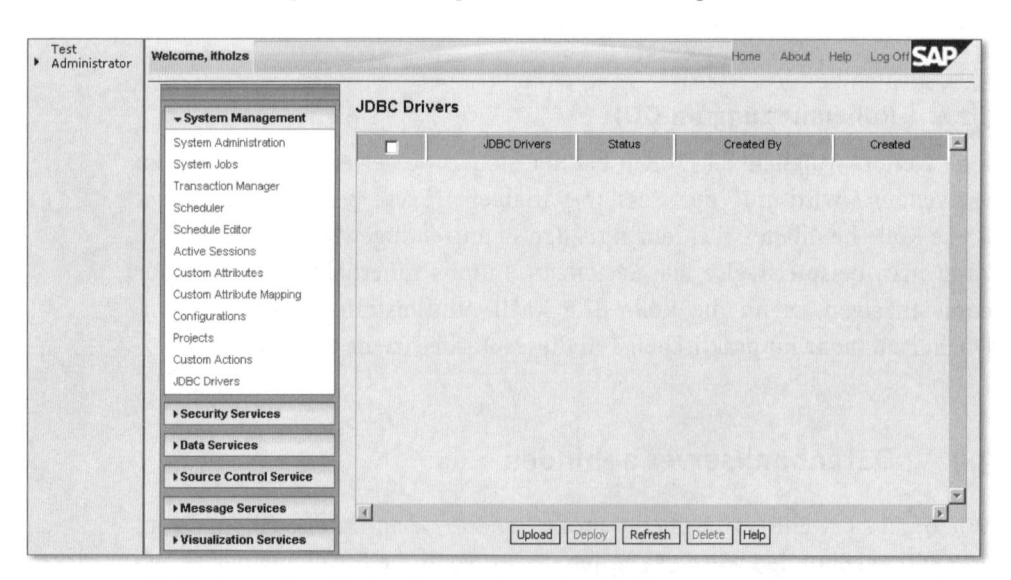

Abbildung 3.10 Datenbanktreiberverwaltung von SAP MII

> **Native Datenbankanbindungen**
>
> Die Standardinstallation von SAP MII ermöglicht laut SAP MII-Handbuch die native Verbindung zu SQL-Server 6.X, 7.X oder 2000 und Oracle 7.3.4.

Aufgrund der mannigfaltigen Datenbankserver- und damit auch Treibervielfalt ist es in diesem Fall einfach, die jeweils eigenen Server manuell anzubinden.

In unserem Fall soll, wie erwähnt, nun ein SQL-Server aus dem Hause Microsoft mit der Version 2005 angebunden werden. Die passenden JDBC-Treiber können unter *http://msdn.microsoft.com/data/ref/jdbc/* direkt von der Microsoft-Homepage heruntergeladen werden. Von SAP empfohlen ist der JDBC-Treiber der Version 1.1.

Im Folgenden sehen Sie die Einrichtung eines neuen JDBC-Datenbanktreibers zur Verbindung mit MSSQL 2005-Datenbanksystemen. Treiber für andere Datenbanksysteme können analog eingebunden werden:

1. Laden und speichern Sie den JDBC-Treiber.
2. Im SAP MII-Administrationsmenü können Sie durch einen Klick auf den Button UPLOAD mit dem Einspielen des Treibers beginnen.
3. Mit diesem Klick öffnet sich ein neuer Dialog, der zur Eingabe des Quellpfads oder zur Auswahl des entsprechenden Treibers via Standard-Browser-Dialog aufruft (im Fall von MSSQL heißt die Treiberdatei *sqljdbc.jar*). Die Auswahl bzw. Eingabe kann mit einem Klick auf den Button SAVE bestätigt werden (siehe Abbildung 3.11).

Zu diesem Zeitpunkt wird der gewählte Treiber ins System geladen und mit dem Status *Not deployed* versehen. Dies zeigt an, dass der Treiber zwar gespeichert, aber nicht aktiviert worden ist.

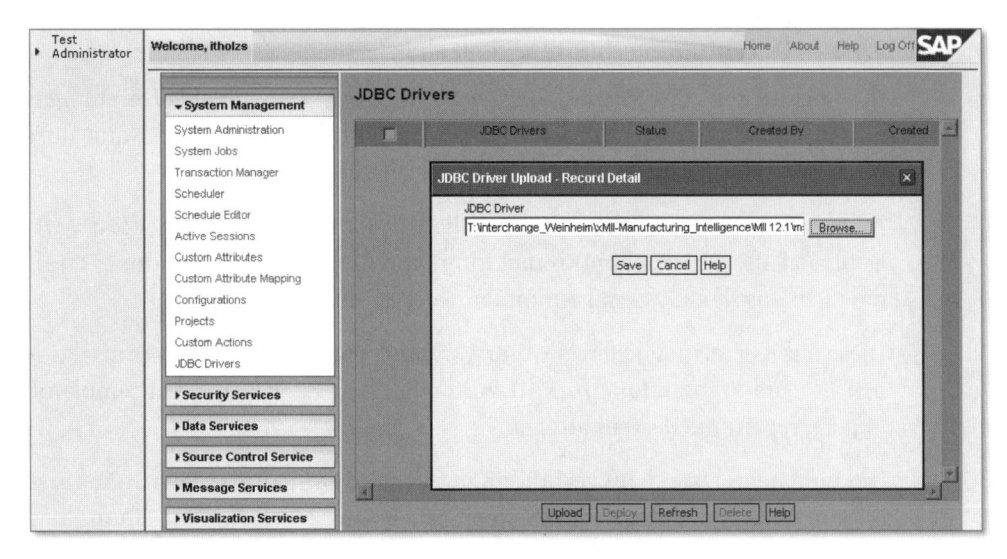

Abbildung 3.11 Upload-Dialog der Datenbanktreiberverwaltung

4. Mit einem Klick auf das Selektionskästchen vor dem entsprechenden Treiber wird dieser ausgewählt und kann mit einem weiteren Klick auf den Button DEPLOY aktiviert werden (siehe Abbildung 3.12).

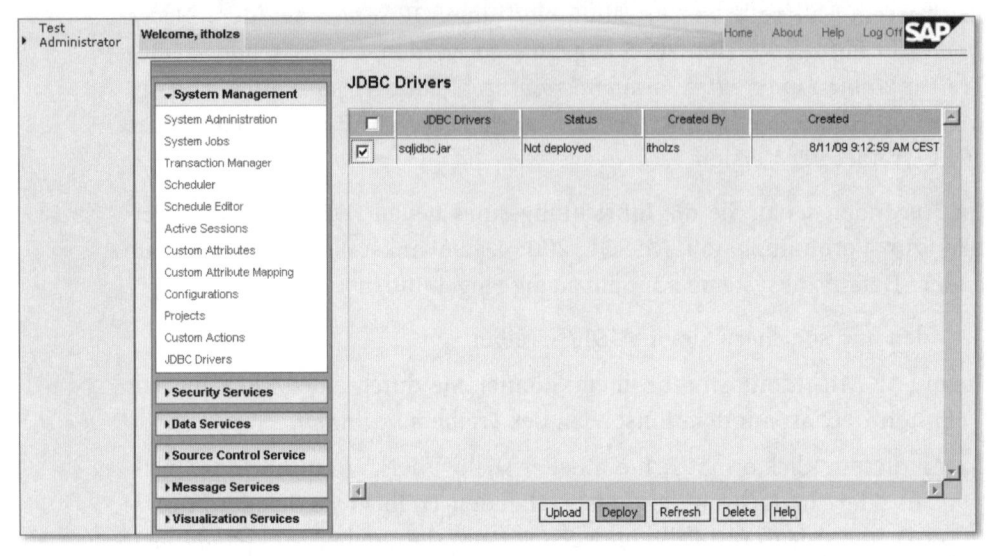

Abbildung 3.12 Freigabe des Datenbanktreibers

Damit ist die Einrichtung des JDBC-Treibers für MSSQL 2005 abgeschlossen. Wie bereits erwähnt, erfolgt die Installation von Treibern für andere Datenbanksysteme analog.

3.3.2 Datenbankverbindung erstellen

Die eigentliche Einrichtung der verschiedenen Datenbankverbindungen erfolgt im Administrationsmenü unter dem Punkt DATA SERVICES und dort unter dem gleichnamigen Unterpunkt DATA SERVICES.

Anders als beim Einspielen von Datenbanktreibern sind nach einer SAP MII-Neuinstallation hier schon Konnektoren vorhanden (siehe Abbildung 3.13), die nicht aus dem System genommen werden sollten.

Diese Treiber ermöglichen die Verwendung von Businesslogik-Transaktionen (Xacute-Transaktionen), XML-Abfragen, den Zugriff auf den Simulator und aggregierende Datenabfragen.

Um eine neue Datenbankverbindung (hier wird oftmals der Begriff *Konnektor* verwendet) anzulegen, kann über den Button NEW die Einrichtung des Konnektors gestartet werden.

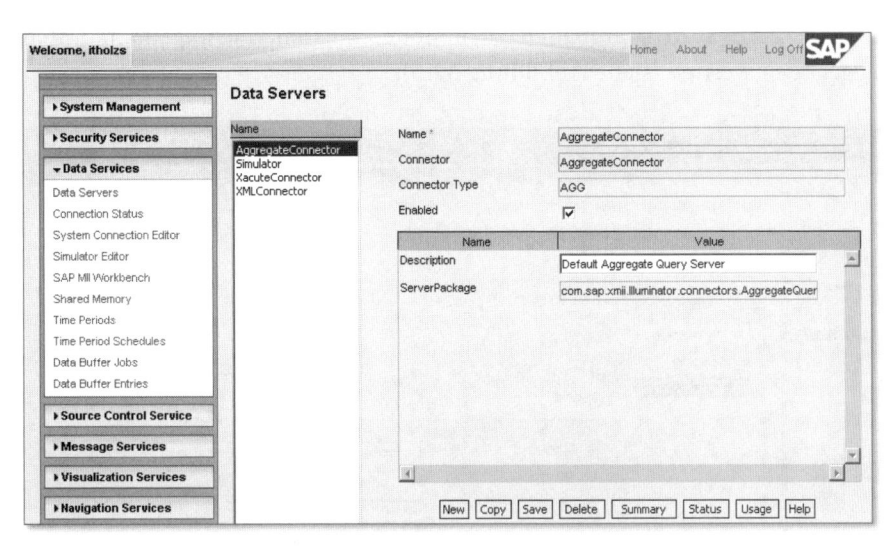

Abbildung 3.13 Verwaltung der Datenbankverbindungen (Konnektoren)

Wieder öffnet sich ein separater Dialog, in dem Sie den Typ des einzurichtenden Datenbanksystems wählen können (siehe Abbildung 3.14). Um eine Verbindung zu einem MSSQL-System herstellen zu können, muss der Servertyp IDBC gewählt werden. Die Auswahl wird über den Button OK bestätigt.

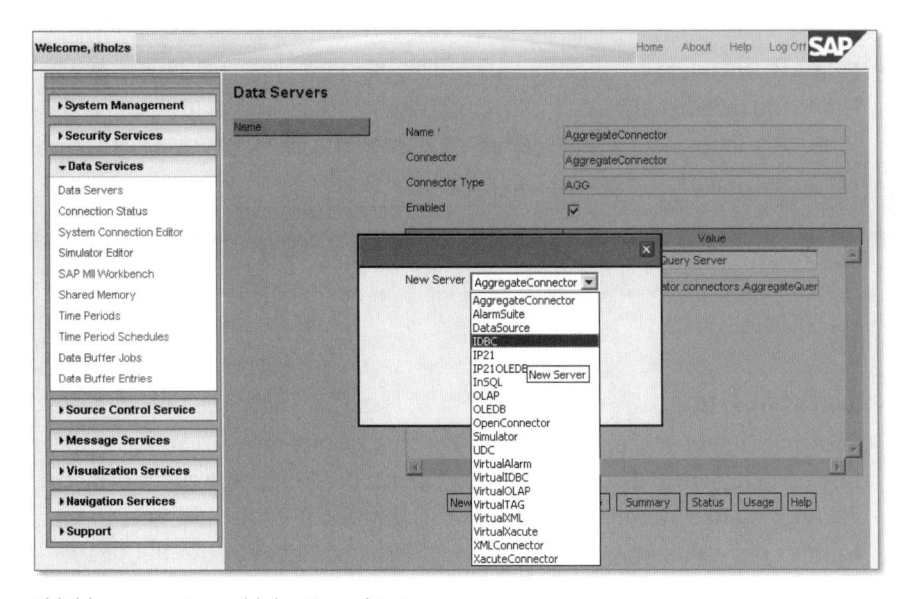

Abbildung 3.14 Auswahl des Konnektortyps

Nach der Bestätigung schließt der Dialog und zeigt die Details für die neue Datenbankverbindung an. Um eine erfolgreiche Verbindung zu unserem

MSSQL 2005-System aufbauen zu können, müssen die folgenden Daten angegeben werden (siehe Abbildung 3.15):

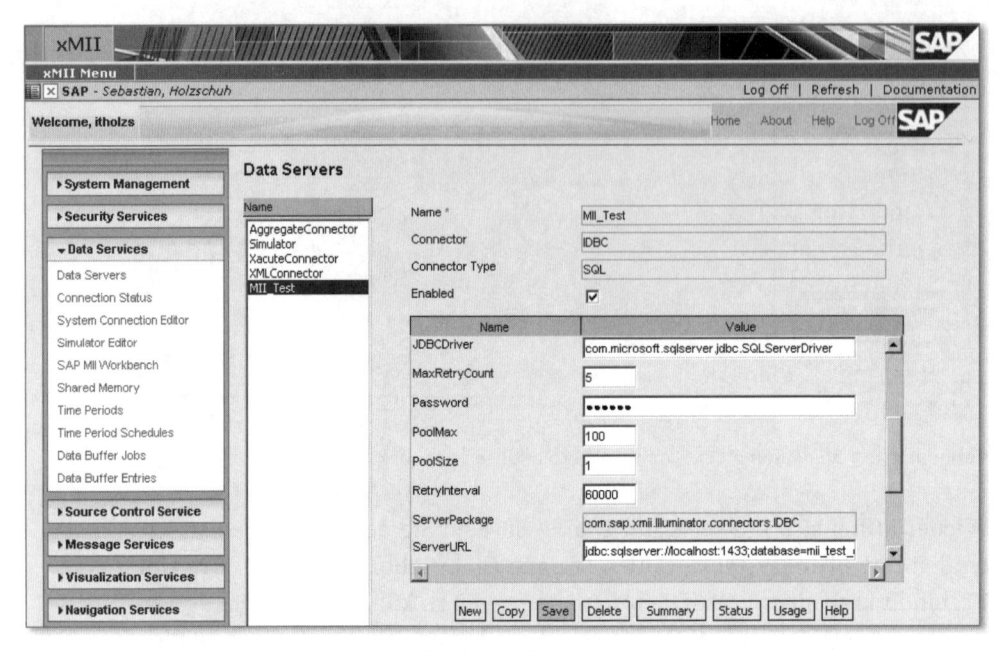

Abbildung 3.15 Eingabe der Verbindungsinformationen

- **Feld »JDBCDriver«**
  Die Standardeinstellung ist hier `com.inet.tds.TdsDriver` und muss passend zu dem neu eingespielten Treiber in `com.microsoft.sqlserver.jdbc.SQLServerDriver` geändert werden.

[+] Oracle-Verbindung einrichten

Bei der Einrichtung einer Oracle-Verbindung lautet der String `Oracle.jdbc.driver.OracleDriver`.

- **Feld »ServerURL«**
  Hier muss der zugehörige Pfad zum Datenbankserver angegeben werden, der sich aus dem Server, dem Port und dem Namen der Datenbank zusammensetzt, die angebunden werden soll. Für den eingespielten Treiber lautet der sogenannte Connection-String: *jdbc:sqlserver://localhost:1433; database=mii_test_db*

[+] Oracle-Verbindung einrichten

Bei der Einrichtung einer Oracle-Verbindung lautet der String `jdbc:oracle:thin:@localhost:1521:mii_test_db`.

▶ **Felder »User« und »Password«**
Wie der Name schon erahnen lässt, müssen natürlich auch noch die entsprechenden Benutzerdaten für die Datenbankverbindung eingegeben werden.

Bevor der Konnektor nun gespeichert wird, sollten der Name des Konnektors angegeben und die Checkbox ENABLED angewählt sein. »Enabled« bedeutet in diesem Fall aktiviert. Dies kann selbstverständlich auch zu einem späteren Zeitpunkt nachträglich getan werden. Ein klarer Vorteil bei direkter Aktivierung einer Datenbankverbindung liegt im sofortigen Verbindungscheck von SAP MII, wonach mit einem Klick auf den Button STATUS die eingegebenen Daten überprüft werden können.

Mit der Anwahl der Checkbox ENABLED und dem Klicken auf den Button SAVE werden die Einstellungen gespeichert, und der Konnektor wird aktiviert. Über den Button SUMMARY kann eine Zusammenfassung der Konnektoreinstellungen ausgegeben werden, über den Button USAGE eine Liste der Objekte, die den Konnektor gerade benutzen.

Zum jetzigen Zeitpunkt ist jedoch vor allem der Button STATUS wichtig, der uns über den momentanen Status des installierten Konnektors informiert (siehe Abbildung 3.16).

Damit ist die Einrichtung der ersten Datenbankanbindung abgeschlossen.

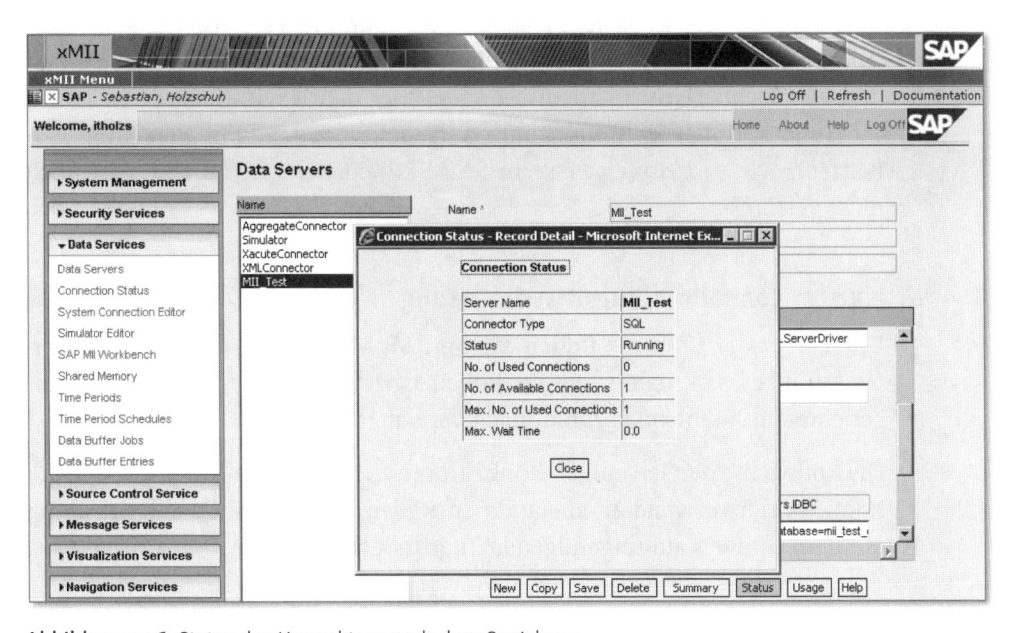

Abbildung 3.16 Status des Konnektors nach dem Speichern

> **[+] Datenbankverbindung bricht ab**
>
> Sollte die Datenbankverbindung abbrechen und nicht automatisch wieder aufgebaut werden können, kann durch die Deaktivierung der Checkbox ENABLED, gefolgt von einem Speichern und dem nachträglichen Anwählen der Checkbox ENABLED, mit einem abschließenden Speichern die Verbindung zum Datenbankserver manuell wieder aufgebaut werden.
>
> Sollte auch dies nicht helfen, liegen schwerwiegendere Verbindungsprobleme vor, die mit den jeweiligen Serververantwortlichen besprochen werden sollten.

> **[+] Eigene Benutzer für die Datenbankverwaltung**
>
> Bisher hat es sich häufig als problematisch herausgestellt, dass die Benutzerkonten, die für die Konnektoren verwendet wurden, nach einiger Zeit ihr Passwort ändern mussten oder dass Benutzerkonten von Mitarbeitern genutzt wurden.
>
> Es wird empfohlen, für die Datenbankverbindungen zwingend eigene Benutzer zu erstellen, deren Passwort nicht ausläuft.

3.4 Rechte und Datentransfer

Wie bereits angedeutet, existieren mehrere Ebenen der Rechteverwaltung: zum einen die eigentliche Benutzerverwaltung, die in Abschnitt 3.2 »Benutzer und Gruppen«, erläutert wurde, und zum anderen die Zugriffsverwaltung der Datenbanksysteme. Die hier vorgenommenen Einstellungen spezifizieren auf Rollenebene, wer Zugriff auf eine bestimmte Datenquelle erhält und wer nicht. Darüber hinaus können über den Navigationseditor benutzer-/rollenspezifische Menübäume aufgebaut werden. Ein Berechtigungskonzept, wie es beispielsweise in SAP ERP existiert, ist für SAP MII noch nicht verfügbar.

3.4.1 Konnektor-Zugriffsverwaltung

Unter SECURITY SERVICES finden Sie im SAP MII-Administrationsmenü den Unterpunkt DATA ACCESS, der die Rollenzugriffsrechte auf die einzelnen eingerichteten Datenbankverbindungen verwaltet.

Die Rollen, die den jeweiligen Konnektoren zugewiesen wurden, können die Konnektoren verwenden, alle anderen Rollen erhalten eine Fehlermeldung mit dem Hinweis auf ungenügende Zugriffsrechte.

Mit den in der Mitte angebrachten Buttons (>>, >, <, <<) können die jeweils gewählten Rollen dem Konnektor zugewiesen oder deren Zuweisung aufgehoben werden. Alle Änderungen sind erst nach dem Klick auf den Button SAVE gespeichert (siehe Abbildung 3.17).

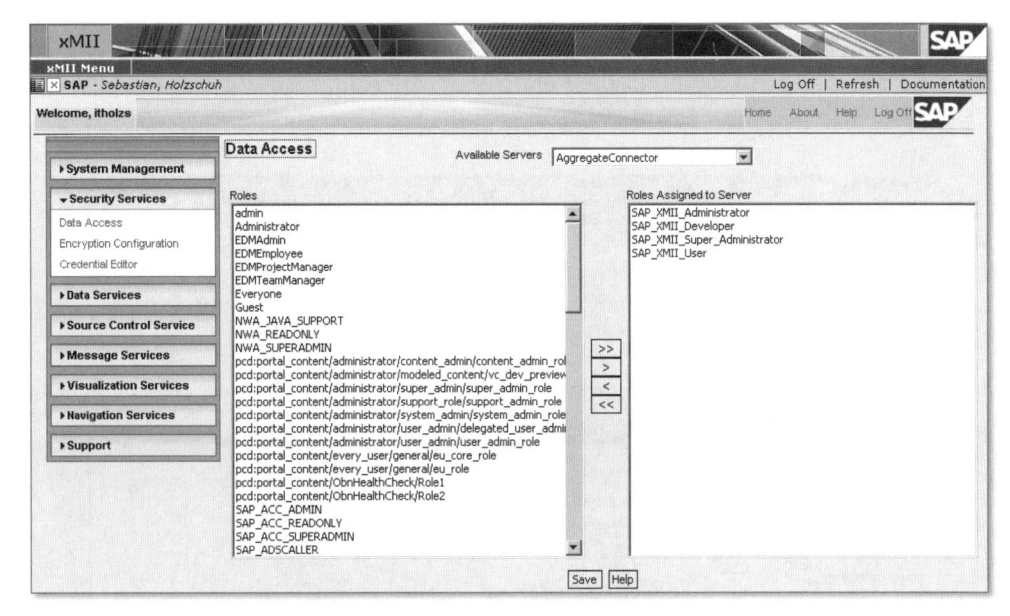

Abbildung 3.17 Sicherheit der Datenquellen

3.4.2 Navigationsmenü

Betrachten wir nun das Navigationssystem.

> **Eigene Menüs erstellen** [+]
>
> Vorab sei erwähnt, dass in einigen Projekten kein natives Navigationsmenü verwendet wird, zum Beispiel um ein eigenes Menü zu verwenden oder den zur Verfügung stehenden Platz des Monitors auszunutzen (gerade auf Rechnern der Produktion ist dies oft gewünscht). Ein entsprechender Ansatz zur Verwendung eigener Menüs wird im späteren Verlauf des Buches im fiktiven Projekt bei den ACME-Motorenwerken (AMW) entwickelt (siehe Kapitel 7).

Im SAP MII-Administrationsmenü unter dem Punkt NAVIGATION SERVICES findet sich der Punkt NAVIGATION. Über diesen können sowohl rollen- als auch benutzerspezifische Navigationsbäume erstellt werden.

Auf der initialen Seite der Navigationsverwaltung kann über das Dropdown-Menü SELECT ROLE OR USER gewählt werden, ob ein benutzer- oder rollenspezifischer Menübaum erstellt werden soll. Im darunterliegenden Dropdown-Menü kann dann – entsprechend der vorherigen Auswahl – die Rolle bzw. der Benutzer selektiert werden. Nach der Selektion erscheint im unteren Bereich des GUI der eingerichtete Navigationsbaum. In Abbildung 3.18 sehen Sie den Baum für die Rolle SAP_XMII_Administrator, der die Einträge xMII MENU und SESSIONVARIABLES enthält.

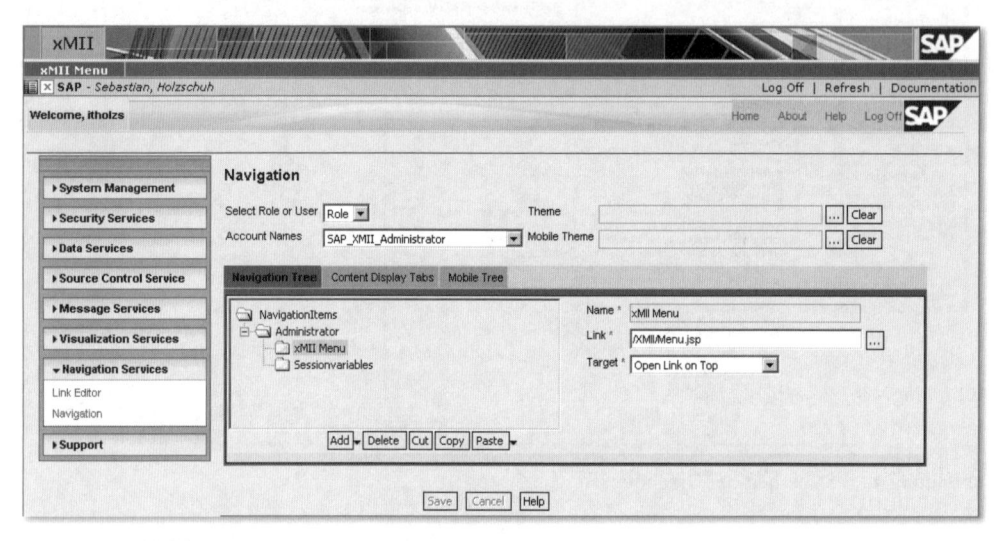

Abbildung 3.18 Navigationsverwaltung

Im rechten Teil des unteren GUI-Bereichs werden die zu dem jeweils selektierten Knoten verfügbaren Informationen angezeigt.

[+] **Namen der Menüpunkte können nicht korrigiert werden**

Leider können die Namen der einzelnen Menüpunkte nur bei der Erstellung der Menüpunkte festgelegt werden. Eine nachträgliche Änderung ist nicht möglich.

Die Buttons CUT, COPY und PASTE sind für die jeweils gewählten Knoten nur innerhalb des eigenen Menübaumes verwendbar. Sollen ganze Menübäume kopiert werden, sollte dies außerhalb von MII in einem Editor geschehen (mithilfe der Konfigurationsfunktionen Export/Import).

Nach der Auswahl eines Benutzerkontos als Konfigurationsbasis und dem Klick auf den Button NEW öffnet sich der MII-Dialog für das Hinzufügen eines neuen Menüpunktes. Nach der Eingabe des Namens und des Links kann auch noch das Ziel des Links gewählt werden (siehe Abbildung 3.19).

- **Eintrag »Open Link in Home Page«**
  Der Eintrag »Open Link in Home Page« bedeutet, dass der Link innerhalb des MII-Frames geladen wird und sowohl das MII-Menü als auch der Header (mit MII und SAP-Logo) weiterhin verfügbar sind.

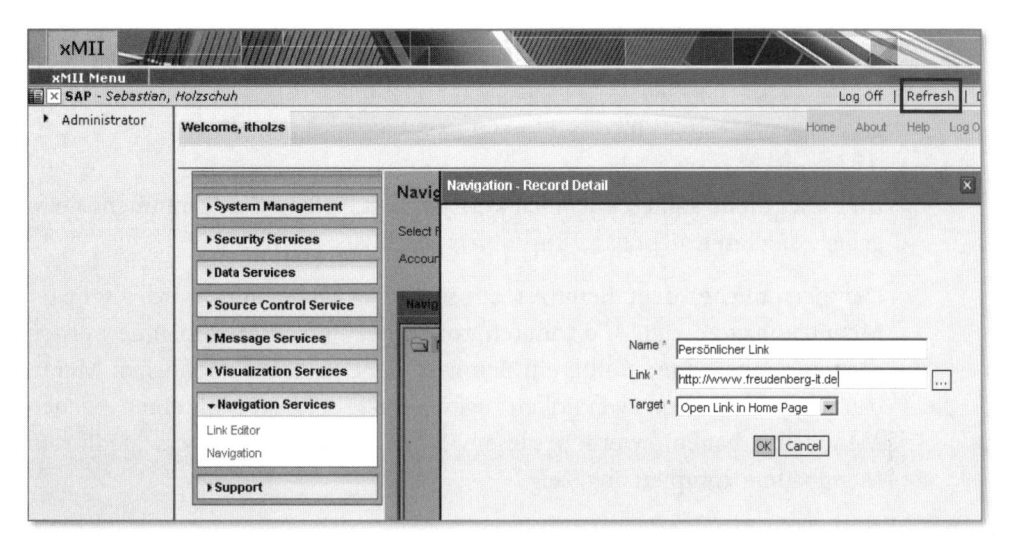

Abbildung 3.19 Hinzufügen eines neuen Links

- **Eintrag »Open Link on Top«**
  Der Eintrag »Open Link on Top« bedeutet, dass der Link alle anderen Seitenelemente übersteuert und nur noch der geladene Link angezeigt wird.

- **Eintrag »Open Link in New Window«**
  Der Eintrag »Open Link in New Window« öffnet dementsprechend ein neues Fenster, in dem der Link ausgeführt wird.

Mit einem Klick auf den Button OK wird der Link dem Navigationsbaum hinzugefügt.

> **Neuen Eintrag speichern** [!]
> Auch wenn der neue Eintrag im Navigationsbaum zu sehen ist, wird er erst gespeichert, wenn der Button SAVE angeklickt wird. Wird vor dem expliziten Speichern ein anderer Menüpunkt aufgerufen, gehen alle Änderungen verloren.

Damit der soeben eingerichtete Link angezeigt wird, muss der Link REFRESH im oberen rechten Bereich der MII-Webseite angewählt werden (siehe Abbildung 3.19). Daraufhin wird MII die komplette Anzeige neu laden und die neuen Menüpunkte anzeigen. In Abbildung 3.20 sehen Sie den eben eingerichteten persönlichen Link, der dem Benutzerkonto zugewiesen worden ist.

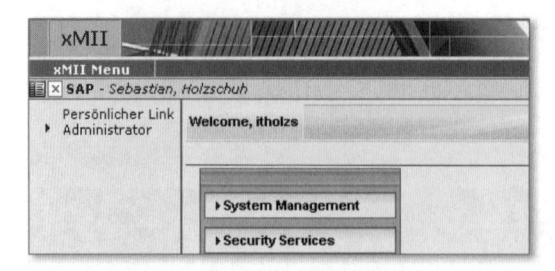

Abbildung 3.20 Neu eingetragener Link im Menübaum

An dieser Stelle sollten wir noch kurz auf den Aufbau des Seitenmenüs eingehen, da dieser nicht ganz unproblematisch ist.

Der persönliche, dem Benutzer zugewiesene Menübaum wird als erster Menübaum angezeigt. Alle anderen, rollenspezifischen Menübäume werden darunter angeordnet. Sollte ein Benutzer daher einen persönlichen Menübaum haben und ihm zwei Rollen zugewiesen sein (die jeweils einen eigenen Menübaum haben), werden diesem Benutzer die drei unterschiedlichen Menübäume komplett angezeigt.

Da die Menübäume nicht vereinheitlicht werden, werden mehrfach vorkommende Einträge unterschiedlicher Bäume auch mehrfach angezeigt.

[+] **Struktur der Menübäume**

Aus diesem Grund sollten Menübäume gut durchdacht und strukturiert aufgebaut werden. Wenn Funktionen in zwei unterschiedlichen Rollenbäumen aufgehen, sollten Sie darüber nachdenken, vielleicht eine weitere Rolle nur für diese Funktionen zu erstellen.

3.5 Weitere logische Systeme anbinden

Die Anbindung weiterer Drittsysteme unterscheidet sich von der Anbindung von Datenbankservern. Ein Drittsystem kann zum Beispiel ein E-Mail-Server oder – das ist in unserem Kontext besonders wichtig – ein SAP-System sein. Seit der Version 12.1 von MII wird die Anbindung von Drittsystemen in zwei separate Schritte unterteilt. So werden die Benutzer- und die Serverdaten nunmehr an unterschiedlichen Stellen konfiguriert und später in der Businesslogik zusammengeführt. Gemäß dieser Trennung haben wir den vorliegenden Abschnitt in drei Teile untergliedert: die Erstellung von Benutzerkonten, Systemdaten und die Nutzung von Konten und Daten.

3.5.1 Benutzerkonten erstellen

Benutzerkonten, die die Zugangsdaten zu den anzubindenden logischen Systemen beinhalten, können im SAP MII-Administrationsmenü unter SECURITY SERVICES im Unterpunkt CREDENTIAL EDITOR verwaltet werden (siehe Abbildung 3.21).

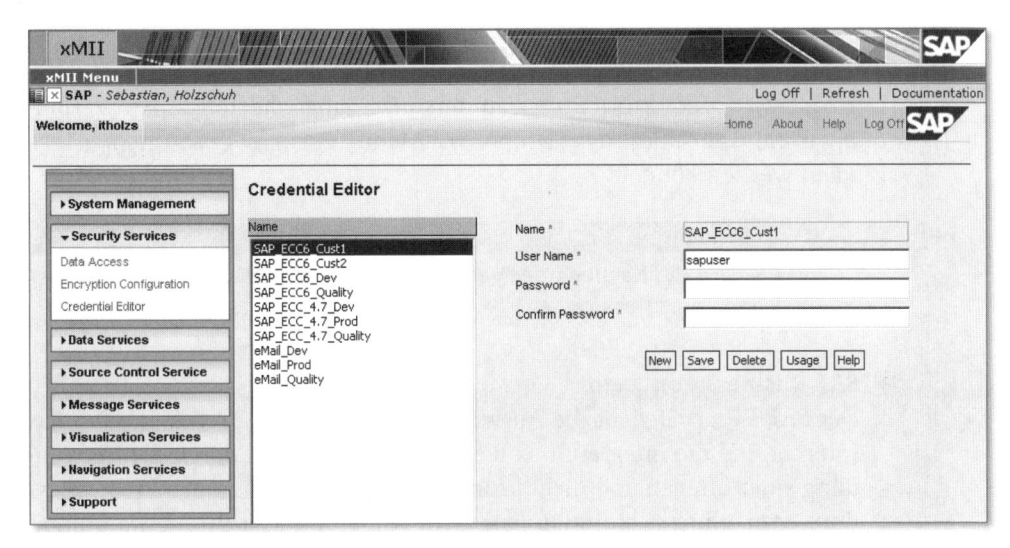

Abbildung 3.21 Anlegen von Benutzerkonten

Benutzerkonten externer Systeme [+]

Alle im *Credential Editor* angelegten Benutzerkonten können für alle logischen Systeme genutzt werden, die Benutzerkonten verlangen.

Die im Credential Editor anzulegenden Benutzerkonten beinhalten den Benutzernamen sowie das zugehörige Passwort und den Namen, der als Identifikator für das entsprechende Konto eingetragen wird.

Namen für Benutzerkonten auswählen [+]

Die Benutzerkonten können später auch für mehrere Systeme genutzt werden, auf denen die Benutzer-/Passwortkonfiguration gleich ist. Es empfiehlt sich daher, schon beim Anlegen der jeweiligen Benutzerkonten im Namen zu beschreiben, für welches oder welche Systeme das jeweilige Konto vorgesehen ist.

Mit einem Klick auf den Button NEW kann ein neues Benutzerkonto angelegt werden. Über den Button SAVE wird die Eingabe gespeichert, und über den Button DELETE kann ein Eintrag gelöscht werden. Mit einem Klick auf den

Button USAGE wird ein neues Fenster geöffnet, in dem alle Objekte aufgelistet werden, die das zuvor gewählte Benutzerkonto verwenden.

3.5.2 Systemdaten erstellen

Die eigentliche Verwaltung der logischen Systeme findet im SYSTEM CONNECTION EDITOR statt. Hier können, je nach Auswahl, zahllose Verbindungsdaten zu den verschiedenen Systemen eingerichtet werden.

Der SYSTEM CONNECTION EDITOR unterstützt dabei die folgenden Verbindungsarten, die über das Dropdown-Menü CHOOSE CONNECTION TYPE gewählt werden können.

[+] **Hinweis zur folgenden Aufzählung**
Wir untermauern die Nennung der Verbindungsarten mit Erläuterungen aus den einschlägigen Informationsquellen.

- **SAP Business Connector**
  Der SAP BC ermöglicht die Ausweitung von Geschäftsprozessen über das Internet und die Integration von Nicht-SAP-Produkten durch die Verwendung einer offenen und nicht proprietären Technologie. Der SAP Business Connector umfasst bidirektionale, synchrone und asynchrone Kommunikation mit einem SAP-Server (Quelle: SAP-Online-Hilfe zu SAP NetWeaver).

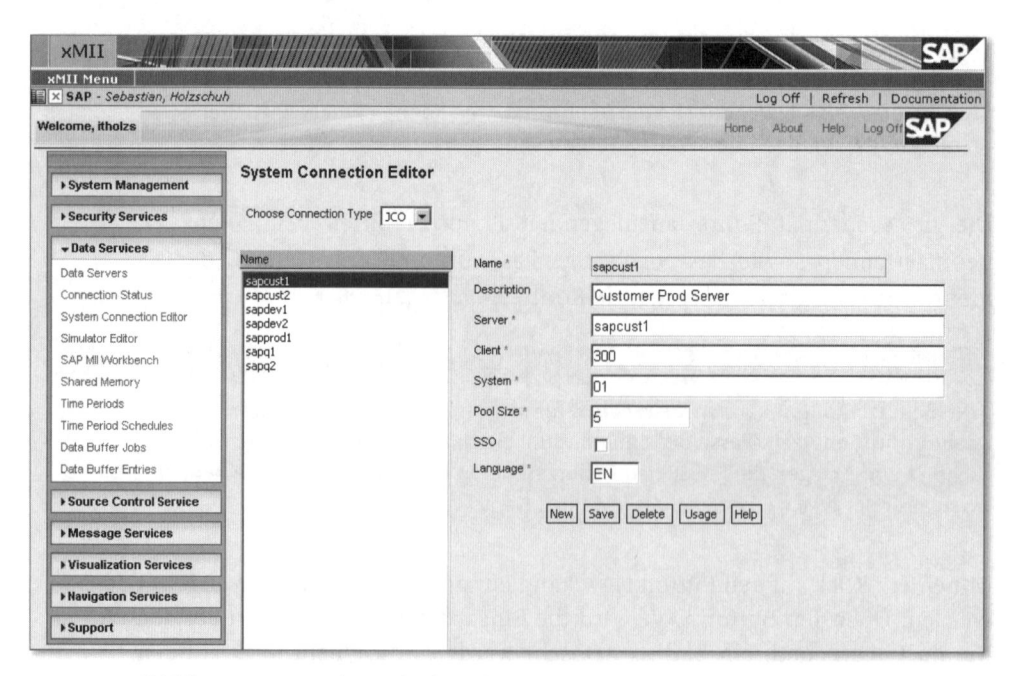

Abbildung 3.22 Verwaltung der logischen Systeme

- **SAP Java Connector**
  SAP JCo ist eine Middleware-Komponente, die die Entwicklung von SAP-fähigen Komponenten und Anwendungen in Java ermöglicht. SAP JCo unterstützt die Kommunikation mit dem SAP-Server in beide Richtungen: Inbound- (Java ruft ABAP) und Outbound-Calls (ABAP ruft Java) (Quelle: SAP-Online-Hilfe zu SAP NetWeaver). In Abbildung 3.22 ist der SAP MII-Konfigurationsdialog für die Einrichtung von SAP JCo-Verbindungen zu sehen.

- **WAS (SAP NetWeaver Application Server)**
  Der SAP NetWeaver Application Server, früher auch SAP Web Application Server, ist Teil von SAP NetWeaver und stellt die Basis der meisten SAP-Produkte dar. Er unterteilt sich in einen ABAP- (früher SAP R/3-Basis) und einen Java EE-Applikationsserver. Beide Teile (Stacks) sind sowohl einzeln als auch gemeinsam installierbar. Im Fall einer integrierten Installation (ABAP und Java) verwendet der Java-Stack das Benutzermanagement des ABAP-Stacks. Außerdem werden automatisch Kommunikationsverbindungen zwischen den Stacks erstellt. Hier spricht man von Java Connector bzw. abgekürzt von JCo (Quelle: Wikipedia, Eintrag zum Thema SAP NetWeaver Application Server).

- **FTP (File Transfer Protocol)**
  Das File Transfer Protocol (engl. für Dateiübertragungsverfahren, FTP) ist ein im RFC 959 von 1985 spezifiziertes Netzwerkprotokoll zur Übertragung von Dateien über TCP/IP-Netzwerke. FTP ist in der Anwendungsschicht (Schicht 7) des OSI-Schichtenmodells angesiedelt. Es wird benutzt, um Dateien vom Server zum Client (Herunterladen), vom Client zum Server (Hochladen) oder clientgesteuert zwischen zwei Endgeräten zu übertragen. Außerdem können mit FTP Verzeichnisse angelegt und ausgelesen sowie Verzeichnisse und Dateien umbenannt oder gelöscht werden (Quelle: Wikipedia, Eintrag zum Thema File Transfer Protocol).

- **MAIL (E-Mail)**
  Die (auch das) E-Mail (von Electronic Mail) bezeichnet eine auf elektronischem Weg in Computernetzwerken übertragene briefartige Nachricht (Quelle: Wikipedia, Eintrag zum Thema E-Mail).

- **Java Message Service**
  JMS ist eine durch den Java Community Process genormte Programmierschnittstelle (API) für die Ansteuerung von Message Oriented Middleware aus einem Client heraus, der in der Programmiersprache Java geschrieben ist (Quelle: Wikipedia, Eintrag zum Thema Java Message Service).

▶ **Enterprise JavaBeans**
EJBs sind standardisierte Komponenten innerhalb eines Java EE-Servers (Java Enterprise Edition). Sie vereinfachen die Entwicklung komplexer, mehrschichtiger, verteilter Softwaresysteme mittels Java. Mit Enterprise JavaBeans können wichtige Konzepte für Unternehmensanwendungen, zum Beispiel Transaktions-, Namens- oder Sicherheitsdienste, umgesetzt werden, die für die Geschäftslogik einer Anwendung nötig sind (Quelle: Wikipedia, Eintrag zum Thema Enterprise JavaBeans).

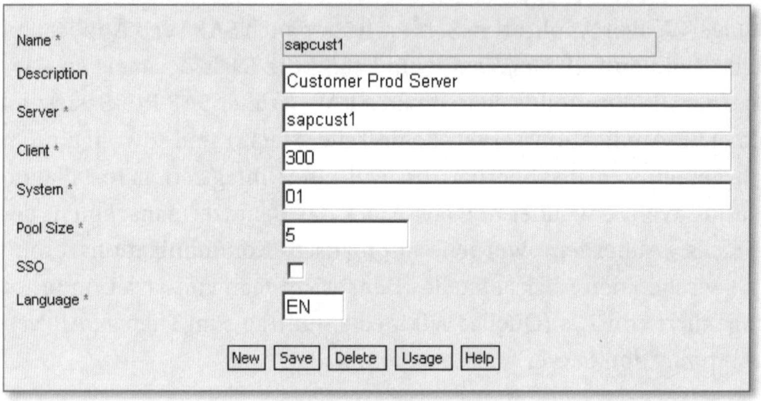

Abbildung 3.23 Eingabe der Verbindungsdaten für einen JCo

Je nach gewähltem Verbindungstyp werden unterschiedliche Informationen zur Konfiguration des entsprechenden Konnektors benötigt. Das Beispiel in Abbildung 3.23 zeigt die Daten für den Aufbau einer JCo-Verbindung zu einem SAP-System, das Beispiel in Abbildung 3.24 die Daten zum Aufbau einer SMTP-Verbindung (Simple Mail Transfer Protocol) und der damit verbundenen Möglichkeit, E-Mails zu versenden.

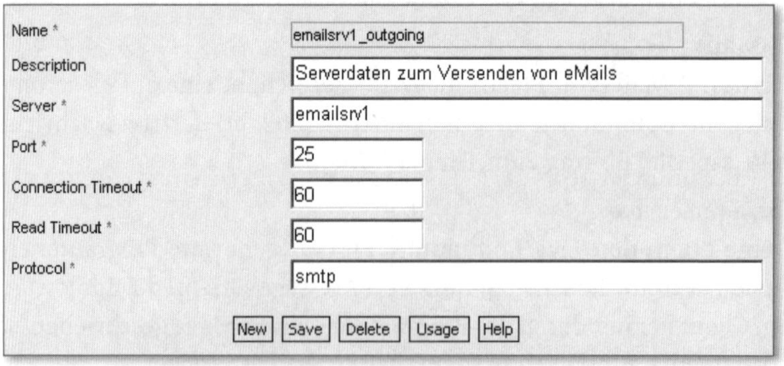

Abbildung 3.24 Eingabe der Verbindungsdaten für den E-Mail-Versand

3.5.3 Benutzung der jeweiligen Konten und Systemdaten

Da nun die Erstellung der Benutzerkonten und Systemdaten bekannt ist, soll die Verwendung dieser Informationen anhand eines Beispiels erläutert werden.

> **Informationen zur Businesslogik** [+]
>
> Um Kapitel 4, »Workbench«, nicht vorzugreifen, gehen wir im vorliegenden Abschnitt nicht näher auf die Logik der Businesslogik-Transaktion ein.

In Abbildung 3.25 sehen Sie eine Transaktion zum Senden und Empfangen von E-Mails, die im Projektordner ACME_MASTERDATA und dort im Unterordner EMAIL_CONNECTION angelegt worden ist.

Je nach Transaktionsaufruf entscheidet die Transaktion, ob entweder E-Mails abgerufen oder eine neue E-Mail verschickt werden soll.

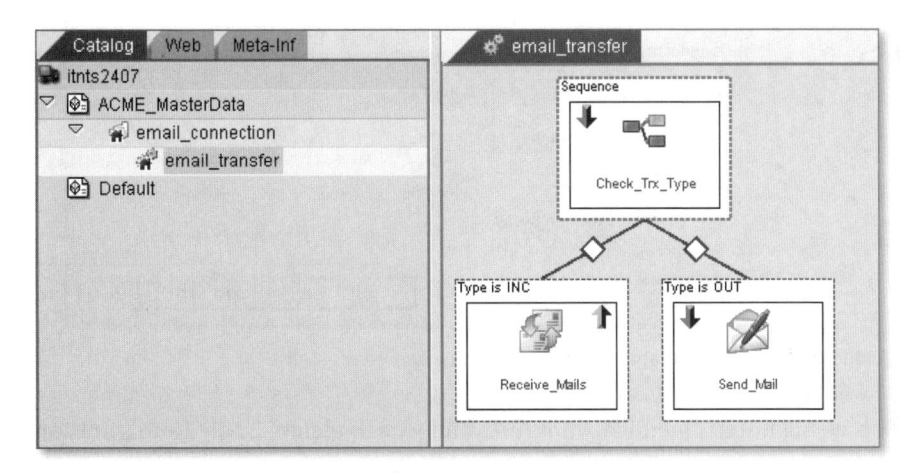

Abbildung 3.25 Transaktion zum Senden/Empfangen von E-Mails

Die Aktionen zum Versenden und Empfangen von E-Mails sind Bestandteil der Auslieferung von SAP MII 12.1 und stehen somit nach jeder Installation zur Verfügung.

Über einen Klick mit der rechten Maustaste auf die Action `Receive_Mails` wird der Konfigurationsdialog aufgerufen. Ohne Vorgaben funktioniert diese Action nach ihrem Einfügen jedoch noch nicht, weshalb die zuvor eingerichteten System- und Benutzerdaten zugewiesen werden müssen.

Mit einem Klick auf das Dropdown-Feld CONNECTION ALIAS wählt das System aus der Liste aller angelegter E-Mail-Konnektoren einen Konnektor aus. In diesem Fall wird der Konnektor EMAILSRV1_INCOMMING selektiert, der für die Nutzung des POP3-Protokolls konfiguriert worden ist.

Da diese Entwicklung auf einem Entwicklungssystem vonstattengeht, wird dementsprechend das zuvor angelegte Benutzerkonto EMAIL_DEV selektiert (Feld CREDENTIAL ALIAS).

Mit der in Abbildung 3.26 dargestellten Konfiguration ist die Konfiguration der Systemanbindung zum Abrufen von E-Mails abgeschlossen.

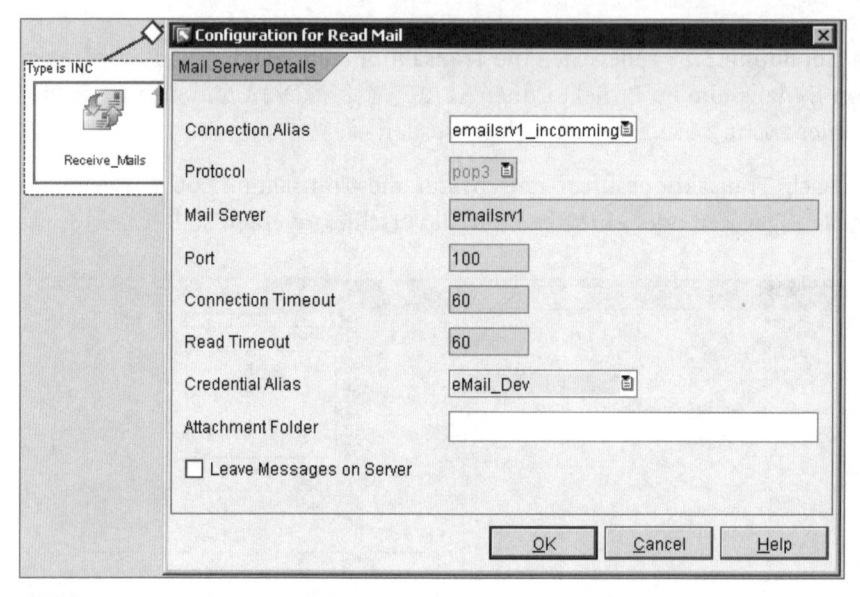

Abbildung 3.26 Konfigurationsdialog zum Empfangen von E-Mails

Ein wenig unterschiedlich, vom Aufwand jedoch gleich, ist die Konfiguration des Versendens von E-Mails.

Wie zuvor wird als Benutzerkonto das Konto EMAIL_DEV gewählt, nur dass zu diesem Zeitpunkt der Konnektor EMAILSRV1_OUTGOING selektiert wird. Direkt nach der Auswahl werden alle notwendigen Felder automatisch vorbelegt.

Mit der in Abbildung 3.27 dargestellten Konfiguration ist die Konfiguration der Systemanbindung zum Versenden von E-Mails abgeschlossen.

Wie bereits angedeutet, wird eine genauere Betrachtung der Funktionalität dieser Transaktion in Kapitel 4 durchgeführt.

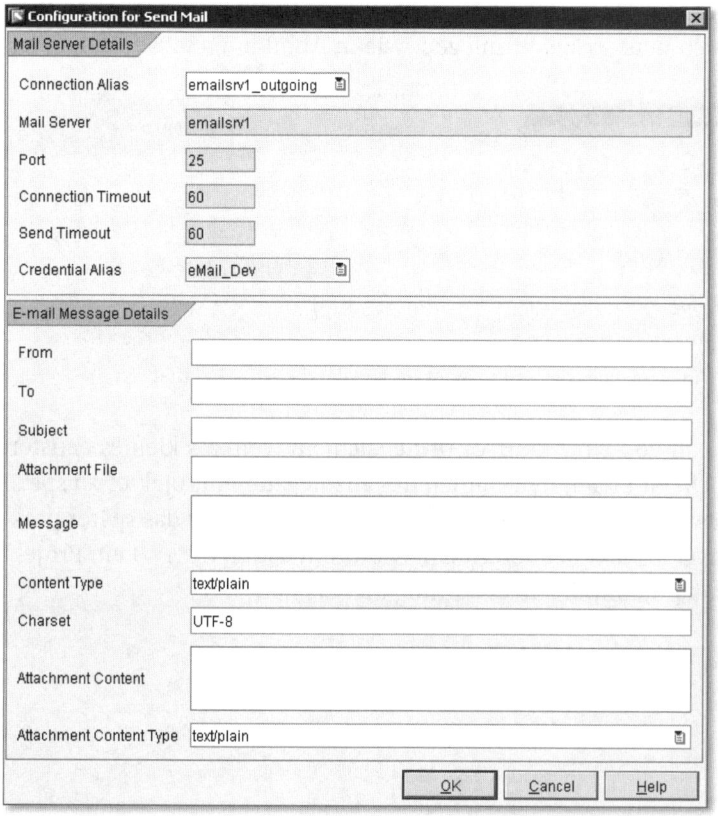

Abbildung 3.27 Konfigurationsdialog zum Versenden von E-Mails

3.6 Projektverwaltung

Die Verwaltung von Projekten ermöglicht es den Entwicklern von SAP MII-Applikationen seit der Version 12.0, Projekte einfach zu transferieren. Zwar ist dieser Mechanismus noch etwas von dem des SAP-Transportwesens entfernt, doch erlaubt das Arbeiten mit Projekten den schnellen und sicheren Export/Import von ganzen Projekten und verhindert, dass einzelne Daten verloren gehen, weil beispielsweise Dateien vergessen wurden. Letzteres ist leider in den Versionen vor SAP MII 12.0 vorgekommen.

3.6.1 Projekt anlegen

Das eigentliche Anlegen der Projekte geschieht innerhalb der Workbench. Hierbei ist es nicht wichtig, auf welchem der drei zur Verfügung stehenden Karteireiter (CATALOG, WEB, META-INF) man sich aufhält. Mit einem

Rechtsklick auf den Stammordner des jeweiligen Bereichs (siehe Abbildung 3.28) lassen sich neue Projekte anlegen, wie in Abbildung 3.28 zu sehen ist.

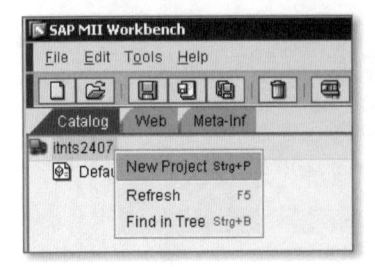

Abbildung 3.28 Anlegen eines neuen Projektes in der Workbench – Schritt 1

Mit der Auswahl von NEW PROJECT öffnet sich ein weiteres kleines Fenster, das die Möglichkeit bietet, den Namen des anzulegenden Projektes zu spezifizieren. Im Beispiel (siehe Abbildung 3.29) wird analog für das später praktisch betrachtete Projekt bei den ACME-Motorenwerken (AMW) ein Projekt angelegt, das der Stammdatenverwaltung dienen soll.

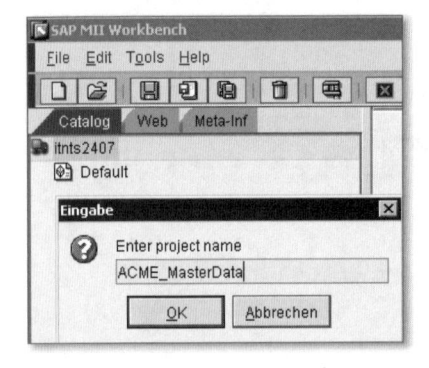

Abbildung 3.29 Anlegen eines neuen Projektes in der Workbench – Schritt 2

Mit einem Klick auf den OK-Button wird das Projekt erstellt und steht somit in jedem projektspezifischen Kontext von SAP MII zur Verfügung (siehe Abbildung 3.30).

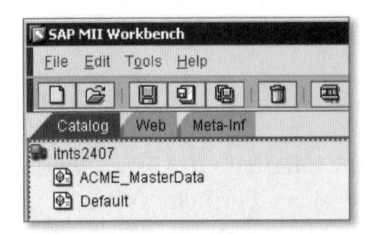

Abbildung 3.30 Anlegen eines neuen Projektes in der Workbench – Schritt 3

3.6.2 Projektverwaltung

Nachdem das Projekt ACME_MasterData angelegt wurde, befindet es sich auch unter dem Menüpunkt SYSTEM MANAGEMENT im SAP MII-Administrationsmenü unter PROJECTS, wo man die Verwaltungsübersicht über alle im System verfügbaren Projekte erhält. Neben der Anzeige aller Projekte hat man hier auch die Möglichkeit, Projekte zu exportieren, zu löschen oder zu importieren. Wie in Abbildung 3.31 zu sehen ist, sind die einzelnen Projekte in der ersten Spalte mit Grafiken markiert.

Diese Grafiken stellen die einzelnen Aktionen dar, die auf die jeweiligen Projekte angewendet werden können. Das Paket-Icon ermöglicht den Export eines Projektes, das rote X das Löschen. Wie Abbildung 3.31 zu entnehmen ist, kann das Default-Projekt nicht gelöscht werden. Der Grund hierfür ist, dass das Default-Projekt ein Systemprojekt ist, das nicht gelöscht werden darf.

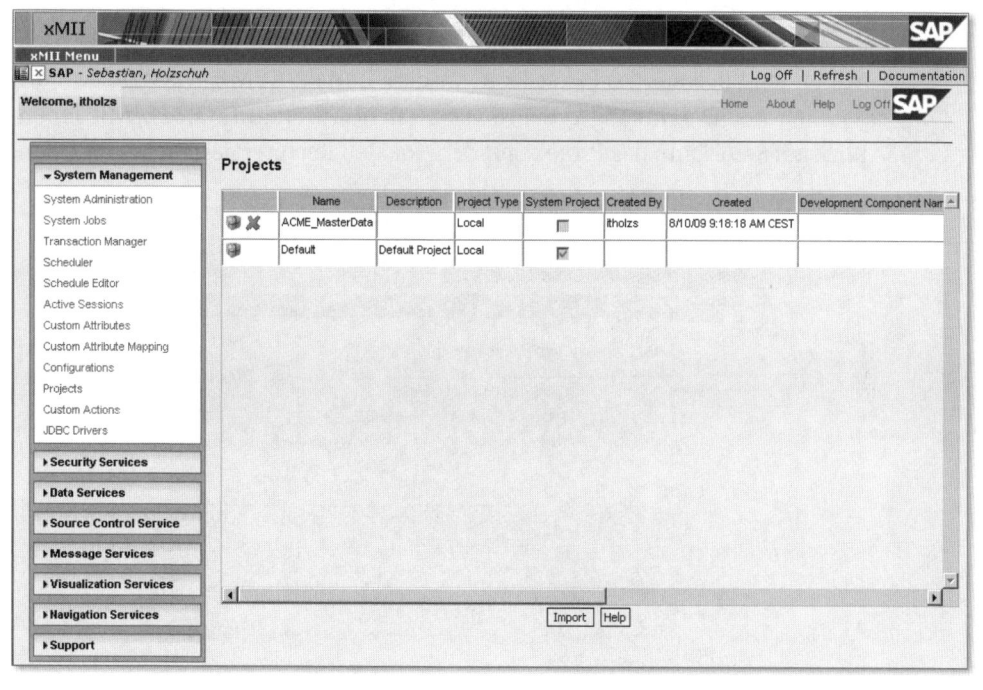

Abbildung 3.31 Übersicht über MII-Projekte

Am unteren Ende des GUI befindet sich der Button IMPORT 2, mit dessen Hilfe, wie zuvor beschrieben, komplette Exporte der jeweiligen Projekte auf anderen Systemen (beispielsweise Kundensystemen) eingespielt werden können.

Doch beginnen wir unseren kleinen Exkurs über die Handhabung der Projektverwaltung mit dem Export des ACME_MasterData-Projektes.

3.6.3 Projekt exportieren

Exportierte Projekte werden im ZIP-Format gespeichert und beinhalten neben den eigentlichen Daten des Projektes eine manifeste Datei, in der die Schlüsselinformationen zum jeweiligen Projekt gespeichert sind.

Die Projektdaten sind gemäß der auf den Karteireitern CATALOG, WEB und META-INF angelegten Struktur gespeichert und könnten auch außerhalb der Workbench bearbeitet werden.

[!] **Innerhalb der Workbench arbeiten**
Das Bearbeiten von Transaktionen und Datenabfragen außerhalb der Workbench wird nicht empfohlen. Das Bearbeiten von CSS-/IRPT-/JS-Dateien kann in jedem bekannten Editor ohne Probleme durchgeführt werden.

Mit einem Klick auf das Paket-Icon vor dem Projekt ACME_MASTERDATA öffnet sich der Dateidialog des Browsers (siehe Abbildung 3.32). Mit einem Klick auf SAVE kann das Projekt auf dem lokalen Rechner gespeichert werden.

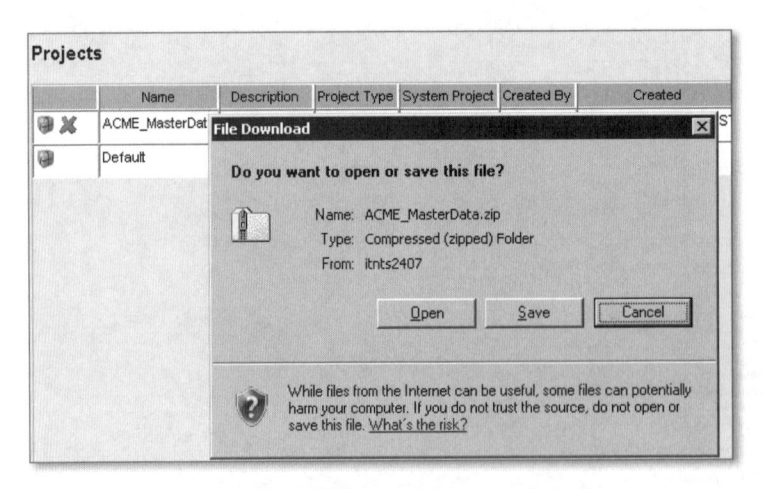

Abbildung 3.32 Export eines Projektes

Im Fall des Klicks auf den OPEN-Button wird ein entsprechendes ZIP-fähiges Programm aufgerufen, mit dem die Projektdatei direkt geöffnet wird (ein solches Programm muss auf dem ausführenden Rechner natürlich bereits installiert sein).

Sollten Sie für Kunden Projekte mit SAP MII implementieren und im Rahmen von Wartungsverträgen Patches/Updates eingespielt werden, empfiehlt es sich, nach dem Export der jeweiligen Projekte aus den ZIP-Dateien die Dateien zu entfernen, die nicht vom Update betroffen sind.

Somit würde der eigentliche Sinn eines Updates, nämlich die ausschließliche Erneuerung geänderter Dateien und das Hinzufügen neuer Dateien, nicht verfehlt. Um dies zu erreichen, gibt es zwei Möglichkeiten:

- Zum einen können nach dem Export all jene Dateien aus dem ZIP-Programm entfernt werden, die nicht geändert oder neu hinzugefügt worden sind.
- Zum anderen könnte ein neues ZIP-Programm erstellt werden, dem ausschließlich die relevanten Dateien hinzugefügt werden.

Mit der Benutzung eines Repository-Systems, wie beispielsweise dem kostenlosen *subversion*, empfiehlt sich der letztere Weg, da hier einfach die zur letzten Version unterschiedlichen Daten inklusive der entsprechenden Dateistruktur aus dem System gelesen werden können. Steht kein solches Repository-System zur Verfügung, sollte der zuerst genannte Weg, das Löschen überflüssiger Daten, gewählt werden.

3.6.4 Projekt löschen

Nachdem das Projekt nun exportiert wurde, wird es durch einen Klick auf das bereits genannte rote X gelöscht.

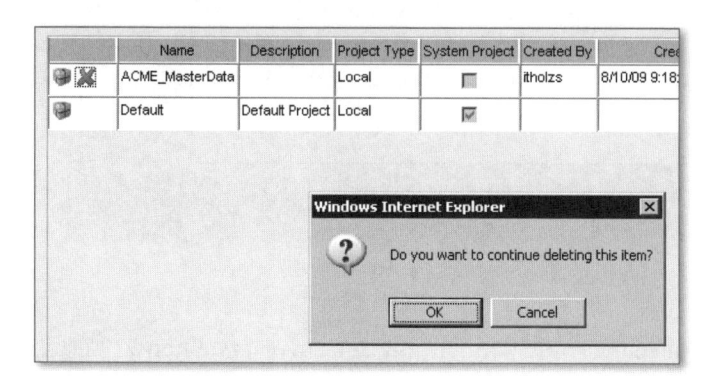

Abbildung 3.33 Löschen eines Projektes

Bevor das Projekt nun vollständig aus dem System entfernt wird, ermöglicht eine Sicherheitsabfrage das Abbrechen des Löschvorgangs, zu sehen in

Abbildung 3.33. In unserem Fall wollen wir jedoch mit OK das Löschen des Projektes akzeptieren, was anschließend durch einen Nachweis und die Aktualisierung der Projektübersicht bestätigt wird (siehe Abbildung 3.34).

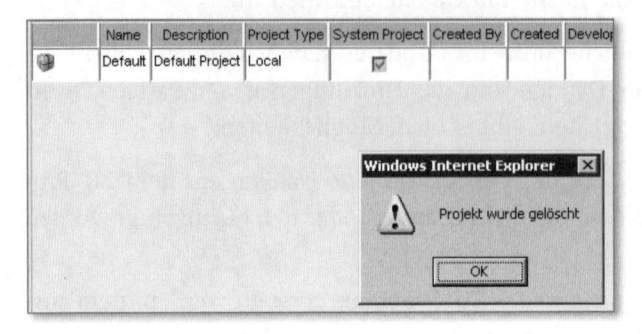

Abbildung 3.34 Erfolgreiches Löschen eines Projektes

3.6.5 Projekt importieren

Kommen wir nun zum letzten und zugleich auch dem wichtigsten Schritt der Projektverwaltung, dem Import eines Projektes (siehe Abbildung 3.35).

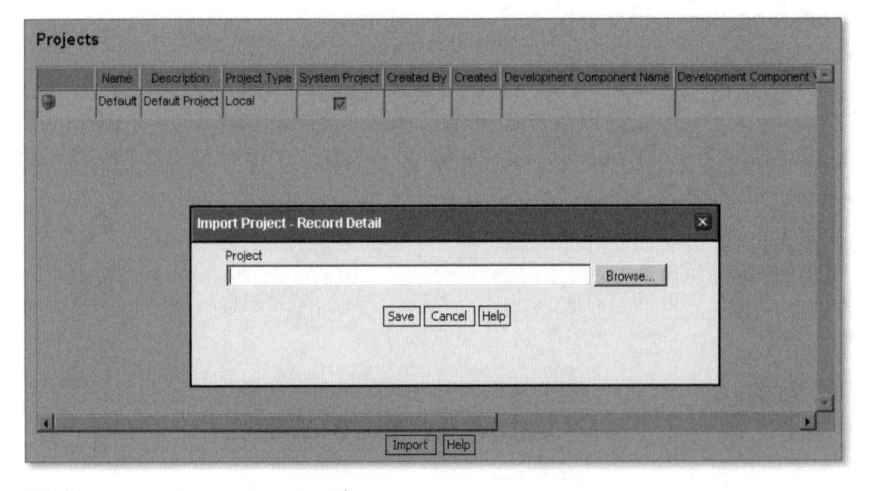

Abbildung 3.35 Import eines Projektes

Durch den Importmechanismus können mit der zuvor erstellten ZIP-Datei die entsprechenden Projektdaten direkt beim Kunden oder in sonstige andere MII-Systeme eingespielt werden. SAP MII erkennt die in der ZIP-Datei beinhalteten Dateien und überschreibt die alten automatisch. Außerdem werden neue Dateien hinzugefügt. Nicht im ZIP-Ordner vorhandene Dateien werden nicht angefasst und somit auch nicht gelöscht.

Wie in Abbildung 3.36 zu sehen ist, erscheint nach dem Klick auf den Button IMPORT auf der Projektverwaltungsseite ein Dialog, der die Eingabe des Pfads der zu importierenden Datei fordert.

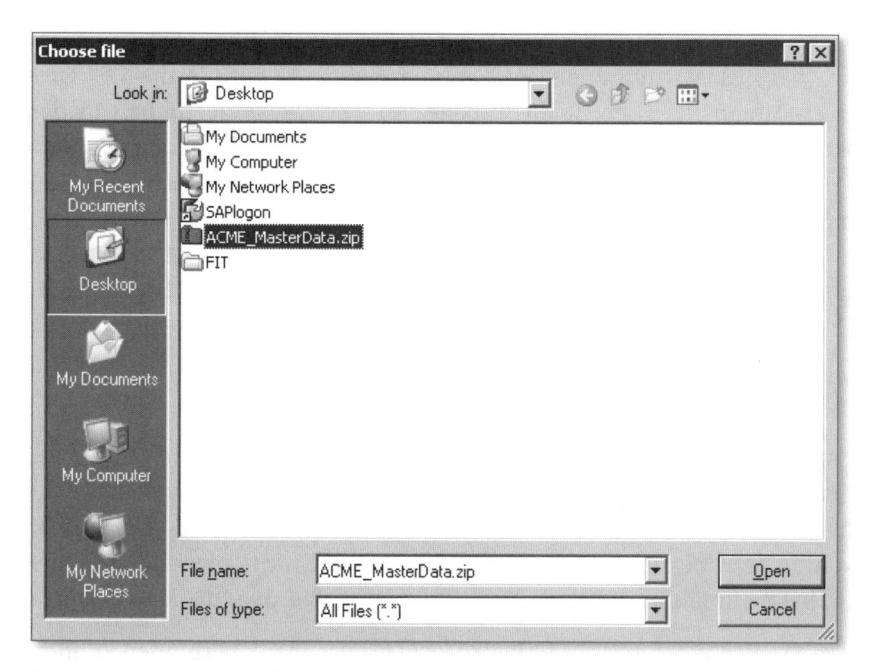

Abbildung 3.36 Auswahl des zu importierenden Projektes

Mit einem Klick auf den Button BROWSE öffnet sich der Standard-Browse-Dialog des Browsers, und das zu importierende Projekt kann ausgewählt werden (siehe Abbildung 3.37). Nach der Bestätigung der Auswahl der zu importierenden ZIP-Datei werden die Informationen in das zuvor geöffnete Import-Fenster von SAP MII integriert und zur Überprüfung angezeigt.

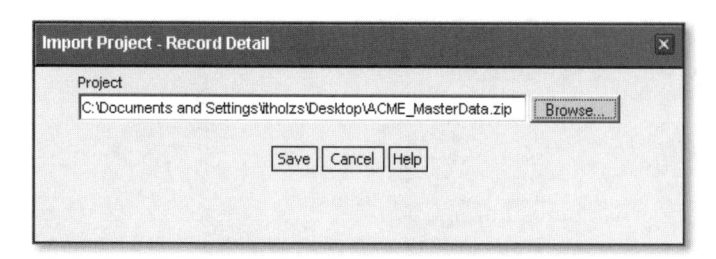

Abbildung 3.37 Prüfung und Bestätigung der zu importierenden Datei

Mit der Bestätigung – dem Klick auf den Button SAVE – wird die gewählte Datei, respektive das zu importierende Projekt, in SAP MII eingerichtet und die Projektübersicht aktualisiert.

3.6.6 Projekte in der Datenbank

Wie zu Beginn von Abschnitt 3.6.2, »Projektverwaltung«, versprochen, riskieren wir nun noch einen Blick darauf, warum das Default-Projekt nicht gelöscht werden kann.

Hierzu begeben wir uns zuerst in das Innere von SAP MII, in die SAP NetWeaver-Datenbank. Hier ist die Tabelle xmii_projects zu finden, in der neben dem Projektnamen, der Projektbeschreibung und des Herstellers auch die Spalten mit den aussagekräftigen Titeln HIDDEN und SYSTEM enthalten sind (siehe Abbildung 3.38).

NAME	PATHID	REFERENCE	DESCRIPTION	COMPONENTN...	HIDDEN	SYSTEM	DCNAME	DCVENDOR
ACME_MasterData	119	NULL	NULL	NULL	F	F	NULL	FIT
Default	1	NULL	Default Project	NULL	F	T	NULL	NULL

Abbildung 3.38 MII-Projekttabelle in der SAP NetWeaver-Datenbank

Als Werte zulässig für beide Spalten sind jeweils F für false und T für true. Hat ein Projekt den SYSTEM-Flag T, kann es in der Projektverwaltung nicht mehr gelöscht werden. Sollte der HIDDEN-Flag T sein, wird das Projekt sowohl in der Übersicht als auch in der Workbench nicht angezeigt und niemand hat mehr administrativen Zugriff darauf (außer über die Datenbank).

Sollten Sie sich nicht mit der SAP NetWeaver-Datenbank verbinden können oder dies nicht wollen, können wir Sie an dieser Stelle beruhigen. Um Einstellungen dieser Art vorzunehmen, ist ein solcher Zugriff nicht mehr unbedingt notwendig.

Die gleichen Einstellungen können seit der SAP MII-Version 12.1 auch über den Karteireiter META-INF in der Workbench vorgenommen werden (siehe Abbildung 3.39).

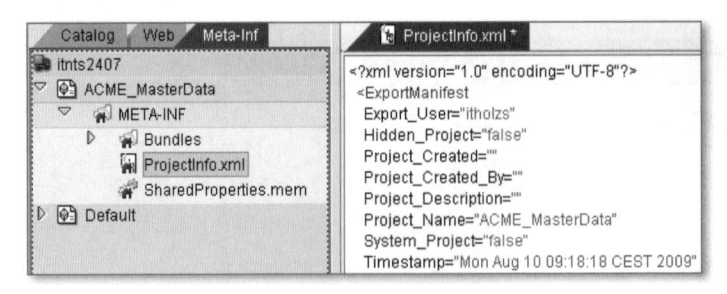

Abbildung 3.39 Einstellung der Projektinformationen

Im jeweiligen Projektverzeichnis findet sich im Ordner META-INF die Datei PROJECTINFO.XML, in der sich alle soeben für die Datenbank erwähnten Felder aus der Workbench heraus füllen lassen.

3.7 Logging

Abschließend zum Thema Verwaltung sollte noch, wenn auch nur kurz, beschrieben werden, wie auf die Logs zugegriffen werden kann. Anders als bei den älteren MII-Versionen, die eigene Log-Dateien geschrieben haben, sind die MII-Loggings in der Version 12.1 im SAP NetWeaver CE-Log abgelegt (seit Version 12.0).

Um das SAP NetWeaver-Log betrachten zu dürfen, muss der jeweilige Benutzer in der Administratorengruppe eingetragen sein. Gehen Sie hierzu folgendermaßen vor:

Über die Webadresse *http://server:port* kann die Startseite der SAP NetWeaver-Administration aufgerufen werden (siehe Abbildung 3.40).

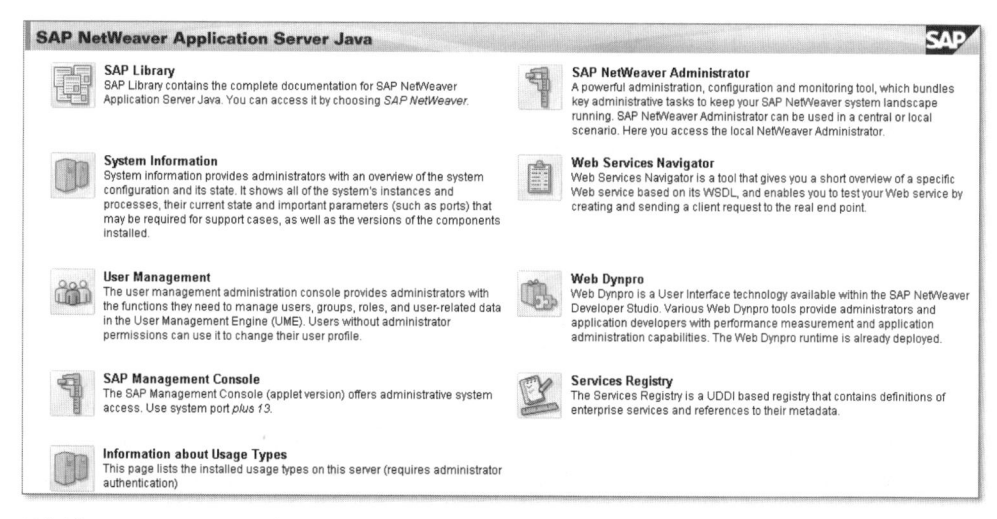

Abbildung 3.40 Startseite der SAP NetWeaver-Administration

Am Beispiel des hier verfügbaren Servers wäre die URL *http://itnts2407:50000*.

Mit einem Klick auf den Link SAP NETWEAVER ADMINISTRATOR öffnet sich die Administrationsmaske von SAP NetWeaver (siehe Abbildung 3.41). Um nunmehr zu der Log-Administration zu gelangen, muss der Link LOG VIEWER angeklickt werden (siehe Abbildung 3.42).

Für das Lesen von SAP MII-Logs empfiehlt es sich, eine eigene Sicht zu generieren, die als Location den Begriff »MII« beinhaltet. Somit werden nur jene Einträge im Log Viewer ausgegeben, die durch MII-Komponenten ausgelöst wurden.

3 | Verwaltung

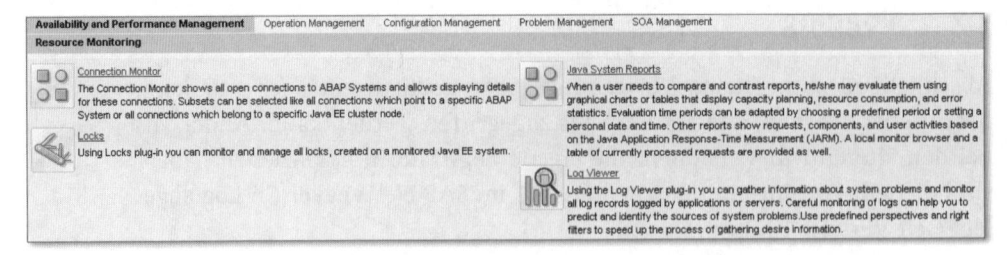

Abbildung 3.41 SAP NetWeaver – Administration des GUI

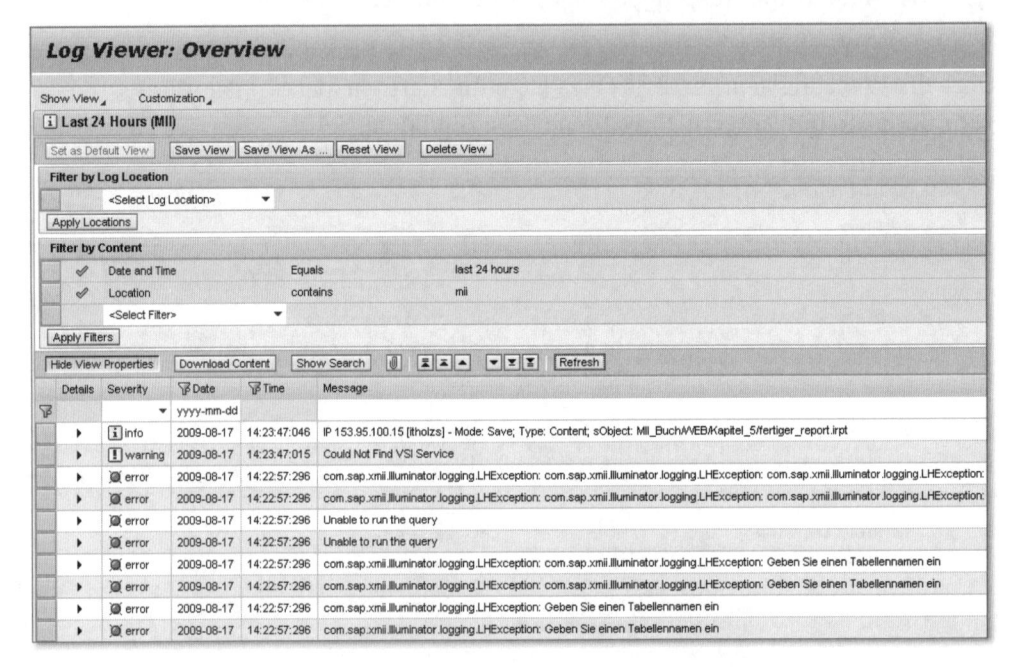

Abbildung 3.42 Log Viewer

Mit diesem Überblick über die SAP MII-Administration sollten Sie in der Lage sein, die meisten Aufgaben erledigen zu können.

Dennoch wird hier und da sicherlich immer mal wieder ein kleines Problem auftreten, das das eine oder andere Fragezeichen aufwirft. An dieser Stelle sei Ihnen das SAP Developer Network (SDN) ans Herz gelegt (*http://sdn.sap.com*), in dem Ihre Fragen immer gerne und gut beantwortet werden.

Die Workbench als Entwicklungsumgebung für SAP MII bietet nicht nur die Möglichkeit, Frontends zu entwickeln, sondern auch Datenabfragen und vor allem Businesslogik-Transaktionen zu generieren und auszuführen.

4 Workbench

Ähnlich der SAP Workbench beinhaltet die MII Workbench alle Funktionalitäten zur Entwicklung von Funktionen und Businesslogiken. Neben einfachen Datenabfragen können komplexe Abläufe sowie das komplette User Frontend entwickelt und getestet werden.

4.1 Karteireiter »Catalog«, »Web« und »Meta-Inf«

Seit der Integration von SAP MII in den SAP NetWeaver Application Server und der damit verbundenen Einführung der Workbench ist SAP MII innerhalb der Workbench in zwei separate Bereiche getrennt.

Historisch gewachsen sind das zum einen der *Datenbeschaffungs- und Logikteil* und zum anderen der *Visualisierungsteil*. Die logische Abgrenzung dieser beiden Teile ermöglicht es, während der Entwicklung eine saubere Struktur aufzusetzen und nicht Gefahr zu laufen, einzelne Elemente zu vermischen. Abbildung 4.1 zeigt die SAP MII Workbench nach ihrem Start, aufgeteilt in das Menü ❶, den Navigationsbaum ❷, den Frame zur Anzeige von Objektdetails ❸ sowie die eigentliche Arbeitsfläche ❹.

Zu beachten ist, dass die Logik für HTML-GUIs (entwickelt beispielsweise in JavaScript) innerhalb des Visualisierungsteils untergebracht wurde und nicht im eigentlichen Logikbereich des Catalogs. In diesem Bereich werden ausschließlich Businesslogik-Elemente gespeichert.

Mit der SAP MII-Version 12.1 kam zu den bereits existierenden Bereichen CATALOG und WEB noch der Bereich META-INF hinzu, der projektspezifische Daten verwaltet.

4 | Workbench

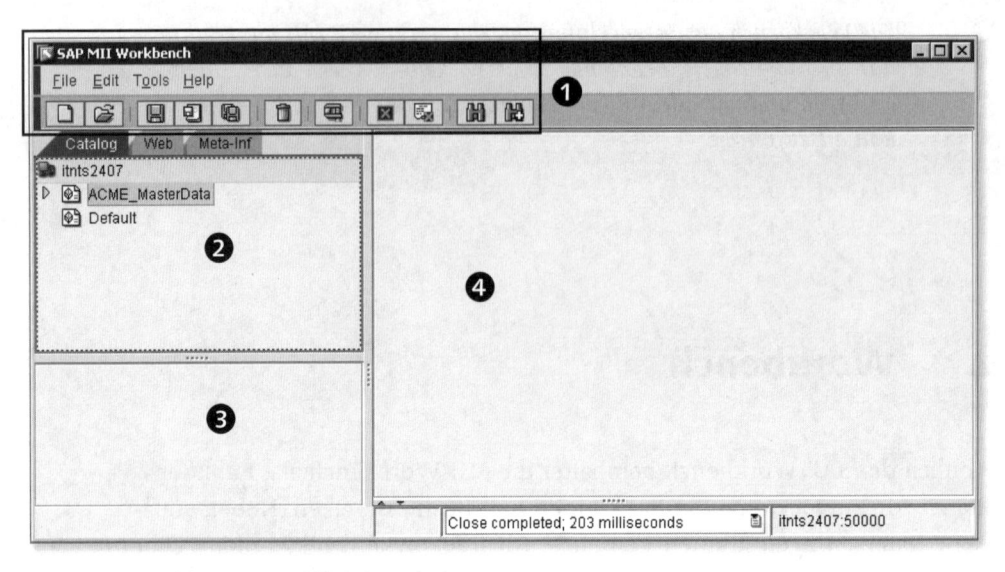

Abbildung 4.1 Workbench nach dem Start

4.1.1 Karteireiter »Web«

Schauen wir uns aber zu allererst den Karteieiter WEB an (Abbildung 4.2). Zwar ist beim Starten der Workbench der Katalog die vordefinierte Auswahl, doch ist der Einstieg in die Workbench aufgrund geringerer Funktionalität mit dem Karteireiter WEB einfacher zu vermitteln.

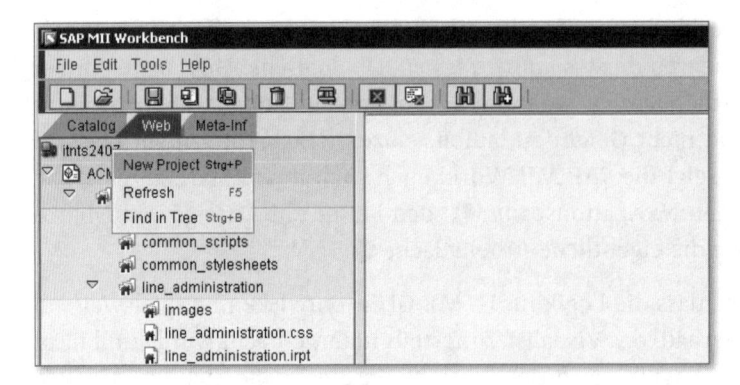

Abbildung 4.2 Anlegen eines neuen Projektes

Projekt anlegen

Der beste Einstieg ist die Erstellung eines neuen Projektes. Hierzu wird mit der rechten Maustaste auf den Hauptknoten (den Server, in unserem Beispiel

ITNTS2407) geklickt und im daraufhin angezeigten Kontextmenü der Punkt New Project ausgewählt.

Es wird ein entsprechender Dialog geöffnet, in den der Name des Projektes eingetragen werden muss. Nach der Eingabe des Namens des neuen Projektes muss der Dialog mit einem Klick auf den OK-Button bestätigt werden, damit ist das neue Projekt angelegt.

> **Shortcuts** [+]
> Wie Abbildung 4.2 zu entnehmen ist, sind für viele Funktionen Tastenkürzel hinterlegt.

Nachdem nun das Vorgehen beim Anlegen eines neuen Projektes bekannt ist (siehe auch die Kurzbeschreibung aus Kapitel 3, »Verwaltung«), ist der nächste logische Schritt das Anlegen der Unterverzeichnisse bzw. Dateien.

Unterverzeichnisse und Dateien anlegen

Die in Abbildung 4.3 gezeigten Aktionen zum Anlegen von Dateien und Ordnern können unterhalb des Projektordners mit einem Rechtsklick auf jedes verfügbare Objekt ausgeführt werden.

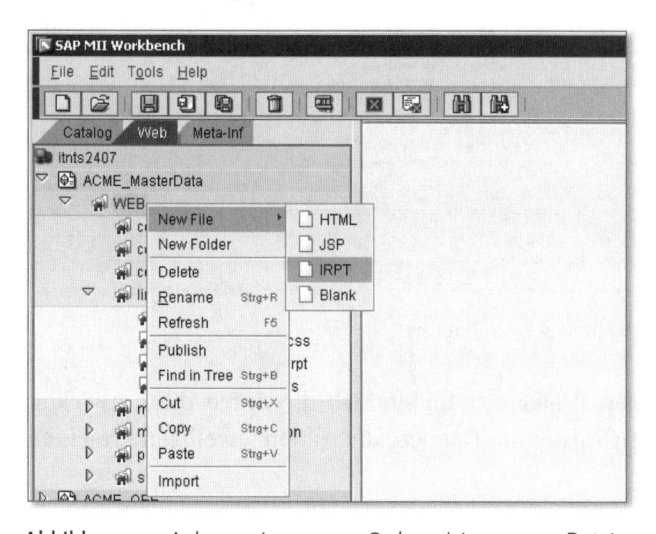

Abbildung 4.3 Anlegen eines neuen Ordners/einer neuen Datei

Da diese Grundlagen nun bekannt sind, widmen wir uns wieder der Gesamtübersicht der Workbench.

4 | Workbench

Workbench – Gesamtsicht

Auf der linken Seite befindet sich im althergebrachten Stil der Navigationsbaum (siehe ❶ in Abbildung 4.4). Hier werden auf erster Ebene die verschiedenen Projekte angezeigt, die in MII verfügbar sind. Dies können zum einen Eigenentwicklungen, zum anderen aber auch installierte Applikationen sein, sofern diese zur Betrachtung freigegeben wurden.

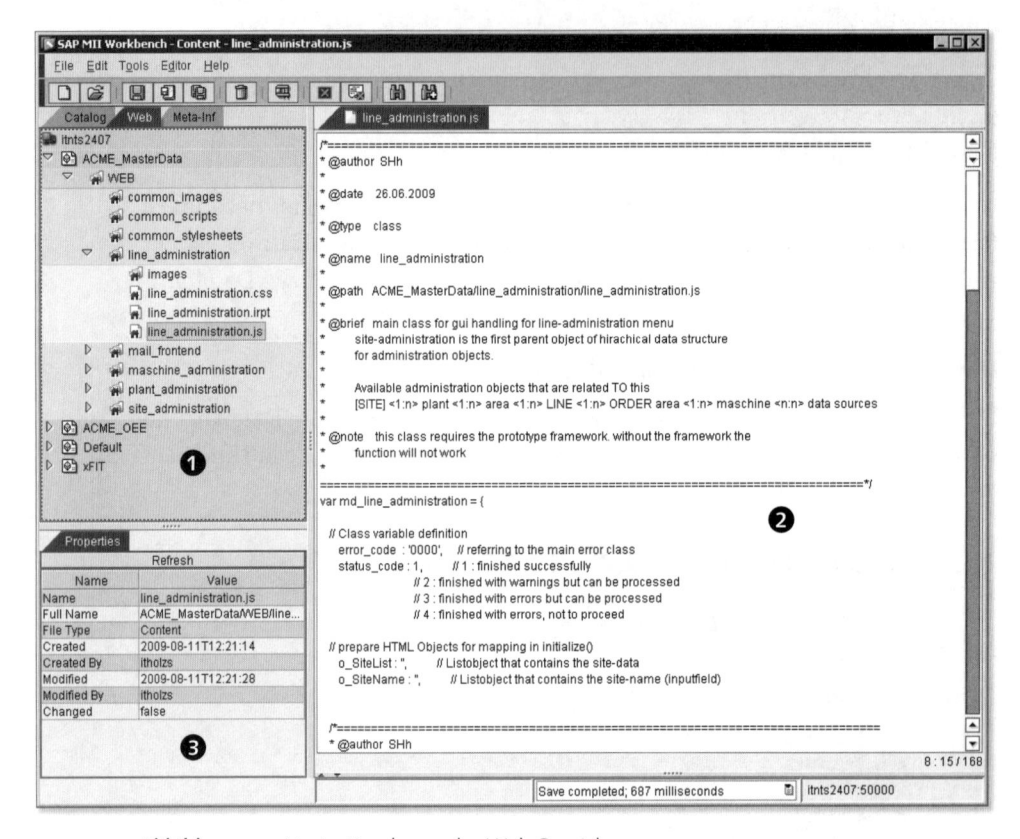

Abbildung 4.4 Navigationsbaum des Web-Bereichs

Innerhalb der jeweiligen Projekte befinden sich die durch die Entwickler definierten Unterverzeichnisse und Dateien, die zu den jeweiligen Projekten gehören.

Auf der rechten Bildschirmseite ❷ erhalten Sie den Inhalt der gewählten und zu öffnenden Datei. Hierbei spielt es keine Rolle, ob es sich bei der geöffneten Datei um eine IRPT-/HTML-, JavaScript-, TXT-Datei oder Ähnliches handelt. Der in MII integrierte Texteditor vermag fast jede Webdatei zu öffnen.

Nach dem Öffnen einer Datei erhalten Sie im unteren linken Bildrand der Workbench ein Informationsfenster ❸ zu dieser Datei, das unter anderem auch die Erstellerinformation oder das Datum der letzten Änderung enthält.

Die Steuerung des Webmenüs sowie der einzelnen nutzbaren Funktionen ist überwiegend ähnlich dem Windows Explorer gehalten. Beispielsweise können auch zahlreiche Tastenkürzel (zum Beispiel [Strg] + [A]/[Strg] + [S]) nahezu überall verwendet werden.

Durch den intuitiven Aufbau werden Sie schnell Vertrauen in die Applikationssteuerung fassen und nach wenigen Stunden der Bedienung das Gefühl haben, schon länger mit SAP MII zu arbeiten.

Entwicklung von Web-Frontend-Inhalten

Bei der Entwicklung von Web-Frontend-Inhalten ist zu beachten, dass nach der Speicherung der Änderung die jeweils gerade aktiven Anwendungen neu gestartet und deren Cache zuvor gelöscht werden müssen, da Webcontent von den meisten Browsern ständig gecacht ist und Änderungen deshalb manchmal nicht übernommen werden.

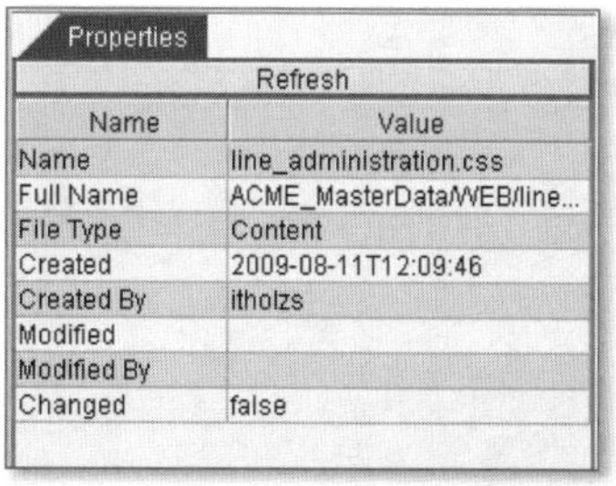

Abbildung 4.5 Informationsmenü

Browser-Cache [+]

Es wird dringend empfohlen, den Cache-Speicher des Browsers zu minimieren sowie eine Datenaktualisierung bei jedem Aufruf einer Seite zu aktivieren. Auf diese Weise verhindern Sie, dass veraltete Daten angezeigt, aber nicht aktualisiert werden sowie eine unnötige Problemsuche aufgrund vermeintlich falsch angezeigter Daten.

Mit einem Rechtsklick auf die in den Projekten abgelegten oder im Editor geöffneten Dateien wird ebenfalls ein entsprechendes Kontextmenü geöffnet, in dem Dateiaktionen wie LÖSCHEN oder UMBENENNEN ausgeführt werden können. Sobald eine Datei im Editor geöffnet ist (unabhängig vom Speicherort oder der Art der Datei), sind zusätzlich Informationen zur Datei im unteren, rechten Bereich der Workbench angezeigt (siehe Abbildung 4.5).

Alle hier durchgeführten Änderungen sind sofort aktiv, die jeweilige Datei muss nicht zusätzlich gespeichert werden.

In diesem Menü sind die Funktionen TEST, SYNC TO TREE und EXPORT besonders hervorzuheben:

- Die Funktion SYNC TO TREE ermöglicht es dem Entwickler, automatisch in das Verzeichnis zu springen, in dem die aktuelle Datei gespeichert ist. Dies ist vor allem dann von Vorteil, wenn man während der Entwicklung in mehreren Dateien arbeitet.
- Die Funktion TEST erlaubt es, Dateien während der Entwicklung direkt aus der Workbench heraus aufzurufen und zu testen.
- Mit der Funktion EXPORT kann die gewählte Datei aus dem System exportiert werden.

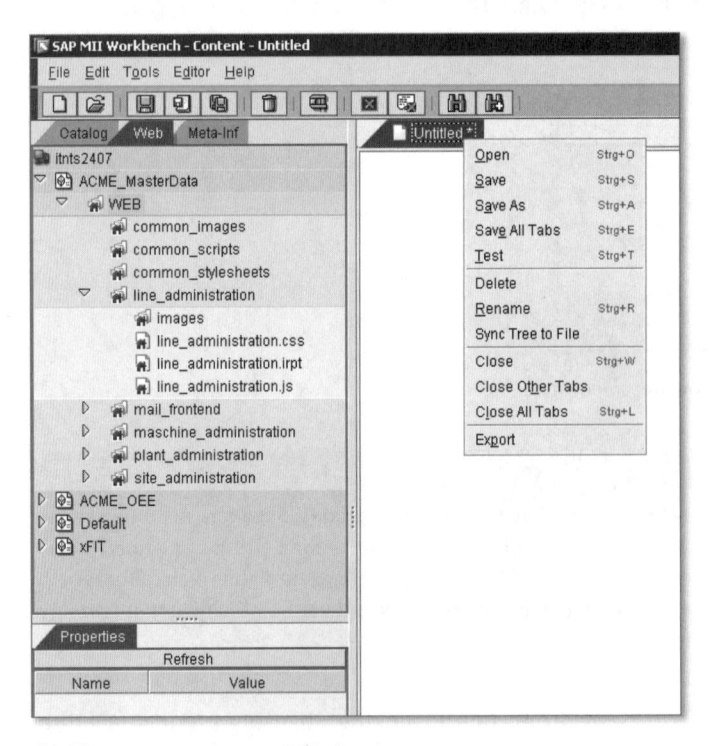

Abbildung 4.6 Kontextmenü für Dateien

Ein weiteres wichtiges Feature ist nach dem soeben beschriebenen Export die Funktion IMPORT. Diese kann über das Kontextmenü (Rechtsklickmenü, siehe Abbildung 4.6) der jeweiligen Ordner erreicht werden und befindet sich wie auch die Funktion EXPORT im Dateidialog ganz unten.

Zuvor exportierte oder extern erstellte Dateien können so komfortabel in das System geladen werden (siehe Abbildung 4.7).

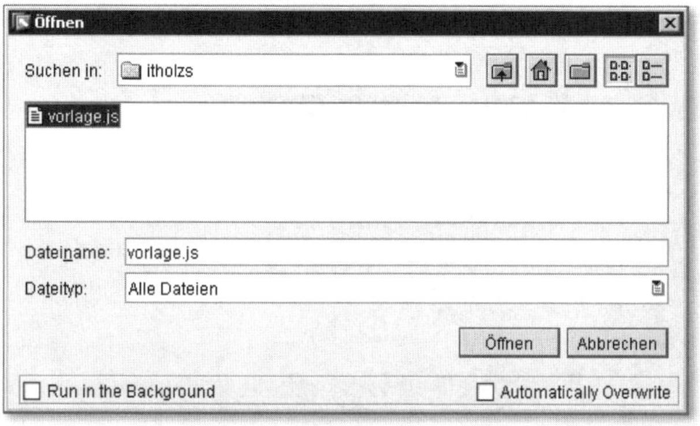

Abbildung 4.7 Dateiimport

4.1.2 Karteireiter »Catalog«

Das Pendant zum Web-Bereich ist, wie beschrieben, der CATALOG. Ähnlich aufgebaut wie der Web-Bereich, findet sich im Bereich des Katalogs auf der linken Seite des Bildschirms der Navigationsbaum (siehe Abbildung 4.8), der – wie auch im Web-Bereich – auf der ersten Ebene die einzelnen Projekte anzeigt. Darunter sind gleich die von den Entwicklern angelegten Ordner und Dateien zu finden.

Wichtig zu wissen ist, dass die Projektstrukturen im Web und im Catalog *nicht* dieselben sind (zumindest nicht automatisiert)! Die Strukturen können durchaus unterschiedlich sein. Zum allgemeinen Verständnis und besserer Transparenz empfiehlt es sich jedoch, die Strukturen in beiden Navigationsbäumen ähnlich zu wählen.

Gleicher Aufbau, gleiche Namens- und Programmierkonventionen	[+]
Durch den gleichen Aufbau der Strukturen in Web und Catalog können Sie sich schneller in den einzelnen Projektteilen zurechtfinden. Durch Einhaltung gegebener Programmier- und somit auch Namenskonventionen sind unter anderem einzelne Logikbausteine den Webbausteinen leichter zuzuordnen.	

4 | Workbench

Darüber hinaus finden sich in der GUI-Gliederung im Vergleich zu den Webkomponenten und deren Sources im Katalog an entsprechender Stelle die Einstellungsmöglichkeiten/Umgebungen der jeweiligen Objekte, wie in Abbildung 4.8 zu erkennen ist. Im Catalog können Datenabfragen sowie Darstellungsobjekte generiert (siehe Abschnitt 4.2), aber auch komplexe logische Abläufe (siehe Abschnitt 4.3) entwickelt werden.

Auch der Katalogbereich stützt sich auf die Steuerungslogik von Windows und lässt Tastenkürzel und Doppelklicks zu.

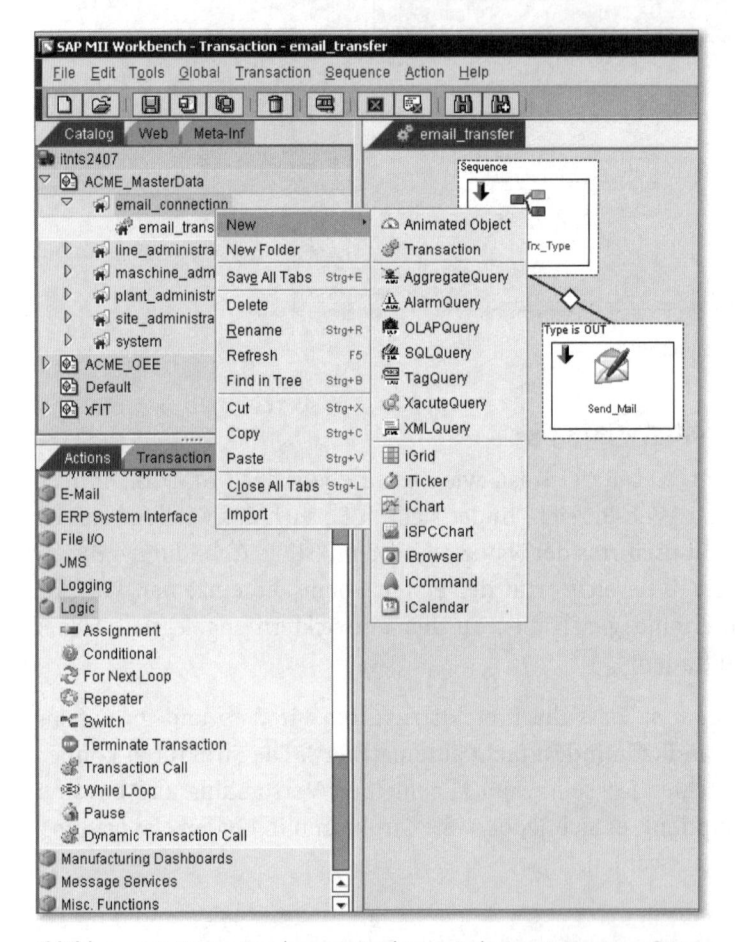

Abbildung 4.8 Navigationsbaum »Catalog« – Anlegen einer neuen Datei

4.1.3 Karteireiter »Meta-Inf«

Der mit Release 12.1 neu ins Spiel gekommene Bereich META-INF ermöglicht die Einstellung projektspezifischer Informationen, wie beispielsweise den in

Kapitel 3, »Verwaltung«, beschriebenen Projektstatus (hidden/system), sowie jene Projektinformationen, die in der Projektübersicht des SAP MII-Administrationsmenüs zu sehen sind (siehe Abbildung 4.9).

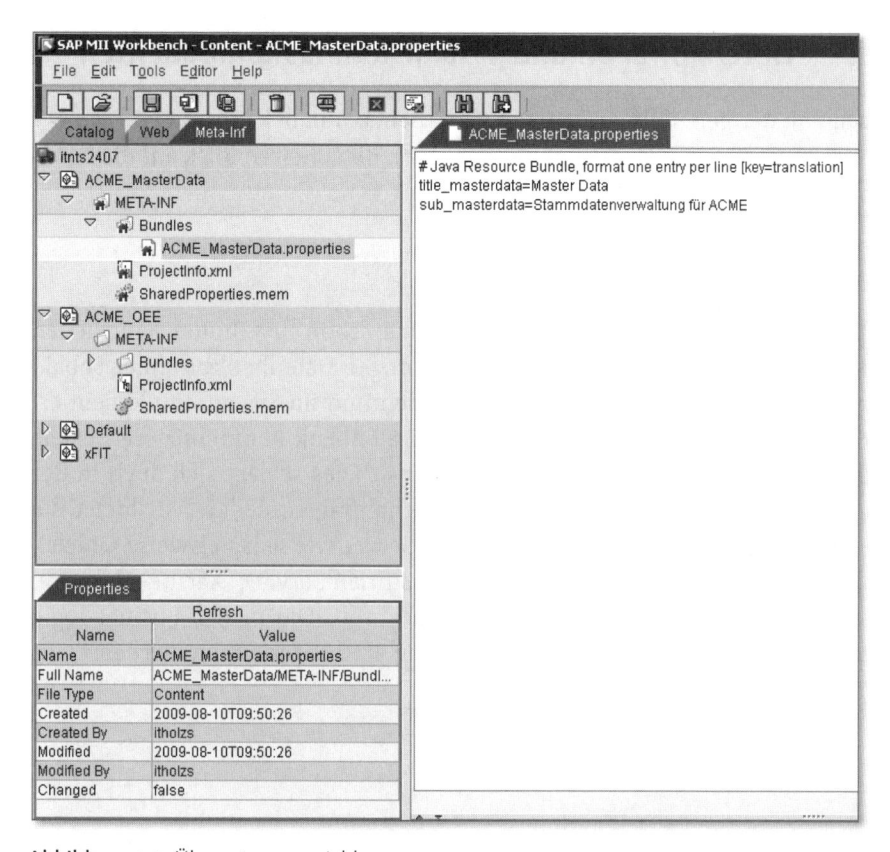

Abbildung 4.9 Übersetzungsvariablen

Zusätzlich hierzu können in der META INF-Verwaltung auch Metadaten wie die Übersetzungsvariablen in ihrer Rohform bearbeitet oder auch neue Ressourcen in anderen Sprachen hinzugefügt werden. Eine neue Sprachressource kann mit einem Rechtsklick auf den Ordner BUNDLES und darauffolgend mit einem Klick auf den Menüpunkt CREATE NEW RESOURCE angelegt werden. Im nächsten Schritt muss nur noch die Sprache gewählt werden (natürlich müssen nachfolgend noch die Übersetzungen eingetragen werden).

Ebenfalls ein neues Feature von SAP MII 12.1 ist die Möglichkeit der Verwendung von Shared Properties, das heißt von Variablen, die über die einzelnen Transaktionen hinweg genutzt werden können. Dies hat den Vorteil, dass Parameterübergaben vereinfacht werden und durch die Nutzung von

Shared Properties Fehlerquellen gefunden werden können, wie beispielsweise eine fehlende Zuweisung bei einem Transaktionsaufruf.

4.2 Datenabfragen und Visualisierungskomponenten

Nachdem der generelle Aufbau der Workbench nun bekannt ist, können wir mit der Erläuterung der Datenabfragen einen detaillierten Blick auf die Funktionalitäten der Workbench riskieren.

4.2.1 Datenabfragen

Eine der herausragenden und deshalb auch schon erwähnten Fähigkeiten von SAP MII ist die Anbindung mannigfaltiger Datenbanksysteme. Sobald ein entsprechender JDBC-Treiber vorhanden und im System implementiert ist, kann SAP MII mit der gewünschten Datenbank kommunizieren (siehe Abschnitt 3.3, »Datenbankserver anbinden«). Dies schlägt sich auch in der Menge der zur Verfügung stehenden Datenabfragen nieder. MII bietet die Möglichkeit, SQL-Abfragen (SQL-basierte Server wie beispielsweise Oracle), Tag-Abfragen (tagbasierte Server wie Historian-Server), Xacute-Abfragen, XML-Abfragen, Alarmabfragen etc. auszuführen. Die in der Businesslogik verwendbaren Aktionen können Abbildung 4.10 entnommen werden.

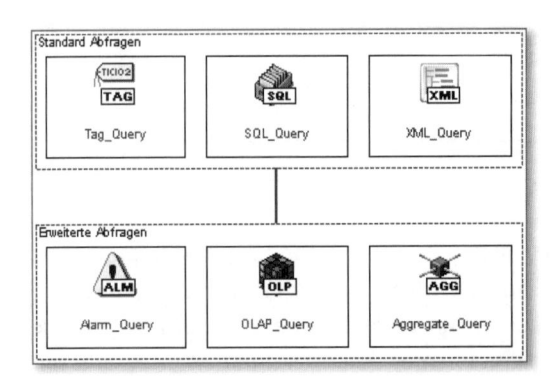

Abbildung 4.10 Verschiedene Abfragetypen von SAP MII

Die Erstellung von Datenabfragen, im Folgenden am Beispiel einfacher SQL-Abfragen dargestellt, bedarf im ersten Schritt keinerlei Kenntnisse der jeweiligen Datenbanksprache, da durch die Hilfe der MII beigefügten Konfigurationsoberfläche die einzelnen Abfrageteile durch das Anwählen einzelner Komponenten mit der Maus im Abfrage-Wizard zusammengebaut werden können (siehe Abbildung 4.11).

Datenabfragen und Visualisierungskomponenten | **4.2**

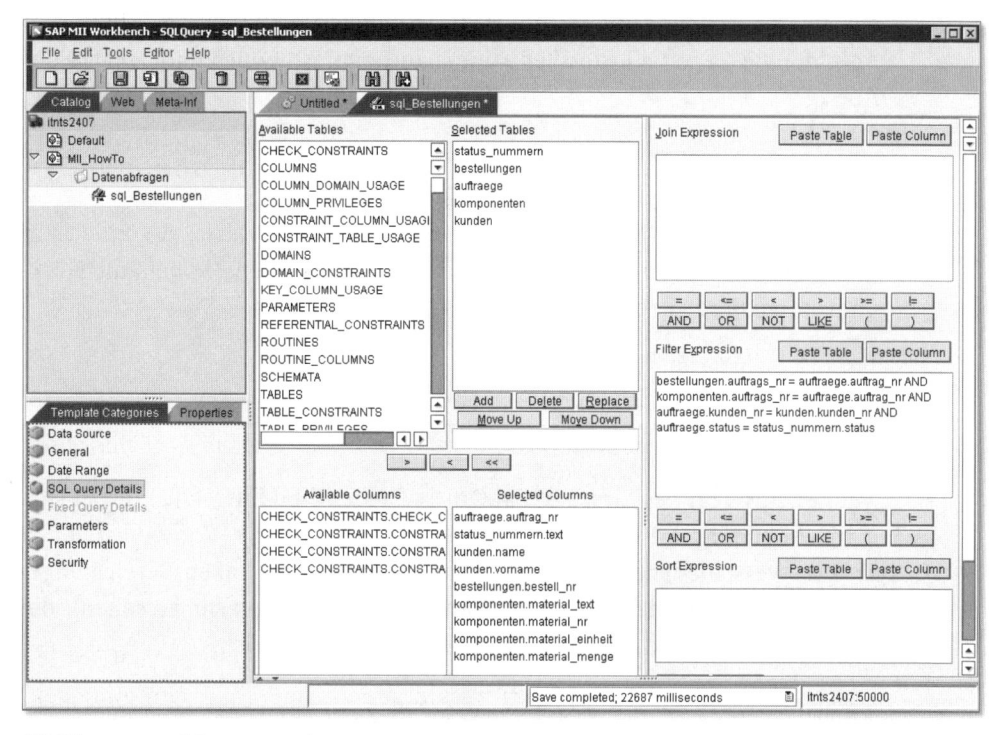

Abbildung 4.11 Abfrage-Wizard

Mit etwas Kenntnis der Datenbanksprache lässt sich jedoch noch sehr viel mehr realisieren, zum Beispiel das Ausführen verschachtelter Abfragen wie *Multiselects*. Im Gegensatz zu anderen Schnittstellenprodukten bietet SAP MII die Möglichkeit, die komplette SQL-Syntax des zugrunde liegenden Datenbanksystems zur Verfügung zu stellen und auch *Stored Procedures* direkt aufzurufen.

Die Erstellung der einzelnen Datenabfragen beruht auf einem immer gleichen Muster, das sich ausschließlich durch die Unterschiede zwischen den einzelnen Abfragetypen unterscheidet.

Mit einem Rechtsklick auf den entsprechenden Ordner im CATALOG, in dem die Abfrage gespeichert werden soll, können über den Eintrag NEW neue Abfragen angelegt werden (siehe Abbildung 4.12).

> **Begleitmaterial zum Buch** [+]
>
> Die in Abbildung 4.11 dargestellte Abfrage ist im Projekt *MII_Buch* in Kapitel 4 diesem Buch beigelegt. Die Bedienung des Abfrage-Wizards ist intuitiv und leicht zu verstehen, weshalb an dieser Stelle nicht weiter darauf eingegangen wird.

4 | Workbench

Die im Nachfolgenden erstellte Abfrage liefert, wie auch die Abfrage in Abbildung 4.11, eine Liste aller Kundenaufträge, ist jedoch eine »manuelle« Abfrage.

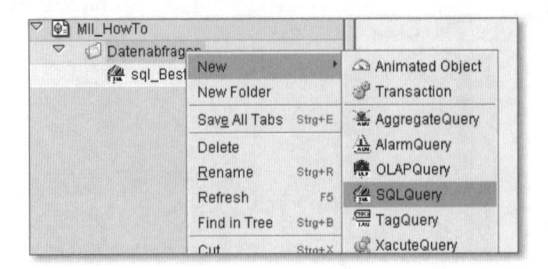

Abbildung 4.12 Anlegen einer neuen SQL-Abfrage

Mit der Auswahl des Eintrags SQLQUERY (siehe Abbildung 4.12) öffnet sich das in Abbildung 4.13 gezeigte Abfragemenü. Wie für die Workbench üblich sind die verschiedenen Funktionsgruppen im unteren linken Bereich angeordnet (im Bild sind hiervon nur DATASOURCE und GENERAL zu sehen), die Konfigurationsobjekte selbst im rechten, größeren Bereich.

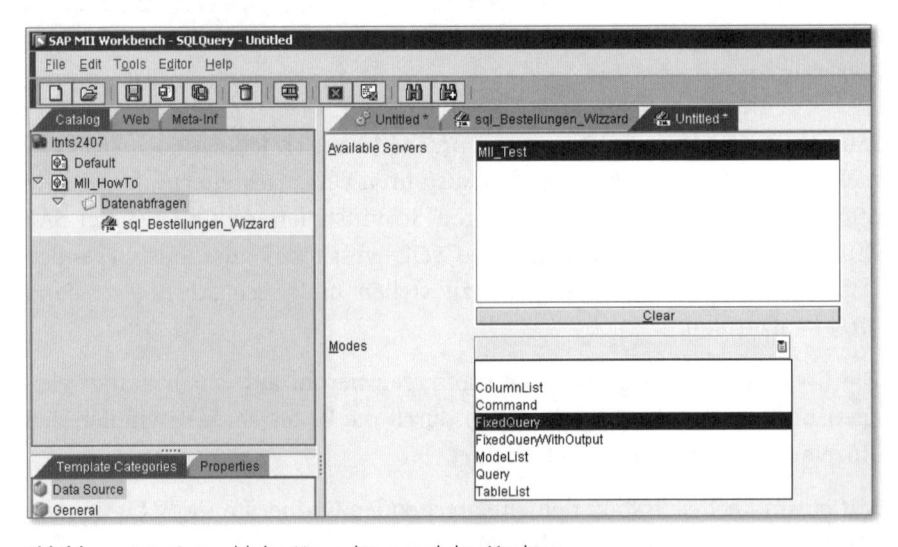

Abbildung 4.13 Auswahl des Konnektors und des Modus

Der erste Schritt zur manuellen Erstellung einer Datenbankabfrage ist die Auswahl des Konnektors, auf den die Datenabfrage angewendet werden soll. Daraufhin stehen mehrere unterschiedliche Abfragemodi zur Verfügung. Die wichtigsten und auch gängigsten Abfragemodi sind der COMMAND-Modus, der FIXEDQUERY-Modus und für den Wizard der QUERY-Modus.

- Der COMMAND-Modus dient zum Absetzen von Abfragen, die keine Rückgabedaten produzieren. Diese Abfragen sind einfache Insert-, Update- oder Delete-Abfragen.
- Select-Abfragen, die Rückgabedaten produzieren, müssen mit dem QUERY- bzw. FIXEDQUERY-Modus erstellt werden.
- Die in unserem Fall zu erstellende Abfrage soll aus verschiedenen Tabellen, in denen Bestell-/Kunden-/Auftragsinformationen gespeichert sind, eine Liste aller verfügbaren Bestellungen ausgeben. Da es sich hierbei um eine Select-Abfrage handelt, muss der Modus FIXEDQUERY gewählt werden.

Ab diesem Zeitpunkt wurde der Punkt SQL QUERY DETAILS vom System in der Funktionsgruppe deaktiviert, da dieses Objekt für die Wizard-Abfragen zuständig ist.

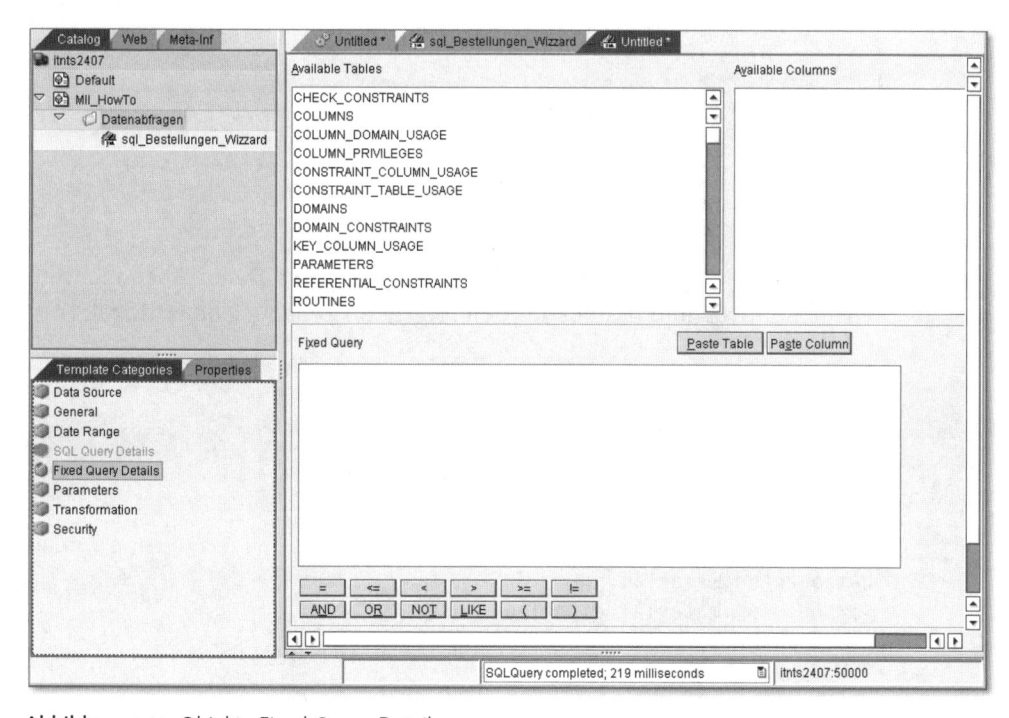

Abbildung 4.14 Objekt »Fixed Query Details«

Mit der durch das System ermöglichten Auswahl der FIXED QUERY DETAILS kann über die Workbench nun der entsprechende Konfigurationsdialog für die Erstellung manueller Abfragen geöffnet werden. In Abbildung 4.14 gut zu erkennen ist die Liste aller am Konnektor verfügbaren Datentabellen. Mit der Auswahl einer solchen Tabelle werden im rechten Dialogfenster alle in dieser Tabelle verfügbaren Spalten angezeigt, die per Drag & Drop oder per Klick auf einen der oberen Buttons der Abfrage hinzugefügt werden können.

Mit der Eingabe der Abfrage im unteren Fenster des Dialogs ist die eigentliche Erstellung der Abfrage schon fast abgeschlossen.

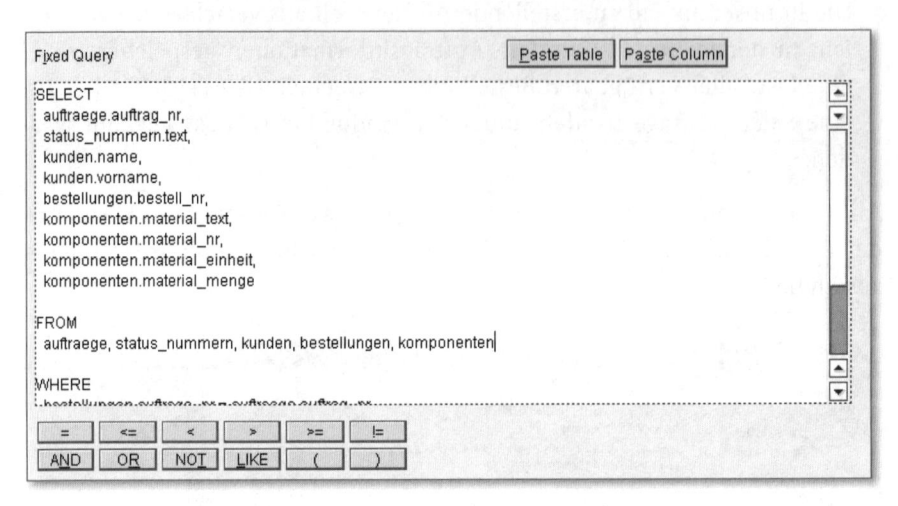

Abbildung 4.15 Abfrageeditor

Die in Abbildung 4.15 eingegebene Abfrage erfasst Daten über mehrere Tabellen hinweg und besteht aus den folgenden Zeilen (siehe Listing 4.1):

```
SELECT
  auftraege.auftrag_nr,
  status_nummern.text,
  kunden.name,
  kunden.vorname,
  bestellungen.bestell_nr,
  komponenten.material_text,
  komponenten.material_nr,
  komponenten.material_einheit,
  komponenten.material_menge
FROM
  auftraege, status_nummern, kunden, bestellungen, komponenten
WHERE
  bestellungen.auftrags_nr = auftraege.auftrag_nr
AND
  komponenten.auftrags_nr = auftraege.auftrag_nr
AND
  auftraege.kunden_nr = kunden.kunden_nr
```

```
AND
  auftraege.status = status_nummern.status
```

Listing 4.1 Auftrags-/Materialliste

Abschließend, aber natürlich auch bei jedem beliebigen Schritt der Entwicklung, kann die Abfrage über die Tastenkombination [Strg]+[T] oder den TEST-Button (im grafischen Workbench-Menü rechts neben dem Mülleimer) getestet werden.

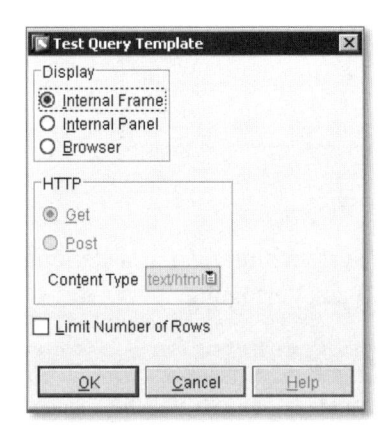

Abbildung 4.16 Test der Abfrage

In Abbildung 4.16 sind die für den Test möglichen Einstellungen zu sehen, die bei jeder Ausführung angezeigt werden. Die Display-Typen INTERNAL FRAME, INTERNAL PANEL und BROWSER zeigen alle das Gleiche an, nur in unterschiedlichen Formen:

- INTERNAL FRAME zeigt einen eigenen kleinen Dialog in der Workbench an (siehe Abbildung 4.17).
- INTERNAL PANEL öffnet unterhalb der Abfrage einen in den Editor integrierten Bereich.
- BROWSER öffnet ein eigenes Browser-Fenster, in dem das Ergebnis dargestellt wird.

Im Fall der Selektion des Browser-Display-Typs sind noch zusätzliche Möglichkeiten zur Auswahl gegeben, die maßgeblichen Einfluss auf das angezeigte Ergebnis haben. So lässt sich im Browser beispielsweise der Content Type von TEXT/HTML auf TEXT/XML umstellen, wodurch das native SAP MII-Ergebnis-XML ausgegeben wird.

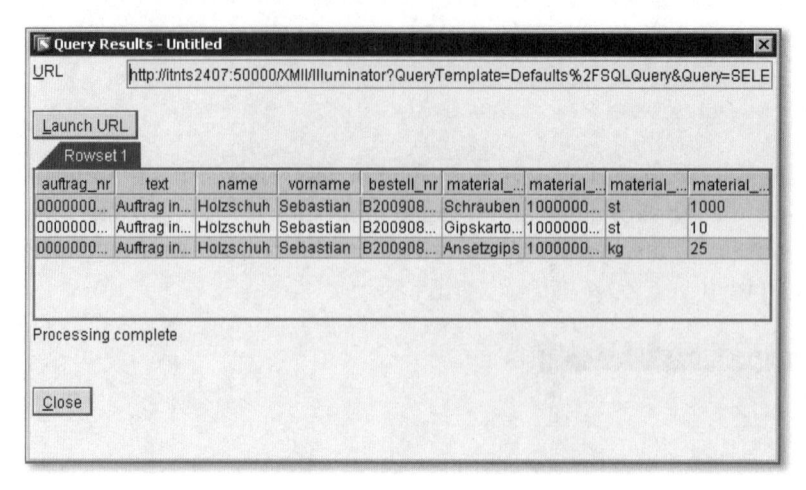

Abbildung 4.17 Ausgabe im Internal Frame

Mit dem Speichern der Abfrage wird diese im System hinterlegt und steht ab diesem Zeitpunkt allen Bereichen von SAP MII zur Verfügung.

[+] **Datenbankabfrage im Browser**
Mit der in Abbildung 4.17 gezeigten URL (Feld URL) kann die Datenabfrage auch direkt im Browser ausgeführt werden. In der Webimplementierung kann deshalb, sofern es rein um das Erfassen der Daten geht, auf ein Applet verzichtet werden.

4.2.2 Visualisierungskomponenten

Ähnlich wie mit der Erstellung von Datenabfragen verhält es sich auch mit der Erstellung von Visualisierungskomponenten innerhalb von SAP MII. Ebenfalls mit der rechten Maustaste kann zum Anlegen einer der MII-Visualisierungskomponenten über den Punkt NEW eine der Komponenten gewählt werden (siehe Abbildung 4.18).

In SAP MII wurden die Visualisierungskomponenten in die Gruppen iGRID, iTICKER, iCHART, iSPCCHART, iBROWSER und iCALENDER untergliedert. Das iCOMMAND hat in diesem Zusammenhang einen besonderen Status, da es im eigentlichen Sinn keine Visualisierungskomponente ist, sondern ein Applet ohne Visualisierungsmöglichkeiten und nur der Datenbeschaffung gilt.

Da SAP MII mit mehr als 30 verschiedenen Visualisierungskomponenten aufwarten kann, soll hier nur ein kurzer Überblick über diese gegeben werden. In Kapitel 5, »Visualisierung«, wird ein detaillierter Blick auf das iGrid und seine Konfiguration sowie auf den Umgang mit den verschiedenen Applets geworfen.

Datenabfragen und Visualisierungskomponenten | **4.2**

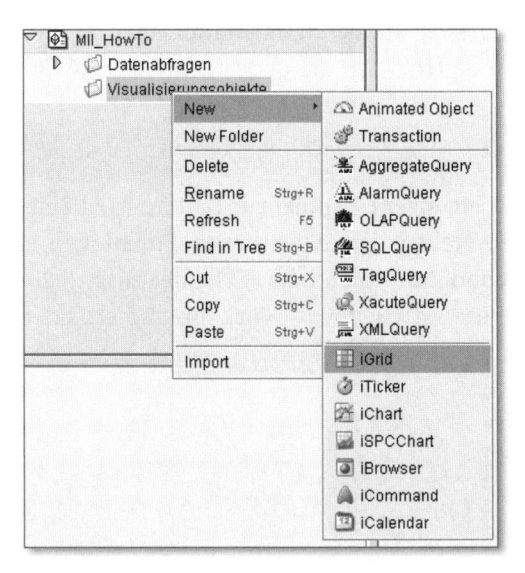

Abbildung 4.18 Anlegen von Visualisierungskomponenten

Die Konfiguration der einzelnen Komponenten ist bis auf die spezifischen Einstellungen nahezu identisch und selbsterklärend.

iBrowser

Der iBrowser ist die erste hier beschriebene Komponente, die in unterschiedlichen Modi betrieben werden kann (siehe Abbildung 4.19).

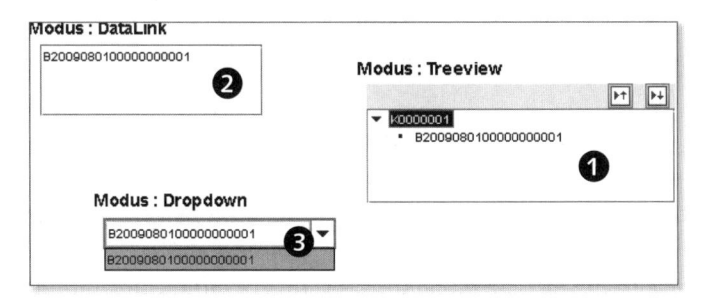

Abbildung 4.19 iBrowser

In Abbildung 4.19 sind die zur Verfügung stehenden Modi gut zu erkennen:

❶ zeigt den Modus Baumansicht (Treeview-Modus).

❷ zeigt den Modus Listenansicht (Listview-Modus).

❸ zeigt den Modus Selektionsansicht (Dropdown-Modus).

Typische Einsatzgebiete des IBROWSER sind Administrationsmenüs und Selektionsbereiche verschiedenster Seiten.

iCalendar

Mit dem ICALENDER bietet SAP MII ein eigenes Applet zur Datums- und Zeitselektion (siehe Abbildung 4.20). Neben den eigentlichen Funktionen – nämlich der Selektion von Datum und Zeit – bietet der iCalender zusätzliche Möglichkeiten, wie beispielsweise das Anzeigen von Wochennummern oder die Selektion der Jetztzeit.

Abbildung 4.20 iCalendar

Typische Einsatzgebiete des iCalenders sind Selektionsbereiche, in denen Selektionsgrenzen oder Gültigkeitszeiträume gewählt werden müssen, beispielsweise Horizonte für Reporting-Analysen oder Gültigkeitszeiten für Maschinenteile.

iChart

Eines der größten Visualisierungsobjekte ist das ICHART, das aktuell 18 verschiedene Chart-Typen kennt, wie zum Beispiel Line-/Float- oder Bar-Chart. Je nach eingestelltem Typ sind unterschiedliche Konfigurationswerte für das entsprechende Template relevant, die dem Online-Handbuch unter *http://help.sap.com/saphelp_mii121/helpdata/de/44/1efaa296035cf8e 100000 00a155369/content.htm* entnommen werden können.

Es stehen folgende unterschiedliche Chart-Typen zur Verfügung, die im Konfigurationsdialog des iCharts konfiguriert werden können:

- **Line**
  Anzeige der Daten als Linie (Liniendiagramm)

- **Bar**
  Anzeige der Daten als Balken (Balkendiagramm)
- **Group Bar**
  gruppierte Anzeige der Daten in Balkenform
- **Pie**
  Anzeige der Daten in Kuchenform (Kuchendiagramm, siehe Abbildung 4.21)

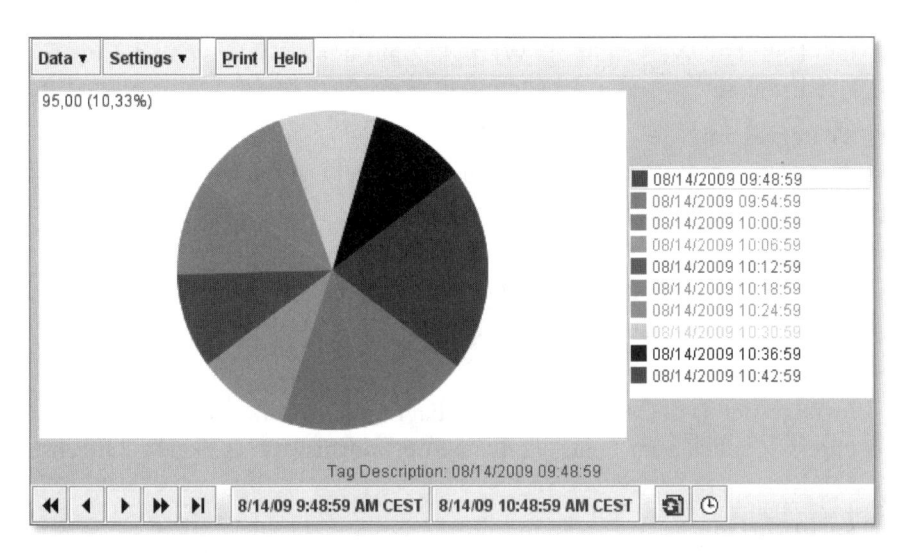

Abbildung 4.21 iChart im Pie-Modus

- **Polar**
  Anzeige von Datenpunkten in kreisförmiger Anordnung (Polardiagramm)
- **Stacked Bar**
  Anzeige der Daten als verschachtelte Balken
- **Floating Bar**
  Anzeige dreier Werte in einem Datenpunkt, bestehend aus Minimum, Maximum und Mittelwert. Für diesen Modus werden tagbasierte Datenabfragen empfohlen. Bei SQL-Abfragen müssen die Daten-Sets identisch aufgebaut sein.
- **Variability Bar**
  Erweiterung des Floating-Bar-Modus. Anzeige des Mittelwertes der Floating Bar zusammen mit den Standardabweichungen der anderen Datenpunkte in einem Datenpunkt.

- **Gauge**
  Anzeige der Daten in Tachoform. Dieser Modus kann eine beliebige Anzahl von Tachos anzeigen. Wichtig zu wissen ist, dass die Anzahl der eingegebenen Datenpunkte gleich der Anzahl der eingestellten Tachos sein muss:
  HorizontalGridLineCount x VerticalGridLineCount = Anzahl Datenpunkte
- **XY**
  Anzeige der Daten als verstreute Punkte, bestehend aus zwei Datenwerten. Der erste Wert stellt die Wertigkeit auf der X-, der zweite die auf der Y-Achse dar.
- **XY Regression**
  Zusätzlich zum XY-Modus wird hier zu jedem gezeichneten Streupunkt eine Regressionslinie angezeigt.
- **Strip**
  Ähnlich dem Line-Modus werden hier aktuelle SAP MII-Datenpunkte zu einem Live-Trend zusammengerechnet.
- **Radar**
  Anzeige der Daten in einem Radardiagramm, womit die Anzeige leicht unterschiedlich zum Polar-Modus ist und normalerweise keine Zeitachse beinhaltet.
- **EventHorizon**
  Anzeige aller mit Zeitstempel versehenen Rückgabewerte der Datenabfrage
- **Custom**
  Anzeige jedes in der Query beinhalteten Datenpunktes als Linie, Balken oder Teil eines verschachtelten Balkens
- **Waterfall**
  Spezielle Anzeige der Daten als Balkendiagramm, wobei Abhängigkeiten zwischen den einzelnen Balken das Aussehen eines Wasserfalls hervorrufen. Das Wasserfall-Diagramm wird in Kapitel 8, »Blueprint-Phase«, noch näher ausgeführt.
- **Horizontal Bar**
  Fast identisch mit dem Bar-Modus werden im Horizontal-Bar-Modus die Balken horizontal dargestellt (siehe Abbildung 4.22).
- **Horizontal Group Bar**
  Fast identisch mit dem Group-Bar-Modus werden im Horizontal-Group-Bar-Modus die Balken ebenfalls horizontal dargestellt, aber in Gruppen zusammengefasst.

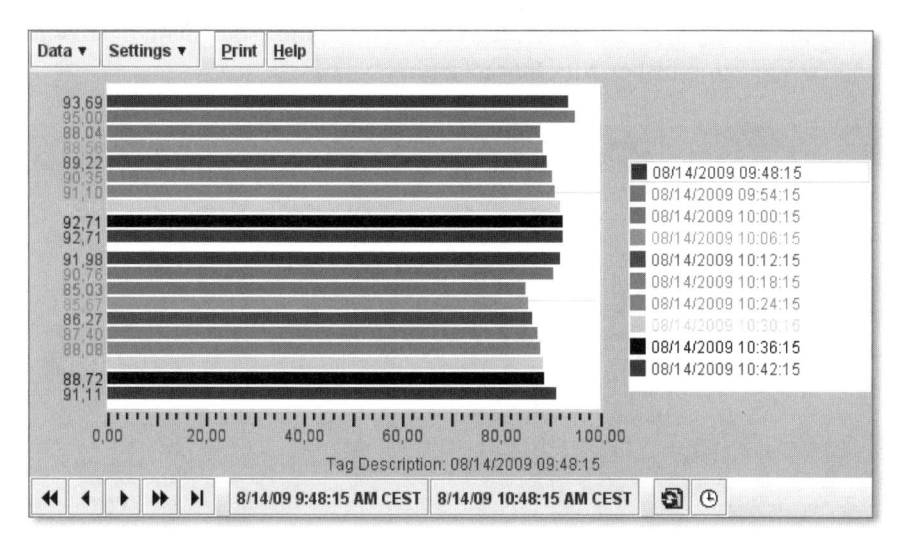

Abbildung 4.22 iChart im Horizontal-Bar-Modus

iGrid

Das iGrid dient als interaktive Liste bzw. Tabelle und kann mit den unterschiedlichsten Funktionen ausgestattet werden (siehe Abbildung 4.23).

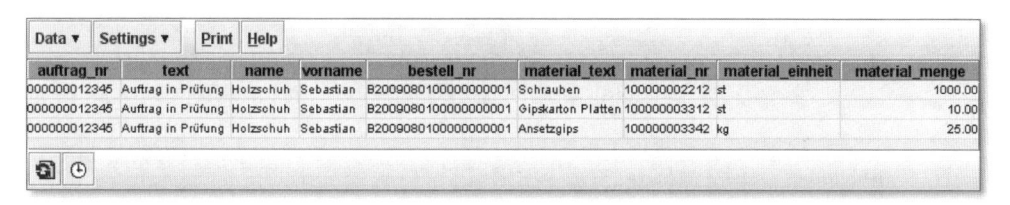

Abbildung 4.23 iGrid

Seine Daten bezieht das iGrid (wie alle anderen Komponenten auch) aus SAP MII-Datenabfragen, die für das iGrid hinterlegt werden können. (Nähere Informationen zum iGrid finden Sie in Abschnitt 5.1.1, »Applets«.)

iSPCChart

Wie das iChart beinhaltet auch das iSPCChart mehrere (insgesamt 15) verschiedene Betriebsmodi. Wie der Name dieser Visualisierungskomponente bereits andeutet (SPC = Statistical Process Control), haben die iSPCCharts, im Gegensatz zu den iCharts, die Fähigkeit, statistische Auswertungen durchzuführen (siehe Abbildung 4.24).

Dies wird durch die in SAP MII integrierte SPC-Engine ermöglicht, die in vielen SPC-Projekten bisher zum Einsatz kam.

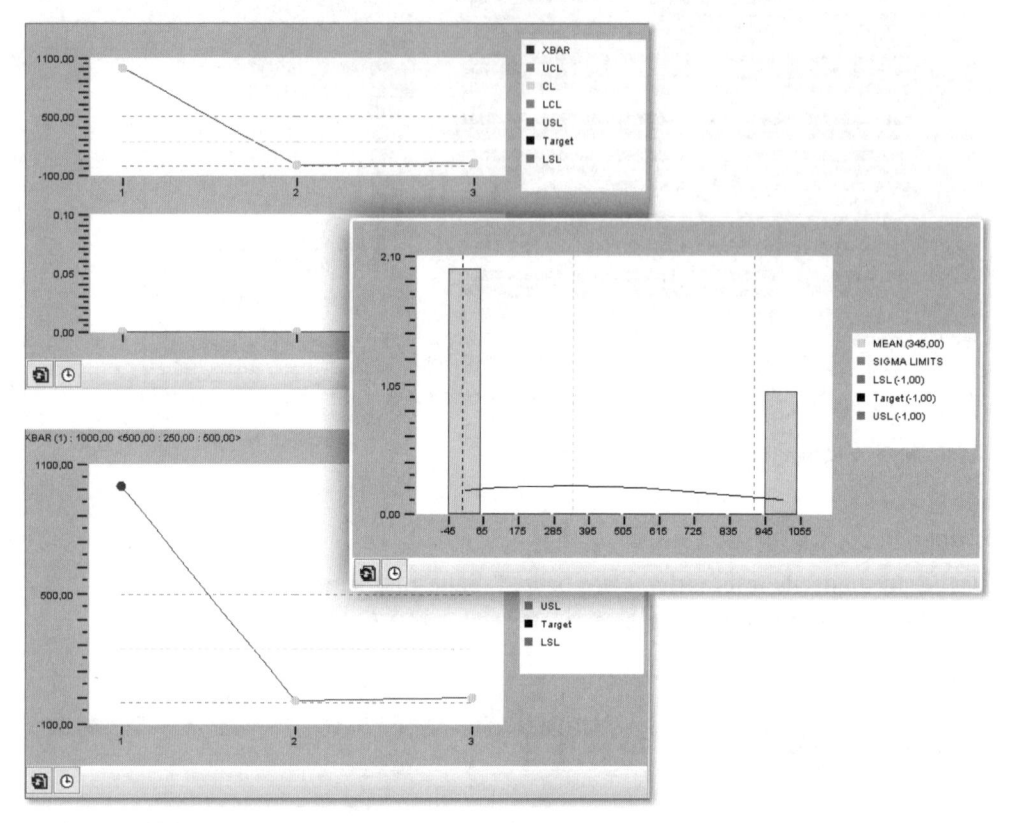

Abbildung 4.24 iSPCCharts

Die verschiedenen Modi der iSPCChart-Komponente sind im Folgenden aufgeführt:

- **XBAR**
  Anzeige verschiedener Datenpunkte, die den Mittelwert aus verschiedenen, gruppierten Datenpunkten darstellen. Die Größe dieser Gruppen wird als SUBGROUP SIZE unter dem Chart-Merkmal PARAMETERS definiert und fasst automatisch alle eingegebenen Werte in Gruppen der gewählten Größe zusammen.

- **XBAR-MR**
  Ergänzend zum XBAR-Modus mit zusätzlicher Moving-Range- oder Streuungsfunktionalität. Dies bedeutet, dass der Unterschied der einzelnen Wertebereiche eines Datenpunktes zum Vorgängerpunkt angezeigt wird.

- **XBAR-RANGE**
  zusätzlich zum XBAR-Modus mit einer Darstellung des Wertebereichs innerhalb einer Datengruppe
- **XBAR-SDEV**
  zusätzlich zum XBAR-Modus mit einer Darstellung der durchschnittlichen Standardabweichung der einzelnen Datenpunkte einer Datengruppe im Vergleich zum im XBAR berechneten Mittelwert
- **EWMA**
  eine gewichtete Darstellung des Durchschnitts aller aktuellen und in der Vergangenheit befindlichen Beobachtungen
- **EWMA-RANGE**
  zusätzlich zum EWMA-Modus mit einer Darstellung des Wertebereichs
- **EWMA-SDEV**
  zusätzlich zum EWMA-Modus mit einer Darstellung der durchschnittlichen Standardabweichung der einzelnen Datenpunkte einer Datengruppe im Vergleich zum im EWMA berechneten Mittelwert (siehe Abbildung 4.25)

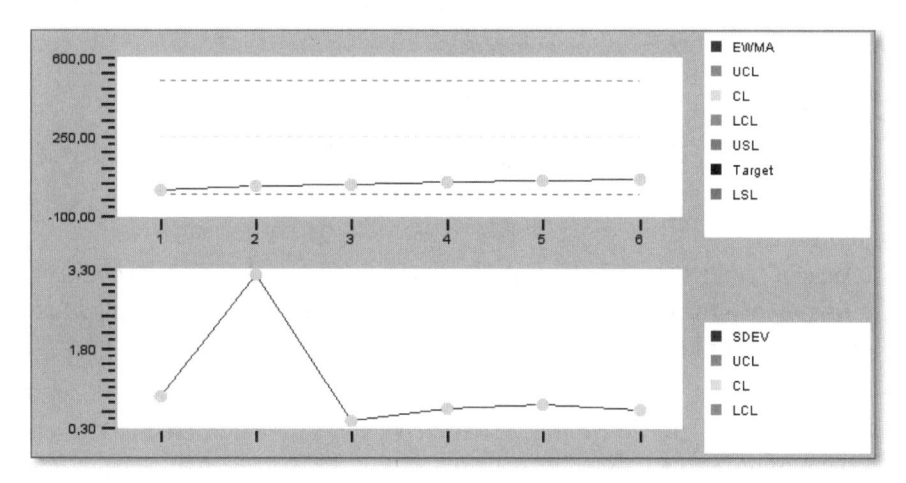

Abbildung 4.25 iSPCChart im EWMA-SDEV-Modus

- **MEDIAN**
  Anzeige des Mittelwertes einer Messwertgruppe. Die Größe dieser Gruppe wird als SUBGROUP SIZE unter dem Chart-Merkmal PARAMETERS definiert und fasst automatisch alle eingegebenen Werte in Gruppen der gewählten Größe zusammen.
- **MEDIAN-RANGE**
  zusätzlich zum Median-Modus mit einer Darstellung des Wertebereichs innerhalb einer Datengruppe

▶ **HISTOGRAM**
Darstellung der absoluten Werteverteilung innerhalb der zugrunde liegenden Datenquelle (siehe Abbildung 4.26)

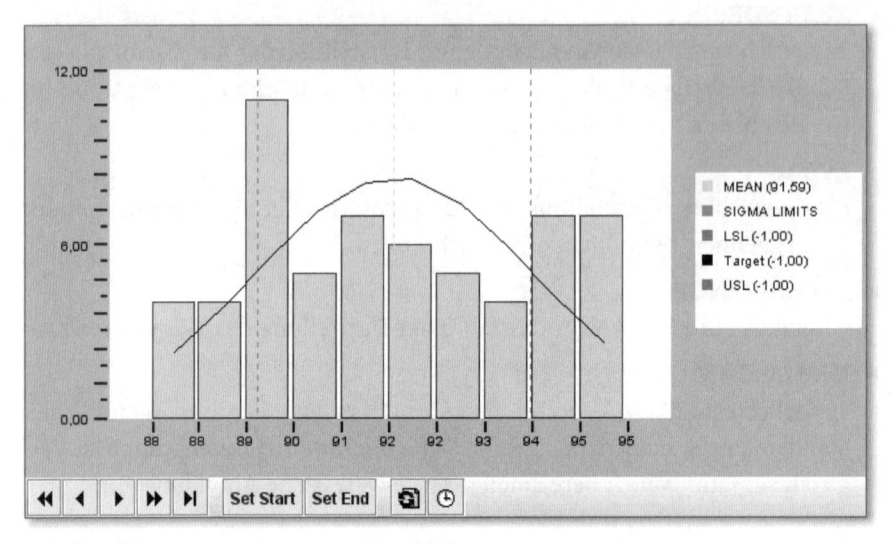

Abbildung 4.26 iSPCChart im Histogram-Modus

▶ **BOX-WHISKER**
Auch bekannt als Boxplot, zeigt charakteristische Informationen der als Median zusammengefassten Datenpunkte.

▶ **P-Modus**
Anzeige der als fehlerhaft markierten Datenpunkte für einen Probenzug im proportionalen Verhältnis zur Gesamtheit der dem Probenzug zugewiesenen Punkte

▶ **NP-Modus**
im Gegensatz zum P-Modus die Anzeige der als fehlerhaft markierten Datenpunkte für einen Probenzug, ohne proportionalen Bezug zur Gesamtheit der dem Probenzug zugewiesenen Punkte

▶ **C-Modus**
im Gegensatz zum P-Modus die absolute Anzeige aller fehlerhaft markierten Datenpunkte für den Probenzug

▶ **U-Modus**
im Gegensatz zum P-Modus die Anzeige der durchschnittlich als fehlerhaft markierten Datenpunkte

> **Weitergehende Informationen** [+]
> Weitere Informationen zu den verschiedenen Modi können Sie dem Online-Handbuch unter *http://help.sap.com/saphelp_mii121/helpdata/de/44/0e2365a6e70890 e10000000a422035/content.htm* entnehmen.

iTicker

Der iTicker kann Daten als Laufschrift darstellen und mit einer beliebigen Anzahl von Werten entweder aus dem Web-Scripting oder direkt aus Datenabfragen beschickt werden (siehe Abbildung 4.27). Dies kann – sofern eine entsprechende Datenabfrage vorhanden ist – am einfachsten über den Dynamic Page Generator von MII realisiert werden.

Abbildung 4.27 iTicker

4.3 Businesslogik-Transaktionen

Einer der am meisten beeindruckenden und für die meisten MII-Interessenten zugleich auch der wichtigste Teil von SAP MII ist die Möglichkeit der Erstellung komplexer Businesslogiken zur Auswertung und Verarbeitung von Daten.

Von der simplen Verarbeitung und Aufbereitung von Datenabfragen über die Interpretation von XML-Daten oder proprietären Datendateien bis hin zum Aufruf von Web Services und dem Versenden von IDocs und BAPIs an SAP kann mithilfe der Businesslogik-Services (BLS) fast alles entwickelt werden. Gleichermaßen kann die Businesslogik durch das Frontend, die Hintergrund-Services oder gar durch den Zugriff von Drittsystemen aufgerufen werden. Hierbei spielt es keine Rolle, von wem eine Transaktion ihre Daten bezieht.

Der wohl gängigste Aufruf von Logiktransaktionen wird durch die Interaktion des Benutzers auf den Benutzeroberflächen ausgelöst, um Datenabfragen aufzuarbeiten, komplexe Funktionen auszuführen oder Daten zu versenden (siehe Abbildung 4.28). Weitere Möglichkeiten sind das Triggern von Transaktionen durch Signalgeber wie SAP PCo oder SAP ME sowie Web Services, die von unterlagerten Systemen aufgerufen werden können, und die Einrichtung von Systemjobs, die zyklisch Logiken ausführen.

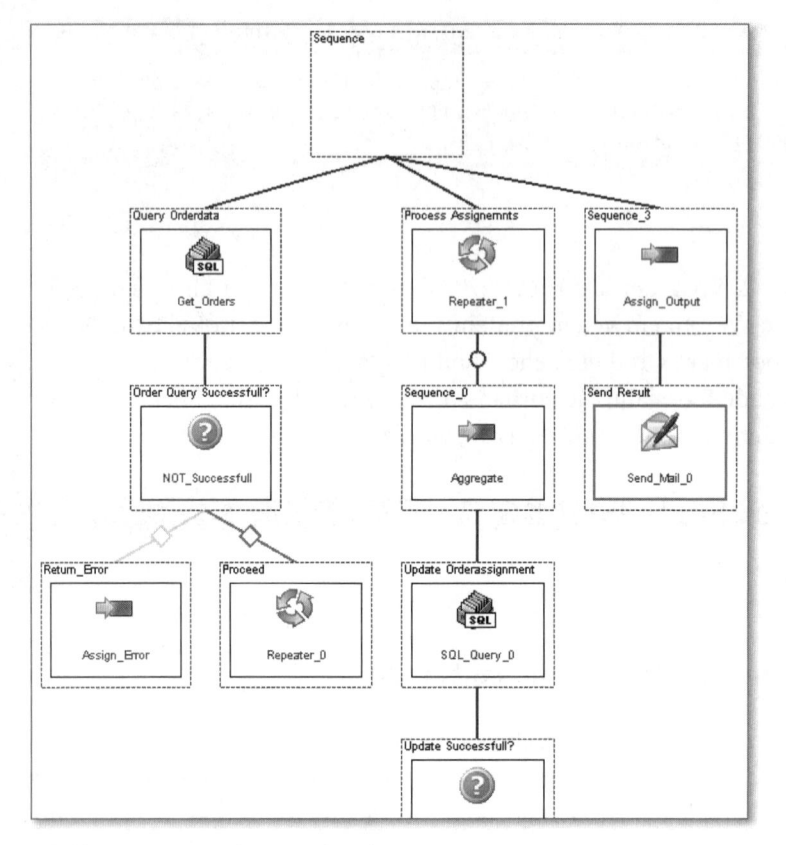

Abbildung 4.28 Typische Transaktion

4.3.1 Grundlagen

Die Businesslogik von SAP MII baut auf einer visualisierten Darstellung der einzelnen Logikschritte (Sequences) und deren Bausteinen (Actions) auf. Der Aufbau einer Transaktion gleicht dem Aussehen eines Wurzelwerkes beliebiger Komplexität.

Sequenz

Die Logik – selbstverständlich durch die verschiedenen Typen von Actions beeinflusst – folgt dem immer gleichen Abfolgemuster und durchläuft nacheinander die einzelnen Sequenzen von oben nach unten und von links nach rechts. Wie am Beispiel aus Abbildung 4.29 zu sehen ist, versucht SAP MII, die Actions, die ein und derselben *Sequenz* zugeordnet sind, parallel auszuführen (die Reihenfolge der Bearbeitung einzelner Sequenzen wurde durchnummeriert).

Für die Praxis bedeutet dies, dass Actions, die aufeinander aufbauen und voneinander abhängig sind, aus diesem Grund nicht in ein und derselben Sequenz untergebracht sein dürfen.

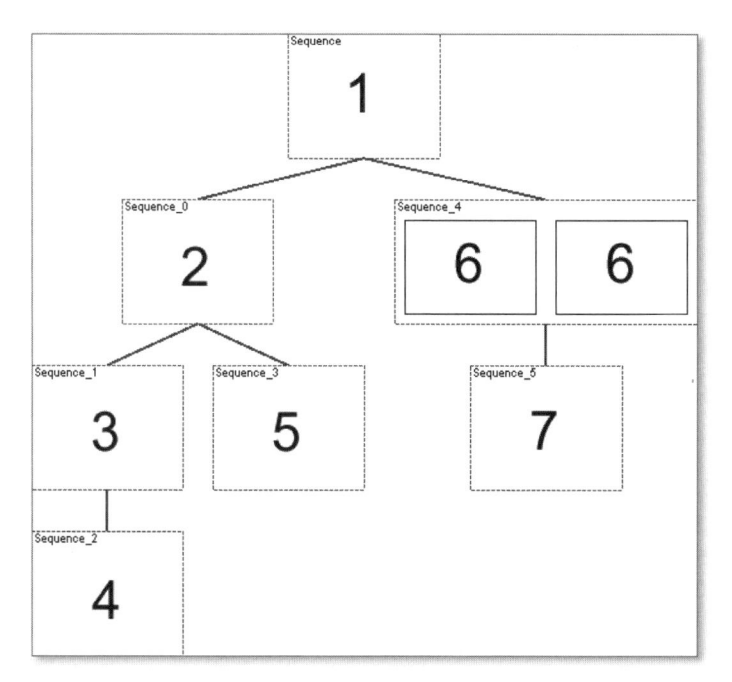

Abbildung 4.29 Abarbeitung von Sequenzen

Action

Kommen wir nun zum nächst kleineren Element in der BSL-Hierarchie, den *Actions*. Bisher wurden sie mehrmals genannt, doch was eine Action nun eigentlich wirklich ist, scheint noch nicht eindeutig geklärt.

Eine Action, das heißt ein Logikbaustein in SAP MII, ist schlichtweg ein kleiner Java-Baustein, der eine bestimmte Funktionalität beinhaltet. So wird einem Baustein beispielsweise ein kommagetrennter String eingegeben, und er gibt eine XML-Struktur aus.

Eine Action, oftmals auch als *Action Block* bezeichnet, ist als die kleinste mögliche Datendrehscheibe in SAP MII zu verstehen (siehe Abbildung 4.30). Wie bereits erwähnt, kann der Action Block mit verschiedensten Eingabeparametern bestückt werden, beispielsweise einem XML-Stream. Action Blocks dienen dem Erstellen, Sammeln und Modifizieren von Daten und können diese entsprechend ihrer Funktion als XML oder Standardvariablen (CHAR, INT, BOOL) ausgeben.

4 | Workbench

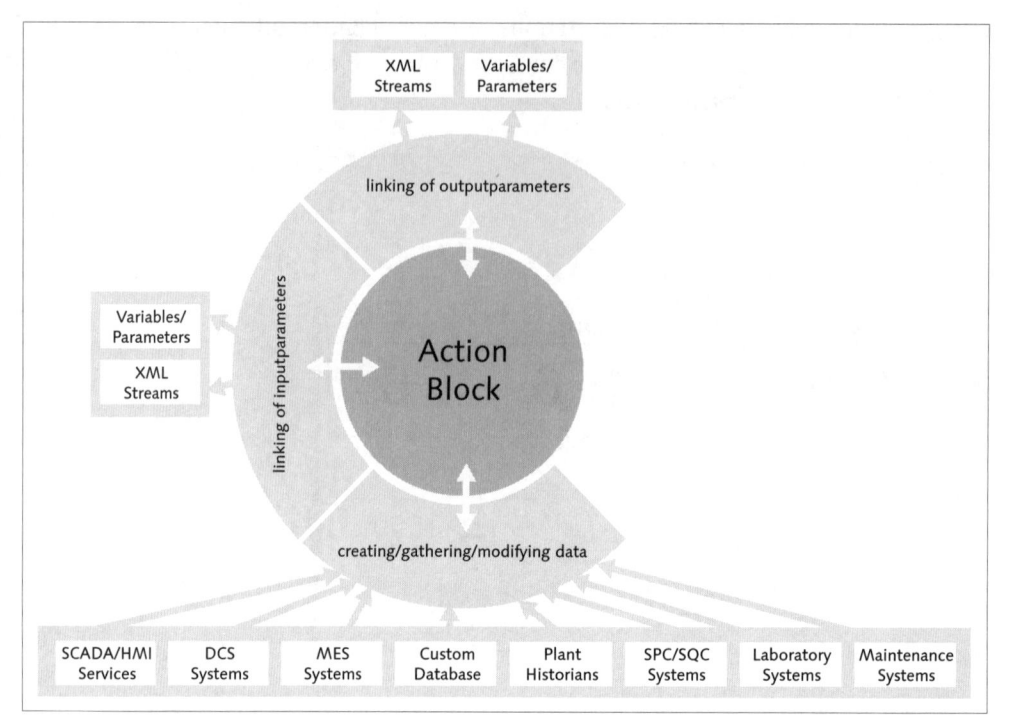

Abbildung 4.30 Informationsfluss in einem Action Block

Sollen Action Blocks ihre DataSources direkt ansprechen, wie dies beispielsweise Query Action Blocks tun, beziehen diese Actions ihre Daten direkt aus den unterlagerten Systemen.

Weitere Actions sind in der Lage, eine Verbindung mit dem SAP-System aufzubauen und mit dem Transfer ins ERP-System die Kette der vertikalen Integration zu vervollständigen. Einzelne Actions bilden aber noch keine logische Verkettung. Wie schon der Name andeutet, besteht eine *logische Kette* aus vielen verschiedenen Actions, das heißt vielen kleinen Logiken, die zusammen eine große Logik, eine Transaktion ergeben.

Link Editor

An dieser Stelle bietet es sich nun an, einen weiteren wichtigen Bestandteil der Workbench bekannt zu machen, den *Link Editor*. Ohne den Link Editor wäre man nicht in der Lage, den einzelnen Actions ihre Eingabeparameter zuzuweisen oder gar ihre Ausgabeparameter abzugreifen.

Der Link Editor ist die grafische Benutzeroberfläche, die die notwendigen logischen Zuweisungen schnell und präzise durchführen lässt (siehe Abbildung 4.31).

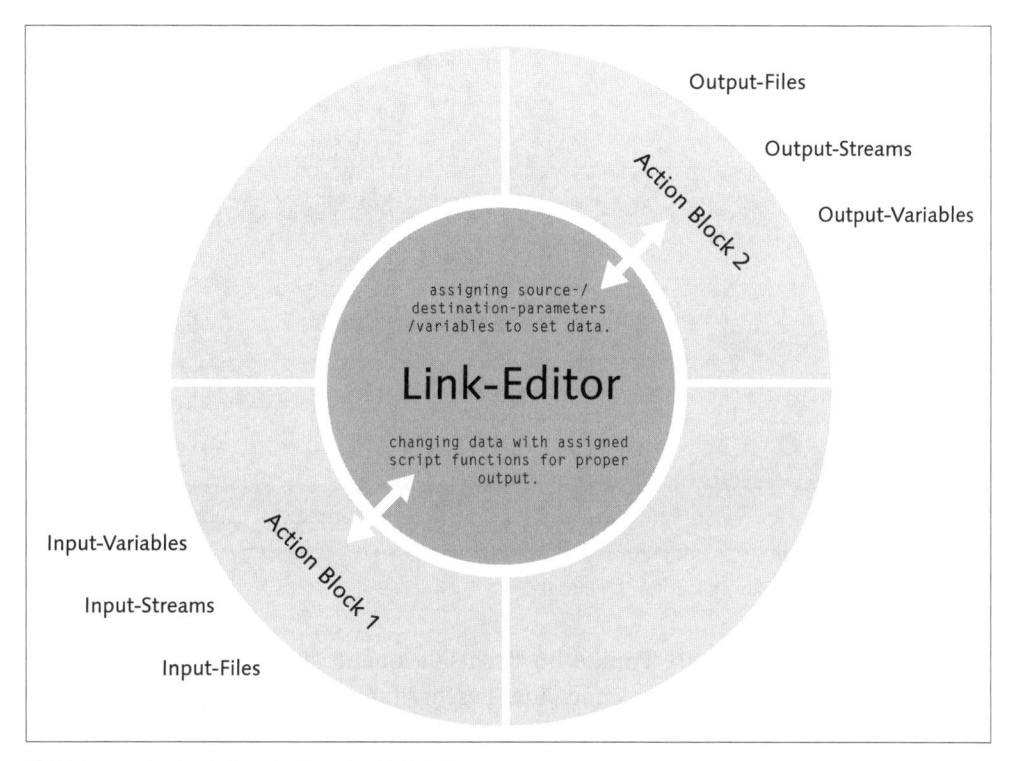

Abbildung 4.31 Logischer Aufbau des Link Editors

Wie der Abbildung zu entnehmen ist, dient der Link Editor hauptsächlich zum Mappen von verschiedenen Ein-/Ausgabeparametern wie Variablen, Streams oder ganzen Dateien. Mithilfe des Link Editors werden Daten zwischen den verschiedenen Actions getauscht und sogar umgeformt.

Zu diesem Zweck besitzt die Workbench eine eigene kleine Skriptsprache, die es ermöglicht, die verschiedensten Funktionen bei der Zuweisung von Werten zu benutzen. In Abbildung 4.32 ist beispielsweise die Umformung von PARAMETER1 zu einem komplexen Ausgabetext oder darunter die Berechnung des Kreisradius mit den Variablen PI und RADIUS zu sehen. PI ist eine in MII integrierte Skriptfunktionalität, der Radius eine Transaktionsvariable, deren Wert von außen in die Transaktion übergeben wird.

Um den Link Editor zu erreichen, müssen Sie mit der rechten Maustaste auf den gewünschten Action Block klicken und den Eintrag LINK EDITOR auswählen.

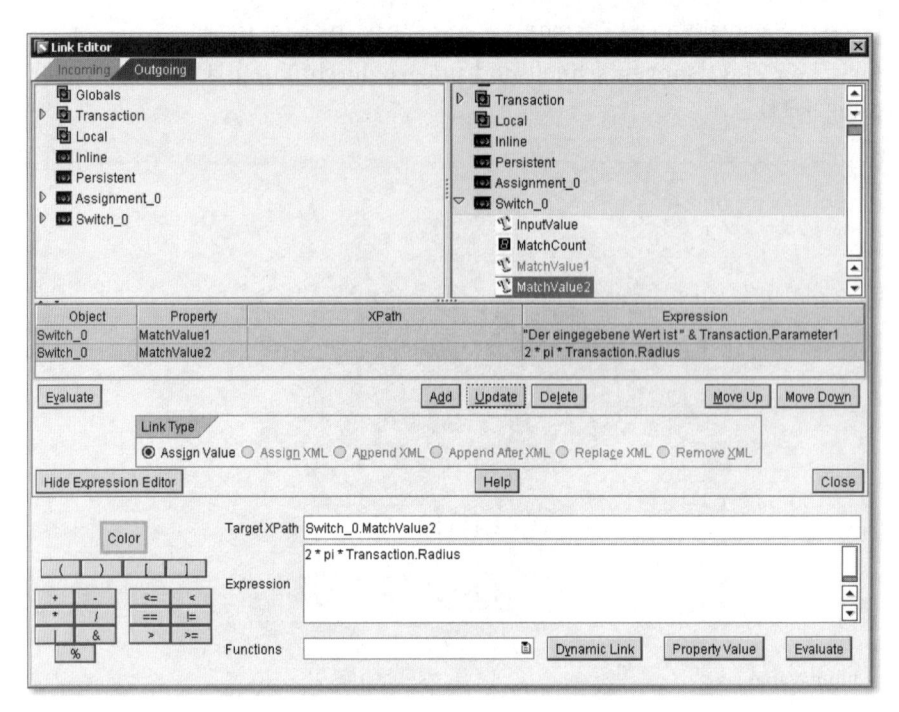

Abbildung 4.32 Link Editor im Einsatz

Weitere verfügbare Punkte im Rechtsklickmenü sind die Properties (zum Eingeben eines Namens und einer Beschreibung der Action), der Punkt Configuration, der eine grafische, aber nicht dynamische Einstellung der verfügbaren Konfigurationen erlaubt, sowie die administrativen Punkte Delete zum Löschen der Action und Insert Sequence/Add Sequence.

Bei der Arbeit mit Datenabfragen und der Analyse der entsprechenden Ergebnisse wird schnell klar, dass in SAP MII mit XML-Strukturen gearbeitet wird, da jegliche Resultate und Ausgaben im XML-Format erscheinen. SAP MII bedient sich hierbei der sogenannten Illuminator-XMLs, die nach dem S95-Standard entwickelt worden sind.

Illuminator-XML

Illuminator-XMLs enthalten neben den eigentlichen Daten auch detaillierte Informationen über den Zustand und die Eigenschaften der einzelnen Attribute, wie beispielsweise den Variablentyp (zum Beispiel Integer) oder eine Beschreibung der Datenspalte.

Wie am Beispiel von Abbildung 4.33 zu sehen ist, lässt sich das Illuminator-XML in vier Teile gliedern:

- den *Header*, der hauptsächlich Zeitinformationen zur Erstellung des XML beinhaltet
- die Spaltenbeschreibung (*Column*)
- die eigentlichen Datensätze (*Row*)
- den *Footer*, der das XML ordnungsgemäß schließt

Dieser Aufbau ist für alle Illuminator-XMLs identisch, lediglich der Inhalt variiert.

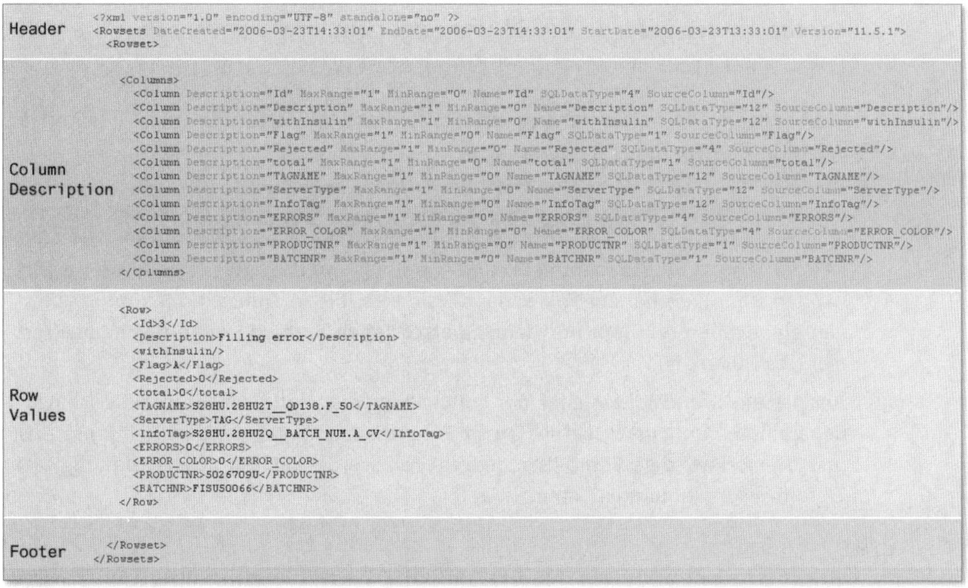

Abbildung 4.33 Struktur eines Illuminator-XML

Neben der Verarbeitung von Illuminator-XMLs mithilfe von Logic Action Blocks können auch XSL-Transformationen (*Extensible Stylesheet Language*) auf XML-Daten angewendet werden, um ein entsprechend gewünschtes Ergebnis zu generieren. Das Verständnis von XPath vorausgesetzt, können Transaktionen so viel schneller und effizienter gestaltet werden.

Der Zugriff auf ein bestimmtes XML-Attribut aus dem Illuminator-XML kann beispielsweise über die Zeile `XML_Stream.Results{/Rowsets/Rowset/Row/SampleTime}` realisiert werden.

4 | Workbench

Bei diesem XPath-Beispiel wird das Attribut `SampleTime` aus dem ersten Datensatz `Row` ausgelesen. Hat man mehrere Datensätze zur Verfügung, möchte aber das fünfte Element ansprechen, muss der XPath in `XML_Stream.Results{/Rowsets/Rowset/Row[5]/SampleTime}` geändert werden.

Eine weitere nützliche Information beim Umgang mit XPath ist die Ausgabe der Anzahl der verfügbaren Elemente. Bevor man mühsam durch die einzelnen Elemente geht und »manuell« abzählt, kann mit der XPath Expression `XML_Stream.Results{count(/Rowsets/Rowset/Row/)}` die Anzahl der Elemente ausgegeben werden, ohne großen Rechen- oder Logikaufwand betreiben zu müssen.

Dieser XPath kann ganz einfach an einen bestehenden Text angehängt werden, indem der gezeigte Befehl wie folgt genutzt wird: `«Anzahl:" & XML_Stream.Results{count(/Rowsets/Rowset/Row/)}`

Die Ausgabe der Action ist bei einer `XML-Result`-Variablen mit 15 Datensätzen dementsprechend ANZAHL: 15.

[+] **Parameterersetzung**

SAP MII ersetzt Eingabeparameter und -variablen nur dann, wenn neue Werte vorhanden sind. Dies hat zur Folge, dass Testdaten, die in Transaktionen oder Abfragen eingegeben wurden, nur dann überschrieben werden, wenn der neue Wert nicht null/blank ist.

Aus diesem Grund sollten nach der Entwicklung die Werte aller Transaktionseingabeparameter und vorbelegten Query-Parameter entfernt werden, da sonst hier und da merkwürdige Ergebnisse ausgegeben werden, deren Lösung unnötig viel Zeit in Anspruch nehmen kann.

Um die Transaktionen etwas begreiflicher zu gestalten, werden im Folgenden anhand von Beispielen die Funktionen näher erläutert.

4.3.2 Properties und Variablen

SAP MII unterscheidet zwischen mehreren Arten von verschiedenen Variablentypen: Es gibt die `GlobalProperties`, die `TransactionProperties`, die `LocalProperties` und die `SharedProperties`.

4.3.3 Parameterverwaltung

Beginnend mit der Parameterverwaltung (den Properties), wurde eine Transaktion namens 431_PROPERTIES angelegt, anhand der sich dieser Abschnitt orientieren wird.

Abbildung 4.34 sind die drei Funktionen der Parameterverwaltung zu entnehmen (ADD/EDIT/DELETE). Diese gelten für fast jeden Typ von Parameter, mit Ausnahme der Shared Properties, doch dazu später mehr.

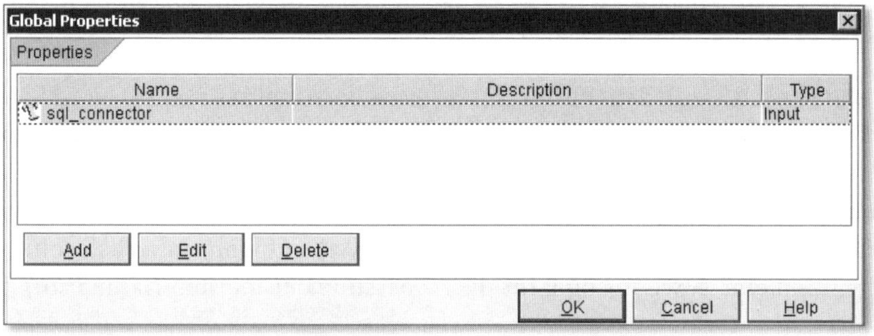

Abbildung 4.34 Hauptdialog zur Änderung der Global Properties

Mit den Buttons ADD und EDIT können neue Parameter angelegt bzw. verwaltet werden (siehe Abbildung 4.35). Beide Buttons führen zum gleichen Dialog, wobei der Dialog PROPERTY DETAIL im Fall des Hinzufügens eines neuen Parameters leer und im Fall des Änderns eines Parameters mit den passenden Werten gefüllt wird.

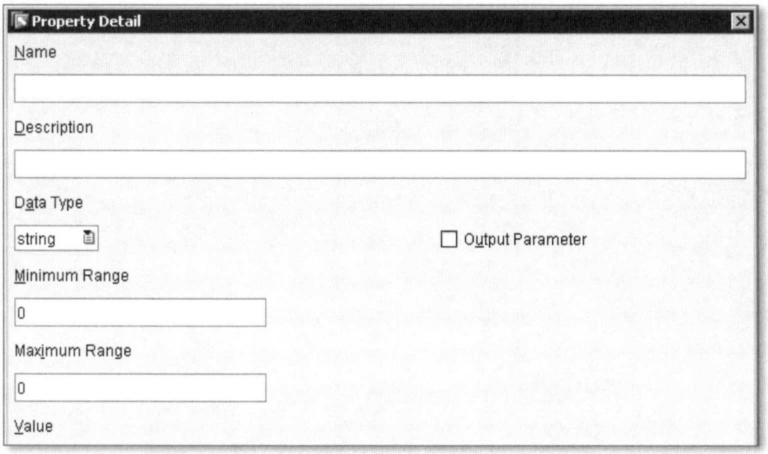

Abbildung 4.35 Add Property

Der Property Name (Feld NAME) ist der eigentliche *Variablenname*, die DESCRIPTION die Beschreibung. Je nach gewähltem Data Type sind die Einstellungsmöglichkeiten für die gerade in Bearbeitung befindliche Eigenschaft unterschiedlich. So kann beim Typ `string` ein Text und beim Typ `double` ausschließlich eine Gleitkommazahl eingegeben werden.

Bevor wir nun weiter fortschreiten, gibt es noch die Checkbox OUTPUT PARAMETER. Wie der Name schon sagt, kann hier eingestellt werden, ob der Parameter ein Ausgabeparameter sein soll. Ist dies nicht der Fall, ist der Parameter immer ein Eingabeparameter. Diese Einstellung hat auf globale und geteilte Parameter jedoch keine Auswirkung.

Mit einem Klick auf den Button DELETE (siehe Abbildung 4.34) wird der selektierte Parameter unwiederbringlich gelöscht. Dies bedeutet jedoch nicht, dass die Stellen, an denen der entsprechende Parameter genutzt wird, geändert werden. Hier muss manuell nachgebessert werden. Das Ändern eines Parameters erfordert dies in gleichem Maß, obwohl innerhalb einer Transaktion eine gewisse Logik für die Anpassung der meisten Namen sorgt.

4.3.4 Shared Properties

Anders als die soeben beschriebene Verwaltung können die Shared Properties über den Aufruf SHAREDPROPERTIES.MEM im projektspezifischen META INF-Verzeichnis verwaltet werden (siehe Abbildung 4.36).

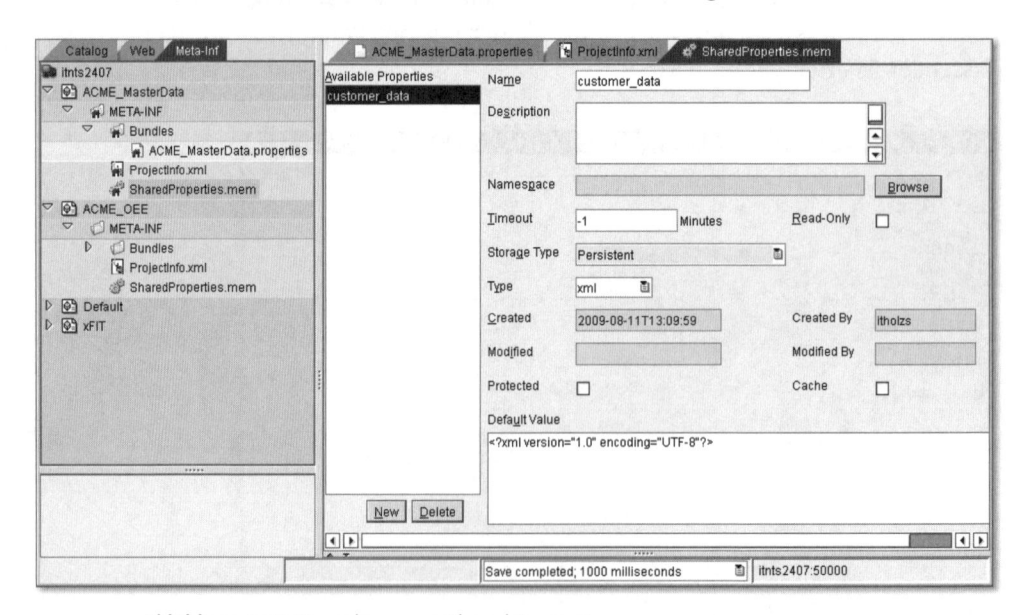

Abbildung 4.36 Verwaltung von Shared Properties

Im Gegensatz zu den anderen Parametern können Shared Properties in der Datenbank gespeichert werden. Wie Transaction und Local Properties können sie auch (je nach Einstellung) zur Laufzeit geändert werden. Um einen Schreibschutz auf eine Shared Property zu legen, muss im Konfigurationsdialog die Checkbox READ-ONLY aktiviert werden. Damit können Änderungen am Parameter nur noch in diesem Dialog durchgeführt werden.

Eine weitere, sehr wichtige Einstellungsmöglichkeit ist der STORAGE TYPE. Im Modus »Persistent« werden alle Änderungen an den Parametern zur Laufzeit in der Datenbank gespeichert, was je nach Häufigkeit der Änderungen etwas mehr Last auf den Datenbankserver geben, aber im Cluster eingesetzt werden kann. Im Gegensatz dazu hält der Modus »Inline Änderungen im Speicher.

Ein Cachen des Wertes kann aber auch über die Anwahl der Checkbox CACHE erreicht werden. In diesem Fall kann mit der Angabe des Timeouts spezifiziert werden, wie lange eine Variable im Speicher verfügbar gehalten werden soll.

Mit dem Anwählen der Checkbox PROTECTED kann der Parameter nur von Transaktionen geändert werden, die sich im Hauptverzeichnis des jeweiligen Projektes befinden.

Da in Transaktionen gemeinsam genutzte Parameter transaktionsübergreifend verwendet und auch verändert werden können, haben diese einen sehr großen Wert für die Entwicklung und können die Notwendigkeit der Definition vieler Übergabeparameter verringern.

4.3.5 Global Properties

Nach dem Öffnen der Transaktion kann mit einem Klick auf GLOBAL und danach auf den Unterpunkt PROPERTIES der Konfigurationsdialog für die globale Parametrisierung erreicht werden.

Globale Parameter sind für alle Transaktionen gleichermaßen vorhanden, weshalb statische, sich nicht ändernde und öfters benötigte Werte in globalen Variablen eingerichtet werden können. Ein klarer Vorteil dieser globalen Variablen ist die Tatsache, dass mit einer Konfiguration gleiche Variablen in verschiedenen Transaktionen genutzt werden können. Ein Vorteil, zugleich aber auch ein Nachteil, dieser globalen Parameter ist die Tatsache, dass sie nicht überschrieben werden können. In Fällen, in denen schreibbare Variablen genutzt werden müssen, sollte die Verwendung von Shared Properties in Betracht gezogen werden.

Aber auch diese Aussage muss etwas spezifischer betrachtet werden: Es ist möglich, innerhalb einer Transaktion einen globalen Parameter zu überschreiben. Dies hat jedoch nur für die Transaktion Gültigkeit, in der die Änderung vorgenommen wurde. Alle anderen Transaktionen sind von dieser Änderung nicht betroffen.

4.3.6 Transaction Properties

Für fast alle Transaktionen, die über GUIs aufgerufen werden, sind Eingabe- und Ausgabeparameter erforderlich. TransactionProperties können in der Workbench über den Menüpunkt TRANSACTION und darunter über PROPERTIES verwaltet werden. In Abbildung 4.37 zu sehen sind die Eingabeparameter name und vorname sowie der Ausgabeparameter kompletter_name.

Name	Description	Type
kompletter_name		Output
name		Input
vorname		Input

Abbildung 4.37 Eingabe- und Ausgabeparameter

Nun werden Sie sicherlich den Sinn dieser Übung schon erkannt haben, wonach aus der Eingabe der Parameter name und vorname ein zusammengesetzter Name ausgegeben werden soll. Dieses Beispiel demonstriert die einfache Verwendung von Parametern, wie Sie in Abbildung 4.38 erkennen können.

Für diese kleine Logik ziehen Sie die Transaktion 431_PROPERTIES zu Hilfe, indem die Logic Action Assignment in der ersten Sequenz zugewiesen wird.

[+] Action zuweisen

Das Zuweisen einer Action geschieht entweder per Drag & Drop in die entsprechende Sequenz oder nach Auswahl der Zielsequenz mit einem Doppelklick auf die gewünschte Action.

Die Assignment Action – umgangssprachlich auch Assignment-Block genannt – ist dazu gedacht, einzelne oder zusammengesetzte Werte und Parameter einem anderen Parameter zuzuweisen. In einem Assignment-Block können mehrere solcher Zuweisungen eingefügt werden. In Abbildung 4.38 ist eine solche Zuweisung zu sehen.

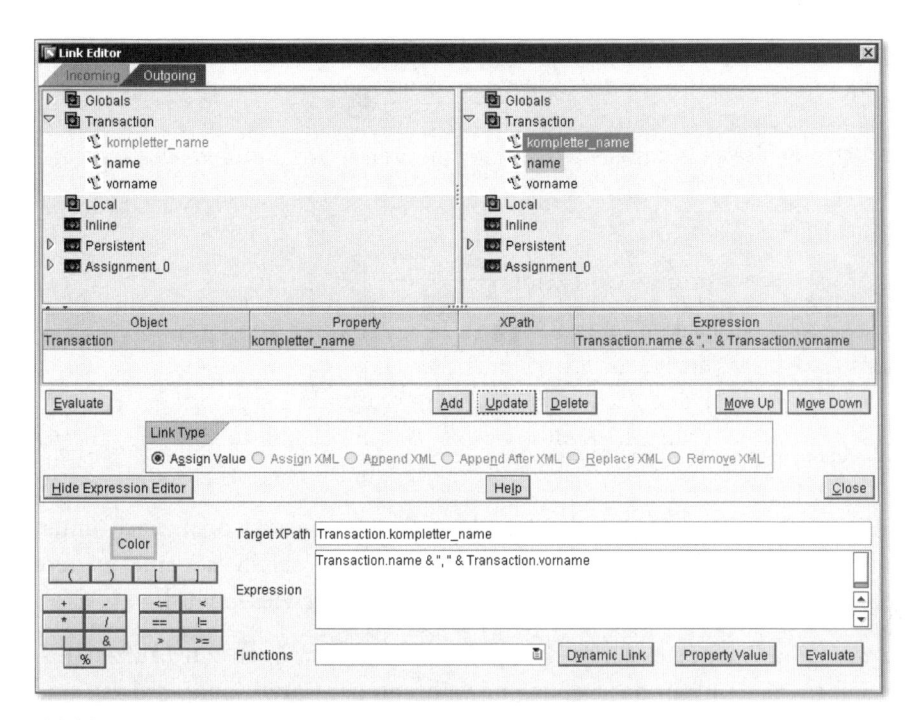

Abbildung 4.38 Zuweisung im Assignment-Block

Dem unteren Teil, dem EXPRESSION EDITOR, ist der TARGET XPATH zu entnehmen, das heißt das Ziel der Zuweisung, das in diesem Beispiel der Transaktionsparameter kompletter_name ist, sowie die EXPRESSION, das heißt der Ausdruck, der dem Ziel als Wert zugewiesen werden soll.

Dieser Ausdruck setzt sich hier aus den Transaktionsparametern name und vorname zusammen und wird zusätzlich durch ein Komma getrennt. Im MII-Skript wird dies durch den Ausdruck Transaction.name & «;« & Transaction.vorname erreicht. Alle Textbausteine, die als Klartext im Expression Editor genutzt werden, müssen in Anführungszeichen geschrieben sein. Einfache Hochkommas verfehlen ihre Wirkung, und der Ausdruck wird als ungültig markiert.

Das Zuweisen eines Ausdrucks kann ebenfalls per Drag & Drop geschehen, wobei von der linken, der Quellseite, ein Parameter auf die rechte, die Zielseite gezogen werden kann. Damit wird die Zuweisung erstellt und kann beliebig abgewandelt werden.

Nachdem nun die eigentliche Zuweisung realisiert wurde, soll der generierte Wert überprüft werden. Dies geschieht am einfachsten über die sogenannte Tracer Action, kurz den Tracer, aus dem Bereich LOGGING.

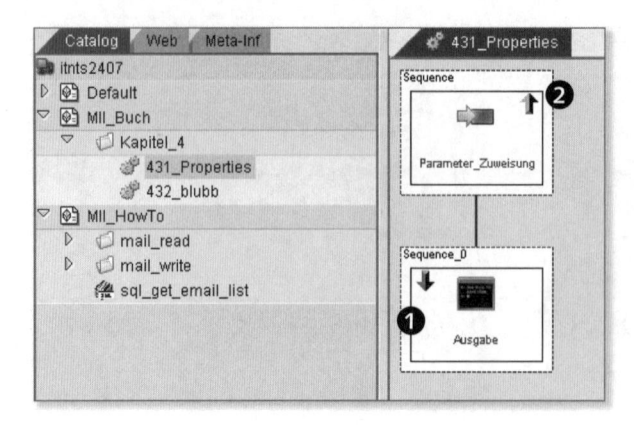

Abbildung 4.39 Fertige Transaktion

Wie beschrieben, werden die einzelnen Sequenzen von oben nach unten durchlaufen, weshalb, wie in Abbildung 4.39 zu sehen ist, eine weitere Sequenz angefügt werden muss, der der Tracer zugewiesen wird.

Tracer sind Bausteine, deren einzige Funktion es ist, Werte zur Laufzeit auszugeben. Sie sind für das Debugging während der Entwicklung gedacht und sollten nach den erfolgreichen Tests aus der Transaktion entfernt werden.

[+] **Hinweis**

In Abbildung 4.39 sind kleine Pfeile zu erkennen, die an den einzelnen Aktionen angezeigt werden. Der rechts angezeigte Pfeil ❶ für die erste Action (den Assignment-Block) bedeutet, dass für die Action mindestens eine ausgehende Zuweisung eingerichtet wurde.

Der links angezeigte Pfeil ❷ für die zweite Action (den Tracer) bedeutet, dass für die Action mindestens eine eingehende Zuweisung eingerichtet wurde.

Eingehend bedeutet, dass die Action externe Parameter verwendet, um ihre Funktion zu erfüllen, davon ausgehend, dass die Action externe Parameter ändert.

Um dem Tracer noch bekannt zu machen, was er ausgeben soll, muss im Link Editor eine entsprechende Zuweisung vorgenommen werden. Als Ausgabeparameter stellt der Tracer den Parameter Message zur Verfügung, dem ein adäquater Wert oder ein Ausdruck zugewiesen werden kann.

Um das Ergebnis des Assignment-Blocks, nämlich die Transaktionsvariable kompletter_name, zu testen, muss diese dem Message-Parameter zugewiesen werden (siehe Abbildung 4.40).

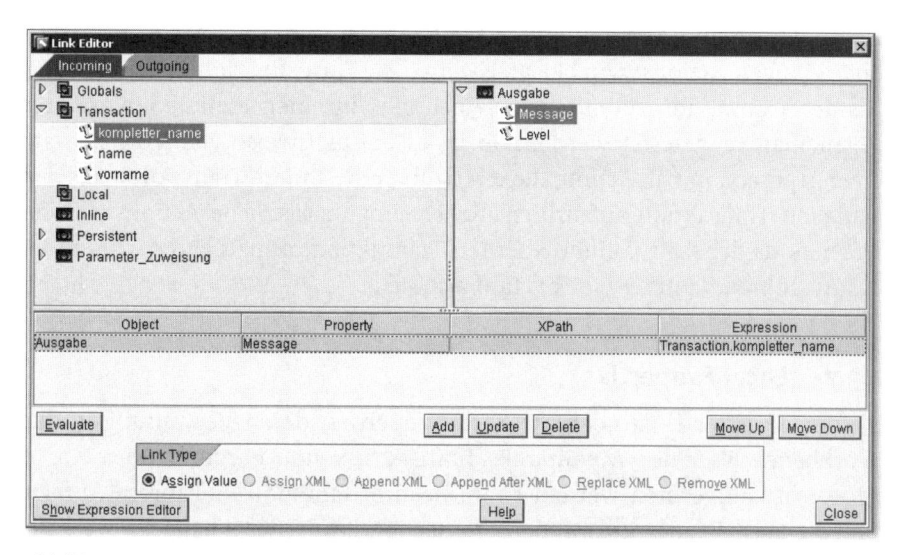

Abbildung 4.40 Zuweisung im Tracer

Mit der Ausführung der Transaktion prüft SAP MII, ob die Eingabeparameter durch neue Werte ersetzt werden müssen und stellt dies als [DEBUG]-Message zur Verfügung. Da von außen keine Werte zugewiesen wurden, werden die Standardeinstellungen verwendet, das heißt die zugewiesenen Informationen. In der zweiten [INFO]-Nachricht sehen wir die in der Transaktionsvariable kompletter_name abgelegte Information, die – soweit erkennbar – die Form hat, die gewünscht war.

Wichtig – vor allem bei der Entwicklung von Transaktionen, die sehr häufig aufgerufen werden – ist die letzte der [INFO]-Nachrichten, die die einzelnen Zeiten des Ladens, des Parsens und der Ausführung in Millisekunden darstellt (siehe Abbildung 4.41). Zusätzlich werden auch die zusammengerechneten Einzelzeiten (Total) angezeigt.

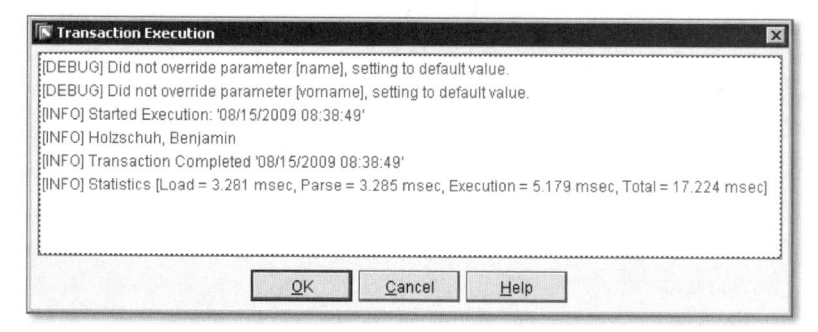

Abbildung 4.41 Ausgeführte Transaktion

Um dieses Ergebnis zu optimieren, empfiehlt es sich, nach Möglichkeit alle überflüssigen Actions (wie beispielsweise den Tracer) nach der Entwicklung aus der Transaktion zu entfernen. Auch die einzelnen Funktionen können gegeneinander getestet werden. So ist es beispielsweise von Vorteil, statt einer Transaction Call Action, die es erlaubt, eine andere Transaktion aus der aktuellen Transaktion aufzurufen, lieber einige zusätzliche Actions zu verwenden, da der Aufruf einer externen Transaktion oftmals länger dauert als das Ausführen weiterer vier bis fünf Actions.

4.3.7 Local Properties

Bleiben zu guter Letzt noch die Local Properties, deren Verwaltung in der Workbench über den Menüpunkt TRANSACTION und darunter über LOCAL PROPERTIES aufgerufen werden kann. In ihrer Funktion und ihrem Aufbau sind die Local Properties mit den Transaction Properties identisch, weshalb die Beschreibung der Transaction Properties auch hier gültig ist.

Es existiert nur ein kleiner Unterschied, der schon durch den Namen der Parameter Local beschrieben ist. In Programmiersprachen wie Java würde man diese Parameter als »private« Parameter bezeichnen, sie sind demnach nur innerhalb der Transaktion verwendbar und anders als die Transaction Properties nicht von oder nach außen ansteuerbar. Informationen aus Local Properys, die nach außen gegeben werden sollen, müssen zuvor entsprechenden Transaction Properties übergeben werden.

4.3.8 Actions

Nachdem für die Erläuterung der einzelnen Parametertypen die Actions Tracer und Assignment bereits angesprochen wurden, werden im Folgenden die wohl meist genutzten Actions aufgezeigt und in ihrer Funktion beschrieben.

[+] **Weiterführende Informationen**

Im SAP-Online-Handbuch ist eine Liste aller verfügbaren Actions zu finden:
http://wbhelp.sap.com/manufacturing/xmii_121/en/43/e80b59ad40719ae1000 0000a1553f6/frameset.htm
Mit den hier beschriebenen Aktionen lassen sich jedoch fast alle denkbaren Funktionen abbilden.

Data Query Actions

Die Actions für Datenabfragen sind neben den Logic Actions einer der wichtigsten Bestandteile der Businesslogik-Transaktionen. Als Grundlage der im

System hinterlegten Konnektoren können die Datenabfragen auf jedes entsprechende Datenbanksystem zugreifen und entsprechende, auch hoch komplexe Datenabfragen ausführen (siehe Abbildung 4.42).

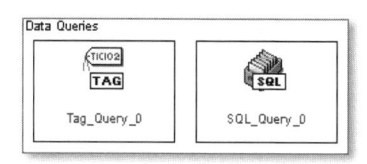

Abbildung 4.42 Data Query Actions

Tag Query Action
Mit der Tag Query Action können Abfragen auf tagbasierten Datenbanksystemen, besser bekannt als Historian-Server (wie beispielsweise auf dem AspenTech Historian, dem PI Historian oder dem Rapid Historian), ausgeführt werden. Um diese Action verwenden zu können, muss entweder eine bereits generierte Abfrage verfügbar sein, oder im Link Editor müssen adäquate Informationen hinterlegt werden.

Der Vorteil von Historian-Servern liegt im Gegensatz zu anderen Datenbanksystemen darin, dass sie in der Lage sind, mehrere Tausend Events pro Sekunde zu empfangen, zu verarbeiten und zu speichern.

Da im Gegensatz zu SQL-basierten Datenbankabfragen tagbasierte Abfragen ausschließlich auf Basis von Zeitfenstern und Tag-Namen abgefragt werden, ist die Konfiguration der zur Datenbankabfrage gehörigen Tag Query unterschiedlich zu der einer SQL-Abfrage. Wie in Abbildung 4.43 zu sehen ist, werden verfügbare Tag-Variablen selektiert und für die Abfrage vorgemerkt. Die Selektion des Zeitfensters ist identisch mit der bei SQL-Abfragen.

Im Link Editor zu konfigurierende Parameter für Tag-Abfragen sind (siehe Abbildung 4.43) im Folgenden aufgeführt:

- Server (Konnektorname)
- Mode (Current/History)
- StartDate
- EndDate
- TagName.XYZ (je nach Anzahl bis zu 128 Tags konfigurierbar)

Je nach Anzahl der zu erwartenden Parameter sollte der Parameter `RowCount` ebenfalls angepasst werden.

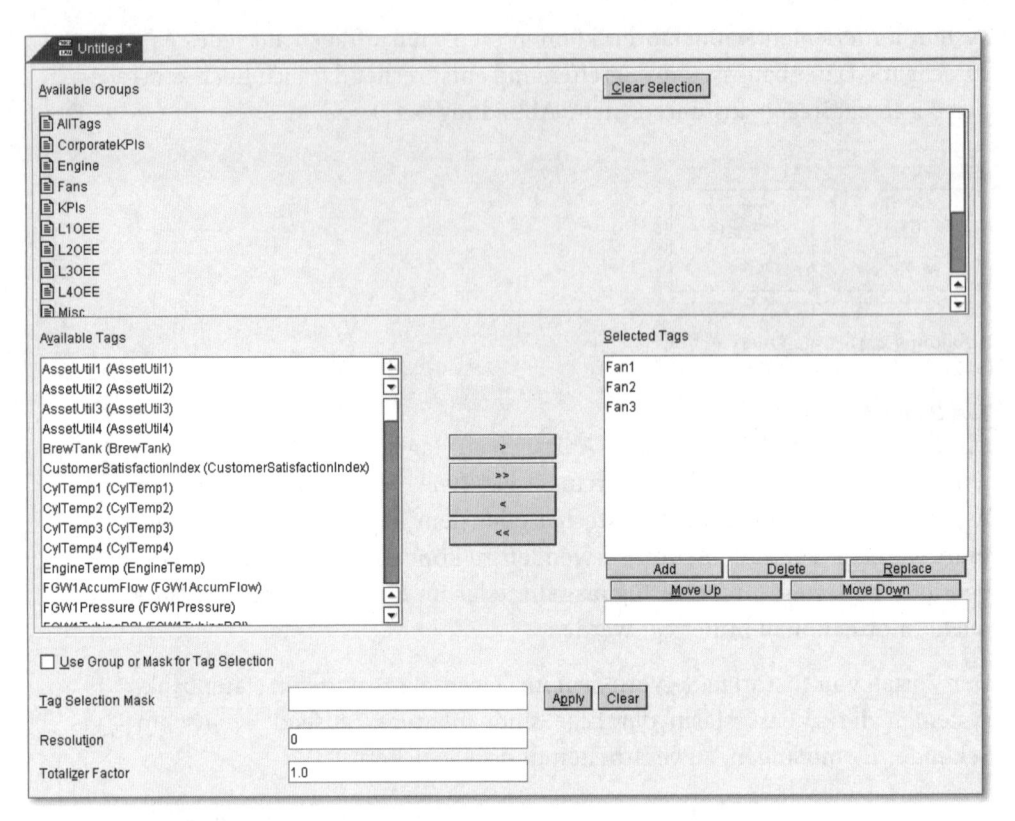

Abbildung 4.43 Tag-Konfiguration

SQL Query Action

Mit der SQL Query Action können Abfragen auf SQL-basierten Serversystemen, wie beispielsweise MSSQL oder Oracle, ausgeführt werden. Auch hier ist es entweder notwendig, eine SQL-Abfrage erstellt zu haben, die mit der Action ausgeführt werden kann, oder die entsprechenden Parameter im Link Editor zu setzen.

Im Link Editor zu konfigurierende Parameter für SQL-Abfragen sind die folgenden:

- Server (Konnektorname)
- Mode (FixedQuery/Command)
- Query (die eigentliche Abfrage)

Auch hier gilt: Je nach Anzahl der zu erwartenden Parameter sollte der Parameter RowCount ebenfalls angepasst werden.

> **Andere Abfragetypen** [+]
> Bei den Data Query Actions sind die Actions XML Query, Alarm Query, OLAP Query, Aggregate Query und Column Map in diesem Buch nicht beschrieben, da durch Tag- und SQL-Abfragen die meisten Funktionalitäten abgebildet werden können und MII ausreichend erläutert werden kann.

E-Mail Actions

Mithilfe der E-Mail Actions können schnell und einfach Verbindungen zu E-Mail-Servern aufgebaut werden. Zuvor müssen diese Server jedoch im SYSTEM CONNECTION EDITOR im SAP MII-Administrationsmenü gepflegt und im CREDENTIAL EDITOR zugehörige Benutzerdaten hinterlegt werden (siehe Abbildung 4.44).

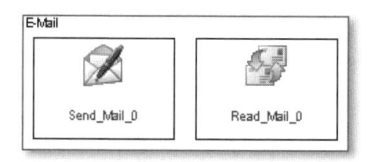

Abbildung 4.44 E-Mail Actions

Send Mail Action
Die grafische Konfiguration der Send Mail Action ist der des Versendens einer E-Mail relativ ähnlich. Wie beschrieben, müssen die Servereinstellungen und der Benutzerzugang sowie alle Informationen wie Sender, Empfänger und Nachrichtentext gewählt werden.

Da es jedoch nur selten vorkommt, dass innerhalb einer Transaktion eine vollständig konfigurierte Send Mail Action implementiert wird, empfiehlt es sich, nur die Einstellungen vorzunehmen, die immer gleich sind.

Bei einer Mail-Transaktion, die beispielsweise nur dann aufgerufen wird, wenn ein Produktionsstillstand eingetreten ist, wären das Server- und Benutzerkonto sowie der Titel und der Sender sicherlich gleich. Variabel gestaltet werden müssten wohl aber der Nachrichtentext sowie die Empfängerliste, da je nach Stillstandsort und Stillstandsart unterschiedliche Personen benachrichtigt werden müssten. So würde beim Stillstandsgrund »Material fehlt« eine E-Mail an die Produktionsleitung und die Lagerleitung versendet, beim Stillstandsgrund »Maschine defekt« aber eine E-Mail an die Produktionsleitung und die Instandhaltung.

4 | Workbench

Diese Informationen können (wie für MII üblich) leicht über den Link Editor dynamisch gesetzt werden, sodass zwar ein Teil der Konfiguration im grafischen Konfigurator, der andere Teil aber in der textuellen Konfiguration hinterlegt ist (siehe Abbildung 4.45).

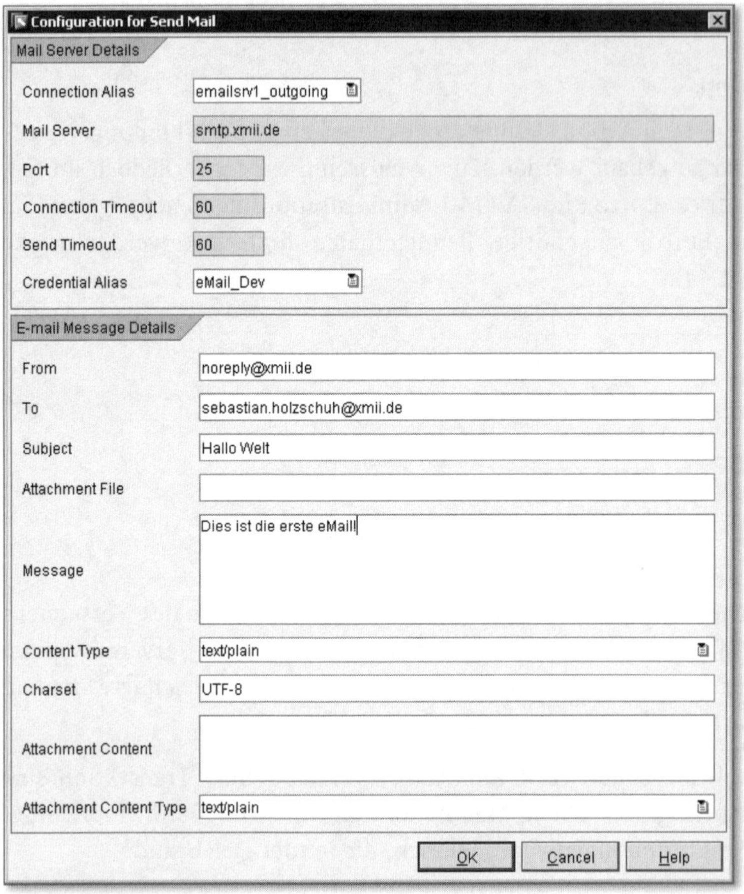

Abbildung 4.45 Konfiguration der Send Mail Action

Read Mail Action

Im Gegensatz zur Send Mail Action existiert für die Read Mail Action ein geringerer Aufwand für die Konfiguration, da außer den Zugangskonten keinerlei Daten hinterlegt werden müssen (siehe Abbildung 4.46).

Nach der Verbindung zum E-Mail-Server ruft die Action alle verfügbaren E-Mails ab und kann auch Kopien der abgerufenen E-Mails auf dem Server belassen. Das Ergebnis der Abfrage wird in einer für SAP MII üblichen Vorgehensweise im Illuminator-XML-Format ausgegeben.

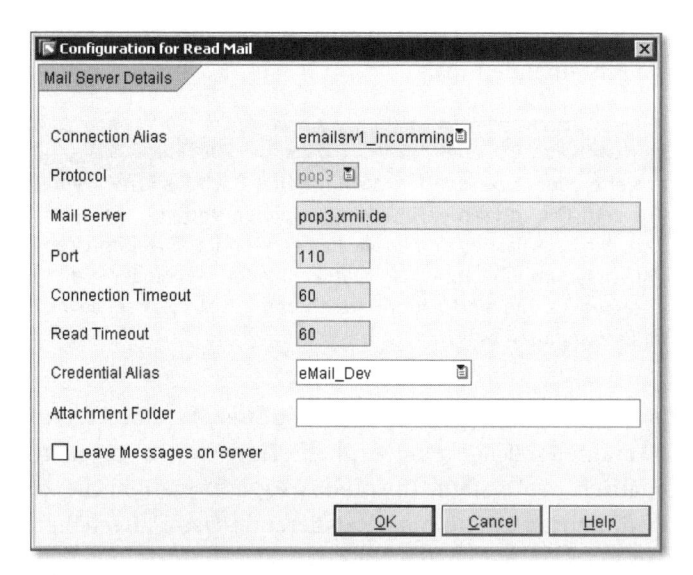

Abbildung 4.46 Konfiguration der Read Mail Action

Eine Möglichkeit zum Einsatz der Read Mail Action ist die Implementierung eines E-Mail-Zugriffs im Produktions-Interface. Somit haben Vorarbeiter oder Anwender innerhalb der Bedarfsdatenerfassung (BDE) die Möglichkeit, E-Mails zu lesen.

File I/O Actions

Mithilfe der File I/O Actions können die gängigsten Dateiein- und -ausgaben durchgeführt werden (siehe Abbildung 4.47). Diese Actions sind ein Hauptbestandteil der Fähigkeit von SAP MII, Dateien als Datenschnittstelle verwenden zu können.

Abbildung 4.47 File I/O Actions

Write File Action

Eine wichtige Action ist die Write File Action, mit der alle möglichen Arten von Dateien geschrieben werden können (zum Beispiel xml/csv/txt). Die Konfiguration des Action Blocks ist relativ simpel. Dem Parameter Path wird der Dateiname der zu schreibenden Datei inklusive Pfad angegeben, dem Parameter Text der zu schreibende Inhalt.

> **Backslashes nicht verwenden**
>
> Bei Pfadangaben oder generellen Textangaben dürfen keine Backslashes »\« verwendet werden. Aus diesem Grund werden in allen Beispielen und vor allem bei allen Dateiangaben statt der Backslashes immer Slashes verwendet. Diese müssen nicht extra durch ein Fluchtsymbol (Zusatz ESCAPE) gekennzeichnet werden – dies wird auch »Escapen« genannt – und sind zudem auch noch auf Windows- sowie auf Linux-Systemen als Pfadangaben einsetzbar.

Zusätzlich gibt es die Möglichkeit, zwischen den Modi CREATE und APPEND zu wählen. Ist dem Parameter Mode keine explizite Information gegeben, wird die Datei automatisch neu erstellt. Im Modus APPEND werden die zu schreibenden Informationen an eine bereits existierende Datei angehängt. Sollte die Datei zu diesem Zeitpunkt noch nicht existieren, wird sie angelegt.

Unter anderem wird der Write File Action Block häufig dazu verwendet, eigene Log-Dateien zu schreiben, die neben dem eigentlichen SAP NetWeaver-Log gehalten werden (siehe Abbildung 4.48). Eine andere Möglichkeit, spezifische Logs zu schreiben, bietet der Event Logger Action Block, den wir nun beschreiben werden.

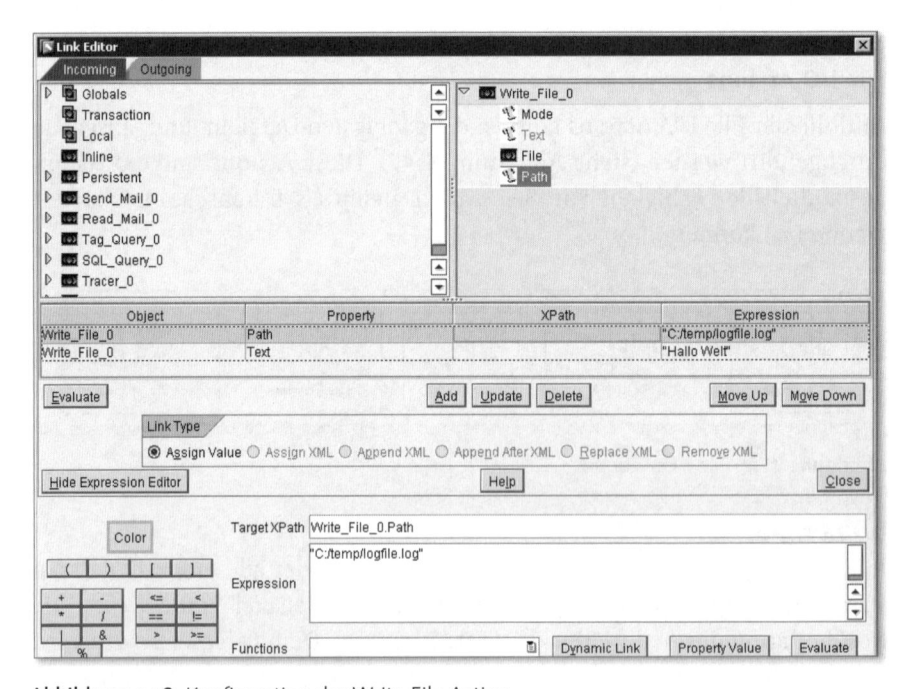

Abbildung 4.48 Konfiguration der Write File Action

Businesslogik-Transaktionen | 4.3

Get File List Action

Die Get File List Action kann vorhandene Verzeichnisse anhand einer zu definierenden Maske durchsuchen und gibt alle gefundenen Dateien im XML-Format aus.

Die zwei zu definierenden Parameter sind `Folder`, worin der zu durchsuchende Verzeichnispfad (im Beispiel aus Abbildung 4.49 ist dies `C:/temp`) und der Parameter `Mask`, der im Beispiel aus Abbildung 4.49 mit *.* bezeichnet ist, angegeben werden.

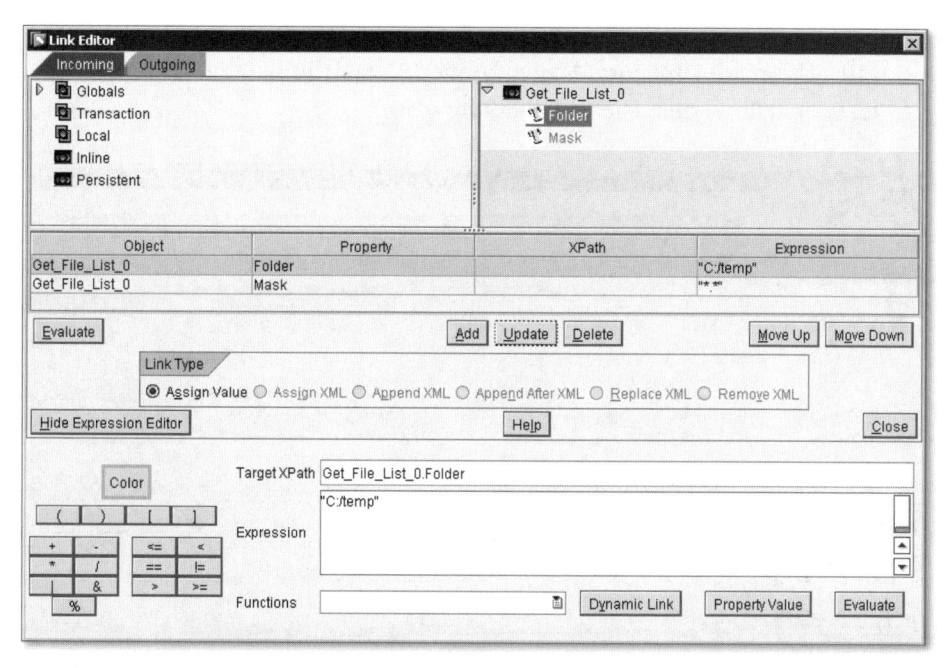

Abbildung 4.49 Konfiguration der Get File List Action

Die in XML vorhandenen Dateiinformationen sind in der folgenden Form gegeben (siehe Listing 4.2):

```
<Row>
  <Name>logfile.log</Name>
  <Date>2008-08-12T09:23:26</Date>
  <Size>576573</Size>
  <LastWriteDate>2008-08-12T09:23:26</LastWriteDate>
  <ReadOnly>0</ReadOnly>
  <FullPath>C:\temp\logfile.log</FullPath>
</Row>
```

Listing 4.2 Dateiinformation in XML-Form

Delete File Action

Mit der Delete File Action können dediziert Dateien gelöscht werden. Mit jedem Aufruf dieser Action kann exakt eine Datei entfernt werden, deshalb wird diese Action meist nach einem Loop aufgerufen, der die Gesamtliste der zu löschenden Dateien Schritt für Schritt durchgeht.

Dem Delete File Action Block kann nur ein Parameter mitgegeben werden. Der Parameter `Path` muss den voll qualifizierten Dateinamen der zu löschenden Datei beinhalten.

Create Directory Action

Mit der Create Directory Action können Verzeichnisse und Unterverzeichnisse erstellt werden (siehe Abbildung 4.50).

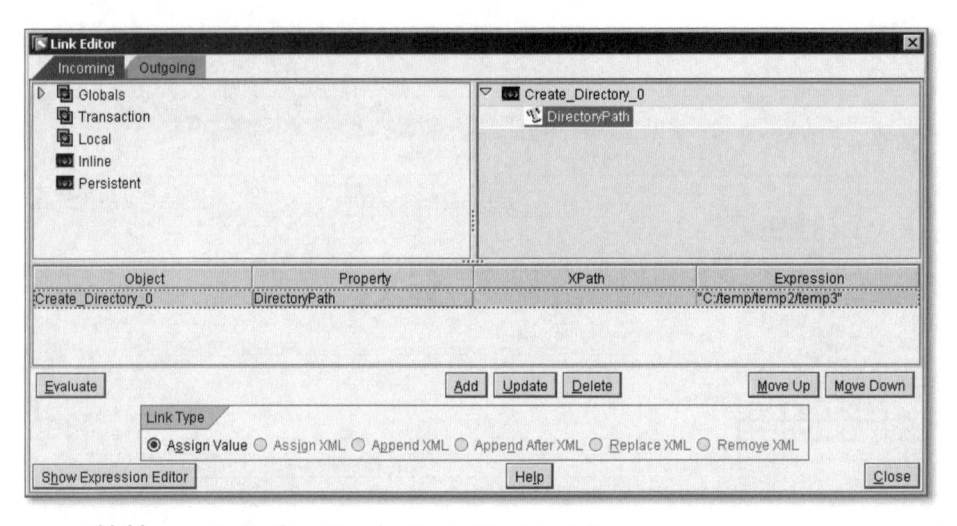

Abbildung 4.50 Konfiguration der Create Directory Action

Wird dem Parameter `DirectoryPath`, wie in Abbildung 4.50 zu sehen ist, ein Verzeichnis angegeben, dessen übergeordnetes Verzeichnis ebenfalls noch nicht existiert, erstellt die Create Directory Action auch das noch fehlende Verzeichnis. Im gezeigten Beispiel existieren weder der Ordner TEMP3 noch der Ordner TEMP2. Durch die Ausführung der Action werden beide Ordner erstellt.

Create Zip Action

Eine weitere Möglichkeit, Änderungen am Dateisystem vorzunehmen, ist die Create Zip Action, mit deren Hilfe eine ZIP-Datei erstellt und mit beliebigem Inhalt versehen werden kann.

Wie dem Delete File Action Block kann dem Create Zip Action Block jeweils eine Datei zum Packen gegeben werden. Ist ein angegebener ZIP-Container noch nicht vorhanden, wird dieser neu angelegt. Ist ein bereits vorhandener Container als Ziel angegeben, werden die entsprechenden Dateien dem bereits existierenden Container angehängt. Aus diesem Grund wird auch die Create Zip Action oftmals in Verbindung mit einer Repeater Action genutzt, um mehrere Dateien in eine ZIP-Datei zu packen.

Weitere File I/O Actions	[+]
Bei den File I/O Actions sind die Actions Flat File Parser, FTP Input, FTP Output, FTP Get FileList, FTP Delete File und FTP Get Direcotry in diesem Buch nicht beschrieben, da diese Aktionen eher selten verwendet werden.	

Logging Actions

Die Logging-Actions sind teilweise zum Debugging während der Entwicklung, teilweise aber auch zur stetigen Prozessüberwachung geeignet. Die jeweiligen Logging Actions können ihre Nachrichten in unterschiedlichen Level-Klassen absetzen. Dies sind die Klassen für die angegebenen Actions (siehe Abbildung 4.51):

- Info
- Warning
- Error
- Debug
- Failure

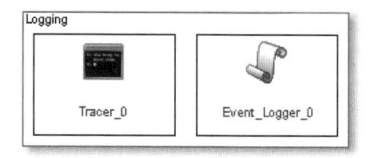

Abbildung 4.51 Logging Actions

Tracer Action

Der zuvor schon erläuterte Tracer Action Block ist zum Debugging während der Entwicklung gedacht, da er schnell und einfach über die Resultatanzeige der Workbench alle notwendigen Informationen darstellen kann (siehe Abbildung 4.52). Die Konfiguration des Tracers gestaltet sich sehr einfach, da für den Parameter Message der auszugebende Text und für den Parameter Level der entsprechende Log-Level eingegeben wird.

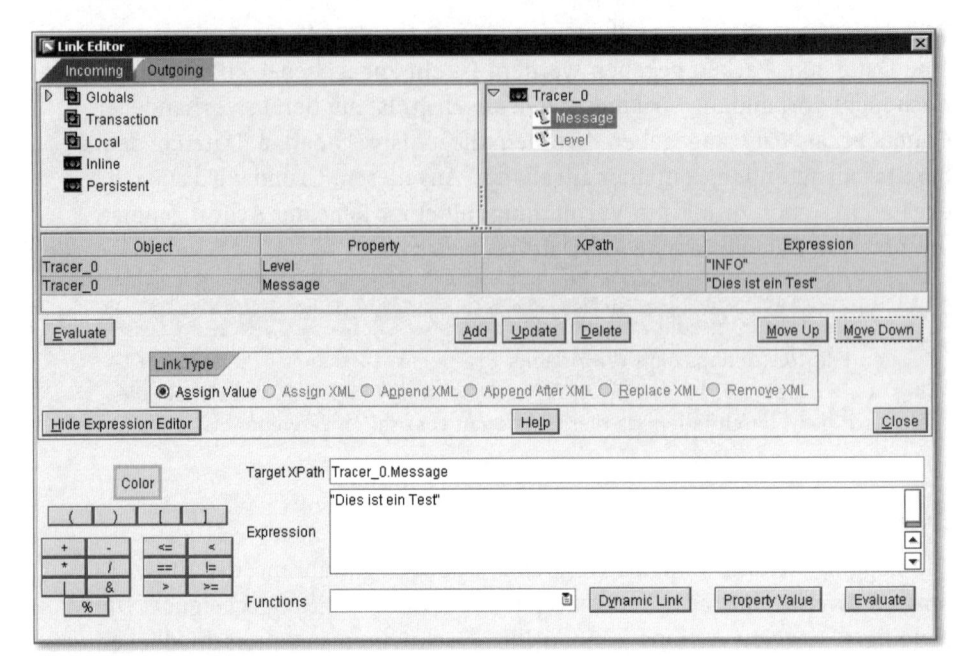

Abbildung 4.52 Konfiguration der Tracer Actions

Event Logger Action

Der Event Logger Action Block kann im Gegensatz zum Logger, der nur innerhalb einer Transaktion seine Werte ausgibt, Log-Informationen in das SAP NetWeaver-Log schreiben (siehe Abbildung 4.53).

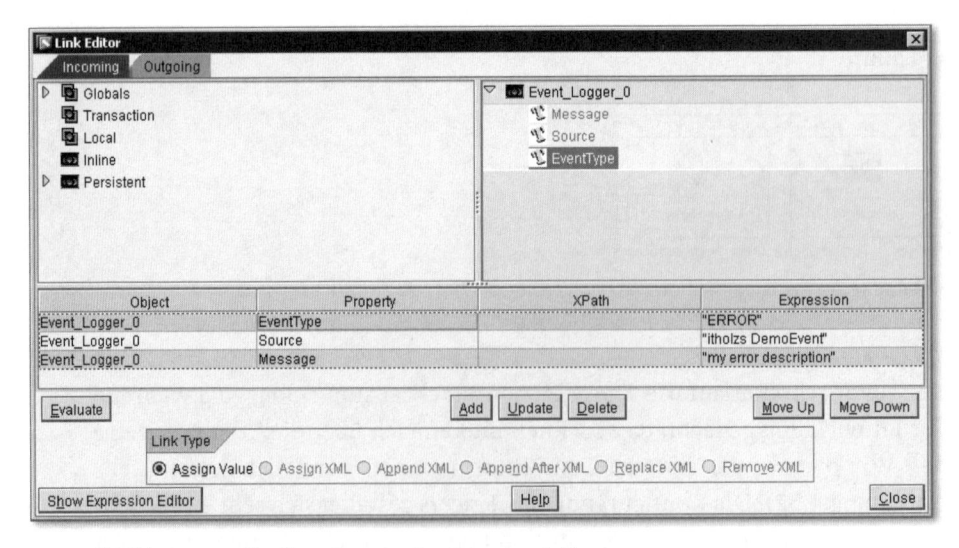

Abbildung 4.53 Konfiguration der Event Logger Action

Businesslogik-Transaktionen | 4.3

Dies hat den Vorteil, dass alle Log-Informationen an einem zentralen Ort, nämlich dem SAP NetWeaver-Log gespeichert sind. Ähnlich wie der Tracer hat der Event Logger die Einstellung MESSAGE, in der der auszugebende Text angegeben wird.

Neu ist hier die Angabe des Parameters Source, der als Quelle der Nachricht definiert ist. Im SAP NetWeaver Logging kann nach der Source, aber auch nach dem Message-Text gesucht werden, weshalb der in der Source angegebene Text (auch zur optischen Unterscheidung) häufig gut als Start der eigentlichen Textnachricht geeignet ist. Denn werden die notwendigen Suchinformationen als Schlagworte vor den eigentlichen Inhalt gesetzt, können Sie schon beim Überfliegen der Log-Nachrichten den gesuchten Eintrag finden.

Im Vergleich mit dem Level aus dem Tracer wird beim Event Logger der Level mit dem *Event Type* definiert.

Ein gemäß Abbildung 4.53 vorgenommener Event-Log-Eintrag hinterlässt den in Abbildung 4.54 zu sehenden Eintrag im SAP NetWeaver-Log.

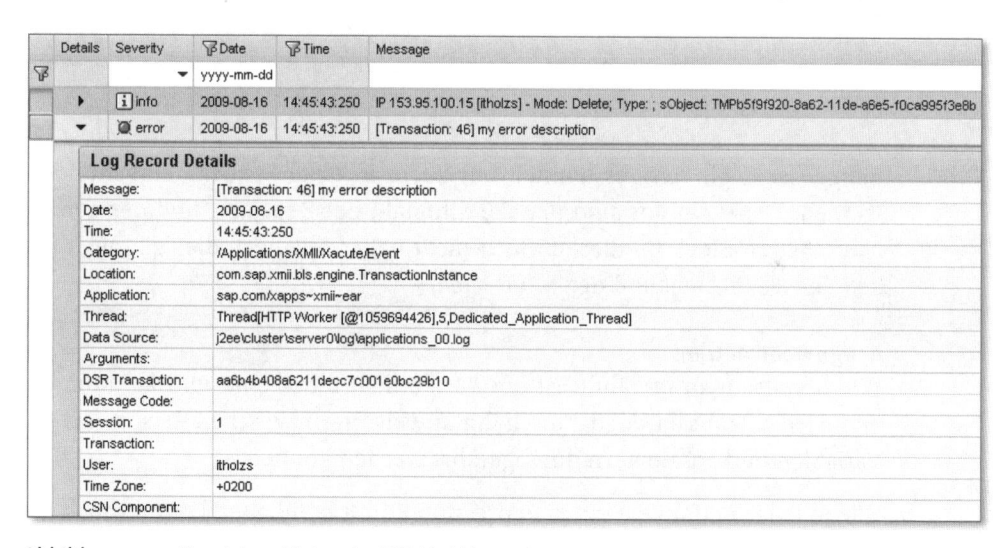

Details	Severity	Date	Time	Message
		yyyy-mm-dd		
▶	info	2009-08-16	14:45:43:250	IP 153.95.100.15 [itholzs] - Mode: Delete; Type: ; sObject: TMPb5f9f920-8a62-11de-a6e5-f0ca995f3e8b
▼	error	2009-08-16	14:45:43:250	[Transaction: 46] my error description

Log Record Details	
Message:	[Transaction: 46] my error description
Date:	2009-08-16
Time:	14:45:43:250
Category:	/Applications/XMII/Xacute/Event
Location:	com.sap.xmii.bls.engine.TransactionInstance
Application:	sap.com/xapps~xmii~ear
Thread:	Thread[HTTP Worker [@1059694426],5,Dedicated_Application_Thread]
Data Source:	j2ee\cluster\server0\log\applications_00.log
Arguments:	
DSR Transaction:	aa6b4b408a6211decc7c001e0bc29b10
Message Code:	
Session:	1
Transaction:	
User:	itholzs
Time Zone:	+0200
CSN Component:	

Abbildung 4.54 Event-Log-Eintrag in SAP NetWeaver

Weitere Logging Actions [+]

Bei den Logging Actions ist die Action XMLTracer in diesem Buch nicht beschrieben, da der Event Logger und der Tracer die gängigen Varianten des Loggings sind.

Logic Actions

Die Logic Actions sind das Rückgrat einer jeden Transaktion. Mit ihnen steht und fällt die Funktionalität, wie zum Beispiel in den verschiedensten Programmiersprachen mit Switch-Abfragen oder For-Schleifen (siehe Abbildung 4.55).

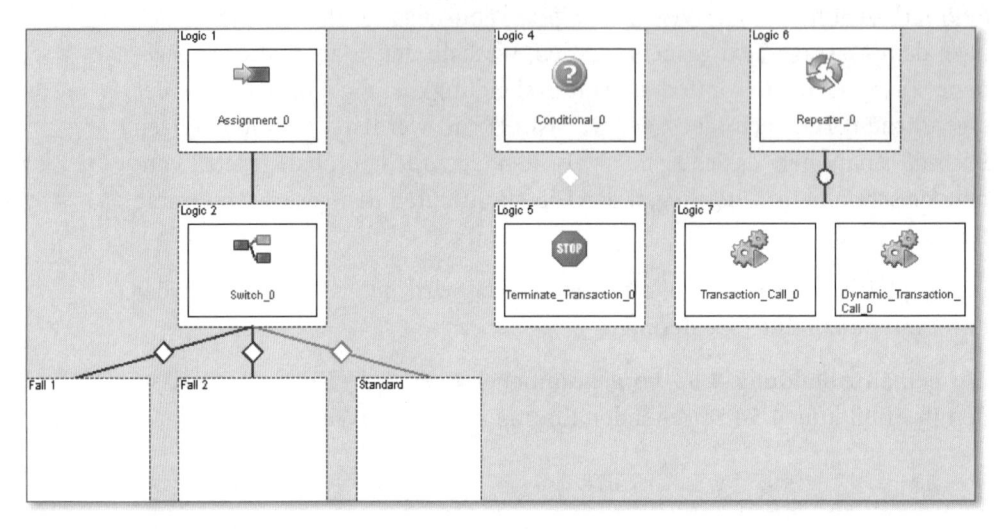

Abbildung 4.55 Logic Actions

Einige der Logic Actions können nur allein in einer Sequenz eingebunden werden. Diese Actions sind der Conditional-, der Repeater- und der Terminator Action Block (in diesem Buch nicht näher erläutert, dies gilt auch für den `For Next Loop` und den `While Loop`).

Assignment Action
Wie bereits zuvor erwähnt, ist der Assignment-Block eine zentrale Komponente jeder Transaktion, da durch ihn Zuweisungen zwischen verschiedenen Variablen und Parametern durchgeführt werden können.

Wie in jeder Action, die einen Expression Editor beinhaltet, können auch im Assignment-Block alle Funktionalitäten des SAP MII-Skripts ausgeschöpft werden. Aufgrund einer hohen Übersichtlichkeit bietet sich der Assignment-Block für jegliche Art der Datenänderung an, da er auch XML-Daten verstehen und ändern kann. Abbildung 4.56 zeigt das Ändern des lokalen Parameters `fanr` durch die Verknüpfung von Textbausteinen und Variablen.

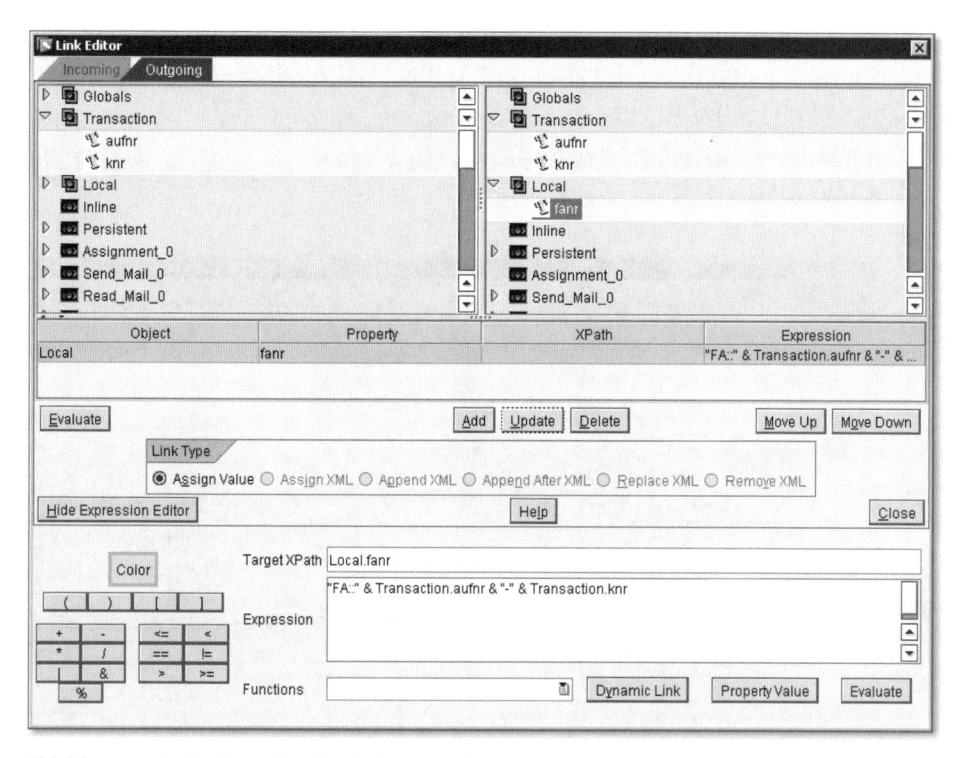

Abbildung 4.56 Konfiguration der Assignment Action

Switch Action

Wie der Name schon vermuten lässt, ist die Switch Action dazu da, anhand eines Vergleichs von Eingabewert und vordefinierten Vergleichswerten zwischen verschiedenen Logiken zu wechseln. Gemäß den ihr zur Verfügung stehenden Parametern wird zwischen den unterschiedlichen unterlagerten Logiken gewählt und jeweils ein Logikstrang ausgeführt (siehe Abbildung 4.58).

Über den CONFIGURATION-Punkt im Rechtsklickmenü ist einzustellen, wie viele unterschiedliche Ergebnismöglichkeiten der Switch Action Block unterstützen soll. Im Link Editor wird dann die angegebene Anzahl als Parameter des Namens MatchValue1 – MatchValueN angezeigt.

In Abbildung 4.57 ist die Link-Editor-Konfiguration für zwei unterschiedliche Ergebnismöglichkeiten zu sehen, die durch die Parameter MatchValue1 und MatchValue2 repräsentiert werden. Der Eingabewert, der später verglichen werden soll, muss dem Parameter InputValue zugewiesen werden.

4 | Workbench

Im Beispiel aus Abbildung 4.57 wird der Transaktionsparameter `knr` (Kundennummer) als Eingabe gegen die MatchValues `KNR0000001` und `KNR0000002` geprüft.

Sollte der Transaktionsparameter den Wert `KNR0000001` haben, würde ein Treffer bei `MatchValue1` gefunden.

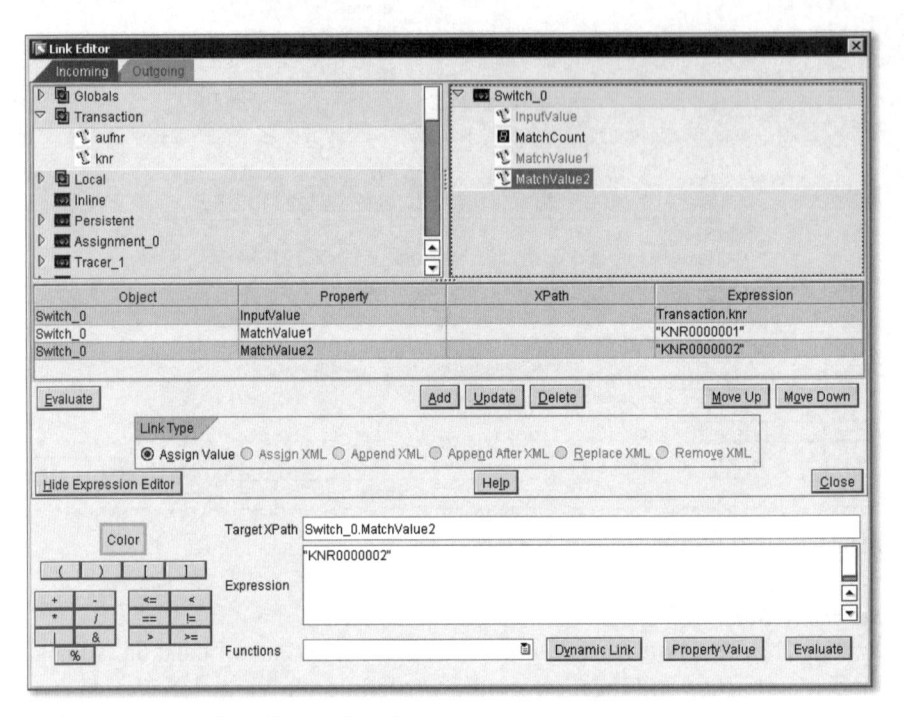

Abbildung 4.57 Konfiguration der Switch Action

In diesem Fall würde gemäß der in Abbildung 4.58 gezeigten logischen Struktur der Switch Action der linke Teil des Baumes aufgerufen.

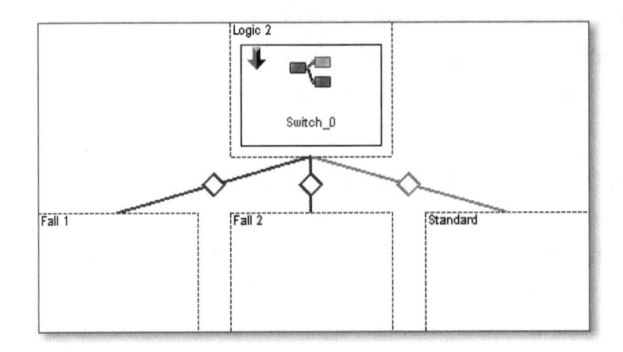

Abbildung 4.58 Logik der Switch Action

Sollte als Nächstes der Wert KNR0000002 gesetzt sein, würde der mittlere Teil des Baumes aufgerufen. Im Fall keiner Übereinstimmung würde der rechte Teil des Baumes aufgerufen.

Conditional Action
Wie bei der Switch Action muss bei der Conditional Action zu Beginn die Anzahl der Bedingungen eingestellt werden und ob es sich um Or- oder eine And-Bedingung (Und- oder Oder-Bedingung) handelt. Je nachdem, wie viele Bedingungen eingestellt wurden, wird eine entsprechende Anzahl von Input-Parametern im Link Editor angezeigt.

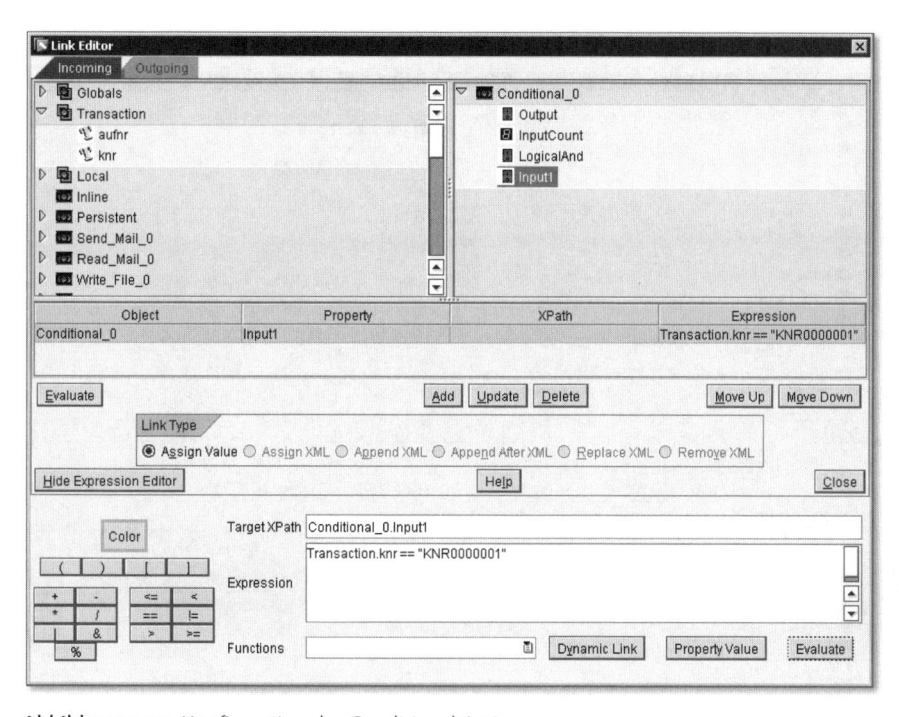

Abbildung 4.59 Konfiguration der Conditional Action

Im Beispiel aus Abbildung 4.59 ist ausschließlich der Parameter Input1 zu sehen, was den Schluss zulässt, dass im Configuration-Dialog auch nur ein Vergleichsparameter definiert wurde.

Die diesem Action Block zugrunde liegende Prüfung wird dem Input1-Parameter zugewiesen. Um dem Beispiel des Switch Action Blocks zu folgen, prüft die Action, ob die Kundennummer KNR0000001 ist. Sollte dies der Fall sein, gibt der Conditional den Wert TRUE zurück.

Die Nachfolgelogik des Conditionals ist dem Switch ähnlich. Im Gegensatz zum Switch kennt der Conditional jedoch nur zwei nachfolgende Logikäste, den ersten, der bei True und den zweiten, der bei False ausgeführt wird. Im Aufbau der Switch-Logik ist True dem linken und False dem rechten nachfolgenden Logikast zugewiesen. Sollte eine dritte Sequenz nach einem Conditional folgen, wird diese immer ausgeführt, sobald die True/False-Nachfolger abgearbeitet wurden.

Terminate Action
Um im Fehlerfall eine Transaktion abzubrechen, wurde die Terminate Action entwickelt.

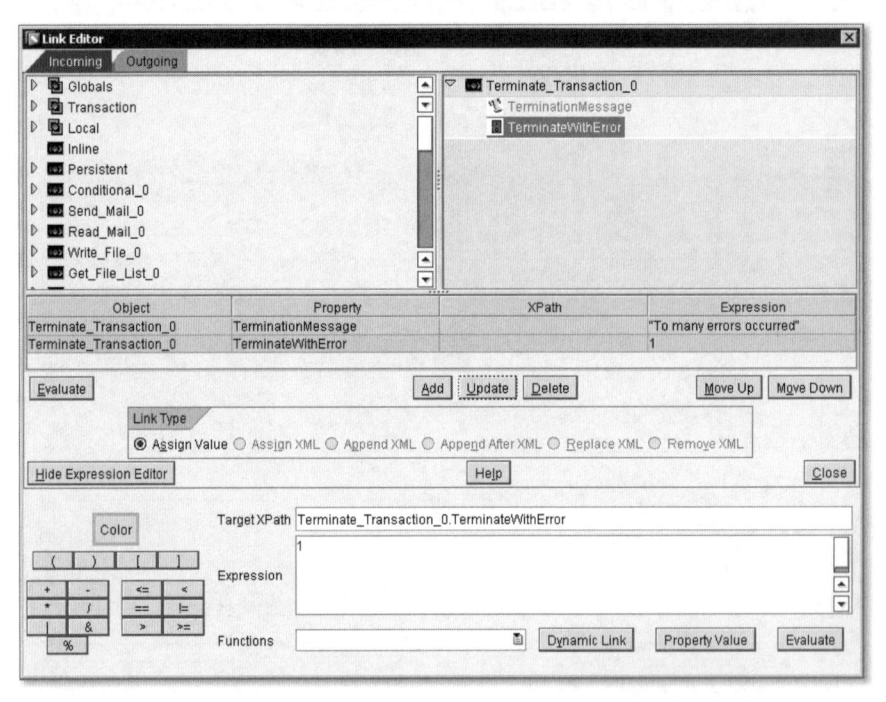

Abbildung 4.60 Konfiguration der Terminate Transaction Action

Als logischer nächster Schritt zu einer Abfrage, die einen Fehler offenbart, kann mithilfe der Terminate Action die gesamte Transaktion abgebrochen werden. In Abbildung 4.60 sehen Sie die zusätzlichen Einstellungen, die zum Beenden der Transaktion mit einer Terminate Action eine entsprechende Meldung ausgeben. Der Parameter TerminationWithError gibt an, ob bei einer Terminierung der Transaktion überhaupt ein Fehler ausgegeben werden soll. Im Fall von true/1 wird der Parameter TerminationMessage gemäß der Eingabe gesetzt. Diese Message ist als LastErrorMessage eines Applets abrufbar.

Typischerweise werden Terminatoren während der Entwicklung eingesetzt, um das komplette Durchlaufen einer Transaktion zu verhindern.

> **Transaktionsabbruch mit einem Conditional** [+]
>
> Den gleichen Effekt (das Abbrechen einer Transaktion) für die Entwicklung hat die Verwendung eines Conditional Action Blocks, dem keine Conditions zugewiesen sind. Dieser gibt auch immer False zurück und führt die nachfolgenden Aktionen nicht weiter aus.

Repeater Action
Die Repeater Action dient dem Durchlaufen einer unbekannten Anzahl von XML-Elementen. Dies ist auch schon der größte Unterschied zur For Next Loop Action, bei der eine Durchlaufanzahl vorgegeben ist.

Im Configuration-Dialog muss zu allererst ein XML gewählt werden, das als Grundlage des Repeats fungiert (siehe Abbildung 4.61).

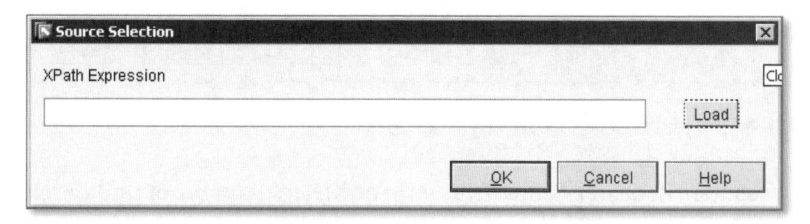

Abbildung 4.61 Konfiguration der Repeater Action – Schritt 1

Mit einem Klick auf den Button LOAD wird ein entsprechender Dialog geöffnet, in dem Sie auf der linken Seite das dafür vorgesehene XML wählen können.

Sollte es sich bei dem gewählten XML um ein Illuminator-XML handeln, kann die Wahl mit einem Doppelklick auf den Hauptknoten beschleunigt werden. Es ist jedoch auch möglich – und für Nicht-Illuminator-XMLs zwangsläufig notwendig –, sich zu dem Element durchzuklicken, das mehrfach vorkommt und dessen Struktur mehrfach verarbeitet werden soll. In Abbildung 4.62 gut zu sehen ist das Element Row, das mehrfach vorhanden ist.

Mit einem Klick auf OK und der Bestätigung des XPaths ist die Konfiguration der Repeater Action abgeschlossen.

Ähnlich dem Conditional besitzt die Repeater Action lediglich einen ihr untergeordneten Strang. Wie in Abbildung 4.63 zu erkennen, ist die dazugehörige Verbindung blau eingefärbt.

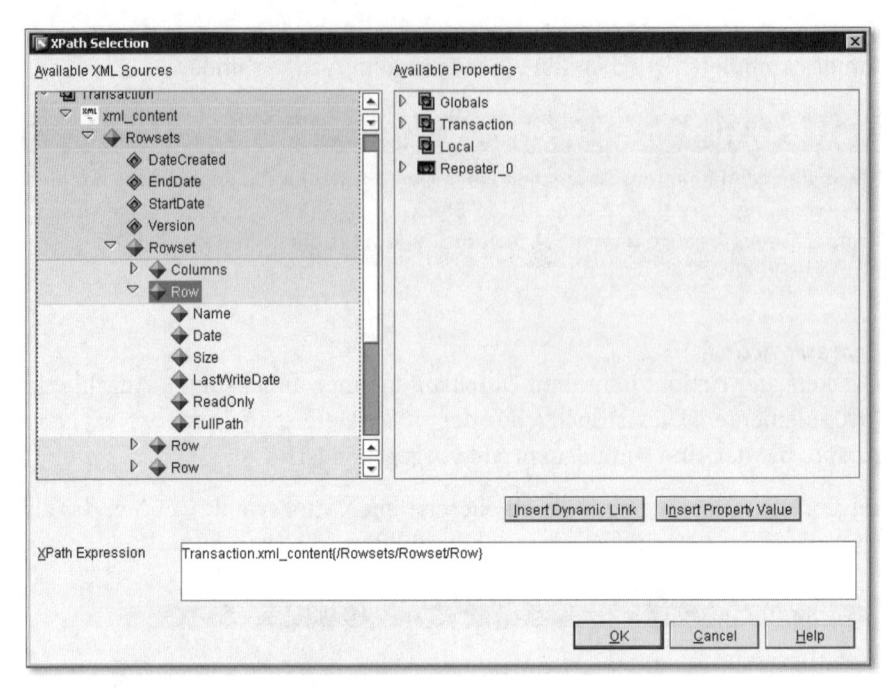

Abbildung 4.62 Konfiguration der Repeater Action – Schritt 2

Alle weiteren, der Repeater-Sequenz untergeordneten Sequenzen und deren Nachfolgesequenzen und -aktionen werden gemäß der Verarbeitungslogik von SAP MII nach dem Abschluss der eigentlichen Repeat-Funktionalität ausgeführt.

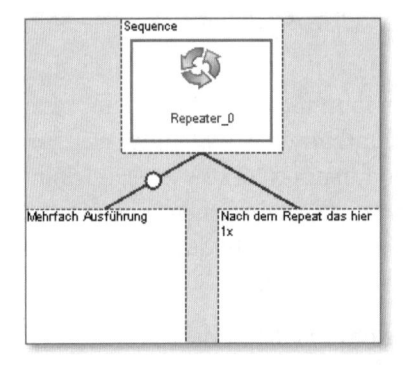

Abbildung 4.63 Logik der Repeater Action

Transaction Call Action
Durch die Transaction Call Action können aus Transaktionen heraus andere Transaktionen gestartet werden.

4.3 Businesslogik-Transaktionen

In Abbildung 4.64 sehen Sie den CONFIGURATION-Dialog des Transaction Call Action Blocks, in dem die auszuführende Transaktion über die SAP MII-Navigation gewählt werden kann. Nachdem dies geschehen ist, können im Link Editor zusätzlich die Eingabe- und Ausgabeparameter der gewählten Transaktion mit Daten versorgt bzw. weiterverarbeitet werden.

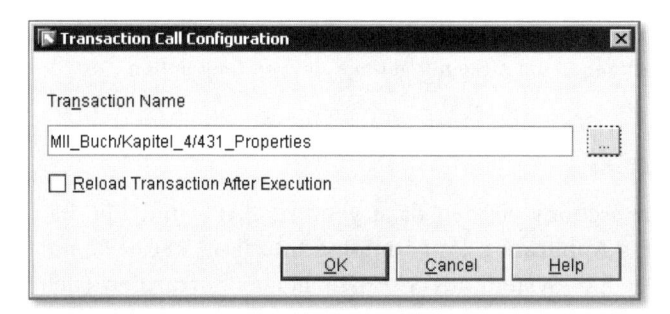

Abbildung 4.64 Konfiguration der Transaction Call Action

Dynamic Transaction Call Action
Eine Erweiterung der Transaction Call Action ist die Dynamic Transaction Call Action. Mit dieser Action wird seit Release SAP MII 12.1 die Möglichkeit geboten, dynamisch Transaktionen zu starten.

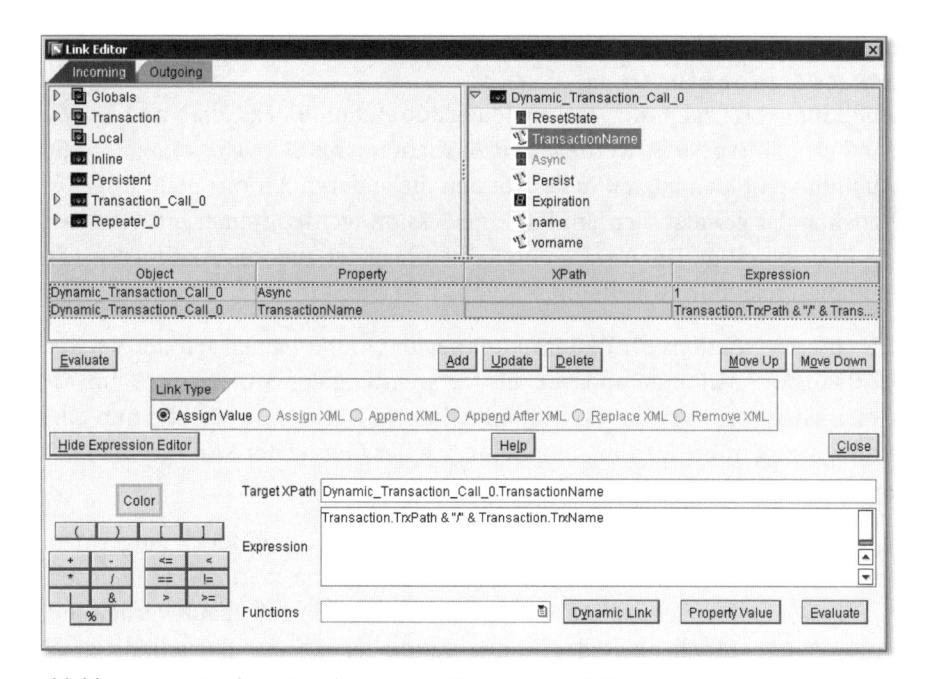

Abbildung 4.65 Konfiguration der Dynamic Transaction Call Action

Abbildung 4.65 zeigt einen dynamischen Transaktionspfad, der es erlaubt, je nach Eingabeparameter eine andere Transaktion aufzurufen. Zusätzlich bietet der Dynamic Transaction Call die Möglichkeit, die gewählte Transaktion asynchron aufzurufen.

[+] **Weitere Logic Actions**

Bei den Logic Actions sind die Actions For Next Loop, While Loop und Pause in diesem Buch nicht beschrieben, da diese nur geringe Verwendung finden.

SAP JCo Interface Actions

Die SAP JCo Interface Actions werden dazu genutzt, BAPI- und RFC-Bausteine (BAPI = Business Application Programming Interface, RFC = Remote Function Call) im SAP ERP-System aus SAP MII heraus aufzurufen (siehe Abbildung 4.66).

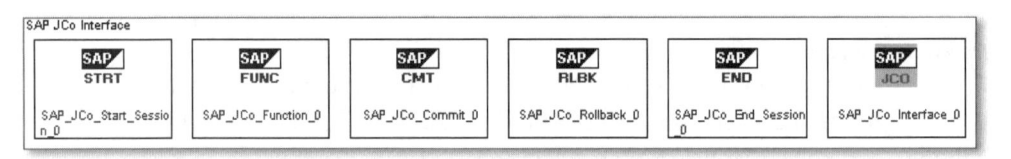

Abbildung 4.66 SAP JCo Interface Actions

SAP JCo Start Session Action

Abbildung 4.67 zeigt die verschiedenen JCo Action Blocks, die von SAP MII zur Verfügung gestellt werden. Mit Ausnahme von SAP JCo_Interface (in Abbildung 4.66 an letzter Stelle) können die anderen Actions nicht losgelöst voneinander genutzt werden. Für eine Session werden immer ein Start und ein Ende benötigt. Die Anzahl und Reihenfolge der anderen Aktionen innerhalb dieser Session ist beliebig.

Die Interface-Actions für den Java Connector (JCo) erlauben seit der Version 12.0 von SAP MII unter anderem die Verwendung von SAP-Sessions, um die Geschwindigkeit bei der Kommunikation zu verbessern. Sollte nur eine Abfrage ausgeführt werden, empfiehlt sich der Einsatz der SAP JCo Interface Action, die keine Session benötigt.

Eine Session wird mit dem SAP JCo Start Session Action Block aufgerufen. Im CONFIGURATION-Dialog muss lediglich angegeben werden, zu welchem SAP-System mit welchem Benutzerkonto eine Session aufgebaut werden soll. Eine weitere Möglichkeit der Konfiguration ist die der Einstellung einer pooled Connection. Eine pooled Connection ist eine Verbindung, die in einer bestimmten Anzahl von Instanzen benutzt werden darf. Ist diese

Anzahl erreicht, warten alle weiteren Anfragen, bis eine Instanz zur Verfügung steht. Ist diese Option gewählt, wird die Verbindung in SAP zwischengespeichert, was die Abfragen nochmals beschleunigt.

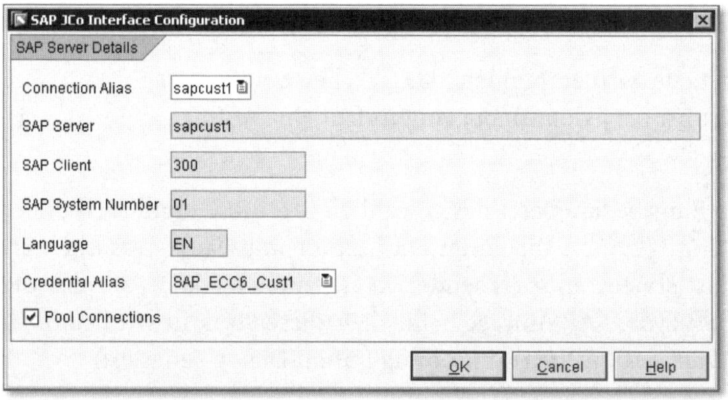

Abbildung 4.67 Konfiguration der SAP JCo Start Session Action

SAP JCo Function Action
In Abbildung 4.68 sehen Sie den Konfigurationsdialog zum Ausführen eines RFC-/BAPI-Aufrufs.

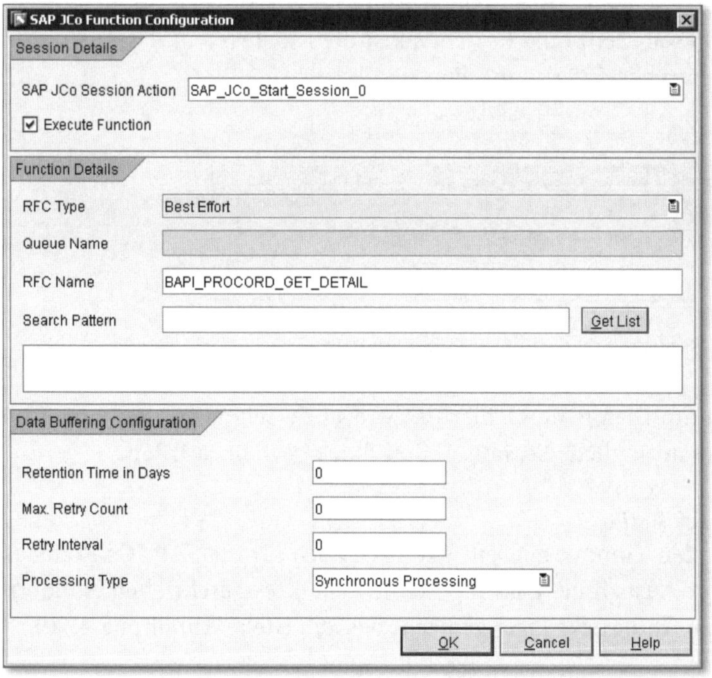

Abbildung 4.68 Konfiguration der SAP JCo Function Action

Nach dem Anlegen einer Session kann nun eine beliebige Anzahl von Funktionsaufrufen in die Transaktion eingebaut werden. Dies geschieht innerhalb einer Session mit dem SAP JCo Function Action Block. Im CONFIGURATION-Dialog muss neben dem ursprünglichen Session Action Block noch das auszuführende BAPI/der auszuführende RFC gewählt werden.

Für die Fehlersuche wird empfohlen, das Häkchen bei EXECUTE FUNCTION zu entfernen, da sonst bei jedem Debugging-Aufruf eine Abfrage an SAP gesendet wird.

Die jeweiligen Eingabeparameter des gewählten BAPI/RFC können nach der Selektion im Configuration-Dialog im Link Editor mit Daten versorgt werden. Dafür existiert ein entsprechender XML-Parameter Request, der die komplette Struktur der SAP-Anfrage beinhaltet (diese Struktur wird automatisch bei der Wahl des BAPI/RFC im Configuration-Dialog generiert).

Das entsprechende Ergebnis der SAP-Abfrage kann dem XML-Parameter Result entnommen werden.

SAP JCo Commit Action
Nachdem nun innerhalb einer Session mehrere Abfragen an SAP gesendet worden sind, kann man diese durch die Anwendung des SAP JCo Commit Action Blocks bestätigen lassen (siehe Abbildung 4.69) und somit »absenden«. Bis zu diesem Zeitpunkt besteht sonst die Möglichkeit, das Ausführen der Funktionen rückgängig zu machen.

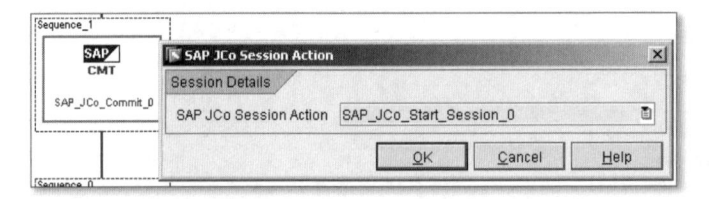

Abbildung 4.69 Konfiguration der SAP JCo Commit Action

Im Configuration-Dialog muss hierfür (wie auch schon in der Function) lediglich der ursprüngliche Session Action Block gewählt werden.

SAP JCo Rollback Action
Alles, was für den Commit gilt, gilt natürlich auch für die SAP JCo Rollback Action, mit der Ausnahme, dass hier keine Daten festgeschrieben, sondern die Funktionsaufrufe rückgängig gemacht werden (siehe Abbildung 4.70).

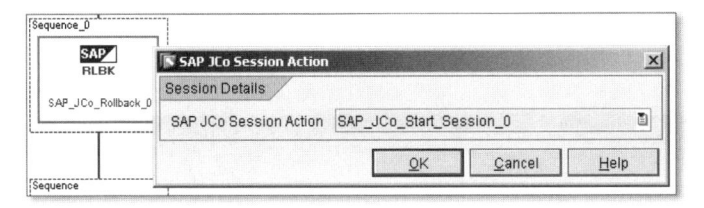

Abbildung 4.70 Konfiguration der SAP JCo Rollback Action

Dies bietet sich immer an, wenn mehrere aufeinanderfolgende Aufrufe voneinander abhängen und zum Beispiel der letzte fehlschlägt. In diesem Fall würde man einen Rollback auf alle vorherigen Aufrufe durchführen.

SAP JCo End Session Action
Abbildung 4.71 zeigt den Konfigurationsdialog zum SAP JCo End Session Action Block.

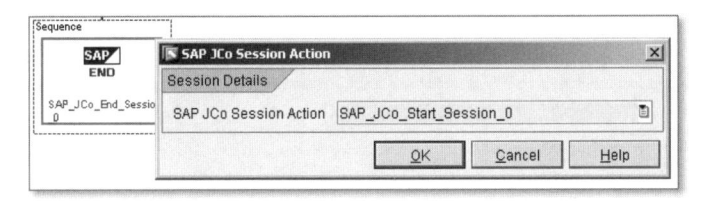

Abbildung 4.71 Konfiguration der SAP JCo End Session Action

Im Configuration-Dialog muss hierfür (wie auch schon bei Function und Commit) lediglich der ursprüngliche Session Action Block gewählt werden.

SAP JCo Interface Action
Die letzte hier für den Java Connector beschriebene Action ist die SAP JCo Interface Action. Sie ist eine Mischung aus allen zuvor beschriebenen SAP JCo Actions und imstande, selbstständig eine Verbindung zum SAP-System aufzubauen und Daten abzufragen.

Die Verwendung dieser Action ist immer dann zu empfehlen, wenn innerhalb einer Transaktion nur ein SAP-Aufruf ausgeführt wird, beispielsweise bei einem Auftragsdownload, wenn zu Beginn der Transaktion ein entsprechender Auftragsvorrat geladen wird.

Sobald mehr als ein Aufruf innerhalb einer Transaktion an dasselbe SAP-System gerichtet wird, sollten die Session Actions eingesetzt werden.

Im CONFIGURATION-Dialog (siehe Abbildung 4.72) des SAP JCo Interface Action Blocks müssen neben dem Ziel-SAP-System das entsprechende Benutzerkonto und natürlich die aufzurufende remotefähige Transaktion (BAPI/RFC) angegeben werden.

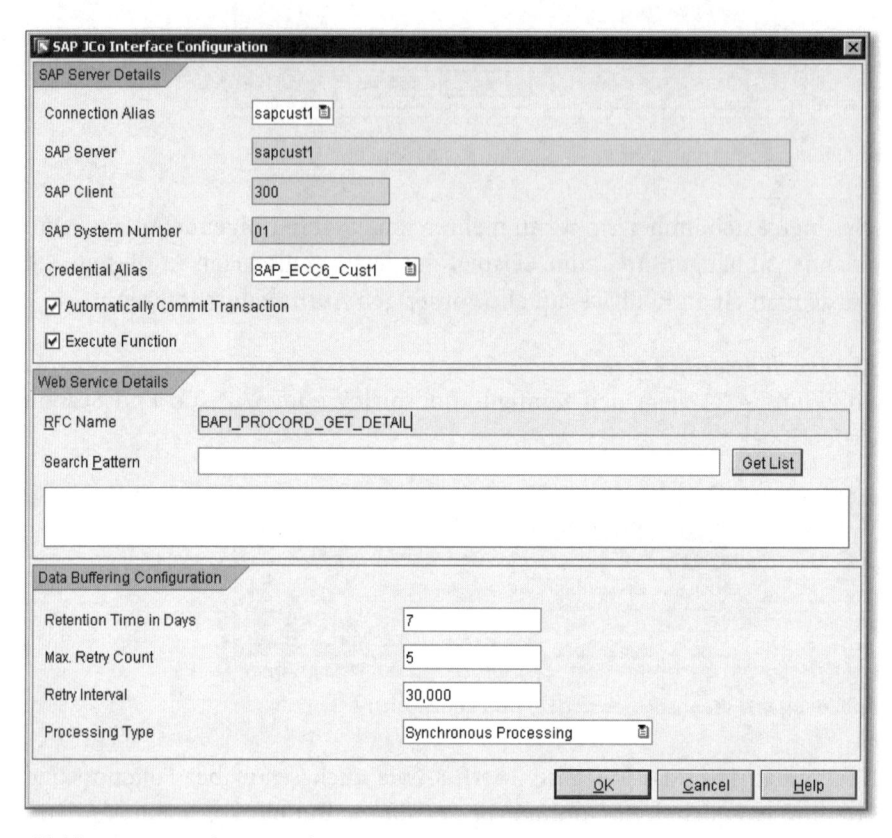

![Screenshot: SAP JCo Interface Configuration]

Abbildung 4.72 Konfiguration der SAP JCo Interface Action

Die Konfiguration der Eingabe- und Ausgabewerte erfolgt analog zur Konfiguration der SAP JCo Function Action im Link Editor.

[+] **Weitere JCo Interfaces**

Bei den SAP JCo Interface Actions ist die Action `SAP JCo Execute Queue` in diesem Buch nicht beschrieben.

SAP JRA Interface Actions

Zusätzlich zur Kommunikation mit SAP über den Java Connector kann MII auch unter der Nutzung des Java Resource Adapters eine JRA-Verbindung mit SAP-Systemen aufbauen.

Der große und wichtige Unterschied zwischen dem Aufbau einer JCo- und einer JRA-Verbindung ist die Tatsache, dass jene Aufrufe, die über den JRA ausgeführt werden, gepuffert werden. Sollte das Zielsystem nicht verfügbar sein, gehen JRA-Anfragen nicht verloren und können, sofern das Zielsystem wieder verfügbar ist, der Reihenfolge nach abgearbeitet werden (siehe Abbildung 4.73).

Abbildung 4.73 SAP JRA Interface Actions

Die Konfiguration der JRA Actions ist mit der der JCo Actions identisch, mit Ausnahme der Start Session Action. Die Änderung hier ist in der Auswahl einer entsprechenden JRA-Ressource zu finden, die auf der SAP NetWeaver-Plattform konfiguriert sein muss.

XML Function Actions

Mit einer großen Fülle an XML-Funktionen kann in den Transaktionen fast jede Aufgabe relativ leicht erfüllt werden. Einige der wichtigsten XML FUNCTIONS sind nun im Folgenden beschrieben (siehe Abbildung 4.74).

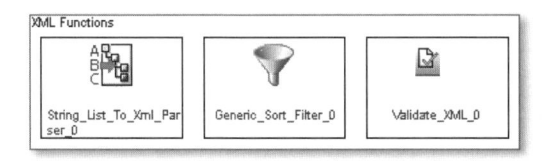

Abbildung 4.74 XML Function Actions

String List to XML Parser Action
Mit der String List to XML Parser Action ermöglicht SAP MII das Umwandeln von Strings in eine XML-Struktur. Am Beispiel einer einfachen, kommaseparierten Datei wird in Abbildung 4.75 die entsprechende Logik erläutert.

Dem Parameter Input wird der zu zerteilende String übergeben. Der Parameter Delimiter erhält den zugehörigen Code zur Trennung, im Beispielfall das Komma. Das Ergebnis der Action ist ein XML, das aus mehreren Einzelwerten besteht (siehe Listing 4.3).

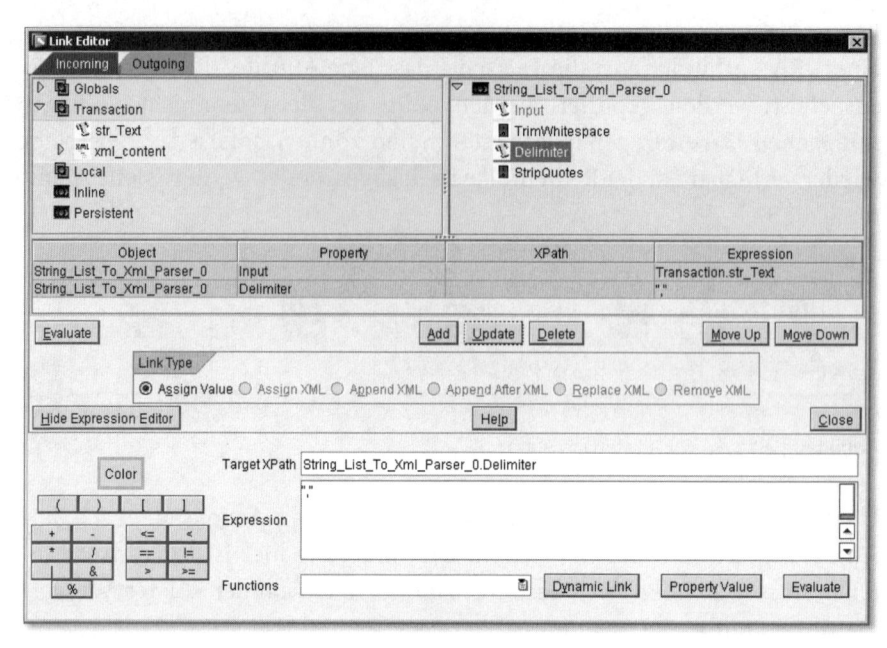

Abbildung 4.75 Konfiguration der String List to XML Parser Action

```
...
<Row>
  <Item>Vor dem Komma</item>
</Row>
<Row>
  <Item>nach dem Komma</item>
</Row>
...
```

Listing 4.3 Ergebnis des Parsers

Generic Sort Filter Action
Mit der Generic Sort Filter Action lassen sich gewählte XMLs nach mehreren Kriterien sortieren.

Das Beispiel in Abbildung 4.76 zeigt die Transaktionsvariable `xml_content`, die nach den Kriterien `Name` und `Size` sortiert wird. Alle im CONFIGURATION-Dialog verfügbaren Einstellungen sind ebenfalls als Parameter im Link Editor verfügbar und können dynamisch gesetzt werden.

Im unteren Bereich FILTER besteht die Möglichkeit, die sortierten Einträge des XML zusätzlich noch zu filtern, um beispielsweise Dateien zu ignorieren, die kleiner als zwei Kilobytes sind.

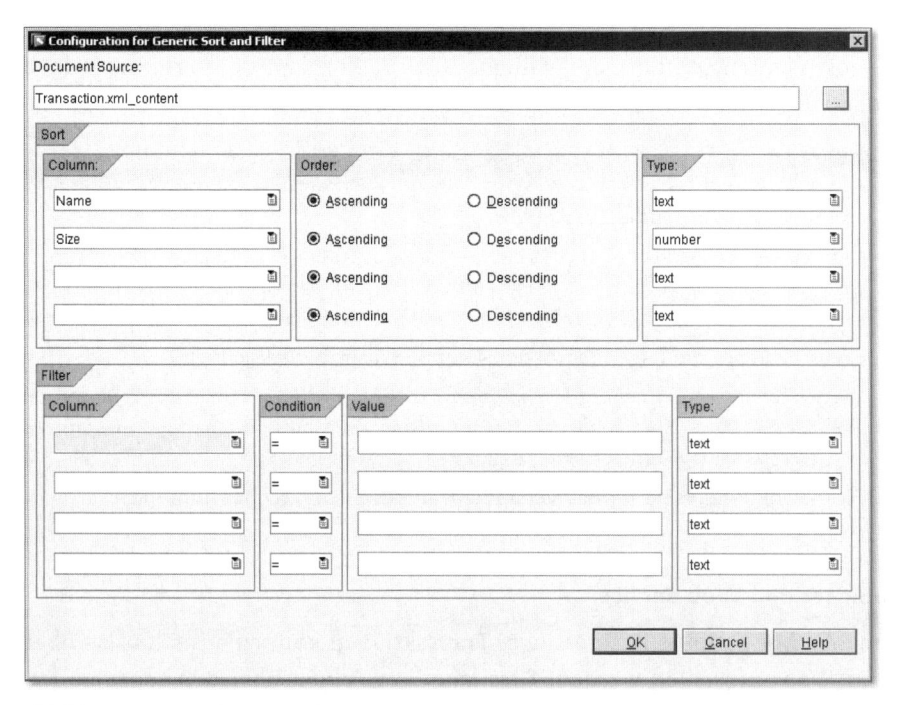

Abbildung 4.76 Konfiguration der Generic Sort and Filter Action

Für dieses Kriterium müsste die Column Size, als Condition <, als Type number ausgewählt und als Value 16384 eingegeben werden.

Validate XML Action
Mithilfe der Validate XML Action kann anhand einer bereitgestellten XSL-Definitionsdatei (xsd) geprüft werden, ob das eingegebene XML der erwarteten Form entspricht. Abbildung 4.77 zeigt den zugehörigen Konfigurationsdialog.

Abbildung 4.77 Konfiguration der Validate XML Action

Dies kann theoretisch auch durch eine Success-Prüfung einer XML Action gelöst werden, mithilfe der Validate XML Action kann die Prüfung jedoch ohne die Gefahr eines Abbruchs durchgeführt werden.

[+] **Weitere Actions und Gruppen**

Nicht beschrieben sind diese Actions:
`Aggregate Statistics`, `Calculated Columns`, `Column Aliasing`, `Column Stripper`, `Crosstab`, `Distinct Value Extractor`, `Joiner`, `Normalize`, `Union`, `Totalizer`, `Time Interpolator`, `String To XML Parser`, `XSL_Transformation`.

Ebenso wurden die folgenden Action-Gruppen nicht berücksichtigt:
`Charts`, `Dynamic Graphics`, `ERP System Interface`, `JMS`, `Manufacturing Dashboards`, `Message Services`, `Misc. Functions`, `Quality`, `Queuing`, `Reference Documents`, `SAP MII XML Output`, `Web & Web Service` und `XI`.

Diese Funktionen sind für das Verständnis dieses Buches nicht erforderlich.

Runner und Web Service

In SAP MII erstellte Businesslogik-Transaktionen können ausnahmslos über das Web aufgerufen werden. Dies kann zum einen über den sogenannten Runner geschehen oder aber als Web Service, da SAP MII alle Transaktionen automatisch als Web Service bereitstellt.

Um eine Transaktion als Web Service aufzurufen, wird neben den Zugangsdaten natürlich auch der WSDL-Pfad (Web Services Description Language) benötigt. Für SAP MII lautet dieser Pfad: *http://server:port/XMII/WSDLGen/<pfad>/<transaktionsname>*

[zB] **Runner und Web Services**

Soll beispielsweise die Transaktion `431_Properties` aus dem Ordner KAPITEL_4 des Projektes MII_Buch auf dem Server ITNTS2407 aufgerufen werden, lautet die URL:
http://itnts2407:50000/XMII/WSDLGen/MII_Buch/Kapitel_4/431_Properties

Der zum gezeigten WSDL-Beispiel äquivalente Aufruf des Runners lautet folgendermaßen:

http://itnts2407:50000/XMII/Runner?Transaction=MII_Buch/Kapitel_4/431_Properties&MeinEingabeparameter1=Wert&MeinEingabeparameter2=Wert2&OutputParameter=*

Sollte es zusätzlich noch notwendig sein, Benutzerdaten mit auf den Weg zu geben, können diese leicht als `&XacuteLoginName=user&XacuteLoginPassword=passwd` angehängt werden. Somit bietet SAP MII zwei Möglichkeiten, Transaktionen über das Web ausführen zu können.

4.4 Projektstruktur

Je nach Größe des Projektes kann die logische Aufteilung der jeweiligen Projektdaten variieren. Im Allgemeinen kann mit dem folgenden Beispiel eine klare Struktur innerhalb des Projektes vermittelt werden, die zusätzlich die Wiederverwendbarkeit bestimmter Projektbausteine ermöglicht, ohne Verwirrung bei den Entwicklern zu stiften.

> **Projektstrukturvorgaben** [+]
>
> Auch hier soll die Vorgabe einer Projektstruktur nicht bindend sein, vielmehr soll hier aufgezeigt werden, welche Kleinigkeiten bei der Definition der Struktur viel Arbeit ersparen und somit im Projekt helfen können.

Natürlich variieren auch hier die Geschmäcker und Ansprüche, weshalb die im Folgenden dargestellte Struktur lediglich als Beispiel/Richtlinie dienen soll.

Karteireiter »Web«

Wie Abbildung 4.78 zu entnehmen ist, existieren im Ordner WEB unter den entsprechenden Projekten die Ordner SCRIPTS/IMAGES und STYLESHEETS. In diese Top-Level-Ordner werden alle Skripte, Grafiken und Stylesheets gespeichert, die in den GUIs mehrfach Verwendung finden. Ein Beispiel hierfür ist die Prüfung von Eingabefeldern auf Zulässigkeit oder Berechtigung hin.

In der weiteren Betrachtung des Projektaufbaus findet sich für jedes selbstständige GUI (für jede selbstständige Seite) ein eigener Ordner, in den alle, ausschließlich diesem Frontend zugehörigen Daten hinterlegt werden (siehe die Ordner MAIL_READ oder MAIL_WRITE). Alle GUIs, die einem übergeordneten GUI untergeordnet sind, wie beispielsweise das GUI MAIL_READ_MENU, das ein Bestandteil des MAIL_READ-GUI ist, liegen in dem jeweiligen Verzeichnis der übergeordneten GUIs.

Dies gilt ebenso für Skripte, Grafiken und Stylesheets, die nicht in den übergeordneten Ordnern SCRIPTS, IMAGES und STYLESHEETS liegen und damit nur für ein bestimmtes GUI gültig sind. Diese liegen bei der entsprechenden GUI-Datei mit im Verzeichnis. Einzig für die dem GUI zugewiesenen Grafiken sollte in jedem GUI-Verzeichnis ein zugehöriger Ordner angelegt werden, um nicht die Übersicht zu verlieren.

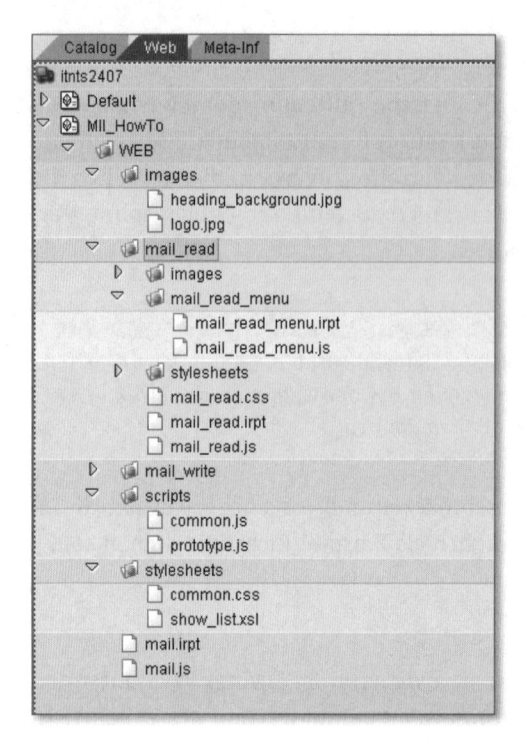

Abbildung 4.78 Struktureller Aufbau eines Projektes im Web-Bereich

Die gleiche Benennung der Skript-/Markup-Dateien, wie beispielsweise `mail_read.irpt`, `mail_read.js` und `mail_read.css`, ermöglicht es, GUIs ohne großen Programmieraufwand dynamisch einzubinden, da alle Dateien über den gleichen Namen referenziert werden können, nämlich `mail_read`.

Nachdem nun die Ordnerstruktur für das Web betrachtet wurde, soll der Catalog nicht vernachlässigt werden.

Karteireiter »Catalog«

Auch im CATALOG-Bereich, oder gerade hier, lassen sich Verschachtelungen oftmals nicht vermeiden, da viele Abfragen oder Transaktionen im Hintergrund laufen. Aus diesem Grund existieren auch im CATALOG Ordner, die mehrfach genutzte Datenabfragen/Visualisierungskomponenten oder Transaktionen nutzen. Wie Abbildung 4.79 zu entnehmen ist, sind dies für das entsprechende Projekt die Ordner QUERY/TRANSACTION und VISUAL. So ist am Namen zu erkennen, welche Daten hier gefunden werden können. Ein zusätzlicher Ordner ist SYSTEM, in den alle Komponenten gelegt werden, die ausschließlich vom System (dem Kern der eigenen Applikation) genutzt werden.

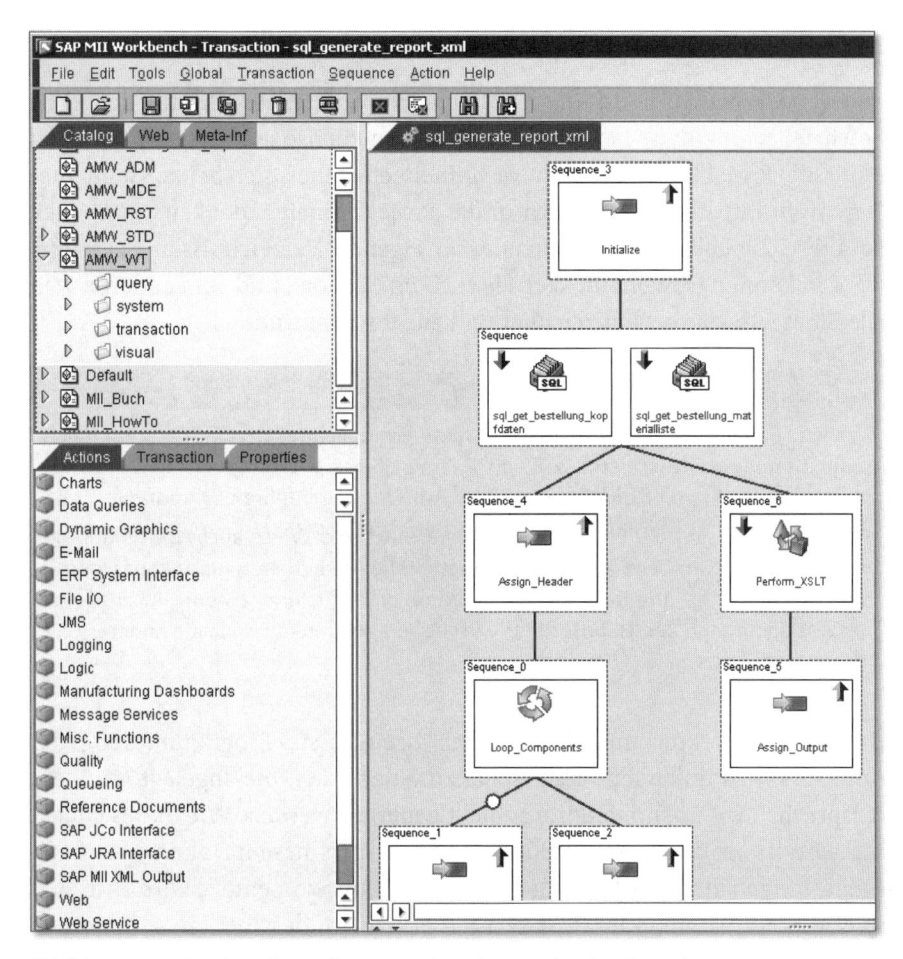

Abbildung 4.79 Struktureller Aufbau eines Projektes im Catalog-Bereich

»Vom System« oder »von der Applikation« genutzt meint hierbei alle Komponenten, die nicht durch den Benutzer gestartet oder verwendet, sondern beispielsweise über den Scheduler oder automatisierte Funktionalität ausgeführt werden. Unter SYSTEM selbst sind die Ordner QUERY/TRANSACTION und VISUAL selbstverständlich wieder vorhanden, wie auch in jedem anderen Ordner, der explizit einem GUI zugeordnet werden kann. Dies bedeutet, dass jeder Ordner, der im Web für ein GUI erstellt worden ist, im Catalog in der gleichen Hierarchie auch im Catalog verfügbar ist.

Um die Struktur innerhalb des Ordners QUERY auch bei einer größeren Anzahl verschiedener Querys zu gewährleisten, gilt für die Benennung von Datenabfragen eine einfache, aber sehr effiziente Namenskonvention, die in Anhang A, »Programmierkonventionen«, nachgelesen werden kann.

Zugegebenermaßen wird die Ordnerstruktur unter Beachtung der eben beschriebenen Punkte bei größeren Projekten ebenso groß werden, doch ist es für alle Projektbeteiligten im Nachhinein einfacher, sich bei konsequenter Durchführung auch später noch in das Projekt hineinzudenken: zum einen da alle GUIs gekapselt voneinander in eigenen Verzeichnissen bearbeitet werden können (sowohl im Web als auch im Catalog), und zum anderen weil alle Elemente klar gekennzeichnet und zuzuordnen sind.

[+] **Pro und Contra**

Das konsequente Durchhalten dieser Punkte ermöglicht es den Entwicklern (auch projektfremden Entwicklern), z.B. im Rahmen eines Wartungsvertrages im Problemfall schnell und effizient notwendige Arbeiten durchführen zu können.

Allerdings bedeutet die Entwicklung auf diese Art und Weise auch, dass während der Entwicklung an der einen oder anderen Stelle Pfade mehrmals angepasst werden müssen, wenn zum Beispiel eine Funktion anfänglich nur einem GUI zugeordnet war und nun in den Hauptordner verschoben werden muss, da ein anderes GUI diesen auch nutzt.

Um die Architektur und die dadurch beeinflusste Programmierung der Applikation zu dokumentieren, sollte zu jeder Datei, die angelegt wird, ein entsprechendes Dokumentationsobjekt generiert werden. Wie dieses Objekt aussieht, ist nicht relevant, wichtig ist nur, dass in diesem Dokument immer genau festgehalten wird, welche Datei/Funktion wo genutzt wird. Am Beispiel von Abbildung 4.80 lässt sich gut erkennen, dass bei einer Änderung der Funktion `f_ChangeDateFormat()` mehrere andere Funktionen angepasst werden müssen, auf die diese Funktion Einfluss hat. Ebenfalls kann an dieser zentralen Stelle nachgesehen werden, in welchem Ordner diese Datei zu finden ist und welche Parameter für diese Funktion gesetzt sein bzw. als Ausgabe zurückgegeben werden müssen (siehe Abbildung 4.80).

Als positiver Nebeneffekt zur lückenlosen Dokumentation der eigenen Funktionalitäten und Datei-/Funktionsnutzungen erhält man durch dieses Dokument die gläserne Applikation. Da alle Zusammenhänge genau dokumentiert sind, ist im Fall des Falles zusätzlich auch noch das Qualitätsmanagement glücklich.

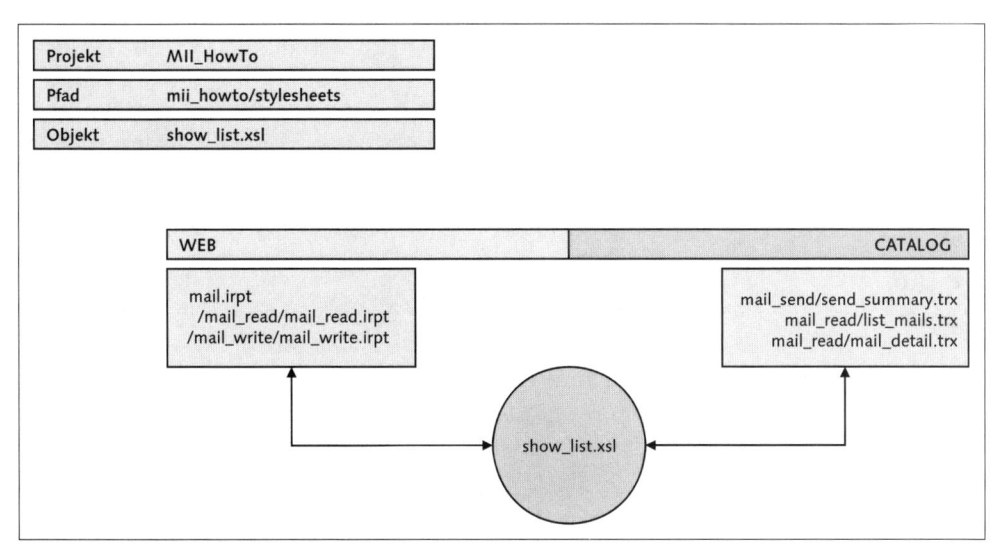

Projekt	MII_HowTo
Pfad	mii_howto/stylesheets
Objekt	show_list.xsl

WEB

mail.irpt
/mail_read/mail_read.irpt
/mail_write/mail_write.irpt

CATALOG

mail_send/send_summary.trx
mail_read/list_mails.trx
mail_read/mail_detail.trx

show_list.xsl

Abbildung 4.80 Objektdokumentation

Sie sind nunmehr in der Lage, Projekte in SAP MII anzulegen und mit Inhalt zu füllen. Mit diesem Kapitel haben Sie nun die Theorie zur Hintergrundlogik erfasst. Die folgenden Kapitel beschäftigen sich mit der Visualisierung der Daten und der Umsetzung der Theorie in ein praktisches Szenario.

Neben der Datenbeschaffung bietet SAP MII auch die Möglichkeit, Daten visuell aufzubereiten und darzustellen.

5 Visualisierung

Eine der Stärken von SAP MII ist die Präsentation und Darstellung von Inhalten. Dank des webbasierten Ansatzes sind die Möglichkeiten der Gestaltung der einzelnen Applikationsseiten nahezu grenzenlos. Als kleinen Bonus besitzt MII mit speziellen HTML-Seiten, den Illuminator Report Pages (IRPT) und dem zugehörigen Präprozessor, noch ein weiteres, recht interessantes Feature.

5.1 Visualisierungskomponenten von SAP MII

Spricht man von den Visualisierungskomponenten von SAP MII, sind umgangssprachlich zumeist die Java-Applets gemeint, die mit SAP MII ausgeliefert werden. Tatsächlich gehört zu den Visualisierungskomponenten jedoch noch das eine oder andere Feature, wie beispielsweise die Servlets oder der Page-Generator, mit dem sich Applet-Code generieren lässt. Im übertragenen Sinn können in diesem Rahmen auch die Lokalisierungs- und Session-Variablen genannt werden, die zu einem gewissen Teil auch mit der Visualisierung in Verbindung stehen, da sie durch die Visualisierungsfunktionalitäten (konkret dem IRPT-Präprozessor) direkt verwendet und dargestellt werden können.

5.1.1 Applets

Nachdem in Kapitel 4, »Workbench«, die einzelnen Typen der Display-Templates beschrieben worden sind, soll hier nun ein Verständnis dafür geschaffen werden, welche Funktionen hinter den einzelnen Applets stecken. In Gänze wird in diesem Kapitel nur das iGrid beschrieben, da eine so detaillierte Beschreibung aller Applets den Rahmen dieses Buches überschreiten würde.

Da die Administration der einzelnen Applets bis auf die spezifischen Einstellungen sehr nah beieinander liegt, können Sie sich anhand dieser Beschreibung den Gesamtkontext erschließen.

5 | Visualisierung

> **[+] Visualisierungskomponenten ab Release 12.1**
>
> Für die SAP MII-Version 12.1 wurden die Visualisierungskomponenten komplett überarbeitet, sodass sich die beschriebenen Darstellungen in diesem Buch, die auf SAP MII 12.1 basieren, von der Darstellung älterer Versionen (vor 12.1) unterscheiden werden.

Die Applets werden in den sogenannten Anzeige- oder Display-Templates definiert, bei denen Sie eine ganze Reihe von Eigenschaften – wie Farben, aber auch Verhalten – einstellen können, die in der Visualisierung genutzt werden. Diese Anzeige-Templates werden im Template-Editor in der Workbench erstellt und können in JavaScript dynamisch verwaltet werden. Ein Anzeige-Template kann mehrfach verwendet werden und ist nicht zwangsläufig fest einer einzigen Query zugewiesen.

iGrid

Das iGrid ist, wie der Name schon sagt, die Datenvisualisierung in tabellarischer Form und bietet unter anderem die Möglichkeit, kontextsensitiv bestimmte Zeilen, Spalten oder Zellenwerte farblich hervorzuheben.

Die verschiedenen Karteireiter im Template-Editor ermöglichen die separate Einstellung des Tabellenbereichs (zum Beispiel Schriftart/-größe/-farbe), des übergeordneten Grid-Layouts (zum Beispiel Höhe/Breite), der Kopfzeile (zum Beispiel 3-D-Anzeige), des UI-Verhaltens (zum Beispiel Mehrfachselektion), der Zeilenüberschriften, des Farbkontextes, des Kontextmenüs, der Aktualisierungseigenschaften und natürlich der Sicherheitseinstellungen.

Die einzelnen Parameter, die in der Spalte PARAMETERNAMEN einen entsprechenden Wert führen, können zum einen via JavaScript gesetzt oder zum anderen direkt in den IRPT-Seiten definiert werden. Bei der Definition in IRPT werden die Werte für das Applet wie folgt gesetzt (siehe Listing 5.1):

```
<applet ...>
 <param name="ParameterName" value="Value">
</applet>
```

Listing 5.1 Applet-Definition

Die im *Tabellenbereich* (siehe Abbildung 5.1) definierten Einstellungsmöglichkeiten erlauben es, die verschiedensten Einstellungen für den Wertebereich der Tabelle zu definieren, wie beispielsweise die Schriftgröße oder -farbe.

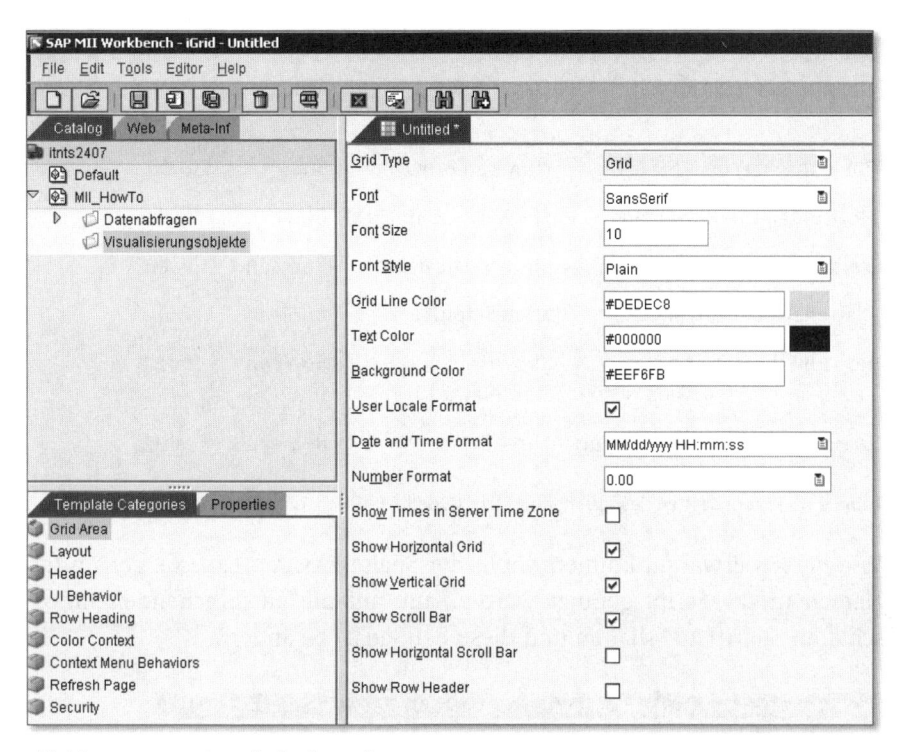

Abbildung 5.1 iGrid – Tabellenbereich

In Tabelle 5.1 sind alle Eigenschaften beschrieben, die auf dem Karteireiter TABELLENBEREICH konfiguriert werden können. Die Parameterliste in Tabelle 5.1 ist ein Auszug aus dem SAP MII-Online-Handbuch (*http://help.sap.com/saphelp_mii121/helpdata/de/44/351273ba154cc5e10000000a11466f/frameset.htm*).

Eigenschaft	Parametername	Datentyp	Standardwert
iGrid-Typ	GridType	String	Grid
Schriftart	FontFace	String	Dialog
Schriftgrad	FontSize	Integer	12
Schriftschnitt	FontStyle	String	Plain
Farbe der Gitternetzlinien	GridColor	Farbe	#C0C0C0
Textfarbe	TextColor	Farbe	#FFFFFF
Hintergrundfarbe	BackgroundColor	Farbe	#000000

Tabelle 5.1 Eigenschaften des Tabellenbereichs (Quelle: SAP MII 12.1-Online-Handbuch)

Eigenschaft	Parametername	Datentyp	Standardwert
Datums- und Zeitformat	DateFormat	String	MM/DD/YYYY HH:mm:ss
Zahlenformat	NumberFormat	String	0.00
Horizontalgitter anzeigen	ShowHorizontalGrid	Boolean	wahr
Vertikalgitter anzeigen	ShowVerticalGrid	Boolean	wahr
Blätterleiste anzeigen	ShowScrollBar	Boolean	wahr
Horizontale Blätterleiste anzeigen	ShowHorizontalScrollBar	Boolean	falsch
Dreidimensionale Darstellung	ThreeD	Boolean	falsch

Tabelle 5.1 Eigenschaften des Tabellenbereichs (Quelle: SAP MII 12.1-Online-Handbuch) (Forts.)

Wie bereits erwähnt, können die in der Spalte PARAMETERNAME genannten Namen in JavaScript genutzt werden, um auf die entsprechenden Eigenschaften Zugriff zu erhalten und diese bei Bedarf zu ändern.

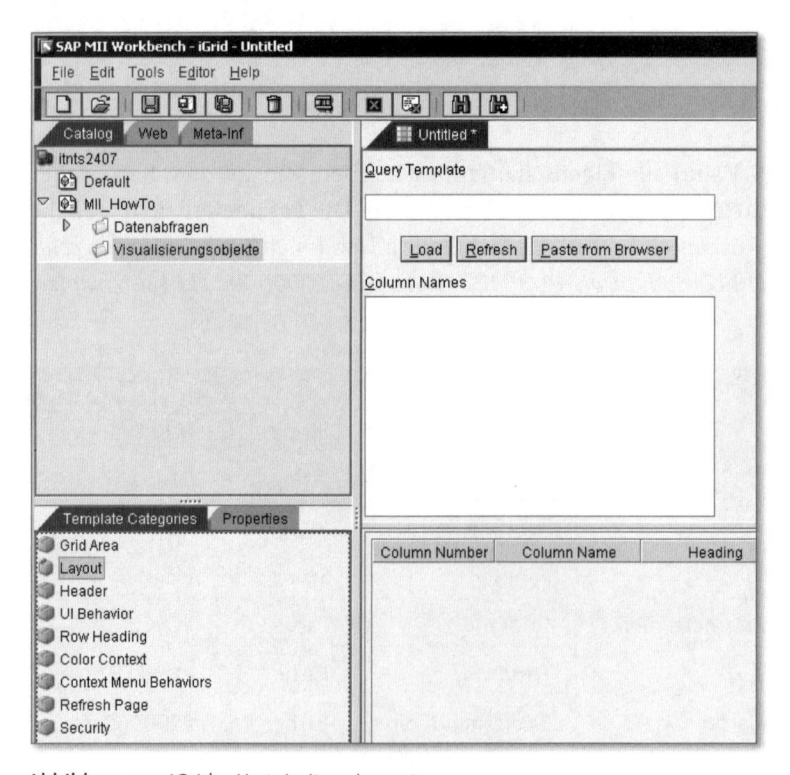

Abbildung 5.2 iGrid – Karteireiter »Layout«

Für den kompletten Tabellenbereich ist dies im Rahmen einer einheitlichen Darstellung innerhalb einer Applikation nur bedingt sinnvoll, es ermöglicht den Entwicklern jedoch, beispielsweise die Schriftgröße für den Benutzer einstellbar zu gestalten.

Auf dem Karteireiter LAYOUT des iGrids (siehe Abbildung 5.2) kann das Layout der Spalten des iGrids beliebig verändert werden. Tabelle 5.2 zeigt die verschiedenen Eigenschaften, die konfiguriert werden können.

Name der Eigenschaft	Parametername	Datentyp	Beschreibung
Column	kein	Integer	Gibt die Spalte an.
Column Name	DisplayColumns	String-Liste	sprechender Name für die Spalte
Heading	ColumnHeadings	String-Liste	Überschrift für die Spalte
Width	ColumnWidths	Integer-Liste	Wenn die automatische Skalierung nicht aktiviert ist, legt der Breitenwert eine feste Breite für jede Spalte fest. Zum Beispiel: ColumnWidths=10,24,6,0,5. Um eine Spalte ungeachtet der Einstellung für die automatische Skalierung auszublenden, setzen Sie die Breite auf null.
Format	ColumnFormats	String-Liste	Gibt das Format für numerische Daten zu jeder Spalte an. Sie können Währungs- und Prozentwerte festlegen sowie Werte mit unterschiedlicher Dezimalstellenanzahl. Für nicht numerische Spalten müssen Sie ein generisches Format zur Verfügung stellen.
Alignment	ColumnAlignments	String-Liste	Legt die horizontale Textausrichtung für jede Spalte fest. Wenn dieser Parameterwert nicht angegeben wird, basiert die Standardausrichtung der Tabelle auf dem Datentyp; numerische Felder werden rechts und Datums- und String-Werte links ausgerichtet.
Spalte fixieren	FreezeColumn	Integer	Verhindert das horizontale Blättern von Spalten. Sie legen die erste Spalte von links als fixierte Spalte fest.

Tabelle 5.2 Layout-Eigenschaften (Quelle: SAP MII 12.1-Online-Handbuch)

Name der Eigenschaft	Parametername	Datentyp	Beschreibung
Größenänderung der Spalten zulassen	AllowColumnResize	Boolean	Wenn Sie dieses Kennzeichen setzen, können Sie die Größe der Spalten zur Laufzeit anpassen. Änderungen an der Spaltenbreite sind nicht dauerhaft; sobald die Tabelle aktualisiert wird, übernehmen die Spalten wieder die Originalwerte für die Breite.

Tabelle 5.2 Layout-Eigenschaften (Quelle: SAP MII 12.1-Online-Handbuch) (Forts.)

Auf dem Karteireiter KOPF kann das Aussehen des Kopfbereichs des iGrids definiert werden (siehe Abbildung 5.3).

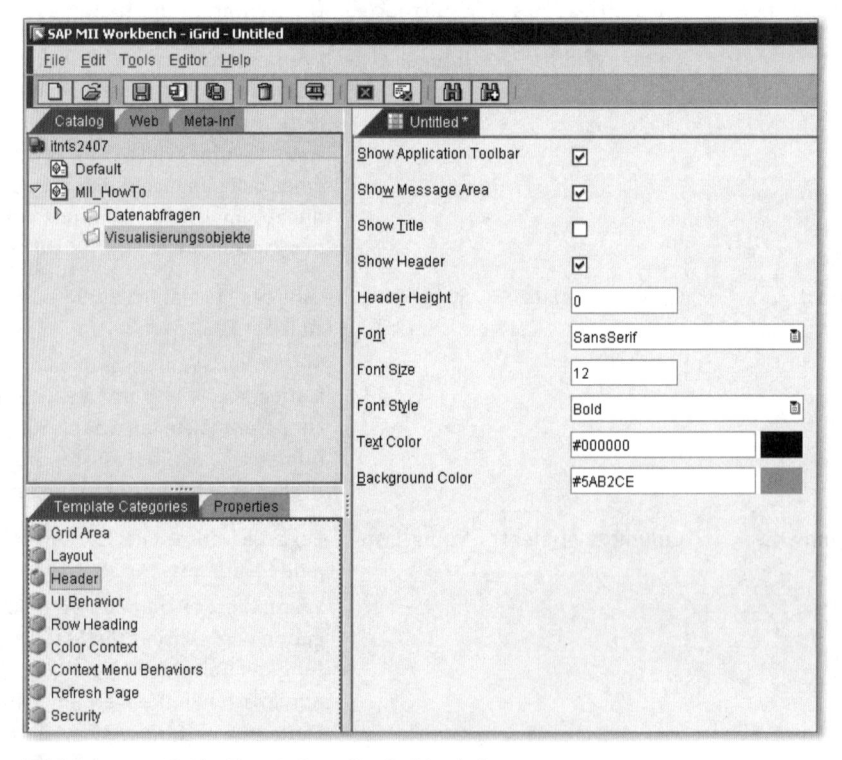

Abbildung 5.3 iGrid – Karteireiter »Kopf« (Header)

Tabelle 5.3 zeigt die Einstellungen, die für den iGrid-Kopf zur Konfiguration gegeben sind.

5.1 Visualisierungskomponenten von SAP MII

Name der Eigenschaft	Parametername	Datentyp	Standardwert
Kopfbereich anzeigen	ShowHeader	Boolean	wahr
3-D-Kopfbereich	ThreeDHeader	Boolean	falsch
Schriftart	HeaderFontFace	String	Dialog
Schriftgrad	HeaderFontSize	Integer	12
Schriftschnitt	HeaderFontStyle	String	Plain
Textfarbe	HeaderTextColor	Farbe	#000000
Hintergrundfarbe	HeaderBackgroundColor	Farbe	#C0C0C0

Tabelle 5.3 iGrid-Kopf-Eigenschaften (Quelle: SAP MII 12.1-Online-Handbuch)

Das VERHALTEN DES UI (*User Interface*) kann auf dem gleichnamigen Karteireiter bearbeitet werden (siehe Abbildung 5.4). *Verhalten* bezeichnet in diesem Fall die Eigenschaften des Grids, wie beispielsweise Mehrfachselektion oder die Möglichkeit, eine getroffene Auswahl zu deselektieren.

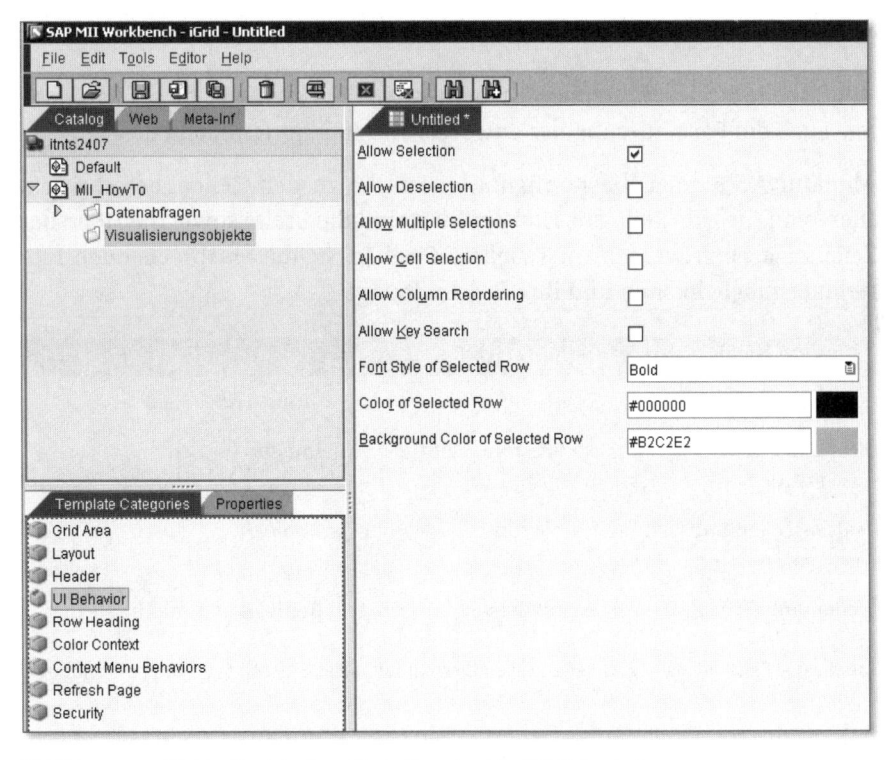

Abbildung 5.4 iGrid – Karteireiter »Verhalten des UI« (UI Behavior)

Tabelle 5.4 zeigt die Einstellungen, die die Möglichkeiten zur Benutzerinteraktion darstellen.

Name der Eigenschaft	Parametername	Datentyp
Selektion zulassen	AllowSelection	Boolean
Entmarkieren zulassen	AllowDeselect	Boolean
Mehrfachselektionen zulassen	AllowMultipleSelection	Boolean
Zellenauswahl zulassen	AllowCellSelection	Boolean
Suche bei Eingabe zulassen	KeySearch	Boolean
Schriftschnitt der markierten Zeile	RowSelectFontStyle	String
Farbe der markierten Zeile	RowSelectColor	Farbe
Rahmenfarbe der markierten Zeile	RowSelectBorderColor	Farbe
Hintergrundfarbe der markierten Zeile	RowSelectBackgroundColor	Farbe
Rahmen um ausgewählte Zeile anzeigen	ShowRowSelectBorder	Boolean

Tabelle 5.4 Einstellungen UI-Verhalten (Quelle: SAP MII 12.1-Online-Handbuch)

Wie Tabelle 5.4 zu entnehmen ist, beinhalten die Parameter dieses Karteireiters auch die Formatierung der entsprechend markierten Elemente.

Abbildung 5.5 zeigt die Konfigurationsmaske zu den Zeilenüberschriften. Hier kann für jede Zeile ein Titel definiert und die Breite sowie die Höhe der Zeile angegeben werden. In Tabelle 5.5 sehen Sie die entsprechenden Einstellungsmöglichkeiten und ihre Beschreibung.

Name der Eigenschaft	Parametername	Datentyp	Standardwert
Zeilenbeschriftungen	RowHeadings	String-Liste	kein
Breite der Zeilenbeschriftung	RowHeadingWidth	Integer	10
Harten Zeilenumbruch verwenden	HardWrap	Boolean	falsch
Zeilenumbruch	WordWrap	Boolean	falsch

Tabelle 5.5 Einstellungsmöglichkeiten Zeilenüberschrift (Quelle: SAP MII 12.1-Online-Handbuch)

Der Parameter `RowHeadings` legt die Zeilenbeschriftungen für den Column-Lights-Tabellentyp fest. `RowHeadingWidth` steuert die Breite der Spalte für die Zeilenbeschriftung, wenn die automatische Größenänderung nicht aktiviert ist.

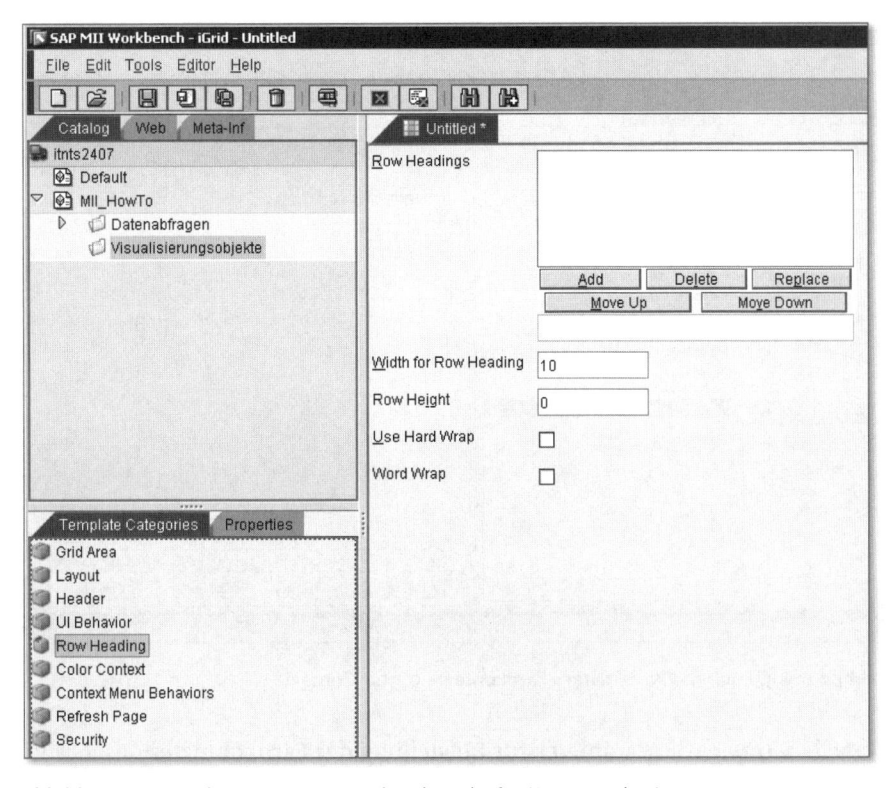

Abbildung 5.5 iGrid – Karteireiter »Zeilenüberschrift« (Row Heading)

Im Gegensatz zum Parameter WordWrap, bei dessen Aktivierung der Spaltentext zwischen den Worten umgebrochen wird, wird der Spaltentext bei HardWrap an der Spaltenbreite umgebrochen.

> **Weiterführende Informationen** [+]
>
> Genauere Definitionen der einzelnen Eigenschaften können dem Online-Handbuch unter *http://help.sap.com/saphelp_mii121/helpdata/de/44/cfb7723afb6f1ee10000000a155369/content.htm* entnommen werden.

Um kontextsensitives Verhalten beim iGrid zu aktivieren, müssen auf dem Karteireiter FARBKONTEXT passende Definitionen vorgenommen werden (siehe Abbildung 5.6). Hierbei ist ähnlich wie die bedingte Formatierung in Microsoft Excel jede Zeile eine Definition für die Formatierung. Die erste Bedingung einer Spalte, die durch den entsprechenden Wert erfüllt werden kann, definiert den jeweiligen Farbumschlag.

5 | Visualisierung

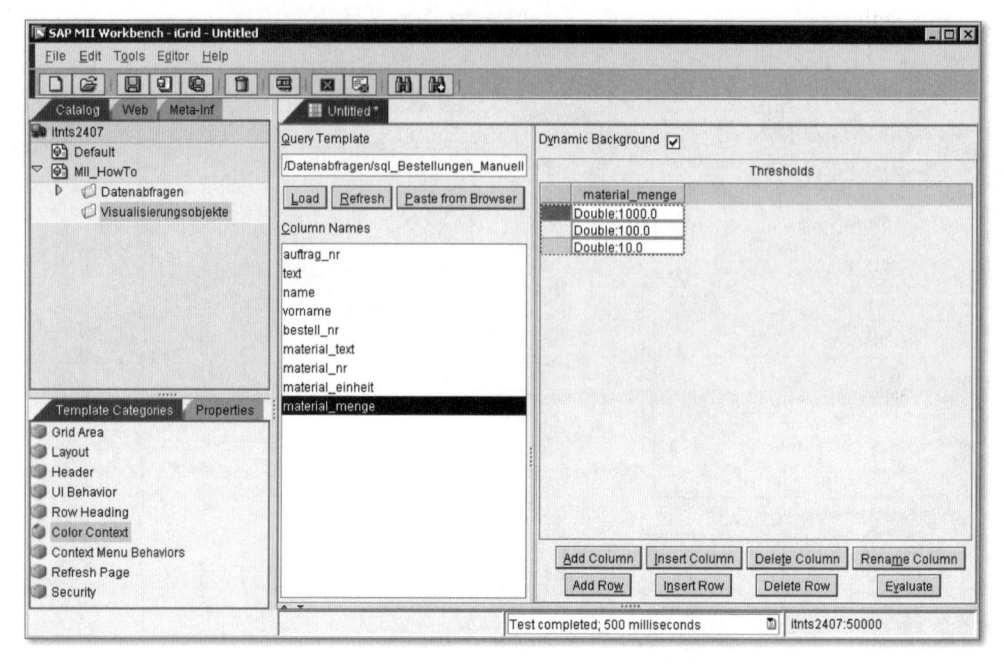

Abbildung 5.6 iGrid – Karteireiter »Farbkontext« (Color Context)

Tabelle 5.6 zeigt die Parameter zur Einstellung des Farbkontextes des iGrids.

Name der Eigenschaft	Parametername	Datentyp	Standardwert
Übereinstimmungsmodus	MatchMode	String	String
Spaltennamen	MatchColumns	String-Liste	keiner
Farbe	MatchColors	Farbliste	keiner
Übereinstimmungswerte	MatchValues	String-Liste	keiner

Tabelle 5.6 Einstellungen Farbkontext (Quelle: SAP MII 12.1-Online-Handbuch)

Betrachten wir die Parameter aus Tabelle 5.6 etwas genauer:

- Der Parameter MatchMode gibt die Art des Wertevergleichs an. Hier gibt es zwei unterschiedliche Methoden, zum einen die Methode String, wonach (unabhängig von Groß-/Kleinschreibung) ein Wert absolut verglichen wird, zum anderen die Methode Number, wonach ein Wertebereich definiert werden kann, mit dem der Vergleich geführt wird.

- Der Parameter MatchColumns gibt die Spalte an, auf die der Vergleich angewendet werden soll. Der Parameter MatchColor definiert die Farbe, in der eine Zeile markiert werden soll, deren Wert der Definition zugewiesen werden kann. Handelt es sich beim iGrid-Typ um ein Scoreboard oder eine ColumnLights-Table, werden statt der Zeilen die Spalten eingefärbt.

▶ Der Parameter `MatchValues` definiert die Werte, die mit dem Spaltenwert abgeglichen werden sollen.

Wie das Ergebnis der vorgenommenen Einstellungen nach der Generierung des Applets aussieht, zeigt Abbildung 5.7.

Abbildung 5.7 Aktiver Farbkontext im iGrid

Das *Kontextmenü* (umgangssprachlich *Rechtsklickmenü*) kann über den gleichnamigen Karteireiter bearbeitet werden und ermöglicht die Definition einiger Parameter (siehe Abbildung 5.8).

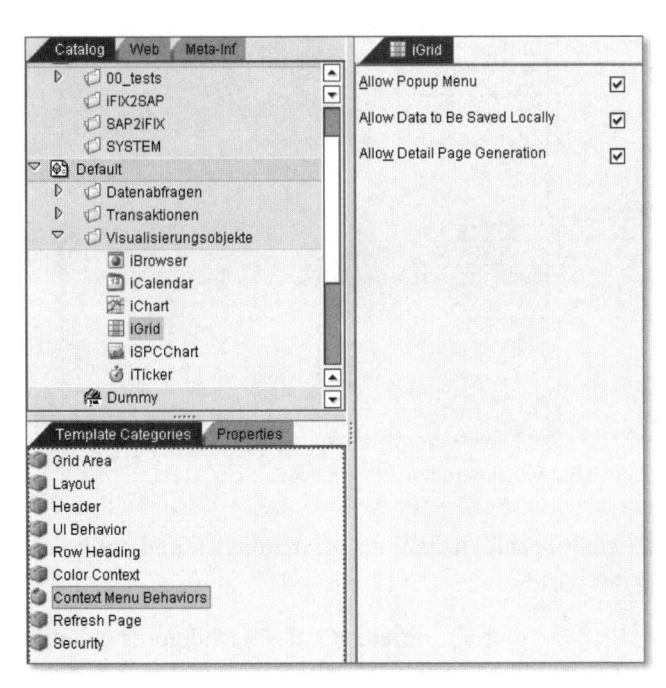

Abbildung 5.8 iGrid – Karteireiter »Verhalten Kontextmenü« (Context Menu Behaviors)

Tabelle 5.7 können Sie die jeweiligen Einstellungsmöglichkeiten des iGrid-Kontextmenüs entnehmen.

Name der Eigenschaft	Parametername	Datentyp	Standardwert
Popup-Menü zulassen	EnableMenu	Boolean	wahr
Lokale Datensicherung zulassen	EnableSaveAs	Boolean	wahr
Detailseitengenerierung zulassen	EnableShowDetail	Boolean	wahr

Tabelle 5.7 Einstellungen Kontextmenü (Quelle: SAP MII 12.1-Online-Handbuch)

Der Karteireiter AKTUALISIERUNG, der für die iGrids, aber auch für iSPCCharts und iCharts konfiguriert werden kann, definiert die Aktualisierungsoptionen für das entsprechende Objekt (siehe Abbildung 5.9).

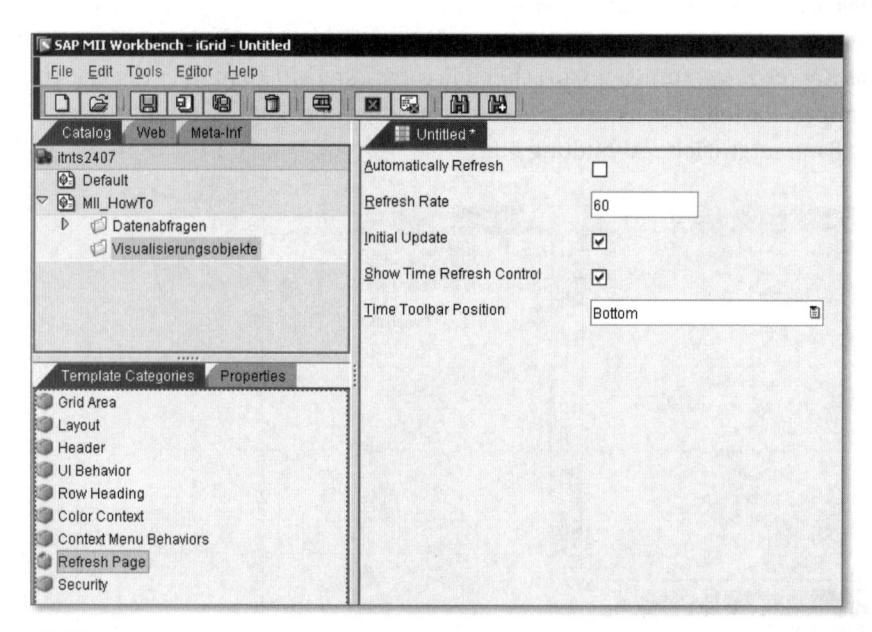

Abbildung 5.9 iGrid – Karteireiter »Aktualisierung« (Refresh Page)

Tabelle 5.8 zeigt die Einstellungsmöglichkeiten zur manuellen und automatisierten Aktualisierung des iGrids.

Der Parameter InitialUpdate gibt an, ob ein iGrid – nachdem es geladen worden ist – gleich eine Datenabfrage ausführen soll. Der Parameter ShowTime-Control reguliert die Anzeige der Zeitachse/-steuerung.

5.1 Visualisierungskomponenten von SAP MII

Name der Eigenschaft	Parametername	Datentyp	Standardwert
Automatische Aktualisierung zulassen	EnableAutoRefresh	Boolean	wahr
Automatisch aktualisieren	AutoRefresh	Boolean	falsch
Aktualisierungsrate	RefreshRate	Integer	60
Initialaktualisierung	InitialUpdate	Boolean	wahr
Zeitaktualisierungssteuerung anzeigen	ShowTimeControl	Boolean	wahr

Tabelle 5.8 Einstellungen Aktualisierung (Quelle: SAP MII 12.1-Online-Handbuch)

Last but not least können auf dem Karteireiter SICHERHEIT für alle Visualisierungskomponenten die Sicherheitsrichtlinien für das entsprechende Template eingestellt werden (siehe Abbildung 5.10)

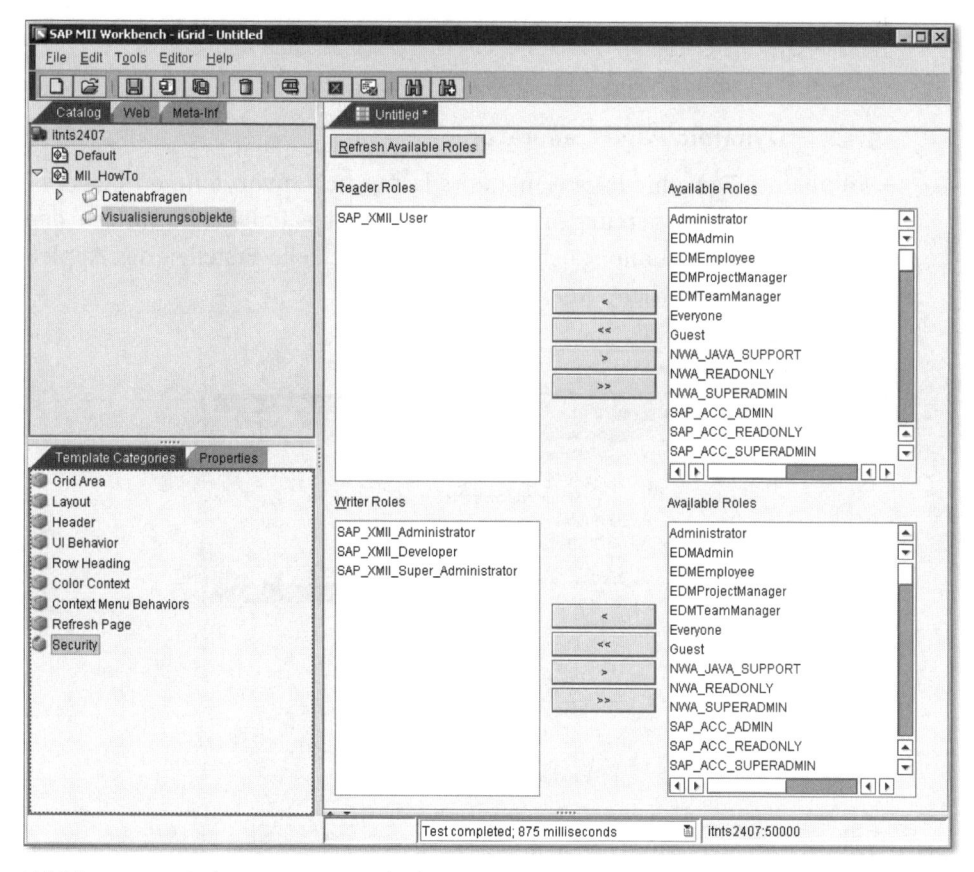

Abbildung 5.10 iGrid – Karteireiter »Sicherheit« (Security)

5 | Visualisierung

Als letzter für das iGrid relevanter Punkt sind die Ereignisse zu erwähnen (siehe Tabelle 5.9).

Parameter	Verwendung
ColumnSelectionEvent	Stellt den Namen der JavaScript-Funktion auf einer Webseite zur Verfügung, die aufgerufen wird, wenn Sie eine Spalte im iGrid-Applet auswählen.
GridScrollEvent	Stellt den Namen der JavaScript-Funktion auf einer Webseite zur Verfügung, die aufgerufen wird, wenn Sie die Reihen im iGrid-Applet durchblättern.
CellSelectionEvent	Stellt den Namen der JavaScript-Funktion auf einer Webseite zur Verfügung, die aufgerufen wird, wenn Sie eine Zelle im iGrid-Applet auswählen. Dieser Parameter ist nur dann aktiviert, wenn die Eigenschaften AllowCellSelection und AllowSelection aktiviert sind.

Tabelle 5.9 iGrid-Ereignisse (Quelle: SAP MII 12.1-Online-Handbuch)

5.1.2 Dynamic Page Generator

Mithilfe des Dynamic Page Generators lassen sich zuvor definierte Query-/Display-Templates vereinigen und testen. Findige Entwickler nutzen den Dynamic Page Generator auch, um sich das manuelle Erstellen des Applet-Codes zu ersparen (siehe Abbildung 5.11).

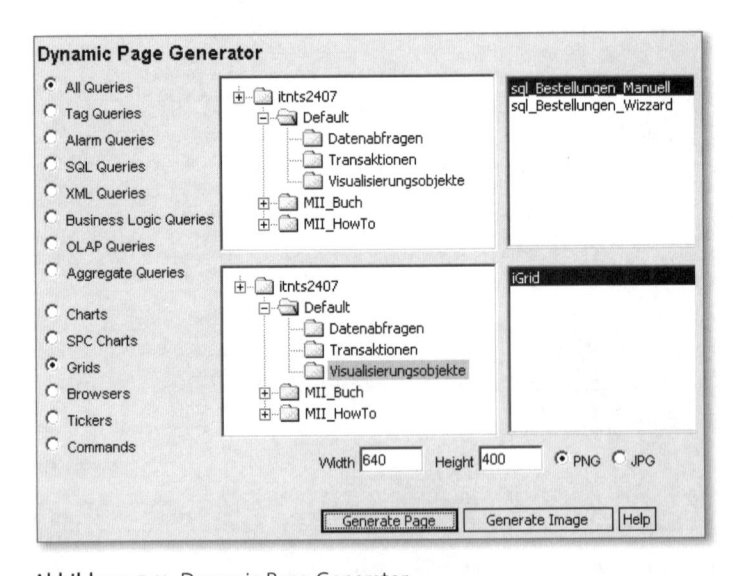

Abbildung 5.11 Dynamic Page Generator

Um eine entsprechende Seite zu generieren, muss lediglich eine Abfrage mit dem jeweiligen Display-Template ausgewählt werden. Mit einem Klick auf den Button GENERATE PAGE wird das Objekt generiert (siehe Abbildung 5.11). Hier kann gleich geprüft werden, ob die durchgeführte Konfiguration erfolgreich war bzw. wo der Fehler liegt.

5.1.3 Servlets

Servlets werden ähnlich wie die Applets direkt in die IRPT-Seiten eingebunden. Der große Unterschied der Servlets ist jedoch, dass diese durch den IRPT-Präprozessor ausgeführt werden und das Ergebnis der Abfrage direkt durch eine XSL-Transformation umgeschrieben und im Quelltext der fertigen IRPT-Seite im Browser angezeigt wird. Das Ergebnis eines Servlets kann demnach im Gegensatz zu dem eines Applets nach der Ausführung nicht mehr verändert werden. Listing 5.2 zeigt einen beispielhaften Aufruf eines Servlets:

```
<servlet name="Illuminator">
  <param name="QueryTemplate" value="pfad/zum/sql_template" />
  <param name="Stylesheet" value="http://server/ssheet.xsl" />
  <param name="Param.1" value="MeinName" />
</servlet>
```

Listing 5.2 Servlet-Quelltext

Das in Listing 5.2 gezeigte Servlet nutzt als Query-Template das SQL-Template `sql_template` aus dem Ordner `pfad/zum`. Dies ist nur als Beispiel zu verstehen, da jede Art von in MII verfügbaren Querys als Source für ein Servlet verwendet werden kann. Als Stylesheet wird das *ssheet.xsl* von der Source `http://server/` genutzt. XSL-Pfade müssen immer mit zugehöriger Serveradresse versehen werden, da das Stylesheet direkt vom Interpreter aufgerufen wird.

Mit `Param.1` wird der Query noch ein entsprechender Parameter mit dem Wert `MeinName` mitgegeben, der von der Query verarbeitet wird.

Die Query selbst zeigt als Rückgabe eine Liste mit Zeiten und Seiten an, die als Key den in `Param.1` gegebenen Wert beinhalten. Die XSLT formt dann aus dem Ergebnis eine einfache Tabelle.

Das gerenderte Ergebnis im Browser ist in Abbildung 5.12 zu sehen.

18.06.2009 12:00:23	main.irpt
18.06.2009 12:00:51	maschine_state.irpt
18.06.2009 12:01:08	maschine_state.irpt?mid=ex2322d3
18.06.2009 12:02:47	maschine_state.irpt?mid=ex2322d3&ord=000072403202
18.06.2009 12:03:12	maschine_state.irpt?mid=ex2322d3&ord=000072403202&vor=0040
18.06.2009 12:03:50	maschine_state.irpt?mid=ex2322d3&ord=000072403202&vor=0040&todo=confirm
18.06.2009 12:04:01	maschine_state.irpt?mid=ex2322d3
18.06.2009 12:04:22	main.irpt?todo=logout

Abbildung 5.12 Servlet nach der Transformation

Will man nun im Quelltext den Code des Servlets prüfen, sieht man schnell, dass dies, wie beschrieben, nicht möglich ist, und man findet das Ergebnis des Servlet-Aufrufs wie folgt vor (siehe Listing 5.3):

```
<table>
 <tr>
  <td>18.06.2009 12:00:23</td>
  <td>main.irpt</td>
 </tr>
 <tr>
  <td>18.06.2009 12:00:51</td>
  <td>maschine_state.irpt</td>
 </tr>
 <tr>
  <td>18.06.2009 12:01:08</td>
  <td>maschine_state.irpt?mid=ex2322d3</td>
 </tr>
 <tr>
  <td>18.06.2009 12:02:47</td>
  <td>maschine_state.irpt?mid=ex2322d3&ord=000072403202</td>
 </tr>
 <tr>
  <td>18.06.2009 12:03:12</td>
  <td>maschine_state.irpt?mid=ex2322d3&ord=...</td>
 </tr>
 <tr>
  <td>18.06.2009 12:03:50</td>
  <td>maschine_state.irpt?mid=ex2322d3&ord=...</td>
 </tr>
 <tr>
  <td>18.06.2009 12:04:01</td>
  <td>maschine_state.irpt?mid=ex2322d3</td>
 </tr>
```

```
 <tr>
  <td>18.06.2009 12:04:22</td>
  <td>main.irpt?todo=logout</td>
 </tr>
</table>
```

Listing 5.3 HTML-Tabelle

Dies hat unter anderem den Vorteil, dass man über die Servlet-Komponente von MII mit den erhaltenen Query-Daten »normale« HTML-Objekte generieren kann, die den MII-Content besitzen.

5.1.4 Session- und Lokalisierungsvariablen

Auch wenn sie kein richtiger Bestandteil der Visualisierungskomponenten von MII sind, sollen die Session- und Lokalisierungsvariablen aufgrund ihres Einflusses auf die Form der Ausgabe hier kurz erwähnt werden.

Sowohl Session- als auch Lokalisierungsvariablen sind Variablen, die direkt im HTML-Code der IRPT-Seiten notiert werden. Durch den IRPT-Interpreter (Präprozessor) von SAP MII werden die eingetragenen Variablen vor dem eigentlichen Senden der Daten an den Browser durch ihre tatsächlichen Werte ersetzt. Für den Browser unseres Beispielsystems hat die in SAP MII bekannte Session-Variable `{IllumLoginName}` immer den Wert `itholzs`, solange wir eingeloggt sind.

Session-Variablen können während der eigentlichen Laufzeit geändert werden, sodass Seiten allein durch die Nutzung von Session-Variablen dynamisiert werden können.

Lokalisierungsvariablen sind im Gegensatz zu Session-Variablen Bestandteile der Konfiguration und nicht dynamisch änderbar. Sie dienen dazu, die Applikation multilingual zu gestalten und ermöglichen es leicht, der Applikation eine neue Sprache hinzuzufügen. Hierzu müssen zwar für die einzelnen Lokalisierungsvariablen Übersetzungswerte angegeben werden, diese werden dafür jedoch im kompletten System direkt übernommen.

Für die Verwaltung der Lokalisierungsvariablen existiert im SAP MII-Administrationsmenü unter VISUALIZATION SERVICES der Punkt LOCALIZATION. Abbildung 5.13 zeigt den Lokalisierungseditor mit einer typischen Anordnung von eingerichteten Lokalisierungsvariablen.

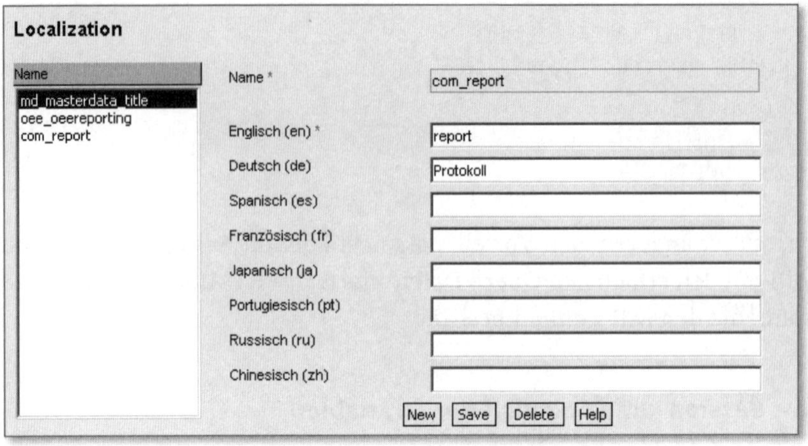

Abbildung 5.13 Lokalisierungseditor

Gleichgültig, ob ein einzelnes Projekt realisiert oder ein einzelnes oder eine ganze Gruppe von Produkten entwickelt werden sollen, die Lokalisierungsvariablen sollten stets eine genaue Zuordnung zu ihren Verwendungsorten enthalten.

Bei konsequentem Einhalten einer solchen Bennennung der Lokalisierungsvariablen ist es im Editor schon möglich, den Ort der Nutzung zu bestimmen. In Abbildung 5.13 sind unter anderem die folgenden Einträge zu erkennen:

- md_MasterData_Title
- oee_OEE_Reporting
- com_Report

Diese drei Variablen können den jeweiligen Bestandteilen der Applikation zugeordnet werden. Der erste Teil des Namens beschreibt das Modul (md = MasterData, OEE = Overall Equipment Effectiveness, com = Common), der nachfolgende Teil die Bedeutung des jeweiligen Textes.

Alle Variablen, die in mehreren Modulen genutzt werden, werden bei diesem Schema mit dem Präfix »com_« notiert, alle OEE-spezifischen mit dem Präfix »oee_«. Der Vollständigkeit halber sei hier noch erwähnt, dass alle stammdatenspezifischen Lokalisierungsvariablen mit dem Präfix »md_« notiert werden.

Im Gegensatz zu Session-Variablen, die im HTML-Code der Notation {SessionVariablenNamen} folgen, werden Lokalisierungsvariablen in der Notation {#LokalisierungsVariablenNamen} geschrieben.

5.2 Zugriff auf SAP MII-Komponenten via JavaScript

Die Visualisierung von SAP MII lässt früher oder später die Frage und auch die Notwendigkeit aufkommen, mit dem System-Backend zu kommunizieren, um beispielsweise Parameter für Datenabfragen zu ändern oder sonstige Informationen an SAP MII zurückzugeben.

Aus diesem Grund ist es bei den meisten Visualisierungsobjekten von SAP MII möglich, direkt via JavaScript solche Daten zu setzen und Abfragen neu auszuführen.

5.2.1 Script Assistant

Um es gerade Anfängern zu erleichtern, sich in der Skriptumgebung für Applets zurechtzufinden, existiert seit jeher eine zusätzliche Software, der SCRIPT ASSISTANT, der als eine Art Wizard die Programmierung mit Applets erleichtert. Wie in Abbildung 5.14 zu sehen ist, bietet der seit SAP MII 12.1 in die Workbench integrierte Script Assistant die Möglichkeit, per Klick durch die einzelnen Applets, Querys und Objektmethoden zu navigieren (siehe Abbildung 5.14).

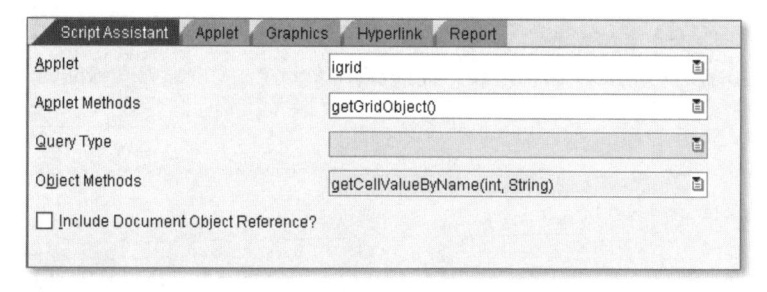

Abbildung 5.14 SAP MII Script Assistant

Die hier gewählten Methoden können mit einem Klick auf den Button INSERT an die zuvor gewählte Stelle in der geöffneten JSP- oder IRPT-Seite geladen werden.

Verfügbar ist der Script Assistant in jeder JSP- oder IRPT-Seite. Beachten Sie aber, dass der Script Assistant im Standard zugeklappt ist und durch einen Klick auf den Vergrößern-Pfeil sichtbar gemacht werden muss. Diesen Pfeil finden Sie am unteren Bildrand.

5 | Visualisierung

> **[+] Webobjekte ansprechen**
>
> Im Rahmen einer aktuellen Webprogrammierung sollte das Ansprechen von Webobjekten über `getElementById()` realisiert werden, anstatt über die vorgeschlagene `getElementByName()`-Variante.
>
> Um mit `getElementById()` arbeiten zu können, müssen die anzusprechenden Objekte (nicht nur auf Applets, sondern auch auf HTML-Objekte anwendbar) in ihrer Definition einen ID-Tag erhalten.

Mithilfe des Script Assistants ist nun die Welt der Applet-Funktionen geöffnet. In JavaScript können mit diesen Zugriffen leicht Parameter geändert oder ausgelesen werden.

5.2.2 Applet-Zugriffe

Anhand des iGrid-Applets werden im Folgenden nun die einen oder anderen Skriptzugriffe demonstriert. Wenn Sie die Logik verinnerlicht haben, sind Zugriffe auf alle anderen Applets gleichermaßen einfach, da sie derselben Logik und auch demselben Aufbau folgen.

Abbildung 5.15 Standard-iGrid

Abbildung 5.15 zeigt ein Standard-iGrid. Steht ein solches iGrid zur Verfügung, stellt sich jeder Entwickler zuerst die folgenden beiden Fragen:

- Wie komme ich an die Daten, die im iGrid angezeigt werden?
- Wie bekomme ich meine Daten in das iGrid?

Das sind auch die ersten beiden Fragen, mit denen wir uns nun auseinandersetzen werden. Für eine solche Fragestellung gibt es den Script Assistant, dem man die einzelnen Informationen entlocken kann.

Mit der Zeit ist die Bedienung des Script Assistants kein Hexenwerk mehr, und der Dschungel der vielen verschiedenen Zusammenhänge wie notwendigen Änderungen bei Anpassung von Action-Block-Namen und -Beschreibungen wird auch mehr und mehr licht.

Um im Script Assistant für das angezeigte iGrid die erforderlichen Methoden zu sehen, muss zuerst bekannt sein, dass die dargestellte Komponente das `GridObject` ist, nicht etwa (obwohl es sich um Daten handelt) das `QueryObject`. Mit der Auswahl der Applet-Methode `getGridObject()` können nun weitere Objektmethoden selektiert werden.

Direkt zu Beginn der Objektmethodenliste finden sich Einträge wie `getCellValue(int, int)` oder `getCellValueByName(int, String)`.

Diese können genutzt werden, um die einzelnen Werte aus den Zellen zu entnehmen. Die beiden Eingabewerte stehen im Fall des iGrids für die Zeile und die Spalte. Sind die Spaltennamen bekannt, kann mit der Methode `getCellValueByName()` gearbeitet werden, die generell die bessere Methode darstellt. Dies hat mehrere Gründe, aber der wichtigste ist wohl, dass bei Änderungen an den dem Grid zugrunde liegenden Abfragen die Reihenfolge der Spalten nicht zwangsläufig gegeben ist. `getCellValueByName()` hätte zwar nach wie vor den richtigen Wert, `getCellValue()` würde aber nunmehr eine andere Spalte abfragen. Zudem ist es häufig der Fall, dass einzelne Spalten des Grids nicht sichtbar gemacht werden, weil die darin enthaltenen Informationen zwar interessant für die Logik im Hintergrund, aber für den Benutzer verwirrend sein können. Gerade für das Debugging ist es dann schwierig, die richtigen Spalten zu ermitteln.

Statischer Zugriff

Das Ziel der ersten Funktion soll der Materialtext aus Spalte 2 sein, das heißt GIPSKARTON PLATTEN. Im HTML-Code der IRPT-Seite ist das iGrid mit der ID `MyGrid` definiert: <applet id=«MyGrid« ...

Somit kann das Skript wie folgt aufgebaut werden (siehe Listing 5.4):

```
function f_GetValue() {
  // Zuweisung des Appletobjekts zur Variable o_MyApplet
    var o_MyApplet = document.getElementById( 'MyGrid' );
  // Zuweisung des Gridcontainers zur Variable g_MyApplet
    var g_MyApplet = o_MyApplet.getGridObject();
  // Auslesen des Material Textes aus Zeile 2
  // - mit getCellValue()
    g_MyApplet.getCellValue( 2, 6 );
  // - mit getCellValueByName()
    g_MyApplet.getCellValueByName( 2, 'material_text' );
}
```

Listing 5.4 Statischer Feldzugriff

Dynamischer Zugriff

Beide Aufrufe erhalten das gleiche Ergebnis, somit wäre das Ziel erreicht. Aber ehrlich gesagt, ist es eher selten der Fall, dass bei der Nutzung eines iGrids immer nur ein bestimmter Wert gewünscht ist. Wie kann daher ein dynamischer Zugriff aussehen, wenn der Materialtext der selektierten Spalte ausgegeben werden soll?

Abhilfe schafft in diesem Fall die Objektmethode `getSelectedRow()`. Diese Methode erlaubt die Anfrage der im Augenblick gewählten Zeile. Der Rückgabewert ist eine Zahl, die direkt weiterverarbeitet werden kann.

In die bisher eingebaute Funktion übernommen, ändern sich die Aufrufe `getCellValue()` und `getCellValueByName()`, da nunmehr nicht fest die Zahl 2 (für zweite Zeile), sondern die ausgelesene Variable genutzt wird (siehe Listing 5.5):

```
function f_GetValue() {
  // Zuweisung des Appletobjekts zur Variable o_MyApplet
  var o_MyApplet = document.getElementById( 'MyGrid' );
  // Zuweisung des Gridcontainers zur Variable g_MyApplet
  var g_MyApplet = o_MyApplet.getGridObject();
  // Auslesen der gewählten Zeile
  var Zeile = g_MyApplet.getSelectedRow();
  // Auslesen des Material Textes aus Zeile 2
  // - mit getCellValue()
  g_MyApplet.getCellValue(Zeile, 6 );
  // - mit getCellValueByName()
  g_MyApplet.getCellVallueByName(Zeile, 'material_text' );
}
```

Listing 5.5 Dynamischer Feldzugriff

Schreibender Zugriff

Nachdem der Entwickler nun weiß, mit welchen Hilfsmitteln er die einzelnen Informationen aus dem iGrid respektive den anderen Applets herauslesen kann, ist die logische nächste Frage die nach der Manipulation der Daten. Die Abfragewerte für eine entsprechende SQL-Query in JavaScript sind unter Zuhilfenahme des Script Assistants ebenfalls recht simpel zu setzen (siehe Listing 5.6):

```
function f_SetValue() {
  // Zuweisung des Appletobjekts zur Variable o_MyApplet
  var o_MyApplet = document.getElementById( 'MyGrid' );
  // Zuweisung des Gridcontainers zur Variable g_MyApplet
  var g_MyApplet = o_MyApplet.getGridObject();
  // Auslesen der gewählten Zeile
```

5.2 Zugriff auf SAP MII-Komponenten via JavaScript

```
  var Zeile = g_MyApplet.getSelectedRow();
  // Setzen des neuen Material Textes aus Zeile 2
  // - mit setCellValue()
  g_MyApplet.setCellValue( Zeile, 6, 'neuer Wert' );
}
```

Listing 5.6 Schreibender Feldzugriff

Wie dem Skript zu entnehmen ist, heißt die neu ins Spiel gebrachte Methode `setCellValue()`. Diese ermöglicht das Setzen neuer Werte in die jeweiligen Zellen.

Prinzipiell ist zu erwähnen, dass für fast jede `get`-Methode auch eine entsprechende `set`-Methode existiert.

Ändern der Datenbasis

Der letzte und auch zugleich wichtigste Teil mag die Änderung der dem Applet zugrunde liegenden Datenbasis sein. Als Paradebeispiel kann hier ein Administrationsmenü jeglicher Art genannt werden.

In diesem Beispiel soll davon ausgegangen werden, dass oberhalb des iGrids eine HTML-Dropdown-Box eine Auswahl der zur Verfügung stehenden Bestellnummern beinhaltet. Nach der Selektion einer neuen Bestellnummer soll das iGrid seine Daten ändern.

Auf der IRPT-Seite steht für die Dropdown-Box der Quelltext geschrieben, den Listing 5.7 zeigt:

```
<select id="myList" onchange="f_RefreshGrid()">
 <option value="B200908010000000001">0000000001</value>
 <option value="B200908010000000002">0000000002</value>
 <option value="B200908010000000003">0000000003</value>
</select>
 function f_RefreshGrid () {
  // Lesen der gewählten Bestellnummer
   var o_MyDropdown = document.getElementById('myList');
   var NewNumber = oMyDropdown.getSelectedValue();
  // Zuweisung des Appletobjekts zur Variable o_MyApplet
   var o_MyApplet = document.getElementById( 'myApplet' );
  // Zuweisung des Querycontainers zur Variable q_MyApplet
   var q_MyApplet = o_MyApplet.getQueryObject();
  // Setzen des ersten Bestellnummer Parameters
   q_MyApplet.setParam( 1, NewNumber );
  // Refresh bei visuellen Applets
   o_MyApplet.refresh()
 }
```

Listing 5.7 Änderung der Datenbasis

In der Funktion `f_RefreshGrid` wird zuerst das Applet `myApplet` eingebunden und der Variablen `o_MyApplet` zugewiesen. Gemäß den Programmierkonventionen werden Objektvariablen im Skript mit einem `o_` angeführt und Query-Container mit einem `q_` benannt.

Im zweiten Schritt wird der Query-Container, der alle Möglichkeiten beinhaltet, Abfrageinformationen auszutauschen, der Variablen `q_MyApplet` zugewiesen. Anschließend werden über die Funktion `setParam( x, y )` die einzelnen Parameter, wie sie in der Query genutzt werden (in diesem Beispiel in MII von 1-32 möglich), gesetzt. Dabei steht x für die Nummer des Parameters und y für den Wert. Dieser Wert kann als String übergeben werden, aber auch als Zahl (siehe Zuweisung von Parameter 1). Hierbei spielt es keine Rolle, ob es sich bei der Zahl um eine Integer- oder Float-Variable handelt.

Handelt es sich um ein Applet vom Typ `iCommand`, wird die Abfrage durch den Befehl `executeCommand()` neu ausgeführt. Im Fall der anderen Applets, wie im Beispiel zu sehen, durch den Befehl `refresh()`.

Funktionen, die im Skriptbeispiel durch den Script Assistant ausgegeben werden können, sind: `getQueryObject()`, `setParam()`, `executeCommand()` und `refresh()`. Alle anderen Elemente des Skripts sind JavaScript-Elemente.

Servlet-Nutzung

Gleich vorweg ist zu sagen, dass Servlets in keiner Weise mit den Applets von MII zu vergleichen sind. Dies lässt sich schon dadurch erklären, dass Servlets beim Laden der Webseiten zur Laufzeit Code generieren, der zwar durch Parameter initial eingestellt, nachträglich aber nicht mehr geändert werden kann.

Der von Servlets generierte Code kann in beliebiger textueller Form sein (HTML/XML/Text etc.) und wird dem Benutzer als fester Bestandteil einer Webseite dargeboten.

Ein gern genutztes und oft auch in Projekten verwendetes Beispiel ist die Generierung einer HTML-Dropdown-Liste, bei der das Servlet die Daten der ihm zugrunde liegenden HTML-Abfrage in den HTML-Code eines Dropdown-Menüs umsetzt (siehe Listing 5.8):

```
<select id="dd_operator_list" size="3">
 <option value="id098734">Maximilian Gruene</option>
 <option value="id098735">Sascha Schwarz</option>
 <option value="id098736">Klaus Braun</option>
```

```
    <option value="id098737">Benjamin Roth</option>
</select>
```
Listing 5.8 Servlet-Definition

Somit führen Servlets initial zwar die gleiche Funktion aus wie die Applets, das Endergebnis ist jedoch ein völlig anderes.

Je nach Fortschrittsgrad der beteiligten Entwickler werden Servlets mehr und mehr verwendet, vor allem in Menübereichen, in denen bis dato Java-Applets im Dropdown-Modus eingesetzt wurden.

5.3 Generierung von Reports mit XML/XSLT

Die Generierung von Berichten benötigt natürlich eine entsprechende Verfügbarkeit von Daten, die als Grundlage genutzt werden können. Eine mögliche Datengrundlage sind die zuvor verwendeten Visualisierungskomponenten von SAP MII, die in Verbindung mit den jeweiligen Grunddaten aus der Datenbank ansehnliche Reports erstellen können.

MII bietet bei der Report-Generierung nativ die Möglichkeit, HTML-Reports, aber auch PDF-Reports zu erzeugen. Da sich die Generierung von PDF-Reports ausschließlich in der Businesslogik und hier in speziell dafür geschriebenen Action Blocks abspielt, soll in diesem Abschnitt ausschließlich die Generierung von HTML-Reports gezeigt werden, um ein besseres Verständnis für die Arbeit mit der Businesslogik und den Frontend-Technologien von SAP MII zu vermitteln.

5.3.1 Layout-Definition

Der erste und zugleich auch einfachste Schritt bei der Generierung eines Reports ist das anfängliche Festlegen eines Layouts. Zur Optimierung des Arbeitsaufwandes sollte das Basis-Layout in einem HTML-Format erstellt werden, wie dies in Abbildung 5.16 gezeigt ist.

Die Abbildung 5.16 zugrunde liegende HTML-Datei wurde mit der Datei *MII_Buch/Kapitel_5/report.htm* zur Verfügung gestellt.

Wie aus Abbildung 5.16 zu ersehen ist, soll für einen Großhandel ein Lieferbericht entstehen, der neben den Bestellinformationen vor allem die Lieferinformationen sowie die Sublieferanten und die der Bestellung zugrunde liegende Teileliste bereitstellt.

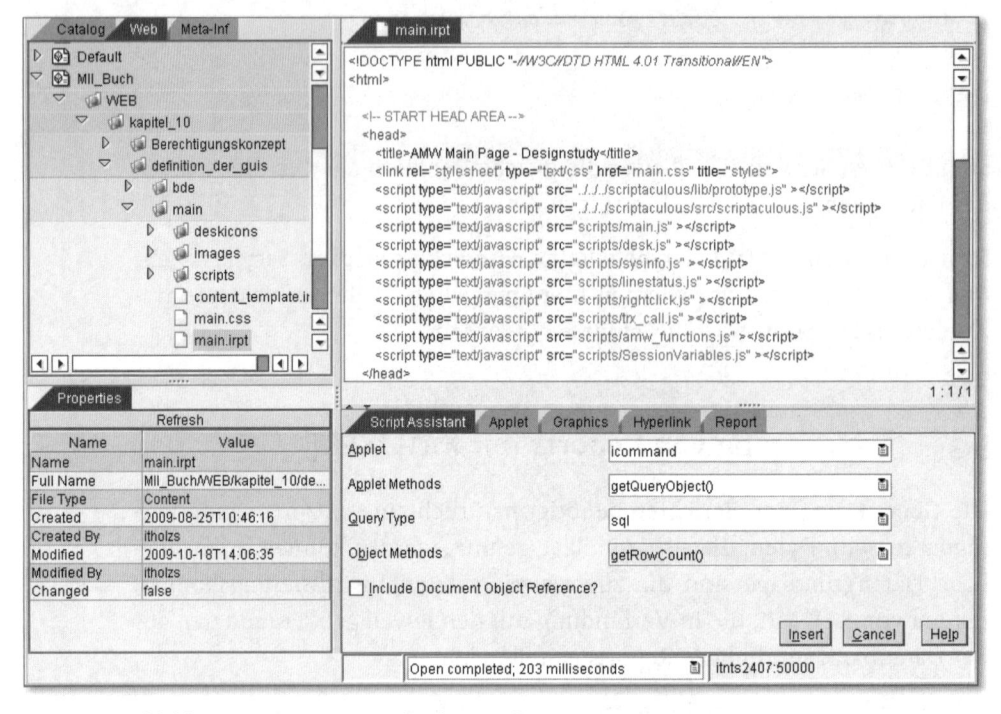

Abbildung 5.16 Basis-Layout für die Erstellung eines Reports

5.3.2 Datenbankabfragen

Nachdem das gewünschte Layout des zu generierenden Reports feststeht, erfolgt der zweite Schritt, die Modellierung des Reports zur dynamischen Erstellung in der SAP MII-Businesslogik (BL).

[+] **XSLT-Reports**

Da die Businesslogik auf das Handling von XML-Daten ausgelegt ist und hierfür leicht sehr mächtige Funktionen gebaut werden können, werden Reports meist unter Zuhilfenahme von XSLT generiert. Dies wird auch für den zu erstellenden Report auf den folgenden Seiten verwendet.

Bevor nun eine Verarbeitung des Layouts durch eine XSL-Transformation (Extensible Stylesheet Language) voranschreiten kann, muss zuerst klar sein, welche Datenquellen wie genutzt werden und wie das Daten-XML aussehen soll. Durch die Nutzung eines XML-Templates wird die spätere Verarbeitung von XML/XSLT innerhalb der Transaktion stark vereinfacht.

Um die notwendigen Informationen zu erhalten, sind in diesem Fall zwei Datenabfragen notwendig: eine Abfrage, die die Kopfinformationen, und eine weitere, die die Teileliste inklusive der Sublieferanten übergibt.

Zu Beginn werfen wir einen Blick auf die Datenabfrage zu den Kopfdaten der Bestellungen. Im Begleitmaterial zum Buch ist diese Abfrage unter *Kapitel_5/sql_get_bestellung_kopfdaten* gespeichert (siehe Listing 5.9).

```
SELECT
DISTINCT  bestellungen.bestell_nr,
    bestellungen.datum,
    kunden.kunden_nr,
    kunden.name,
    kunden.vorname,
    kunden.plz,
    kunden.wohnort,
    kunden.strasse,
    kunden.hausnummer,
    kunden.anrede,
    lieferungen.lieferant,
    lieferungen.unterzeichner,
    lieferungen.unterzeichnet,
    lieferungen.gegengezeichnet,
    lieferungen.gegengezeichnetum,
    lieferungen.lieferdatum

FROM  bestellungen,
    komponenten,
    kunden,
    preisliste,
    lieferungen

WHERE   bestellungen.bestell_nr = '[Param.1]'
AND     bestellungen.kunden_nr = kunden.kunden_nr
AND     komponenten.material_nr = preisliste.material_nr
AND     bestellungen.bestell_nr = lieferungen.bestell_nr
```

Listing 5.9 Abfrage der Kunden- und Lieferdaten

Anhand der als `Param.1` übergebenen Bestellnummer gibt diese Datenabfrage alle berichtsrelevanten Kopfdaten zu der gewählten Bestellung aus. Einzig die Teileliste und die Sublieferantenliste werden durch diese Datenabfrage noch nicht ausreichend mit Daten versorgt.

Somit wird es Zeit für die zweite Datenabfrage, die ebenfalls bei dem Begleitmaterial zum Buch zu finden ist. Die Abfrage zur Materialliste ist unter *Kapitel_5/sql_get_bestellung_materialliste* gespeichert (siehe Listing 5.10).

5 | Visualisierung

```
SELECT   komponenten.material_text,
         komponenten.material_menge,
       komponenten.material_einheit
           preisliste.preis,
  CAST( komponenten.material_menge AS FLOAT ) *
  CAST( preisliste.preis AS FLOAT ) AS gesamt,
  komponenten.material_text
  + ' ( SL '
  + CAST( komponenten.sublieferant AS VARCHAR(50) )
  + ' )' AS sublieferant

FROM  bestellungen,
   auftraege,
   komponenten,
   kunden,
   preisliste

WHERE  bestellungen.bestell_nr = '[Param.1]'
AND    bestellungen.auftrags_nr = auftraege.auftrags_nr
AND    auftraege.auftrags_nr = komponenten.auftrags_nr
AND    bestellungen.kunden_nr = kunden.kunden_nr
AND    komponenten.material_nr = preisliste.material_nr
```

Listing 5.10 Abfrage der Materialdaten

Auch dieser Abfrage wird mit Param.1 die gewählte Bestellnummer (im folgenden Beispiel B2009080100000000001) mitgegeben und liefert damit das in Abbildung 5.17 gezeigte Resultat.

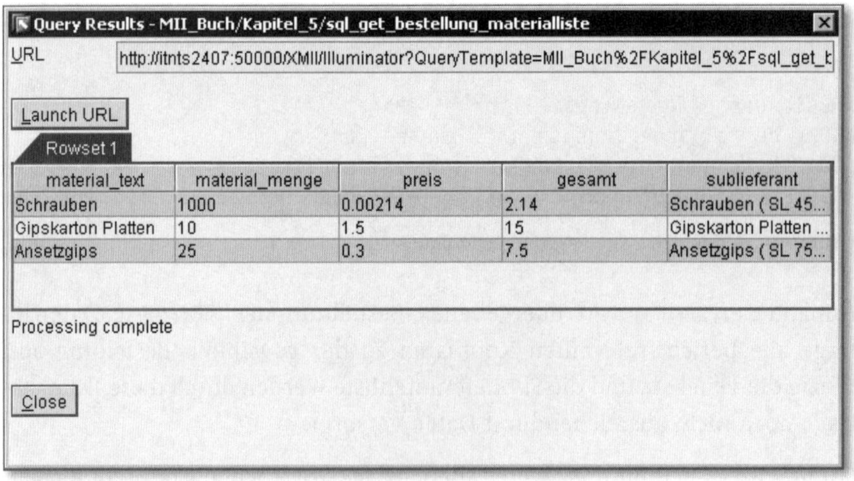

material_text	material_menge	preis	gesamt	sublieferant
Schrauben	1000	0.00214	2.14	Schrauben (SL 45...
Gipskarton Platten	10	1.5	15	Gipskarton Platten ...
Ansetzgips	25	0.3	7.5	Ansetzgips (SL 75...

Abbildung 5.17 Ausgabe der Materiallisten-Abfrage

> **Zusatzangebot zum Buch** [+]
>
> Um die Datenabfragen entsprechend den Vorgaben in diesem Buch gestalten zu können, befindet sich in der Datei *Kapitel_5/mii_test.sql* das komplette Datenbankskript zur Erstellung der Datenbank. Zudem beinhaltet das Skript, das für den MSSQL Server 2005 erstellt ist, einen Grundbestand an Daten.

Die Daten des aktuellen Benutzers können den SAP MII-Session-Variablen entnommen werden.

> **Session-Variable »IllumLoginName«** [+]
>
> In der Session-Variable `IllumLoginName` kann das Kürzel des eingeloggten Benutzers gefunden werden. Da der Aufruf der Report-Generierung aus dem GUI kommt, kann diese Variable leicht in die Transaktion übergeben werden.

5.3.3 Zusammenführung der Daten

Hat man den Anspruch, mehrere Abfrageergebnisse in einer einzigen XML-Struktur zusammenzufassen, steht man auf den ersten Blick vor einem etwas komplizierten Problem, da die Datenstrukturen der jeweiligen Ergebnisse vollkommen unterschiedlich sind. In diesem Fall kann durch die Nutzung zweier lokaler Transaktionsparameter das Problem gelöst werden.

Zuerst wird ein XML-Parameter benötigt, der die Zielstruktur des gewünschten XML-Ergebnisses beinhaltet. Dieser lokale Parameter wurde für das Beispiel `xml_result` genannt und ist in der folgenden Struktur hinterlegt (siehe Listing 5.11).

```xml
<?xml version="1.0" encoding="UTF-8" standalone="no"?>
<container>
 <header>
  <Row/>
 </header>
 <components>
  <Row/>
 </components>
</container>
```

Listing 5.11 Einfache XML-Struktur

Zu erkennen ist, dass die XML-Struktur den Hauptknoten `container` besitzt, dem die Knoten `header` und `components` zugewiesen sind. Diesen wiederum werden die einzelnen Ergebnisse zugewiesen, weshalb jeweils der Knoten `Row` untergeordnet ist.

5 | Visualisierung

Da es nur einen Datensatz für die Kopfdaten gibt, kann das Ergebnis direkt dem `header`-Knoten des XML zugewiesen werden. Für die Komponenten, die eine unbestimmte Anzahl von Elementen beinhalten, wird ein weiterer XML-Parameter `xml_components` hinzugefügt. Dieser Parameter dient lediglich der Sammlung von Daten und hat die simple Struktur (siehe Listing 5.12):

```
<?xml version="1.0" encoding="UTF-8" standalone="no"?>
<components/>
```

Listing 5.12 Components-Dummy-XML

Von beiden Parametern wurde je ein Duplikat mit dem Kürzel `empty` erstellt, um im ersten Schritt der Transaktion eine Initialisierung zu ermöglichen.

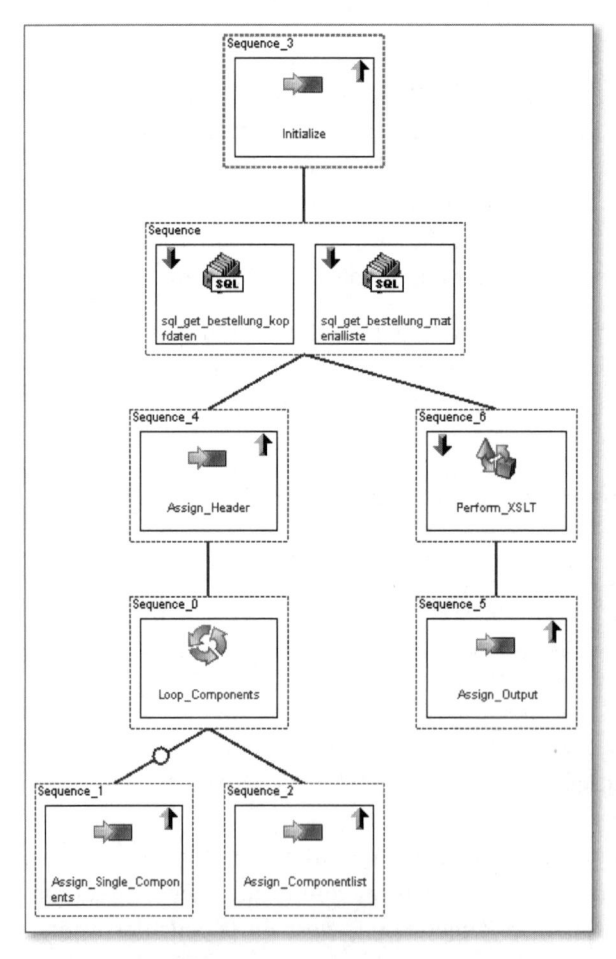

Abbildung 5.18 Erstellung des Report-XML

Sinn der Übung ist es, die einzelnen Komponenten dem components-Knoten zuzuweisen und diesen später im Parameter xml_result weiterzuverarbeiten. Zwei weitere Parameter, in diesem Fall aber TransactionProperties, sind der Eingabeparameter bestellnummer und der Ausgabeparameter str_output. Somit kann für die in Abbildung 5.18 dargestellte Transaktion die Bestellnummer als Parameter in die Datenabfragen übergeben und am Ende der Transaktion das fertige HTML als Ausgabewert zurückgegeben werden.

Werfen wir nun einen Blick auf die Zuweisungen der jeweiligen XML-Strukturen.

In Abbildung 5.19 ist die Zuweisung der Header-Informationen im Action Block Assign_Header zu sehen. Wichtig bei dieser Zuweisung ist, dass der definierte Link Type den Wert Assign XML hat. Dies bedeutet, dass alle dem selektierten Quellknoten untergeordneten Knoten dem Zielknoten zugewiesen werden. Das Ziel übernimmt somit die komplette Struktur und auch die Werte der Quelle.

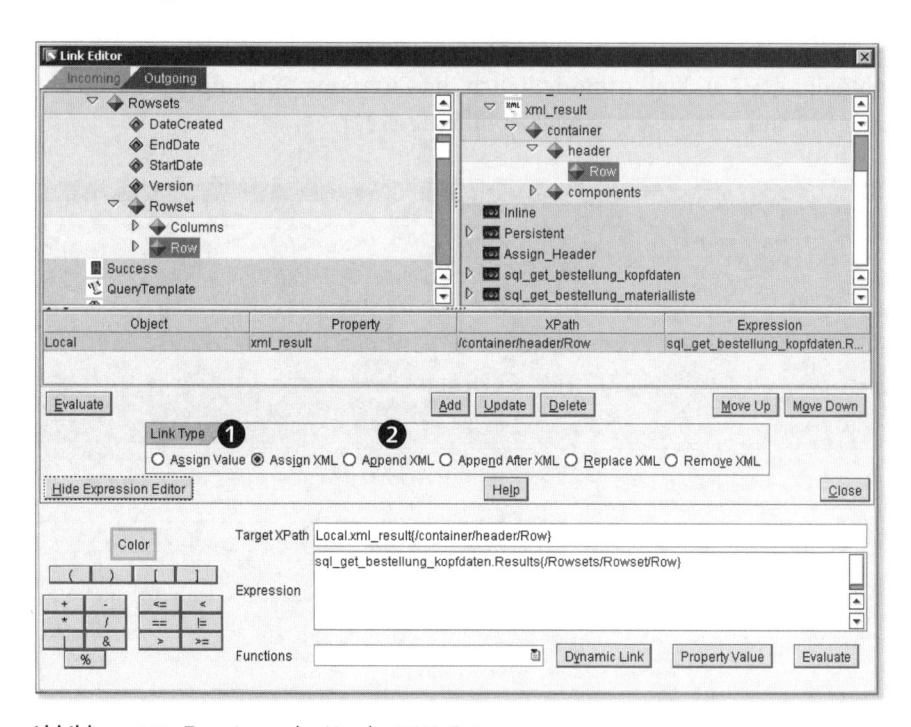

Abbildung 5.19 Zuweisung der Header-XML-Daten

Der Link Type Assign Value ❶ ist anzuwenden, wenn ein einzelner XML-Wert übergeben werden soll. Bei String- oder Integer-/Float-Zuweisungen ist automatisch Assign Value vorgegeben.

APPEND XML ❷ hängt die gewählte Quell-XML-Struktur an die Zielstruktur an. Für das Beispiel würde dies bedeuten, dass die Zielstruktur nach der Zuweisung in der Form `xml_result/containerheader/Row/Row` abgebildet würde.

APPEND AFTER XML würde die Quellstruktur der Zielstruktur anhängen. Dementsprechend wären im Ergebnis dem `header`-Knoten nunmehr zwei `Row`-Einträge untergeordnet.

REPLACE XML ersetzt den Inhalt des Zielknotens mit der kompletten Quellstruktur. Auch dies hätte die Ergebnisstruktur in Form von `xml_result/containerheader/Row/Row` zur Folge.

REMOVE XML würde den Zielknoten löschen und keine Zuweisung durchführen.

Die nächste Zuweisung befindet sich im Action Block ASSIGN_SINGLE_COMPONENTS und hat den Link Type APPEND XML, da mehrere Komponenten, die über den Repeater durchgegangen werden, jeweils ein Ergebnis liefern, das der Komponentenliste angehängt werden soll.

Nachdem die einzelnen Komponenten durchlaufen worden sind (siehe Abbildung 5.20), bleibt nun lediglich die Zusammenführung von `xml_components` und `xml_result` (siehe Abbildung 5.21).

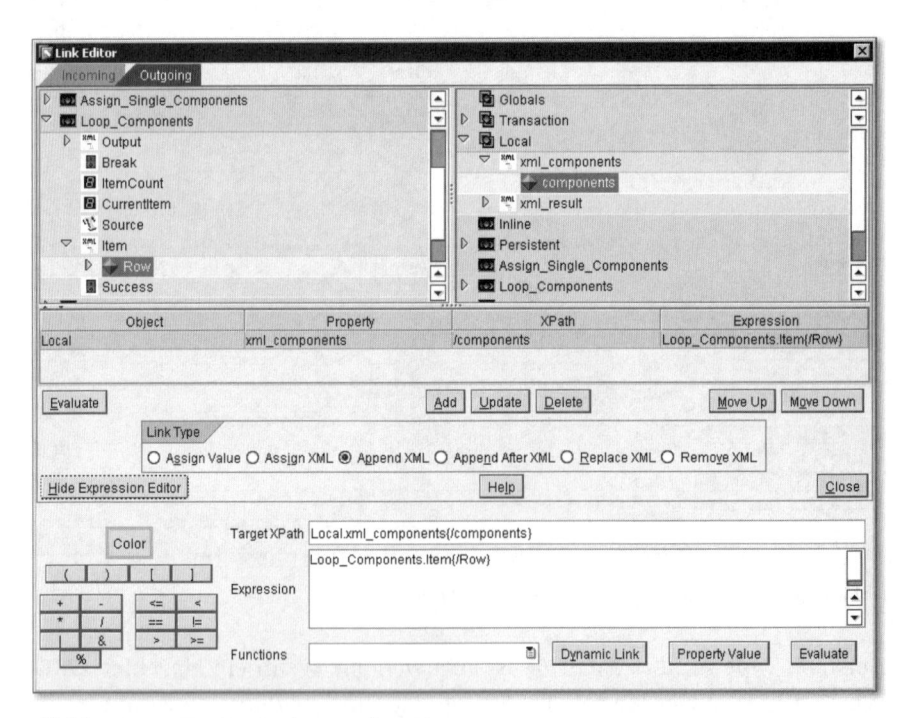

Abbildung 5.20 Zuweisung der einzelnen Komponenten

Hierzu wird im Action Block ASSIGN_COMPONENTLIST mit dem Link Type ASSIGN XML der `components`-Knoten mit all seinen unterliegenden Rows dem `xml_result/container/components`-Knoten zugewiesen.

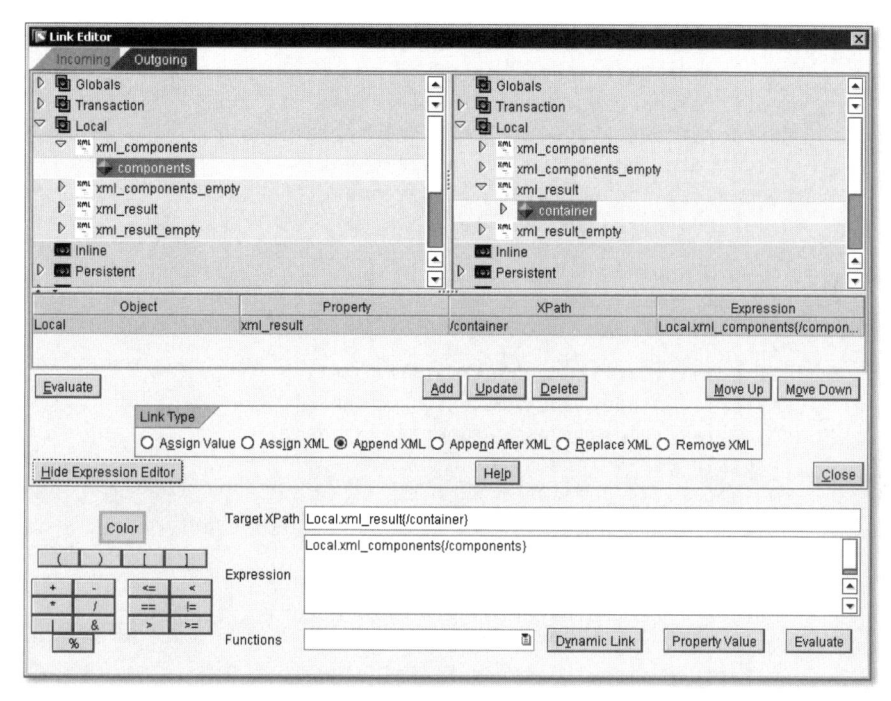

Abbildung 5.21 Zusammenführung der Daten

Damit ist die Zusammenfassung der unterschiedlichen SQL-Ergebnisse abgeschlossen, und es sind alle notwendigen Daten zur Generierung des Reports in einer XML-Struktur zusammengefasst. Nach der Definition der dem `xml_result`-Parameter zugrunde liegenden Struktur liefert der Parameter `xml_result` für die Bestellnummer `BNR20090801000000001` nunmehr das folgende Ergebnis (siehe Listing 5.13).

Um den Quelltext übersichtlich darstellen zu können, wurden einige Werte durch Punkte (...) ersetzt:

```
<?xml version="1.0" encoding="UTF-8"?>
<container>
 <header>
  <Row>
  <bestell_nr>B20090801000000000001</bestell_nr>
      <datum>20090801145833</datum>
      <kunden_nr>K0000001</kunden_nr>
      <name>Holzschuh</name>
```

```
                <vorname>Sebastian</vorname>
                <plz>123456</plz>
                <wohnort>Musterstadt</wohnort>
                <strasse>Musterstrasse</strasse>
                <hausnummer>1</hausnummer>
                <anrede>Herr</anrede>
                <lieferant>DHL</lieferant>
                <unterzeichner>Holzschuh</unterzeichner>
                <unterzeichnet>20090812134324</unterzeichnet>
                <gegengezeichnet>DHL</gegengezeichnet>
                <gegengezeichneum>20090...</gegengezeichnetum>
                <lieferdatum>20090812</lieferdatum>
            </Row>
        </header>
        <components>
            <Row>
                <material_text>Schrauben</material_text>
                <material_menge>1000</material_menge>
                <material_ einheit >st</material_einheit>
                <preis>0.00214</preis>
                <gesamt>2.14</gesamt>
                <sublieferant>Schrauben ( SL ... )</sublieferant>
            </Row>
            <Row>
                <material_text>Gipskarton Platten</material_text>
                <material_menge>10</material_menge>
                <material_ einheit >st</material_einheit>
                <preis>1.5</preis>
                <gesamt>15</gesamt>
                <sublieferant>Gipskarton Platten ...</sublieferant>
            </Row>
            <Row>
                <material_text>Ansetzgips</material_text>
                <material_menge>25</material_menge>
                <material_ einheit >kg</material_einheit>
                <preis>0.3</preis>
                <gesamt>7.5</gesamt>
                <sublieferant>Ansetzgips ( SL ...)</sublieferant>
            </Row>
        </components>
</container>
```

Listing 5.13 Gefülltes Daten-XML

5.3.4 Umformung des HTML-Reports in eine XSLT-Vorlage

Da nun alle notwendigen Daten vorhanden sind, kann die Umformung der HTML-Vorlage in die benötigte XSLT-Vorlage durchgeführt werden.

> **XML und XSLT** [+]
>
> Wie bekannt sein sollte, sind XML-Daten strukturiert zusammengefasste Datensätze. XML steht für *Extensible Markup Language*.
>
> Nicht zwangsläufig bekannt ist das Format XSLT, das in seiner Funktion einem Skript gleichkommt, das die ihm zugrunde liegenden XML-Daten umformen und daraus beispielsweise einen HTML-Report generieren kann. XSLT steht für *XSL-Transformation* oder *Extensible Stylesheet Language Transformation*. Ein großer Vorteil bei der Nutzung von XSLT ist die enorme Geschwindigkeit, in der die Transformationen ausgeführt werden können.
>
> Der Quelltext der erstellten XSL-Transformation kann der Datei *MII_Buch/Kapitel_5/report.xsl* entnommen werden (siehe das Begleitmaterial zum Buch).

Hier nun einige wichtige Informationen über die im Quelltext verwendeten XSL-Komponenten. Entgegen dem Kopf einer XML-Datei muss eine XSL-Transformation weitere Informationen bereitstellen, um ordnungsgemäß verarbeitet zu werden (siehe Listing 5.14):

```
<?xml version="1.0" encoding="iso-8859-1"?>
<xsl:stylesheet
xmlns:xsl="http://www.w3.org/1999/XSL/Transform" version="1.0">
<xsl:output method="html" encoding="iso-8859-1" omit-xml-
declaration="yes" indent="yes" />
```

Listing 5.14 XSL-Code

Dem Beispielcode aus Listing 5.14 zu entnehmende Unterschiede sind die Deklaration des `xsl:stylesheet` zur Definition der angewendeten Version XSL und des `xsl:output` zur Definition der Ausgabeart, in diesem Fall `html`.

Die Erstellung von HTML-Elementen wird im Folgenden am Beispiel eines `div`-Elementes gezeigt (siehe Listing 5.15):

```
<xsl:element name="div">
  <xsl:attribute name="class">txt_cont</xsl:attribute>
  <xsl:attribute name="id">bnr</xsl:attribute>
  <xsl:value-of select="container/header/Row/bestell_nr" />
</xsl:element>
```

Listing 5.15 XSL-Element

Durch die Funktion `xsl:element` wird ein neues Element erzeugt, dem in den nachfolgenden Befehlen `xsl:attribute` neue Attribute, im Beispiel eine `class` und eine `id`, zugewiesen werden.

Mit `xsl:value-of` kann ein Wert aus dem zugrunde liegenden XML ausgelesen werden, indem im `select`-Bereich der entsprechende XPath angegeben wird.

Eine weitere Funktion ist die `xsl:for-each`-Schleife des XSL, die die Anzahl der im Beispiel zur Verfügung stehenden Rows durchläuft (siehe Listing 5.16).

```
<xsl:for-each select="container/components//Row">
 <xsl:value-of select="sublieferant" /><br />
</xsl:for-each>
```

Listing 5.16 xsl – »for-each«-Schleife

Die innerhalb der `xsl:for-each`-Funktion genutzten Knoten des Quell-XML müssen relativ zum im `xsl:for-each` verwendeten Pfad liegen. Direkte Kindknoten, wie hier der Knoten sublieferant, werden somit direkt angegeben.

5.3.5 Zusammenführung von XML und XSLT

Im nächsten Schritt nach der Datenbeschaffung und der Erstellung der XSL-Transformation sollen die nun zur Verfügung stehenden Daten mithilfe der erstellten XML-Transformation umgewandelt werden.

- Wie für MII üblich existiert auch hier mehr als nur eine Möglichkeit. Zu erwähnen ist hier zum einen die XSL-Transformation innerhalb der Xacute-Transaktion, das heißt serverseitig, die als Ausgabewert das Ergebnis der Transformation – in unserem Fall HTML – bereitstellt.
- Zum anderen können MII-Servlets verwendet werden, die im GUI, clientseitig, die jeweiligen Transformationen durchführen.

Im Folgenden sollen beide Möglichkeiten gezeigt werden. Der eigentliche Report wird innerhalb der Transaktion erstellt, und das MII-Servlet erzeugt die adäquate Ausgabe.

[+] **Mehrere XSL-Transformationen**
Die Verwendung von mehreren XSL-Transformationen zur Erstellung eines Reports kann durchaus sinnvoll sein. An dieser Stelle werden wir uns jedoch auf die Verwendung der einzelnen Transformation konzentrieren.

XSL-Transformations-Action

Wie schon in Abbildung 5.18 zu sehen war, wurde in der Transaktion eine Action zur XSL-Transformation verwendet, die während der Laufzeit aus dem Quell-XML einen entsprechenden Report generiert (siehe Abbildung 5.22).

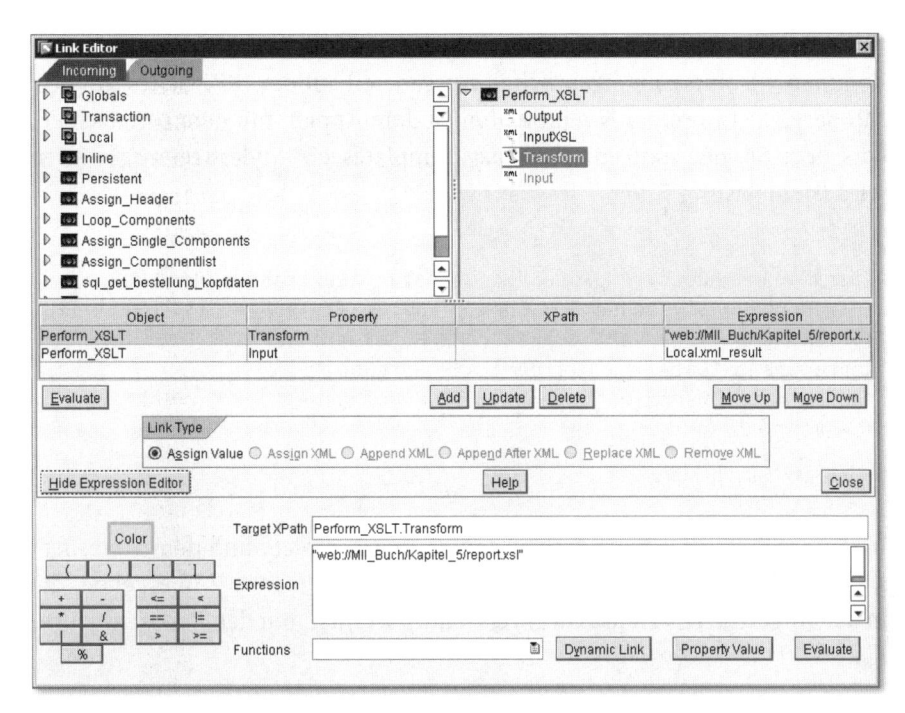

Abbildung 5.22 Konfiguration der XSL-Transformations-Action

Wichtig bei der Konfiguration einer XSL-Transformation sind die Parameter Transform bzw. InputXSL und Input. Sollte innerhalb der Transaktion eine Variable eine XSL-Transformation beinhalten, kann diese direkt auf den Parameter InputXSL gemappt werden. In diesem Fall, da die XSLT von außen geladen werden soll, wird der Parameter Transform genutzt. Hier muss die absolute Adresse der XSLT angegeben werden: web://MII_Buch/Kapitel_5/report.xsl

Der Aufruf web:// leitet den Prozessor automatisch in den Webspeicherbereich von SAP NetWeaver CE und der MII-Projekte und ermöglicht so die Nutzung der Dateipfade, wie sie in der Workbench angezeigt werden.

Dem Parameter Input wird das zu verwertende XML zugewiesen, in diesem Fall xml_result. Das Ergebnis ist je nach Typ den Parametern Output oder TextOutput zu entnehmen. Da für dieses Beispiel ein HTML-Report erzeugt wird, sind die Ergebnisdaten dem Parameter TextOutput zu entnehmen.

Mit der nachträglichen Zuweisung des Ergebnisses an den Ausgabeparameter str_output ist die Transaktion abgeschlossen und gibt nunmehr, basierend auf der eingegebenen Bestellnummer, einen kompletten HTML-Report aus.

5 | Visualisierung

IRPT-Servlet

Kommen wir nun zum eigentlichen Ausgabeteil auf der IRPT-Seite. Das SAP MII-Servlet ist in seiner Notation ähnlich dem Applet, mit dem Unterschied, dass dem Servlet statt eines Display-Templates ein Stylesheet zugewiesen wird (siehe Listing 5.17):

```
<servlet name="Illuminator">
 <param name="QueryTemplate" value="pfad/zur/transaktion" />
 <param name="Stylesheet" value="pfad/zum/stylesheet.xsl" />
 <param name="IDServer" value="{AMW_MDServer}" />
 <param name="DateTime" value="{AMW_DateNow}" />
 <param name="UserName" value="{IllumLoginName}" />
</servlet>
```

Listing 5.17 Servlet-Aufruf

In diesem Beispiel werden neben dem Query-Template und dem Stylesheet auch noch die Parameter `IDServer`, `DateTime` und `UserName` übergeben, die in der aufgerufenen Transaktion verwendet werden, um den Report aufzurufen.

Als Query-Template können alle Arten von Querys außer einer Transaktion verwendet werden. Aus diesem Grund muss an dieser Stelle für die Verknüpfung des Frontends (IRPT-Seite) mit dem Backend (Transaktion) eine Xacute-Query erstellt werden (siehe Abbildung 5.23).

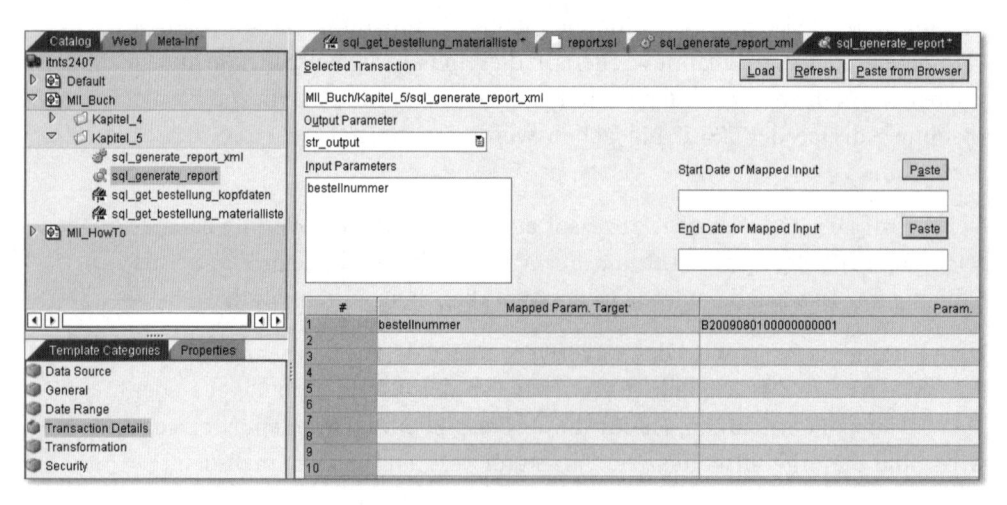

Abbildung 5.23 Konfiguration einer Xacute-Query

Nach der Auswahl der Transaktion müssen die vorhandenen Eingabeparameter gemappt werden. Dies bedeutet, dass alle Eingabeparameter in der unten rechts gezeigten Tabelle aufgelistet sein müssen, um später die Möglichkeit zu haben, Daten direkt aus der IRPT-Seite an die Transaktion zu übergeben. Für das Beispiel wurde der Parameter `bestellnummer` an die erste Stelle gemappt, das heißt er kann im IRPT-Code als `Param.1` angesprochen werden.

Diese Query mit dem Namen `sql_generate_report` kann nun dazu verwendet werden, dem Servlet als Datenquelle zu dienen.

Das entsprechende Stylesheet beinhaltet wie die Stylesheets der normalen IRPT-Seiten alle nötigen Anweisungen bezüglich des Aufbaus und des Designs des Reports. Da die Formatierung des Reports im Beispielfall jedoch schon innerhalb der Transaktion durchgeführt worden ist, ist die XSLT für das Servlet nur damit beschäftigt, den HTML-Code darzustellen, der aus der Xacute-Query herausgereicht wird. Dies geschieht durch den folgenden Befehl (siehe Listing 5.18):

```
<xsl:value-of disable-output-escaping="yes" select="//str_output" />
```

Listing 5.18 HTML-Ausgabe in XSL

Gemäß dem zu Beginn dieses Abschnitts angegebenen Quellcode für Servlets kann das in diesem Kapitel erstellte Beispiel durch Listing 5.19 aufgerufen und angezeigt werden.

```
<servlet name="Illuminator">
 <param name="QueryTemplate"
  value="MII_Buch/Kapitel_5/sql_generate_report" />
 <param name="Stylesheet"
  value="web://MII_Buch/Kapitel_5/fertiger_report.xsl" />
 <param name="Param.1" value=" B2009080100000000001" />
</servlet>
```

Listing 5.19 Servlet-Beispiel

Die mit diesem Aufruf in der Datei `fertiger_report.irpt` fertiggestellte Reporting-Logik hält dem Vergleich der Vorgabe durchaus stand, wie in Abbildung 5.24 zu erkennen ist. Die Angaben in der Vorgabe des Lieferberichts und im entsprechenden Ergebnis, das SAP MII liefert, sind identisch.

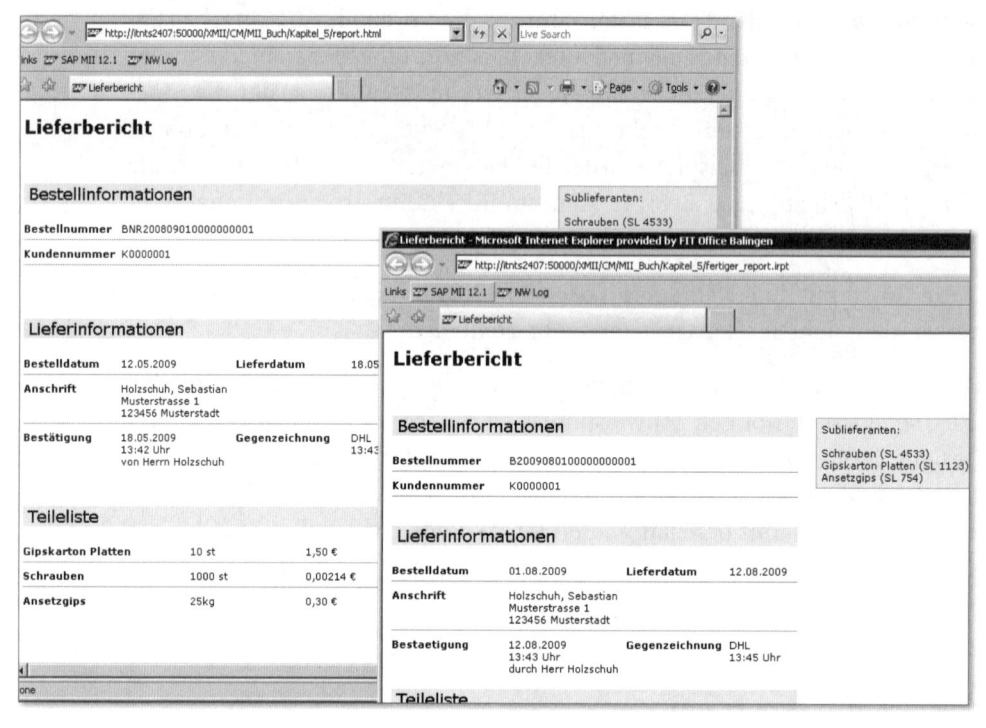

Abbildung 5.24 Vorlage (hinten) vs. MII-Ergebnis (vorne)

5.4 Echtzeiterfassung von Maschinendaten

In der Regel lautet die erste Frage, wenn das Wort »Echtzeit« auftritt, welchen Zeitrahmen diese Begrifflichkeit hat. Im Rahmen eines ERP-Systems ist eine Echtzeitdatenerfassung durchaus im Stundenrahmen zu verstehen, für SCADA-Systeme hingegen im ein-, maximal zweistelligen Millisekundenbereich. Für eine Übersichts-Reporting-Funktionalität, beispielsweise in MII, sind Zeiten von 5-6 Sekunden zumeist ausreichend.

[+] **Zeitrahmen der Live-Anzeige bei der SAP MII-Anzeige**
Durch gekonnte Programmierung und gutes Verständnis der angewendeten Techniken kann bei einer MII-Software durchaus auch von einem Zeitrahmen von Zehntelsekunden gesprochen werden.

Für die Interpretation von Live-Daten gibt es mehrere Ansätze: Spricht man von einer Datenübertragung via OPC (wozu mittlerweile fast jede Maschinensteuerung in der Lage ist bzw. sein sollte), sind drei mögliche Optionen zu nennen:

- Es gibt zum einen die Möglichkeit, Universal Data Server (UDS) zu verwenden, die für MII eingerichtet werden können.
- Zum anderen gibt es die Möglichkeit der Verwendung des SAP PCo, das schneller und deckender arbeitet als der UDS.
- Drittens gibt es die Möglichkeit, Skriptfunktionalitäten zur Datengewinnung zu nutzen, was die schnellste, aber auch aufwendigste Möglichkeit zur Datengewinnung darstellt.

Betrachten wir diese drei Alternativen nun genauer.

5.4.1 UDS

Die Kommunikation mit *UDS* (siehe ❶ in Abbildung 5.25, linker Datenfluss) ist zeitgesteuert, was bedeutet, dass UDS in einem bestimmten Zeitintervall die ihm zugewiesenen Werte nachfragt. Darüber hinaus handelt es sich bei diesem Kommunikationsweg um eine direkte Kommunikation, das heißt eine Datenabfrage aus dem Browser/oder der Businesslogik wird direkt von MII über den UDS an die unterlagerten Systeme geleitet.

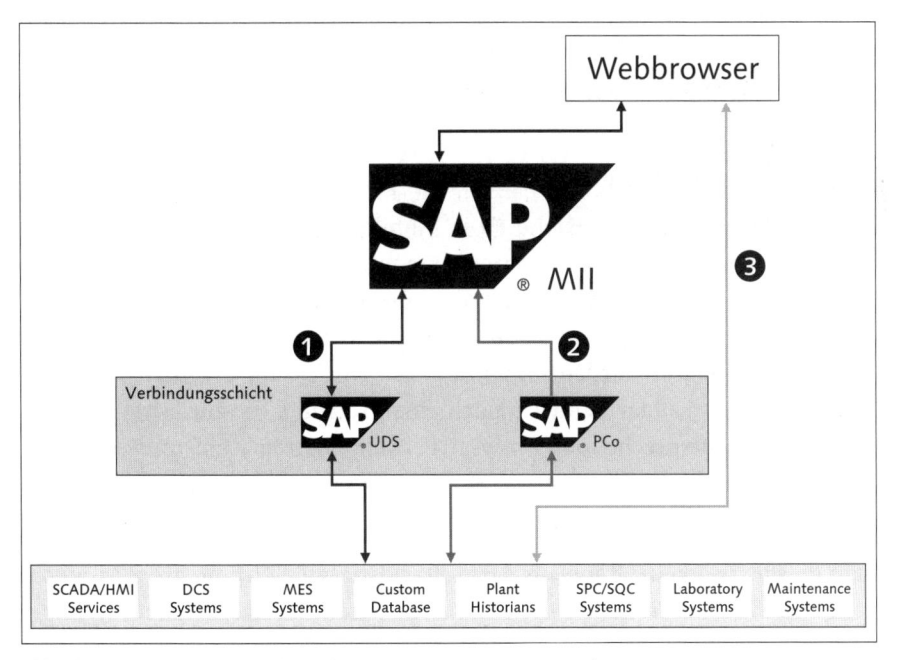

Abbildung 5.25 Unterschiede in der Nutzung von UDS/PCo/Skript

Ein dadurch entstehendes Problem ist, dass bei sich rasch ändernden Werten die Werte verloren gehen können, die zwischen einem der beiden Refresh-Zyklen gelegen haben. Bei Grenzwertüberschreitung kann dies unter Umständen schwerwiegende Folgen für die Qualität des Produktes haben.

5.4.2 SAP PCo

Bei der Nutzung von *SAP PCo* (siehe ❷ in Abbildung 5.25, mittlerer Datenfluss) ist die Datenkommunikation gekapselt und nicht von Events der MII-Applikation abhängig. Mit anderen Worten bedeutet dies, dass SAP PCo ständig in Verbindung mit den unterlagerten Systemen steht, auf Wertänderungen reagiert und diese dann an SAP MII meldet. Ein großer Vorteil hieran ist, dass keinerlei Daten verloren gehen, da die Refresh-Zyklen von SAP PCo klein genug sind, um alle Grenzwertüberschreitungen zu protokollieren. Um diese Zyklen zu optimieren, wird empfohlen, SAP PCo auf einem fertigungsnahen System zu installieren, um Netzwerkpfade zu minimieren. Die Meldungen, die an SAP MII geschickt werden, werden in Transaktionen verarbeitet.

[+] **Empfehlung des Autors**

Die Nutzung von SAP PCo ist die effizienteste und am einfachsten zu verwaltende Lösung mit SAP MII 12.1, da durch SAP PCo keine Grenzwertüberschreitung verpasst und MII in die Lage versetzt wird, ohne unnötig viele Aufrufe externer Systeme Daten zu verarbeiten.

5.4.3 Skriptkommunikation

Die *Skriptkommunikation* (siehe ❸ in Abbildung 5.25, rechter Datenfluss) fordert einen nicht unerheblichem Programmieraufwand und ein gutes Verständnis der verwendeten Technologien. Ein Vorteil der Kommunikation via Browser ist, dass Daten schnell ausgetauscht werden können und direkt im Browser verarbeitet werden, ohne den SAP MII-Server damit zu beschäftigen. Leider gibt es hier natürlich auch einen Nachteil, da zur Datenkommunikation ein entsprechendes Browser-Fenster geöffnet sein muss. Soll die Datenkommunikation nicht browserabhängig sein, sondern in der Logik im Hintergrund laufen, ist die Skriptkommunikation keine Möglichkeit.

Falls dies jedoch kein Hindernis darstellt, existieren gleich mehrere Möglichkeiten, neben der in Kapitel 6, »Anbindung unterlagerter Systeme«, aufgezeigten Alternative zur Kommunikation über ein proprietäres Protokoll eine Skriptkommunikation zu etablieren. Über OPC XML-DA können asynchrone und synchrone Verbindungen aufgebaut werden, die entweder zyklisch abfragend (pollend) oder eventbasiert (getriggert) die Werte abfragen, sobald sie sich ändern.

> **OPC XML-DA** [+]
>
> Bei OPC XML-DA wird ein XML-Dokument als Kommunikationsträger genutzt, das nativ von SAP MII oder Webbrowsern verarbeitet werden kann.

Die Voraussetzung für eine solche Kommunikation ist, wie bereits erwähnt, die Benutzung eines Webbrowsers sowie die von Skriptbibliotheken, die den Aufbau solcher Kommunikationswege erlauben. Eine dieser Bibliotheken bzw. Skriptsammlungen ist AJAX, ein JavaScript-basiertes Framework.

Weitere Möglichkeiten der Live-Datenübernahme sind die Interpretation von nativen Steuerungsdaten, wie beispielsweise ein Maschinentelegramm, die Übernahme von XML oder entsprechend proprietären Datensätzen aus etwaigen Datendateien unterlagerter Systeme.

Bei jeder der zuvor aufgezählten Varianten wird eine Zuweisung der einzelnen Werte zum jeweiligen Maschinenteil benötigt. Die Umsetzung innerhalb von MII erfolgt bei der Verwendung von JCo oder PCo über eine Transaktion und Datentabelle, bei der Skriptkommunikation kann dies direkt in der Browser-Logik geschehen.

Dabei muss eine entsprechende JavaScript- oder AJAX-Klasse entwickelt werden, die die Kommunikation über OPC XML-DA ermöglicht. Mit dieser Klasse können dann Datenabfragen direkt zum OPC XML-DA-Server gesandt und entsprechende Antworten interpretiert werden.

Die Problematik bei einer solchen Lösung ist jedoch die, dass zur Verarbeitung der Daten immer ein entsprechender Browser geöffnet und natürlich auch aktiv sein muss.

Zusätzlich zu den schier unendlich anmutenden Möglichkeiten, Datenbanksysteme zu verbinden, besteht ein großer Wert von SAP MII in der Fähigkeit, unterlagerte Systeme anzubinden.

6 Anbindung unterlagerter Systeme

Dank der vielen kleinen Helfer, die zum Produkt SAP MII 12.1 gehören (wie SAP PCo oder UDS), können unterlagerte Systeme wie Fördersysteme, Track-and-Trace- oder RFID-Systeme oder aber auch Maschinensteuerungen direkt angebunden werden.

6.1 Anbindung über den Standard S95

S95 oder auch ANSI/ISA-95 ist ein internationaler Standard für die Entwicklung und Integration automatisierter Schnittstellen auf Unternehmens- und Betriebsleitebene. Der Standard wurde von der ISA (*www.isa.org*), der *International Society of Automation* definiert.

Der S95-Standard beinhaltet mehrere Kapitel und ist wie folgt aufgebaut:

- S95 Enterprise Control Systems
- S95.01 Models & Terminology
- S95.02 Object Model Attributes
- S95.03 Activity Models
- S95.04 Object Models & Attributes
- S95.05 B2M Transactions
- S95 and XML

Basierend auf diesen S95-Standards ist SAP MII in der Lage, XML-Dokumente zu empfangen, zu lesen und zu verstehen, aber auch zu erstellen und zu versenden.

Eine Anbindung von SAP MII als XML-Schnittstelle kann auf mehrere Arten geschehen. Diese verschiedenen Möglichkeiten, nämlich das Einlesen von XML-Dateien über den MII-Server, das Einlesen von XML-Dateien über

6 | Anbindung unterlagerter Systeme

XML-Abfragen und das Einlesen von XML-Dateien über den Runner-Service (wie auch den Web Service), sollen im Folgenden erläutert werden.

6.1.1 Einlesen von XML-Dateien

Das Einlesen von XML-Dateien jeglicher Form ist eine der leichtesten Übungen eines SAP MII-Systems. Hierbei spielt es, wie gesagt, keine Rolle, ob sich die Datei in einem Illuminator-Format befindet oder in einem anderen validen XML-Format (siehe Abbildung 6.1).

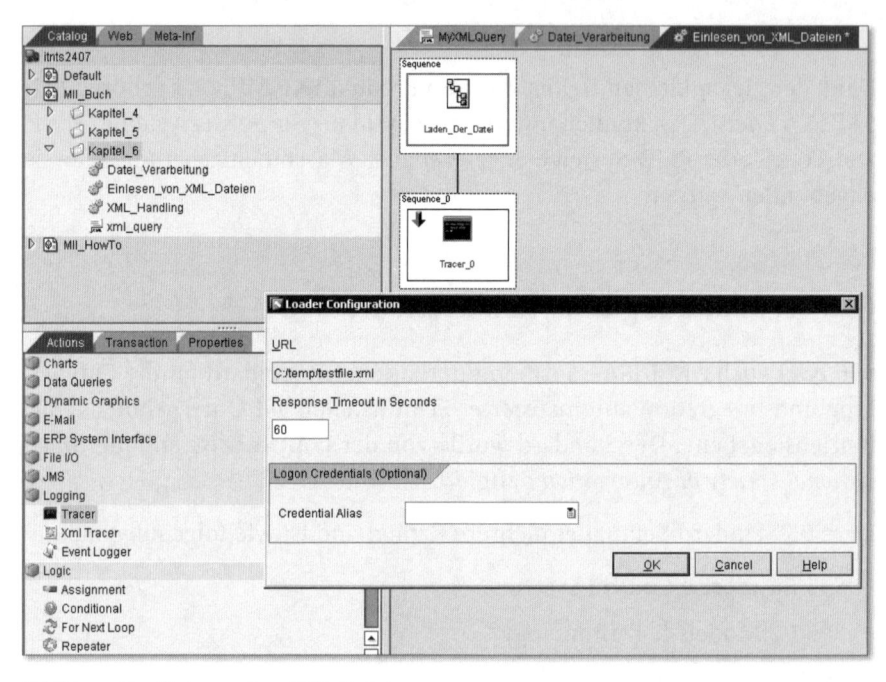

Abbildung 6.1 Einlesen einer XML-Datei

Mithilfe der Action XML LOADER aus dem Bereich WEB der verfügbaren Standard-MII-Actions können alle möglichen Uniform Resource Identifier (URI) angegeben werden, um die Quelldatei zu definieren. Mithilfe der Credentials können auch Dateien erreicht werden, die sich auf anderen, passwortgeschützten Systemen befinden.

6.1.2 Ausführen von XML-Querys

XML-Querys können mit jeglicher Art von Illuminator-XML (XML in einem speziellen SAP MII-Format) »gefüttert« werden (siehe Abbildung 6.2).

```xml
<?xml version="1.0" encoding="UTF-8" ?>
<Rowsets DateCreated="2009-09-06T10:39:35" EndDate="2009-09-06T10:39:35" StartDate="2009-09-06T09:39:35" Version="12.1.0 Build(201)">
  <Rowset>
    <Columns>
      <Column Description="id" MaxRange="1" MinRange="0" Name="id" SQLDataType="4" SourceColumn="id" />
      <Column Description="bestell_nr" MaxRange="1" MinRange="0" Name="bestell_nr" SQLDataType="12" SourceColumn="bestell_nr" />
      <Column Description="auftrags_nr" MaxRange="1" MinRange="0" Name="auftrags_nr" SQLDataType="12" SourceColumn="auftrags_nr" />
      <Column Description="kunden_nr" MaxRange="1" MinRange="0" Name="kunden_nr" SQLDataType="12" SourceColumn="kunden_nr" />
      <Column Description="kommentar" MaxRange="1" MinRange="0" Name="kommentar" SQLDataType="12" SourceColumn="kommentar" />
      <Column Description="datum" MaxRange="1" MinRange="0" Name="datum" SQLDataType="12" SourceColumn="datum" />
    </Columns>
    <Row>
      <id>2</id>
      <bestell_nr>B2009080100000000001</bestell_nr>
      <auftrags_nr>000000012345</auftrags_nr>
      <kunden_nr>K0000001</kunden_nr>
      <kommentar>---</kommentar>
      <datum>20090801145833</datum>
    </Row>
    <Row>
      <id>4</id>
      <bestell_nr>B2009080100000000001</bestell_nr>
      <auftrags_nr>000000012347</auftrags_nr>
      <kunden_nr>K0000001</kunden_nr>
      <kommentar>---</kommentar>
      <datum>20090801145833</datum>
    </Row>
  </Rowset>
</Rowsets>
```

Abbildung 6.2 Illuminator-XML

Wie in Kapitel 4, »Workbench«, bereits angedeutet, erhalten Sie hier nun eine kleine Erläuterung zum Thema XML-Query. Wie in Abbildung 6.3 zu sehen ist, können XML-Querys in der Workbench auf dem Karteireiter CATALOG über das Kontextmenü NEW und XMLQUERY erstellt werden.

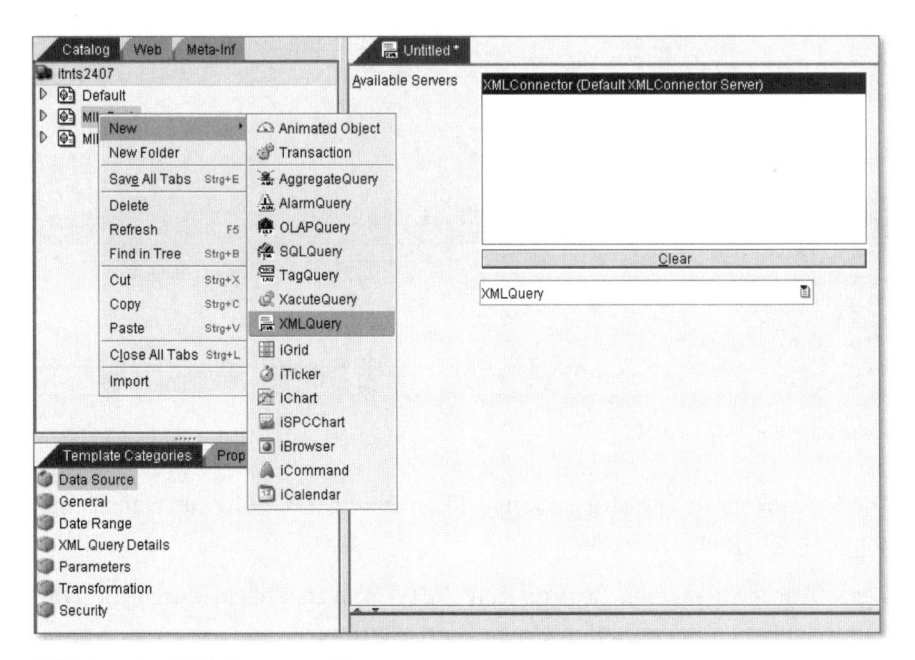

Abbildung 6.3 XML-Query erstellen

6 | Anbindung unterlagerter Systeme

Neu im Gegensatz zu den schon bekannten SQL-Querys ist die Verwendung des XML-Connectors als Datenquelle. Dieser Konnektor ermöglicht das Laden von Illuminator-XML-Dateien von allen über URI zugängigen Sources.

Dies beinhaltet Zugriffe auf das eigene Dateisystem, auf ferne Dateisysteme, auf Web-URLs (wie auch Transaktionen) etc. Damit bietet die XML-Query eine mächtige Erweiterung zur Kommunikation mit anderen Systemen und spielt eine große Rolle bei der Vernetzung mehrerer SAP MII-Systeme untereinander, da sie Übergabeinformationen aus allen erreichbaren SAP MII-Systemen auslesen kann.

Mit der Eingabe des URI kann auf dem Karteireiter XML QUERY DETAILS die Quelle der Daten angegeben werden. Im Beispiel von Abbildung 6.4 wurde ein lokaler Pfad mit der Datei *dummy.xml* angegeben, deren Inhalt in Abbildung 6.2 zu sehen ist.

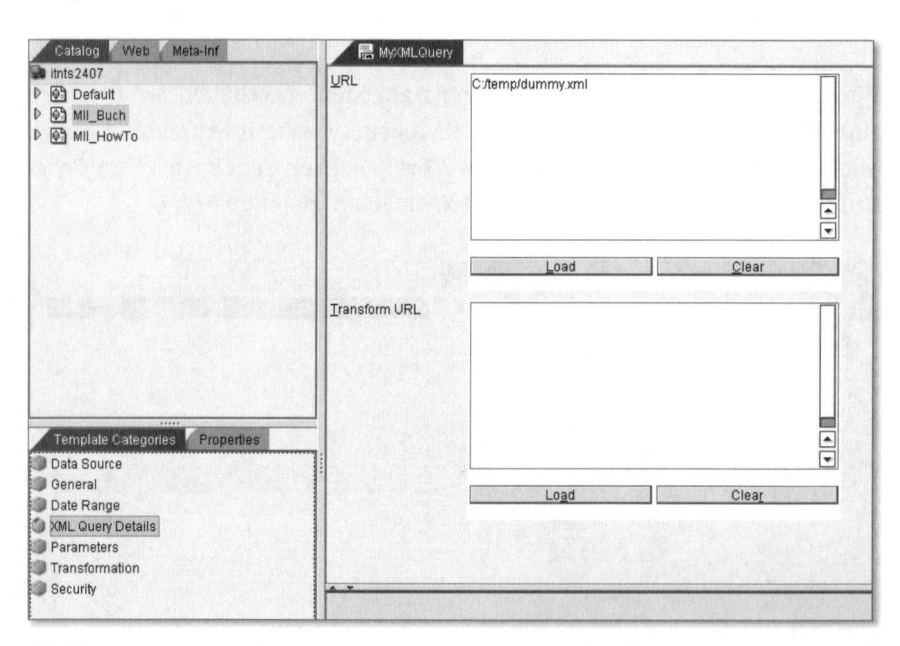

Abbildung 6.4 URI-Eingabe

Die Eingabe einer Transformations-URL ermöglicht die direkte Transformation der erfragten XML-Daten.

Beide Adressen können, wie für SAP MII-Abfragen üblich, durch die Nutzung von Parametervariablen dynamisiert werden.

> **Daten von anderen MII-Servern** [+]
>
> Sollten Daten von anderen MII-Servern oder über Server mit Portangaben geschleust werden, können diese Informationen nicht in einem Parameter übergeben werden, da ein Doppelpunkt in diesem Fall als ungültiges Zeichen für die Abfrageparameter gilt.
>
> Somit muss eine Server-/Portkombination mit zwei Parametern gefüllt werden:
> `http://[Param.1]:[Param.2]/XMII/...`

Das Ergebnis jeder SAP MII XML-Abfrage (siehe das durch MII formatierte Ergebnis einer Abfrage in Abbildung 6.5) ist in der Illuminator-Notation in leicht verständlicher Form gegeben.

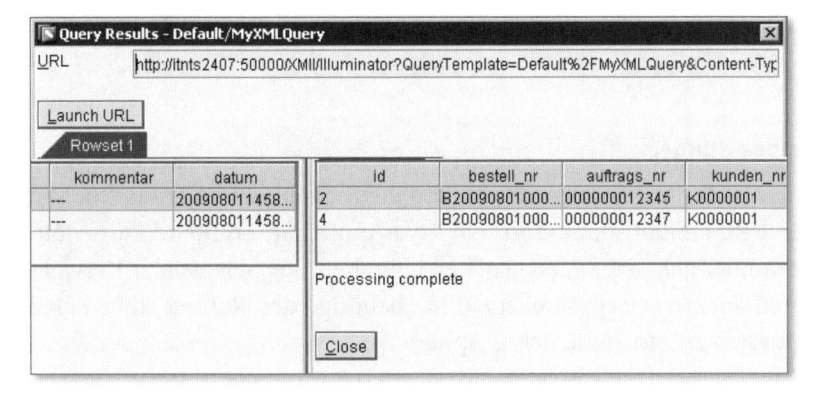

Abbildung 6.5 Abfrageergebnis

6.1.3 Übergabe im Runner/Web Service

Eine weitere Möglichkeit, SAP MII-Transaktionen auszuführen, ist die Nutzung des Runners oder der Web-Service-Funktionalität. Der Runner ist ein Service, der die Ausführung von SAP MII-Businesslogik durch den Aufruf einer URL erlaubt.

Nutzung der Web-Service-Funktionalität

Bei der Web-Service-Funktionalität können alle Transaktionen, die innerhalb von SAP MII gespeichert sind, als Web Service aufgerufen werden.

In beiden Fällen (Web-Service-/Runner-Aufruf) können die Services jeweils über die Verwendung einer entsprechenden URL genutzt werden.

Soll eine Transaktion als Web Service aufgerufen werden, muss die URL in der folgenden Form eingegeben werden (siehe Listing 6.1):

6 | Anbindung unterlagerter Systeme

```
http://<server>:<port>/XMII/WSDLGen/<pfad zur transaktion>
```
Listing 6.1 Aufruf einer MII-Transaktion als Web Service

Es könnte sich um folgende beispielhafte URL handeln: *http://demoserver:50000/XMII/WSDLGen/MII_Buch/Kapitel_6/XML_Handling*

> [+] **Web Services sind externe Aufrufe**
>
> Web Services sind immer als »externe« Aufrufe zu betrachten, weshalb dem Service bei jedem Aufruf ein Benutzername und Passwort bekannt gemacht werden muss. Die Nutzung der Web-Service-Funktionalität empfiehlt sich aus diesem Grund lediglich zur Kommunikation zwischen zwei Systemen (MII – MII/MII – PI/Hardware – MII).
>
> Für die Verwendung innerhalb von Applikationen sollte der Runner eingesetzt werden.

Nutzung des Runners

Der Runner ist ein MII-Service, der das direkte Ausführen von Transaktionen über eine URL erlaubt, ohne dazu ein Java-Applet am Frontend zu benötigen. Der Runner geht dabei den gleichen logischen Weg wie bei der Verwendung einer Xacute-Query; wie erwähnt, benötigt der Runner aber keine Xacute-Query oder ein zusätzliches Applet.

> [+] **Orientierungshinweis**
>
> Wie ein Aufruf des Runners aus der Applikation heraus gestaltet werden kann, erfahren Sie in Abschnitt 10.6, »Implementierung der Schnittstellen«.

Das Ansprechen des Runners innerhalb einer bestehenden SAP MII-Session kann mit einer URL der folgenden Form erreicht werden (siehe Listing 6.2):

```
http://<server>:<port>/XMII/Runner?Transaction=<pfad zur
transaktion>&InputParameter=MyParamValue1&OutputParameter=*
```
Listing 6.2 Runner-URL

Entsprechend der Transaktion aus dem Beispiel des Web Service könnte der Runner folgendermaßen aussehen (siehe Listing 6.3):

```
http://demoserver:50000/XMII/Runner?Transaction= MII_Buch/Kapitel_
6/XML_Handling&xml_Input=<xml>Test</xml>&OutputParameter=*
```
Listing 6.3 Runner-URL des Web-Service-Aufrufs

Das Ergebnis dieser Transaktion (die im Zusatzmaterial zum Buch enthalten ist) ist die Ausgabe des im `<xml>`-Tag befindlichen Wertes, das heißt `Test`.

Sollte der Runner von einem externen System oder außerhalb einer SAP MII-Session aufgerufen werden (jedes System, das in der Lage ist, URLs aufzurufen, kann den Runner verwenden), müssen dem Runner Benutzerdaten mit auf den Weg gegeben werden.

Um bei jenem bereits existierenden Beispiel zu bleiben, müsste die URL um den folgenden Parametersatz erweitert werden (siehe Listing 6.4):

```
&XacuteLoginName=<benutzername>&XacuteLoginPassword=<passwort>
```

Listing 6.4 Runner-URL-Erweiterung für externen Aufruf

Unser Beispiel sähe dann folgendermaßen aus (siehe Listing 6.5):

```
http://demoserver:50000/XMII/Runner?Transaction= MII_Buch/Kapitel_
6/XML_Handling&xml_
Input=<xml>Test</xml>&OutputParameter=*&XacuteLoginName=holzschuh&
XacuteLogin-Password=mypwd
```

Listing 6.5 Zusammengesetzter externer Runner-Aufruf

> **Runner oder Web Service**
>
> Die angegebenen Beispiele für Runner und Web Service zeigen, dass eine Transaktion für beide Kommunikationswege genutzt werden kann. Dies hat den großen Vorteil, dass innerhalb der Implementierung von Applikationen bis zuletzt und sogar über den Go-live hinaus gewählt werden kann, wie Transaktionen ausgeführt werden sollen.

6.2 Anbindung über OPC

Viele der alten und fast alle der neuen Produktionssysteme sind in der Lage, Daten über OPC (OLE for Process Control) auszutauschen, weshalb ein System wie SAP MII diese Kommunikationsart selbstverständlich beherrscht.

6.2.1 UDS/UDC

SAP MII kann mit dem für MII frei verfügbaren Universal Data Server (UDS) und dem Universal Data Connector (UDC) mit OPC-Servern kommunizieren (siehe Abschnitt 5.4, »Echtzeiterfassung von Maschinendaten«).

6 | Anbindung unterlagerter Systeme

Diese Fähigkeit ist ausreichend, um Daten und Werte aus unterlagerten Systemen zu dem Zeitpunkt auszulesen, zu dem sie benötigt werden. Auch können zyklisch Informationen der unterlagerten Systeme abgefragt und weiterverarbeitet werden.

Eine lückenlose Erfassung von Meldungen, die sich schnell ändern (mehrfach die Sekunde), ist mithilfe des UDC jedoch nicht möglich, da die Abfragezeiten begrenzt sind.

[+] **MII ersetzt keine SCADA-Systeme**

SAP MII kann nicht als Ersatz von SCADA-Systemen (SCADA = *Supervisory Control and Data Acquisition*) gesehen werden, es ist lediglich eine Erweiterung der Möglichkeiten und eine Optimierung der Weiterverarbeitung dieser Daten.

In Abbildung 6.6 sehen Sie den Datenweg vom OPC-Server bis hin zu SAP MII. Wie der Grafik zu entnehmen ist, werden die Daten vom OPC-Server zum UDS über DCOM (Distributed Component Object Model) gesendet.

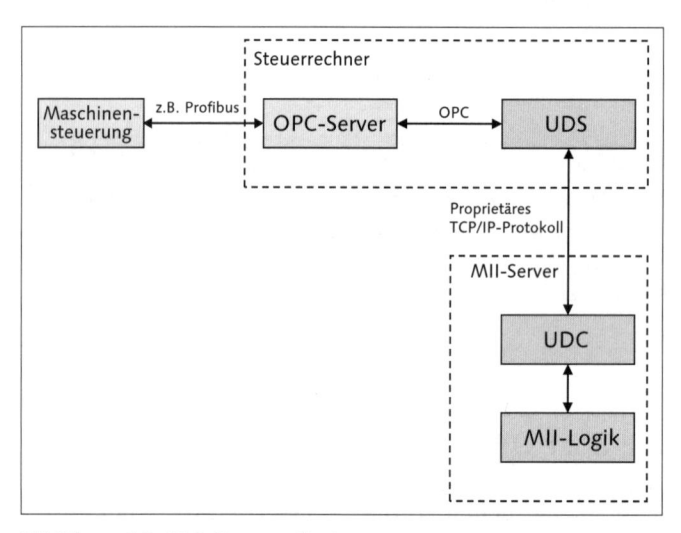

Abbildung 6.6 OPC-Kommunikationsweg

Der UDS wandelt den OPC-Datensatz in ein für SAP MII verständliches Format um und hält diese Daten über TCP/IP für SAP MII bereit.

[+] **Installation der UDS-Software**

Es wird empfohlen, die UDS-Software auf jenem System zu installieren, auf dem auch der OPC-Server installiert ist. Sollte dies nicht möglich und der OPC-Server auf einem anderen System installiert sein, müssen die DCOM-Einstellungen beider Systeme angepasst werden, um den UDS funktionsfähig zu machen.

Anbindung über OPC | 6.2

> **UDS-Dokumentation** [+]
>
> Die offizielle Dokumentation des UDS 4.0 finden Sie unter *http://help.sap.com/saphelp_xmiiuds40/helpdata/en/index.htm*.
>
> Sie beinhaltet sowohl Informationen zur Konfiguration des UDS 4.0 als auch ein kleines »Erste-Hilfe-Paket« zur Fehlerbehebung.

Die Installation eines UDS-Systems für SAP MII ist denkbar einfach und kann durch mehrfaches Klicken auf den NEXT-Button innerhalb von Sekunden abgeschlossen werden. Im Windows-Startmenü kann der UDS unter dem Menüeintrag SAP xMII gestartet werden.

Nach der Installation und dem Start des UDS (siehe Abbildung 6.7, UDS-Startbildschirm) muss dem System der anzubindende OPC-Server bekannt gemacht werden. Im ersten Schritt der Konfiguration ist zu beachten, dass es sich bei der einzurichtenden UDS-Instanz um den in SAP MII zu verwendenden Alias handelt, nicht um den OPC-Server. Aus diesem Grund muss beim Anlegen der Instanz ein Port hinterlegt werden, über den SAP MII später die Werte abholen kann.

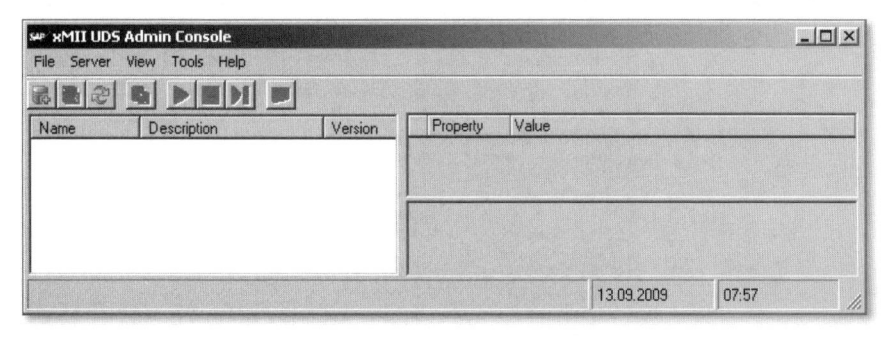

Abbildung 6.7 MII-UDS-Konsole

Mit dem in Abbildung 6.8 angelegten UDC-Alias kann nun die Anbindung an den OPC-Server erfolgen. Da sich der OPC-Server in diesem Beispiel auf demselben Rechner wie der SAP MII UDS befindet, mussten keine DCOM-Einstellungen vorgenommen werden. Dies ist natürlich zu beachten, wenn der UDS auf einem anderen Rechner installiert ist.

> **Ein Rechner für OPC-Server und UDS** [+]
>
> Die verschiedensten Projekte haben gezeigt, dass der UDS auf dem Rechner installiert sein sollte, auf dem sich der OPC-Server befindet. Dies verringert den notwendigen administrativen Aufwand und verbessert die Kommunikation zwischen UDS und MII.

6 | Anbindung unterlagerter Systeme

Abbildung 6.8 Anlegen des UDC-Alias

Wie in Abbildung 6.9 zu sehen ist, wurde lediglich der OPC-Server konfiguriert. Die Selektion des OPC-Servers kann dank der weiterentwickelten UDS-Funktionalität durch einfaches Browsen über die Liste aller verfügbaren Server geschehen.

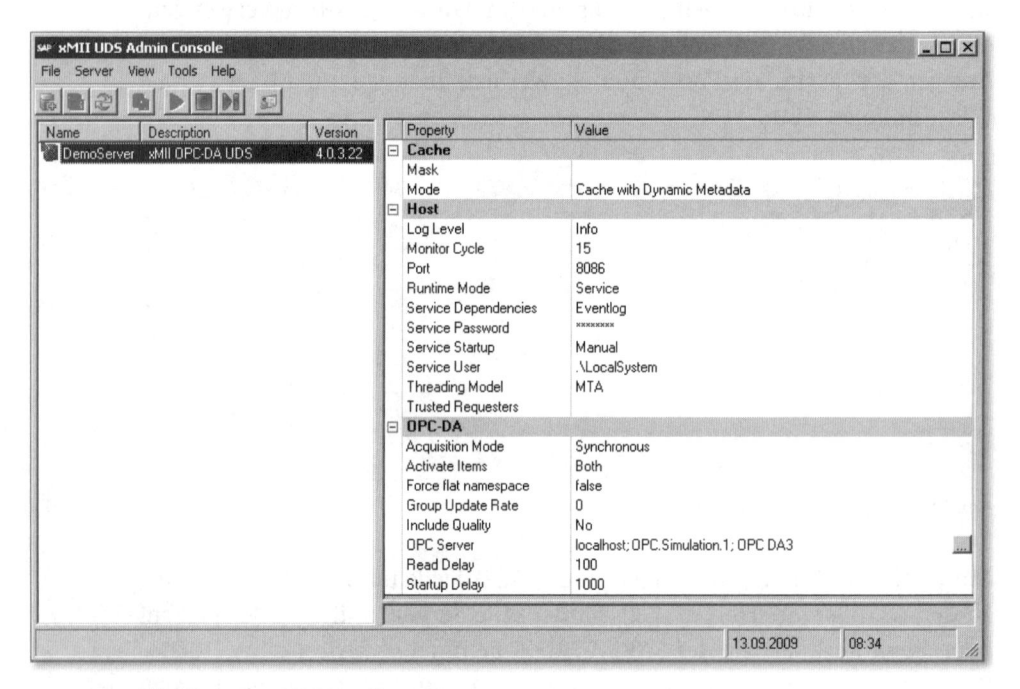

Abbildung 6.9 UDS-Konfiguration

Bevor der Server gestartet wird, können Aliasse konfiguriert werden, die später in den SAP MII-Abfragen als Tags gewählt werden können. Die Konfiguration von Aliassen ist nur dann notwendig, wenn Umlaute oder Sonderzeichen in Tag-Namen vorhanden sind, die eine Verwendung dieser Tags in SAP MII unmöglich machen. SAP MII UDS bietet somit die Möglichkeit, verfügbare OPC-Tags umzubenennen.

Abbildung 6.10 zeigt, dass die Tags DATASET 1.AMOUNT und DATASET 1.TEMP in PRODUZIERTEMENGE und TEMPERATUR1 umbenannt und in SAP MII auch so zur Verfügung gestellt wurden.

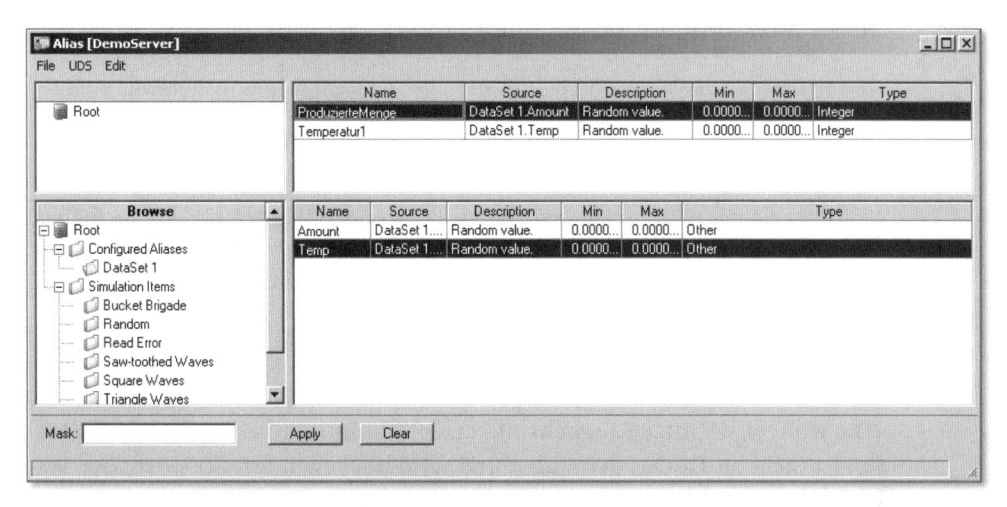

Abbildung 6.10 MII-UDS-Alias-Konfiguration

Abgeschlossen wird die Anbindung des OPC-Servers durch die Konfiguration des SAP MII UDC als Datenserver. Abbildung 6.11 ist unter anderem der Port 8086 des UDS zu entnehmen, der zuvor im UDS definiert worden ist.

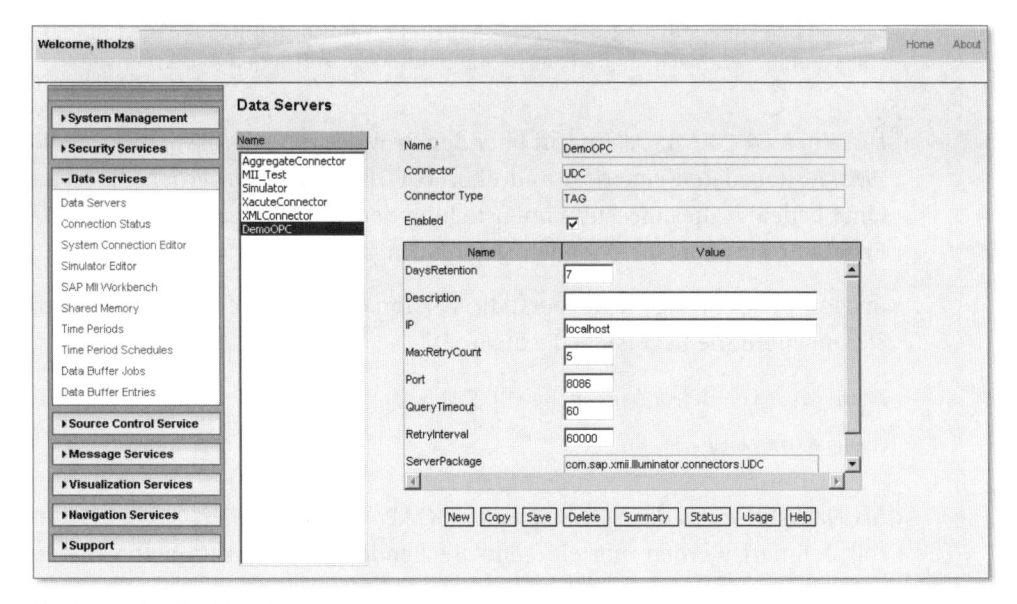

Abbildung 6.11 UDC-Konfiguration

Nach der Aktivierung des Datenservers können nunmehr Tag-Abfragen in der Workbench verfasst werden, die die Werte des OPC-Servers auslesen können.

[+] **OPC-Server mit vielen Tags**
Bei der Kommunikation mit OPC-Servern, die zahlreiche Tags beinhalten, kann es vorkommen, dass bei der Erstellung von Tag-Querys nicht alle Tags oder Gruppen angezeigt werden. Dies liegt in der Begrenzung der Anzahl anzuzeigender Objekte.
Sobald die Liste der OPC-Objekte aufgebaut wird und Tags angezeigt werden, können alle am OPC-Server verfügbaren Tags (ob sichtbar oder nicht) auch über eine manuelle Eingabe der Query hinzugefügt werden.

6.2.2 OPC XML-DA

Die Kommunikation über OPC XML-DA, einer anderen OPC-Variante, stellt eine weitere wichtige Möglichkeit zur OPC-Kommunikation dar. OPC XML-DA ist nicht an DCOM gebunden und wird über den Port 80 versendet, was bedeutet, dass keine besonderen Datenwege definiert werden müssen. Bei OPC XML-DA werden XML-Abfragen und Dateninformationen über TCP-IP versendet, die nach dem Erhalt direkt von SAP MII oder den Frontend-Applikationen weiterverarbeitet werden können.

[+] **Hinweis**
Die jetzige Unterstützung der OPC-Schnittstelle wird in den kommenden Jahren aller Voraussicht nach um den neuen Standard OPC UA (Unified Access) erweitert.

Um einen OPC XML-DA-Zugriff über den Browser zu realisieren, müssen die XML-Abfragedaten generiert und über TCP-IP verschickt werden. In erster Linie bedeutet dies die Zusammenstellung der notwendigen Daten und die Erstellung eines entsprechenden Daten-Strings:

Im Header des Strings wird zuerst die Version des XML definiert, das diesem Stream zugrunde liegt (siehe Listing 6.6):

```
<?xml version="1.0" encoding="UTF-8" ?>
```
Listing 6.6 XML-Header

Als Nächstes muss das SOAP-Schema (SOAP = Simple Object Access Protocol) definiert werden, um eine entsprechende Kommunikationssprache zu definieren (siehe Listing 6.7):

```
<SOAP-ENV:Envelope xmlns:SOAP-ENV=
"http://schemas.xmlsoap.org/soap/envelope/"
xmlns:xsd="http://www.w3.org/2001/XMLSchema"
xmlns:xsi="http://www.w3.org/2001/XMLSchema-instance">
```
Listing 6.7 SOAP-Definition

Die eigentliche Abfrage geschieht im nun folgenden Body des OPC-Streams. Zuerst wird das Ziel der Abfrage definiert (siehe Listing 6.8):

```
<SOAP-ENV:Body>
  <Read xmlns="myopcserver/opc.2">
```
Listing 6.8 SOAP-Body

Anschließend werden die Abfrageoptionen definiert (siehe Listing 6.9):

```
<Options ReturnErrorText="true" ReturnItemTime="true"
ClientRequestHandle="14438792" />
```
Listing 6.9 Definition der Option

Es folgt die Definition der abzufragenden Datenquellen (siehe Listing 6.10):

```
<ItemList ItemPath="">
 <Items ItemPath="" ItemName="OPCS/Temperature"
  ClientItemHandle="14439480" />
 <Items ItemPath="" ItemName="OPCS/ RPM"
  ClientItemHandle="14439640" />
 <Items ItemPath="" ItemName="OCPS/ Pressure"
  ClientItemHandle="14440000" />
</ItemList>
```
Listing 6.10 Item-Liste

Mit dem Schließen der bis dato geöffneten XML-Tags wird der Aufruf abgeschlossen (siehe Listing 6.11):

```
  </Read>
 </SOAP-ENV:Body>
</SOAP-ENV:Envelope>
```
Listing 6.11 SOAP-End-Definition

Dieser XML-String kann nun mit einem `Ajax.Request`-Aufruf an den entsprechenden OPC-Server geschickt werden.

6 | Anbindung unterlagerter Systeme

Ein Problem bei dieser Art der Kommunikation ist, dass sie browserbasiert ist. Das bedeutet, dass auf diese Art und Weise nur über GUIs mit OPC-Servern kommuniziert werden kann. Darüber hinaus muss eine solche Lösung vor ihrem Einsatz entwickelt werden, da es sich dabei nicht um eine SAP MII-Funktionalität handelt.

[+] **OPC XML-DA-Funktionalität im Hintergrund verwenden**

Eine Verwendung der OPC XML-DA-Funktionalität als Service im Hintergrund ist mit einer Erweiterung von SAP MII verbunden. Sollten keine Echtzeitdaten am System gefordert sein, sollte daher die Nutzung der SAP MII-Funktionalitäten im Standard liegen.

Auch im Fall der Notwendigkeit der Visualisierung von Echtzeitdaten sollte die Nutzung beispielsweise einer Anlagen-Historian-Datenbank in Erwägung gezogen werden, die Daten schnell aufnehmen und geordnet an SAP MII weitergeben kann.

6.2.3 SAP PCo

Ganz anders ist die Anbindung von SAP PCo zu verstehen. Wie auch der UDS im Optimalfall auf dem Rechner des OPC-Servers installiert ist, können in SAP PCo Verbindungen zu eben solchen Servern aufgebaut werden. Der integrierte Tag-Browser ermöglicht das Blättern durch die verschiedenen verfügbaren Tags und gestattet die Auswahl der für die nachfolgende Auswertung relevanten Tags.

Mit der Konfiguration der Überwachung bestimmter Tags können SAP MII-Transaktionen ausgeführt werden. Dieser Transaktionsaufruf geschieht immer dann, wenn die im Editor angegebene Bedingung den Wert TRUE produziert, und ermöglicht es, eventbezogen Daten zu senden.

Da SAP PCo die SAP MII-Logik direkt aufrufen kann, ohne vorher eine Transformation durch einen Metaserver erfahren zu müssen, ist diese Art der Kommunikation mit einem OPC-Server etwas schneller. Zusätzlich wird kein Daten-Overhead produziert, da nur dann Informationen versendet werden, wenn sie relevant sind (siehe Abbildung 6.12).

Doch betrachten wir SAP PCo etwas genauer.

Als Erweiterung der SAP MII-Konnektivität ist SAP PCo zunächst in der Lage (anders als UDS), neben OPC/DA weitere Quellsysteme, wie beispielsweise OPC-/UA-Systeme, anzubinden (siehe Abbildung 6.13).

Anbindung über OPC | **6.2**

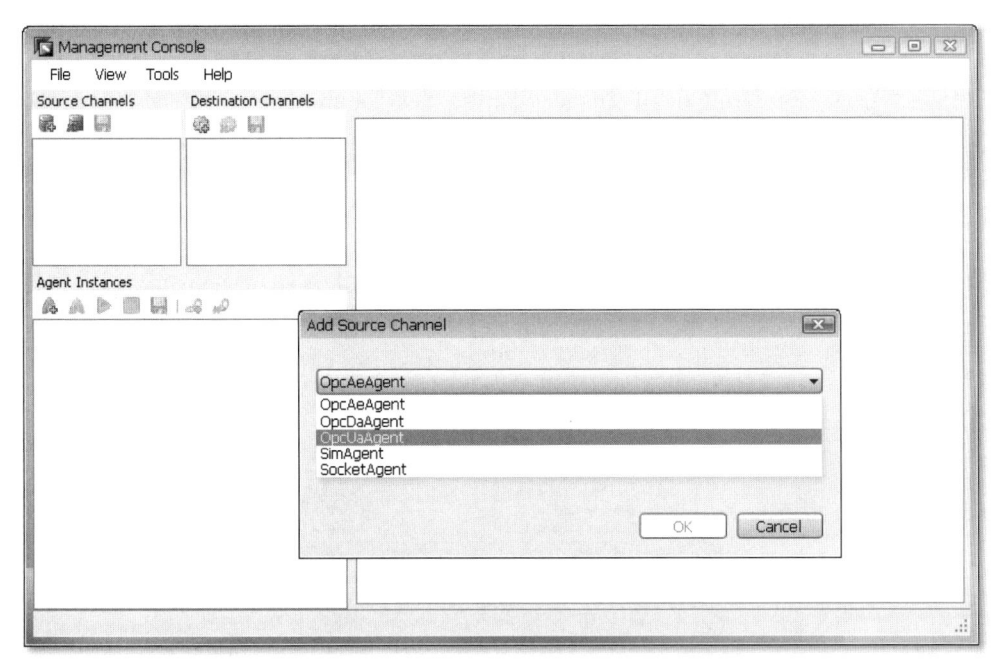

Abbildung 6.12 SAP PCo

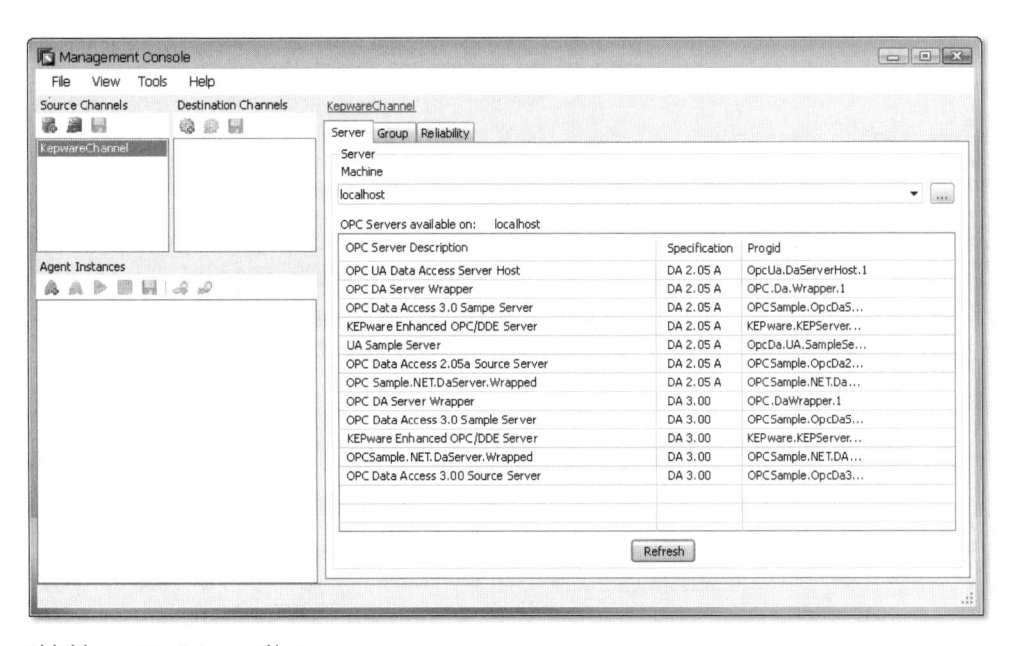

Abbildung 6.13 Feinspezifikation

Nachdem im ersten Schritt der SAP PCo-Konfiguration der Typ des anzubindenden Datenservers gewählt wurde (hier am Beispiel eines OPC-UA-Servers), wird mit der Feinspezifikation der Datenquelle fortgefahren (siehe Abbildung 6.13). Bei der Feinspezifikation kann über einen Maschinen-Browser die Datenquelle per Windows-Navigation gewählt werden. Zusätzlich muss der Typ der Datenquelle genauer spezifiziert werden.

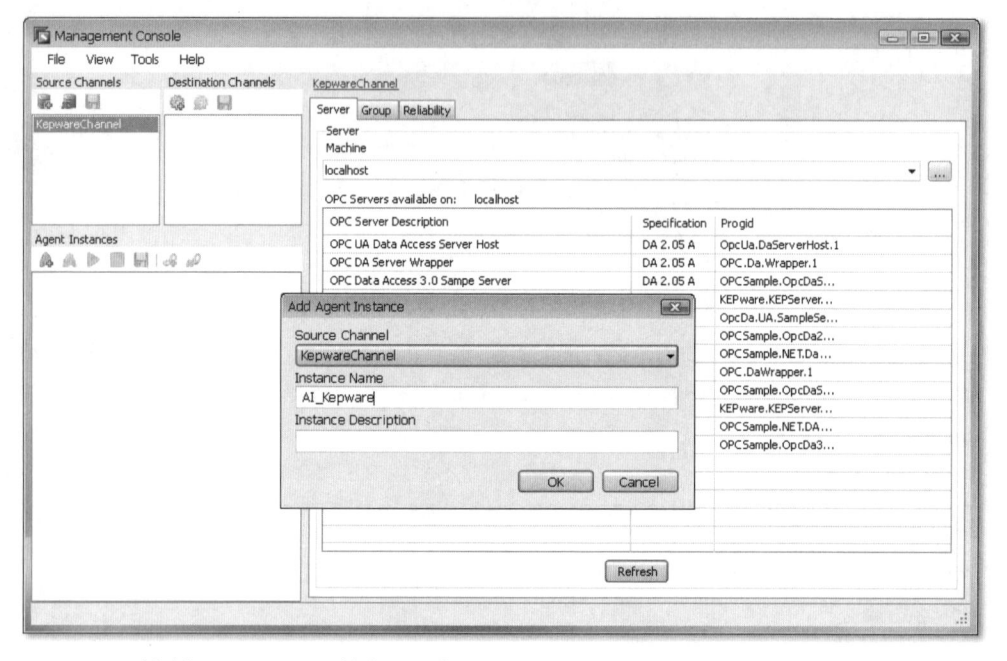

Abbildung 6.14 Auswahl der Quelle

Mit der Auswahl des Typs der Datenquelle, in unserem Beispiel einem Kepware-Server (siehe Abbildung 6.14), muss ein Instanzname definiert werden, für den alle weiteren Einstellungen geltend gemacht werden.

Wie Sie an dieser Stelle zweifelsohne vermuten, können in SAP PCo mehrere Datenquellen angebunden werden.

[+] **SAP PCo – Installation**
Die aktive Instanz von SAP PCo sollte immer so nah wie möglich an der Quelle liegen, dies bedeutet im Optimalfall auf der Maschine, die den OPC-Server zur Verfügung stellt.

Im nun folgenden Schritt wird für die soeben verbundene Instanz im Tag-Browser ein zu überwachender Tag ausgewählt (siehe Abbildung 6.15).

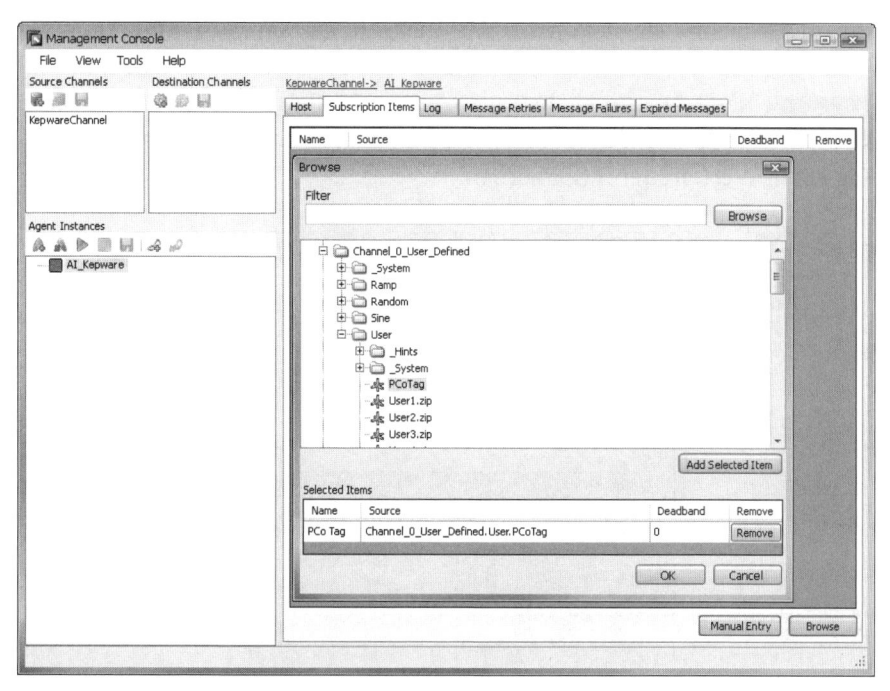

Abbildung 6.15 Tag-Auswahl

In diesem Beispiel wird der PCo-Tag als Observationsziel definiert. Mit der Auswahl des Tags entsteht der Bedarf, für/von SAP PCo eine Überwachungslogik des jeweiligen Tags zu generieren.

Dazu muss dem Notifier ein entsprechender Name für die Überwachungslogik mitgeteilt werden. Für dieses Beispiel wählen wir den Namen »TestNotification« (siehe Abbildung 6.16).

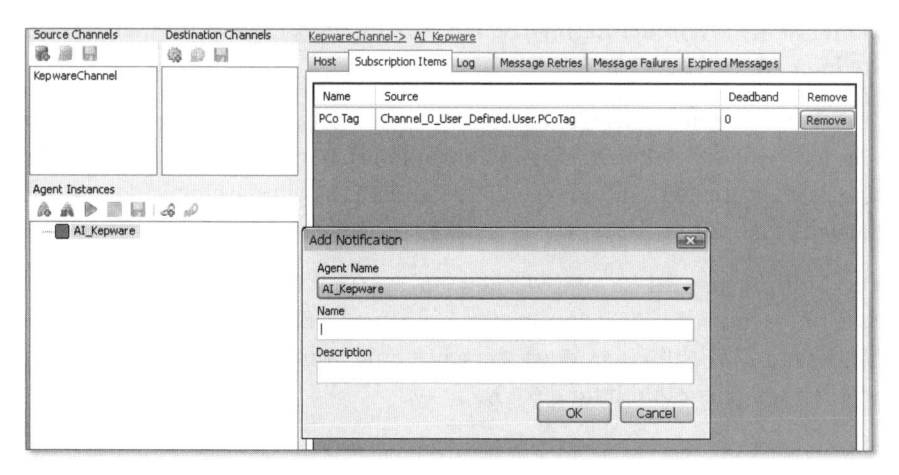

Abbildung 6.16 Notifikation

6 | Anbindung unterlagerter Systeme

Wie in der Businesslogik von SAP MII (bekannt aus Kapitel 4, »Workbench«) können für den Notifier Expressions (Funktionen) hinterlegt werden, die das Triggern einer Transaktion auslösen können. Im Beispielfall soll die noch zu konfigurierende Logik ausgeführt werden, sobald der zuvor gewählte PCo-Tag einen Wert größer 5 (> 5) erhält.

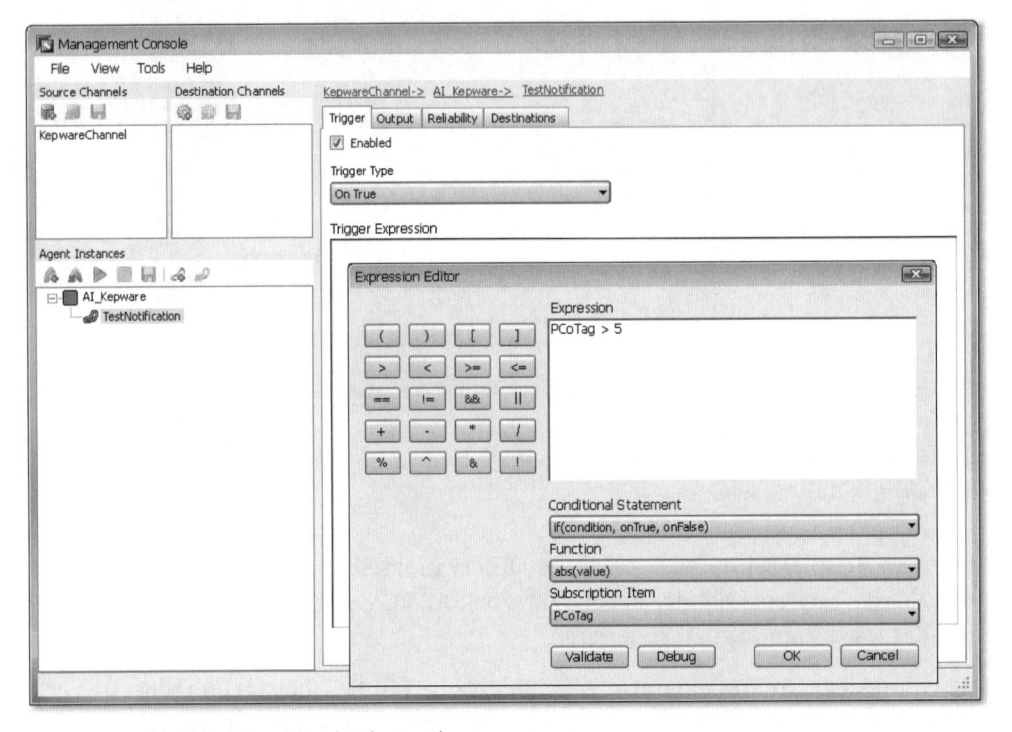

Abbildung 6.17 Eingabe der Logik

Hinter dem Karteireiter RELIABILITY aus Abbildung 6.17 verbirgt sich die Einstellung des Refresh-Zyklus.

Hier kann neben dem eigentlichen Wiederholungsintervall auch definiert werden, wie oft MII bei einem Verbindungsabbruch versuchen soll, die Quelle zu erreichen. Abbildung 6.18 zeigt die Einstellungsmöglichkeiten zur Ausfallsicherheit.

Die Einrichtung des zu überwachenden Systems ist damit abgeschlossen. Nun muss mit der Einrichtung des Zielsystems definiert werden, welche Transaktion im Fall einer Wertüberschreitung von PCo-Tag > 5 ausgeführt werden soll (siehe Abbildung 6.19).

Anbindung über OPC | **6.2**

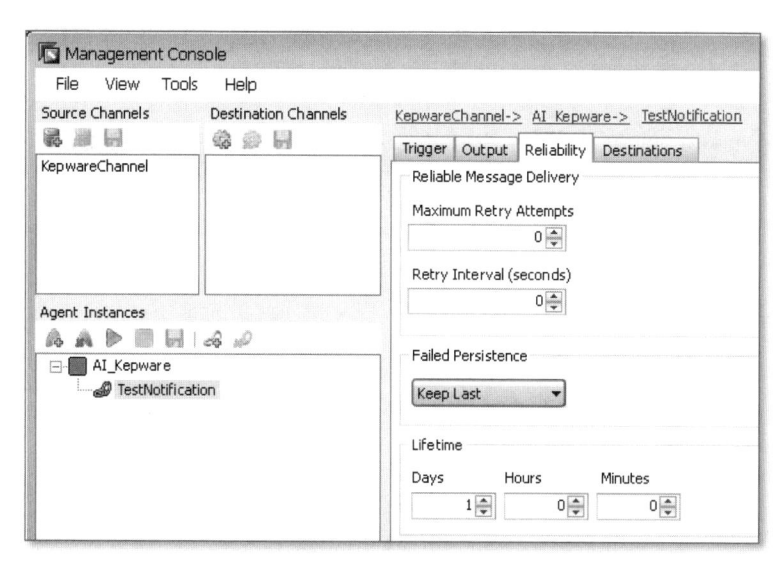

Abbildung 6.18 PCo-Refresh-Zyklus

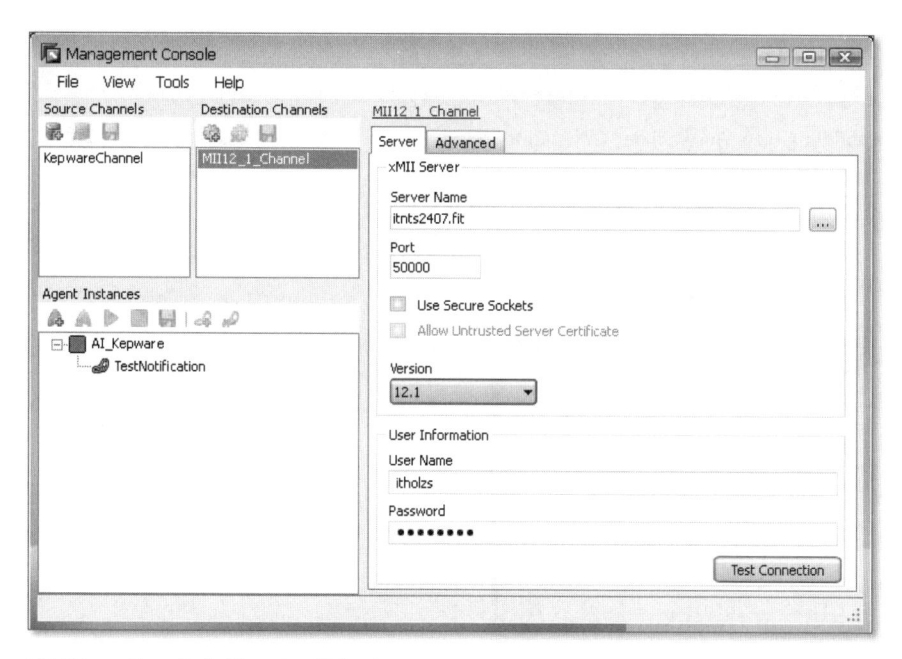

Abbildung 6.19 Definition des Zielsystems

Hierbei erlaubt SAP PCo das Browsen durch das gewählte Zielsystem, wie es auch in der Workbench möglich ist (siehe Abbildung 6.20).

6 | Anbindung unterlagerter Systeme

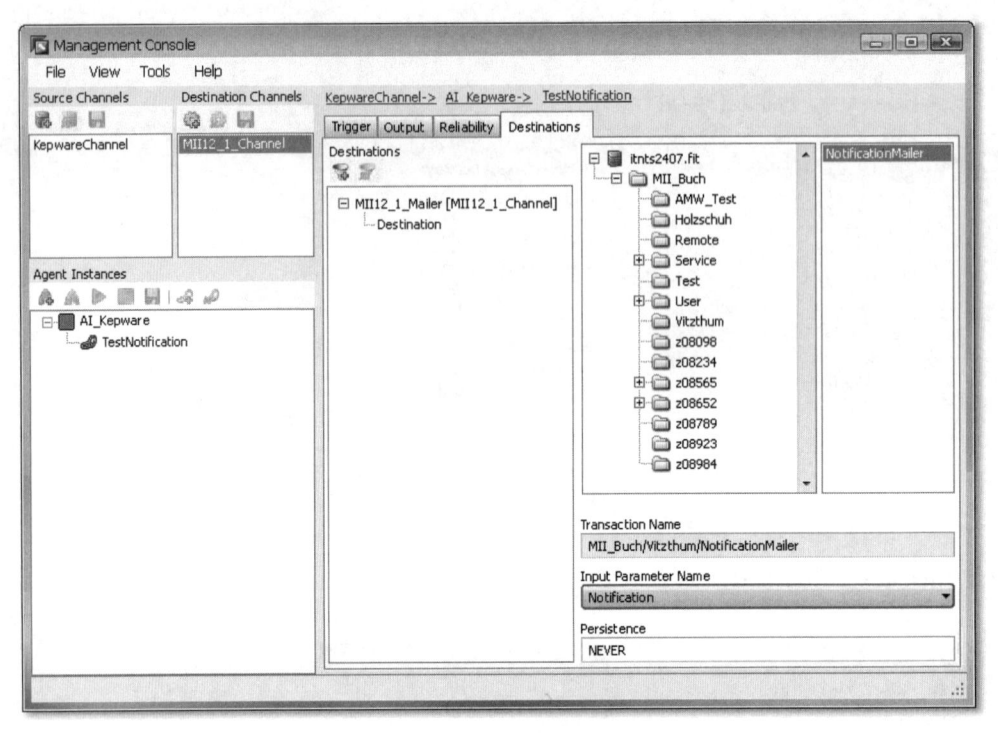

Abbildung 6.20 Auswahl der Transaktion

Zum Abschluss der Konfiguration einer SAP PCo-Schnittstelle muss die Kombination aus Quell- und Zielsystem lediglich noch gestartet werden (siehe Abbildung 6.21).

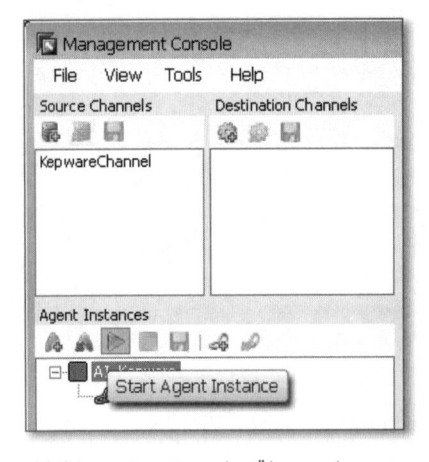

Abbildung 6.21 Start der Überwachung

Damit ist die SAP PCo-Anbindung an SAP MII abgeschlossen.

6.3 Anbindung proprietärer Datendateien

Bei der Implementierung einer Middleware wird man häufig damit konfrontiert, ältere Systeme an neue Systeme anbinden zu müssen, was aber ebenso oft nicht ohne Weiteres möglich ist. Moderne Systeme verwenden meist OPC oder stellen sogar einen Web Service zur Verfügung, ältere Systeme sind dagegen oftmals darauf beschränkt, Daten in Dateiform bereitzustellen oder empfangen zu können, deren Format zumeist keinem gängigen Standard entspricht.

SAP MII eignet sich aufgrund seiner Verbindungsschicht und der Businesslogik unter anderem hervorragend dazu, über solche Datendateien zu kommunizieren. Anhand des nun folgenden Beispiels wird deutlich, wie komfortabel diese Art der Kommunikation zu realisieren ist.

> **Proprietäre Dateien** [+]
>
> Grundsätzlich ist die Anbindung proprietärer Dateien bei jeder Implementierung aufgrund der Notwendigkeit, Maschinen unterschiedlicher Hersteller, aber auch unterschiedlicher Generationen zu integrieren, verschieden.

Rahmenbedingungen des Fallbeispiels

Betrachten wir auch bezüglich der Anbindung proprietärer Systeme wieder ein Beispiel, für das die folgenden Rahmenbedingungen gelten: Ein Signalgeber hat einen Signaltest durchgeführt. Das Ergebnis des Tests wurde in der Datei *web://MII_Buch/Kapitel_6/prop.file* zur Verfügung gestellt. Diese Daten sollen ausgelesen und aufbereitet werden.

Die ersten vier Zeilen der Datei geben jeweils den Dateikopf an und beinhalten die folgenden Informationen (siehe Listing 6.12):

```
FlatFile: Kapitel_6_prop.file
Description: Signal Input test
DateTime: 20090503143253
Signature: opus_1_control_s5Pa$2p2gUB-ucru8uced-s&6?A3
```

Listing 6.12 Kopfdaten einer proprietären Datei

Die weiteren Zeilen enthalten nunmehr die einzelnen Signalinformationen der drei Signalgeber inklusive Beschreibung und Wert in der Form (siehe Listing 6.13):

6 | Anbindung unterlagerter Systeme

```
OPUS_1.23.1;Control Data;Signal Input;1.243
OPUS_1.24.1;Control Data;Signal Input;1.323
...
```

Listing 6.13 Daten einer proprietären Datei

Für die verschiedenen Signalgeber müssen die bereitgestellten Informationen nun ausgewertet werden, um eine Anbindung an das SAP MII-System erfolgreich zu implementieren.

[+] **Speichern von Dateien**

Der Speicherort der Datei ist unerheblich, solange eine Verbindung zur Datei über den SAP MII-Server aufgebaut werden kann. Der Einfachheit halber wurde die Datei in die Datenbank gelegt. Es besteht jedoch kein Unterschied darin, ob die Datei über `web://...` oder beispielsweise `H:/` geladen wird.

6.3.1 Transaktionsparameter und lokale Parameter

Die Umsetzung dieser Lösung ist für eine möglichst breite Basis verwendeter Funktionalitäten ausgelegt und soll einige Funktionalitäten näher erläutern, wie beispielsweise die Loader Action, die die Transaktion aus Abbildung 6.24 eröffnet.

Zur Verbesserung der Dynamik wurden gleich drei Eingabeparameter definiert (siehe Abbildung 6.22).

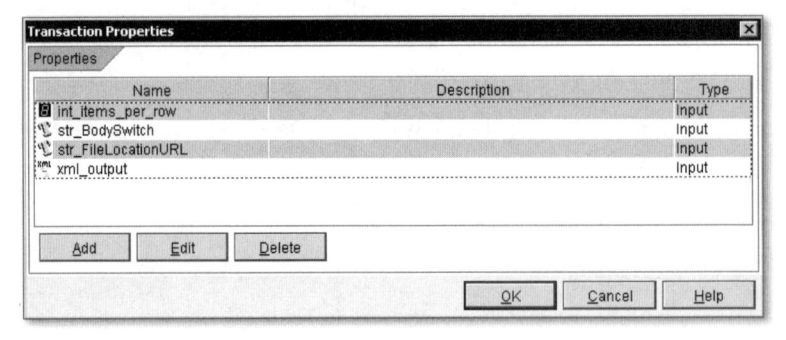

Abbildung 6.22 Transaktionsparameter

- Der Parameter `str_FileLocationURL` enthält die Lokation der zu ladenden Datei, wobei dies entweder eine Pfadangabe oder eine URL sein kann.
- Im Parameter `str_BodySwitch` ist der letzte in der Datei erwartete Kopfparameter enthalten (für das Beispiel ist der letzte erwartete Kopfparameter `Signature`).

- Last but not least ist der Parameter int_items_per_row definiert, der die Anzahl der zu einer Zeile gehörenden Einträge definiert. Wozu dies nötig ist, wird im Weiteren noch erläutert werden.

Neben den gerade beschriebenen Transaktionsvariablen wurden entsprechende lokale Variablen definiert (siehe Abbildung 6.23):

- Zum Auslesen der jeweiligen Kopfdaten wurden die Parameter head_current_node und head_current_value erstellt, die die jeweiligen Kopfdaten beinhalten.
- Als Äquivalent zu int_items_per_row wurde der lokale Parameter int_current_item geschaffen (auch hierzu später mehr).
- Der Parameter processing_status, der entweder den Wert head oder body annehmen kann, ermöglicht innerhalb der Logik die Unterscheidung der Verarbeitungsart.
- Der xml_row-Parameter dient als Sammelgruppe für verschiedene xml_item, in denen jeweils der aktuelle Datenwert gespeichert wird. Mit dem Parameter xml_row_empty kann xml_row wieder in den Ursprung zurückversetzt und somit geleert werden.
- Zu guter Letzt bleibt noch der Parameter xml_container übrig, dem kurz vor dem Ende der Transaktion alle erfassten Werte zugewiesen werden.

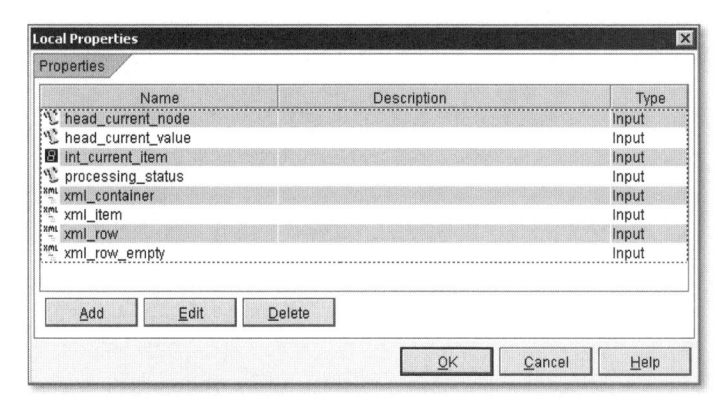

Abbildung 6.23 Lokale Parameter

Neu ins Repertoire aufgenommen wurde die Action TEXTLOADER, die gleich zum Auftakt der Transaktion ausgeführt wird. Der TEXTLOADER liest Textdateien aus und gibt den kompletten Inhalt in einem String aus. Um die Daten für die Weiterverarbeitung vorzubereiten, sollten diese in ein XML-Format gebracht werden. Dies kann am ehesten mit der Action STRINGLISTTOXMLPARSER erreicht werden.

6 | Anbindung unterlagerter Systeme

Doch um aus einer Textdatei eine XML-Struktur machen zu können, benötigt die Parser Action (siehe Kapitel 4, »Workbench«) einen Delimiter, das heißt einen Begrenzer, mit dessen Hilfe die einzelnen XML-Elemente getrennt werden können.

6.3.2 Transaktion

Die im Folgenden beschriebene Transaktion wird in die Lage versetzt, die in der Datei genutzten Delimiter zu verstehen und den Datensatz entsprechend auszulesen, um somit die proprietäre Datei zu interpretieren und weiterzuverarbeiten.

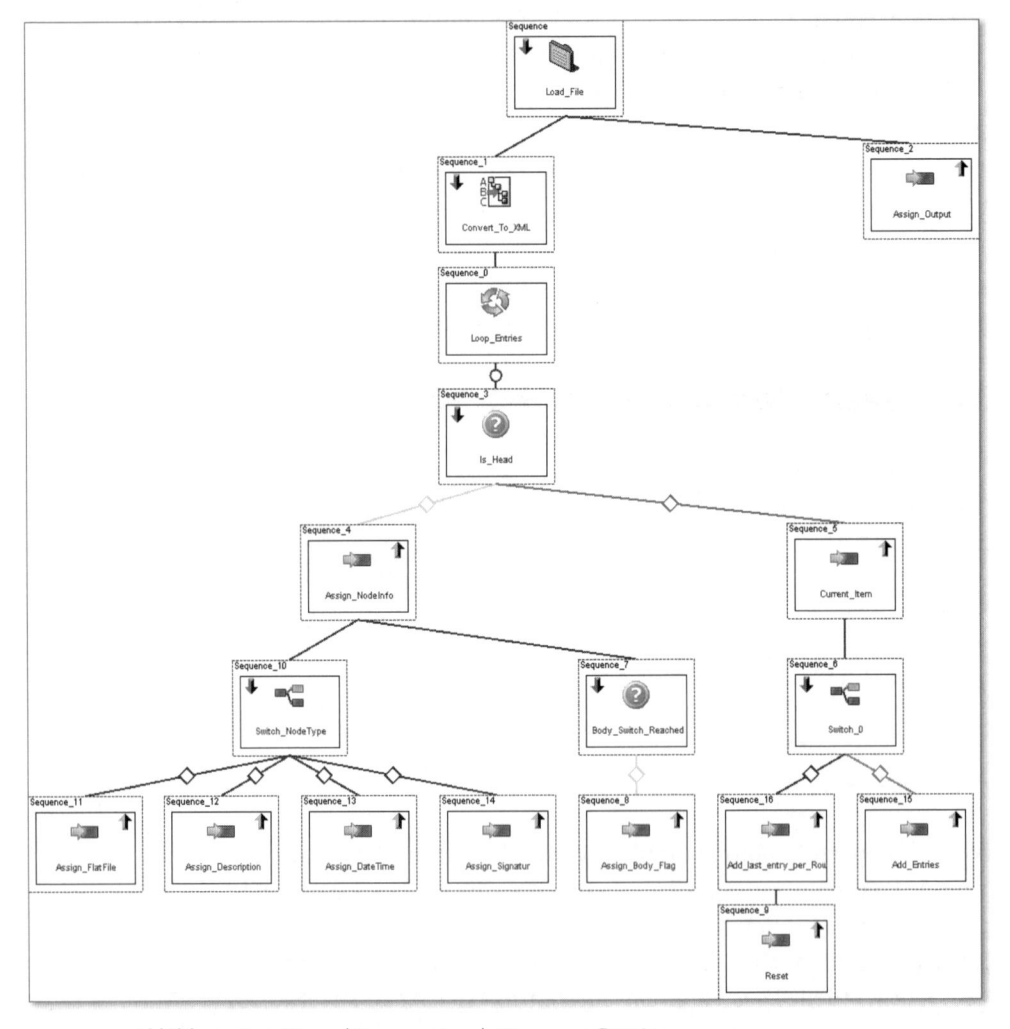

Abbildung 6.24 Transaktion zur Verarbeitung von Dateien

> **Zusatzangebot des Buches** [+]
>
> Im Begleitmaterial zu diesem Buch können Sie diese Transaktion unter *Kapitel_6/Datei_Verarbeitung* finden.

Die in der Beispieldatei gegebene Struktur erlaubt hierfür lediglich die Nutzung des Semikolons, da dieses die jeweiligen Zeilen begrenzt. Zusätzlich (vor allem, um es nicht zu einfach zu machen) sind die verschiedenen Bestandteile der Messergebnisse durch Semikolons getrennt. Dies bedeutet, dass bei der späteren Verarbeitung des generierten XML jeweils vier aufeinanderfolgende Einträge im XML zu einem Datensatz gehören.

Um diese Struktur bedienen zu können, existiert der Parameter `int_items_per_row`. Diesem Parameter wird mit der soeben genannten Begründung für diese Datei der Wert 4 zugewiesen.

Hauptlogik

Beginnend mit dem TextLoader, muss diesem die Source-URL mitgeteilt werden. Wie zuvor schon beschrieben, wurde hierfür die Transaktionsvariable `str_FileLocationURL` erstellt und mit dem Pfad *web://MII_Buch/Kapitel_6/Kapitel_6_prop.file* versehen (siehe Abbildung 6.25).

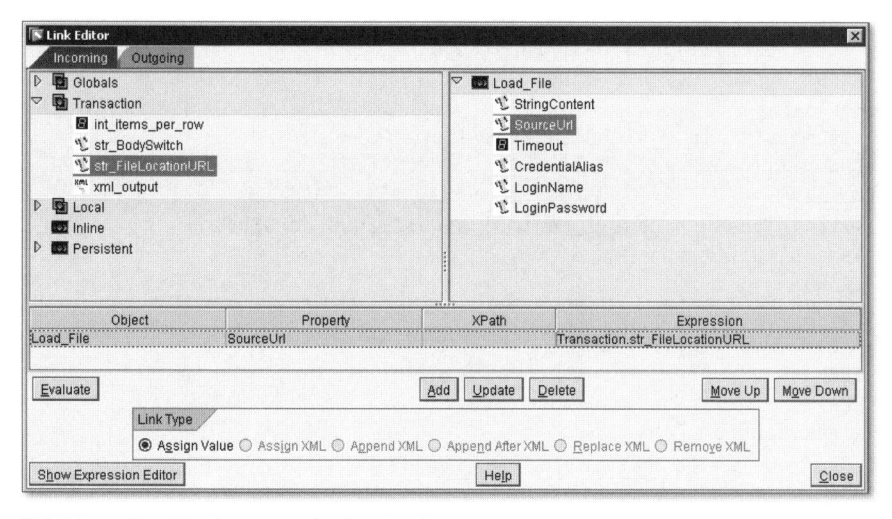

Abbildung 6.25 Konfiguration des TextLoaders

Für einen Zugriff über die Session- und Servergrenzen hinweg (`web://` befindet sich innerhalb der Session auf dem lokalen System) können dem TextLoader entweder ein Benutzerkonto (Parameter `CredentialAlias`) oder aber

6 | Anbindung unterlagerter Systeme

direkte Zugangsdaten zugewiesen werden (Parameter `LoginName` und `LoginPassword`).

Der Ausgabeparameter des TextLoaders heißt `StringContent` und wird im nachfolgenden Action Block, der Parser Action, dem Parameter `Input` zugewiesen (siehe Abbildung 6.26).

Object	Property	XPath	Expression
Convert_To_XML	Input		Load_File.StringContent
Convert_To_XML	Delimiter		";"

Abbildung 6.26 Zuweisung der Parser-Parameter »Input« und »Delimiter«

Somit sind die gelesenen Daten nunmehr im Parser angekommen, und es fehlt nur noch die Information, nach welchen Kriterien der Text aufgeteilt werden soll. Dies wird mit dem Parameter `Delimiter` zugewiesen, der in diesem Fall das Semikolon als Wert erhält.

Als Ergebnis dieser Transformation wird die Datendatei nunmehr in der folgenden Form ausgegeben (siehe Listing 6.14):

```
<Row>
 <Item>FlatFile:Kapitel_6_prop.file</Item>
</Row>
<Row>
 <Item>Description:Signal Input test</Item>
</Row>
<Row>
 <Item>DateTime:20090503143253</Item>
</Row>
<Row>
 <Item>Signature:opus_1_control_s5Pa$2p2gUB-ucru8uced-
s&amp;6?A3</Item>
</Row>
<Row>
 <Item>OPUS_1.23.1</Item>
</Row>
<Row>
 <Item>Control Data</Item>
</Row>
<Row>
 <Item>Signal Input</Item>
</Row>
<Row>
 <Item>1.243</Item>
</Row>
```

Listing 6.14 Ergebnis in XML

Zur Abarbeitung dieser Datensätze wird mithilfe eines Repeaters die eben beschriebene XML-Datei verarbeitet.

Mit dem Mapping der Illuminator-XML-Datei als XPath-Ausdruck (XML Path Language) des Repeaters (siehe Abbildung 6.27) wird nun als Erstes überprüft, ob zu diesem Zeitpunkt Header- oder Body-Daten verarbeitet werden müssen. Dies geschieht mit der Überprüfung der lokalen Variable processing_status.

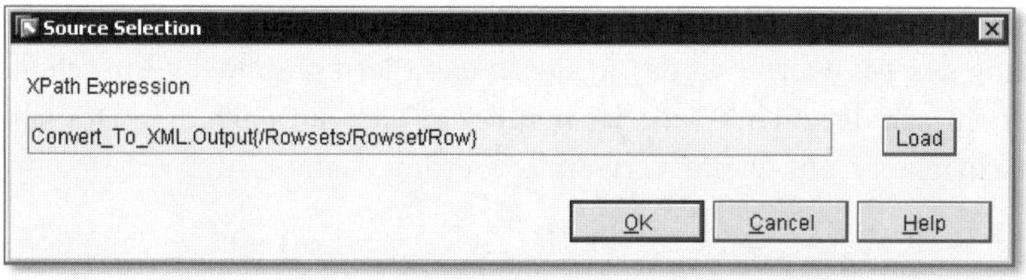

Abbildung 6.27 Mapping der XML-Datei im Repeater

Wie Abbildung 6.28 zu entnehmen ist, wird innerhalb des Conditionals (der Name der Action ist Is_Head) überprüft, ob der Status gleich head ist oder nicht. Für die Transaktion bedeutet dies, dass im Wahrheitsfall der linke, anderenfalls der rechte, folgende Baumstrang abgearbeitet wird.

Object	Property	XPath	Expression
Is_Head	Input1		Local.processing_status == "head"

Abbildung 6.28 Überprüfung des Prozessstatus

Verarbeitung der Kopfdaten

Innerhalb der Kopfdatenverarbeitung ist der erste Schritt das Extrahieren der notwendigen Informationen aus dem Daten-XML.

Durch das SAP MII-Skript kann in der Assign_NodeInfo-Action mit zwei Zuweisungen genau dies erreicht werden. Die Funktion zum Auslesen des Parameternamens zeigt Listing 6.15 (siehe Abbildung 6.29):

```
stringleft( Loop_Entries.Item{/Row/Item}, stringindexof( Loop_
Entries.Item{/Row/Item}, ":" ) - 1)
```

Listing 6.15 Extraktion der Kopfdaten

Diese Funktion liest den Teil des Textwertes, der vor dem Doppelpunkt geschrieben steht. Während des ersten Durchlaufs wird so aus dem Eintrag

`FlatFile:Kapitel_6_prop.file;` schlicht und einfach der Parametername `FlatFile`.

Object	Property	XPath	Expression
Local	head_current_value		stringright(Loop_Entries.Item{/R...
Local	head_current_node		stringleft(Loop_Entries.Item{/Ro...

Abbildung 6.29 Lesen der Kopfdaten

Dies gilt selbstverständlich für alle nachfolgenden Kopfdatenelemente gleichermaßen. Die etwas kompliziertere, dennoch gleichsam verständliche Bearbeitung des Textwertes ist das Auslesen des Wertes. Simpel gesprochen, muss hier einfach der rechte Teil, das heißt des Teils, der nach dem Doppelpunkt geschrieben steht, weiterverwendet werden (siehe Listing 6.16).

```
stringright( Loop_Entries.Item{/Row/Item}, stringlength( Loop_
Entries.Item{/Row/Item} ) - stringindexof( Loop_
Entries.Item{/Row/Item}, ":" ) )
```

Listing 6.16 Xacute-Textfunktionen

Die Zuweisungen der jeweiligen Informationen werden auf die lokalen Variablen `head_current_value` und `head_current_node` vorgenommen und sind ab diesem Zeitpunkt für alle in der Logik nachfolgenden Aktionen mit den ihnen zugewiesenen Werten verfügbar (natürlich nur so lange, bis im nächsten Repeater-Lauf neue Werte geschrieben werden).

Schon im nächsten Schritt wird die soeben gefüllte `head_current_node`-Variable in einem Switch-Parameter benötigt (siehe Abbildung 6.30).

Object	Property	XPath	Expression
Switch_NodeType	InputValue		Local.head_current_node
Switch_NodeType	MatchValue1		"FlatFile"
Switch_NodeType	MatchValue2		"Description"
Switch_NodeType	MatchValue3		"DateTime"
Switch_NodeType	MatchValue4		"Signature"

Abbildung 6.30 Definition der Switch-Parameter

Die Variable `head_current_node` wird als Vergleichsparameter dem Parameter `InputValue` zugewiesen. Im SWITCH Action Block (siehe CASE-Anweisung gängiger Programmiersprachen), dem insgesamt vier mögliche Entscheidungen zur Verfügung stehen, wurden die jeweiligen Kopfdatennamen als `MatchValue` definiert.

Im Fall der `FlatFile`-Verarbeitung würde somit der erste und im Fall der `Signature`-Verarbeitung der rechte untergeordnete Logikbaum abgearbeitet.

Für alle Entscheidungsmöglichkeiten gilt die, wenn auch jedes Mal in leicht abgewandelter Form, in Abbildung 6.31 gezeigte Zuweisung. Lediglich der XPath, dem der Wert zugewiesen wird, ändert sich bei jedem Aufruf gemäß der getroffenen Entscheidung.

Object	Property	XPath	Expression
Local	xml_container	/parse_result/head/FlatFile	Local.head_current_value

Abbildung 6.31 Zuweisung des Wertes

Um das Verständnis für die XML-Zuweisung zu erhöhen, hier der Aufbau der `xml_container`-Variablen (siehe Listing 6.17):

```
<?xml version="1.0" encoding="UTF-8" standalone="no"?>
<parse_result>
 <head>
  <FlatFile/>
  <Description/>
  <DateTime/>
  <Signature/>
 </head>
 <body>
 </body>
</parse_result>
```
Listing 6.17 XML-Body

Wie zu vermuten ist, wird im Fall der `Description` der Wert dem XPath `/parse_result/head/Description` zugewiesen, im Fall der `Signature` dem XPath `/parse_result/head/Signature`.

Bei jedem Durchlauf wird geprüft, ob der Inhalt des `str_BodySwitch`-Parameters im aktuellen Eintrag vorhanden ist. Ist dies der Fall, wurde das letzte der Kopfdatenelemente erreicht. Die in Abbildung 6.32 gezeigte Prüfung wird in der Action `Body_Switch_Element` durchgeführt.

Object	Property	XPath	Expression
Body_Switch_Reached	Input1		stringindexof(Loop_Entries.Item, Transaction.str_BodySwitch) != 0

Abbildung 6.32 Prüfung des Verarbeitungsstatus

Sollte die Expression TRUE ergeben, das heißt der String `str_BodySwitch` im aktuellen Element vorhanden sein, wird in der nachfolgenden Action ASSIGN_BODY_FLAG der Variablen `processing_status` der Wert body zugewiesen (siehe Abbildung 6.33).

Object	Property	XPath	Expression
Local	processing_status		"body"

Abbildung 6.33 Änderung des Verarbeitungsstatus auf »body«

Ab diesem Zeitpunkt wird der Switch der Is_Head-Action nicht wie bisher die Kopfdaten, sondern nunmehr die Messdaten auswerten.

Verarbeitung der Messwerte

Die eigentliche Verarbeitung der Messwerte geschieht innerhalb der Transaktion ab Sequence_5 mit der Action Current_Item. Dieser Assignment-Block garantiert, dass die jeweils zusammenhängenden Messwerteinträge der XML-Datei zusammengehören. Wie in Abbildung 6.34 zu erkennen ist, wird geprüft, ob die Anzahl der zusammengehörenden Einträge erreicht ist oder nicht. Ist sie erreicht, wird int_current_item wieder auf eins (Ziffer 1) gesetzt, anderenfalls um eins erhöht.

```
Local.int_current_item
if( Local.int_current_item >= Transaction.int_items_per_row, 1, Local.int_current_item + 1)
```

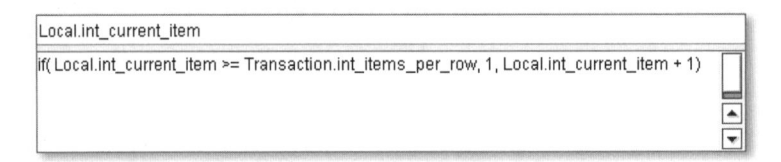

Abbildung 6.34 Definition des Parameters »int_current_item«

Dies allein hat natürlich noch keinerlei Bewandtnis für das Resultat der Transaktion. Hierfür muss in der nächsten Action, einem Switch, geprüft werden, ob es sich um einen neuen Eintrag handelt oder nicht. Dazu wird der Eingabewert int_current_item mit dem Wert int_items_per_row verglichen (siehe Abbildung 6.35).

Object	Property	XPath	Expression
Switch_0	InputValue		Local.int_current_item
Switch_0	MatchValue1		Transaction.int_items_per_row

Abbildung 6.35 Prüfung des Parameters »int_current_item«

Sollten diese gleich sein, geht MII davon aus, dass das letzte Item geschrieben wird und fährt mit der Action Add_last_entry_per_Row fort. Sollten die Werte nicht identisch sein, wird mit der Action Add_Entries ein weiterer Eintrag geschrieben und mit dem nächsten Element fortgefahren. Beide soeben genannte Aktionen sind (siehe Abbildung 6.36) konfiguriert, um das aktuelle Item der Row zuzuweisen.

Object	Property	XPath	Expression
Local	xml_item	/item	Loop_Entries.Item{/Row/Item}
Local	xml_row	/Row	Local.xml_item{/item}

Abbildung 6.36 Hinzufügen des letzten Datenpunktes

> **Hinweis** [+]
>
> Da die Actions Add_last_entry_per_Row und Add_Entries identische Funktionen haben, sollte geprüft werden, ob aus den zwei unterschiedlichen Actions nicht vielleicht eine gemacht werden kann.
>
> Da sich der Unterschied, ob es sich nun um den letzten Eintrag handelt oder nicht, erst in der Reset Action zeigt, könnte die Action Add_last_entry_per_Row gelöscht und die Action Add_Entries vor den Switch verschoben werden. Das Ergebnis wäre das Gleiche.

Mit der Zuweisung des letzten Items kann der erstellte Datensatz nun dem xml_container zugeführt werden. Nachdem die Werte gespeichert sind, wird der Parameter xml_row wieder zurückgesetzt, sodass mit dem nächsten Messwertsatz weitergearbeitet werden kann (siehe Abbildung 6.37).

Object	Property	XPath	Expression
Local	xml_container	/parse_result/body	Local.xml_row{/Row}
Local	xml_row		Local.xml_row_empty

Abbildung 6.37 Zuweisung des Datenpunktes und Zurücksetzen des XML

Wie bereits beschrieben, ist die Anbindung gerade von älteren Systemen über Dateischnittstellen eine relativ häufige Aufgabe im Leben eines SAP MII-Entwicklers.

Oftmals ist zwar der Aufbau der Daten der jeweiligen Dateien einzigartig, dennoch ist es möglich, mit einer entsprechend ausgereiften Transaktion und nur geringfügigen Änderungen mehr als nur einen spezifischen proprietären Dateityp anzubinden.

TEIL II
Das Implementierungsprojekt – ACME-Motorenwerke und ACME-IT-Services

Sie kennen SAP MII und wissen, was dieses Produkt leisten kann und wie es funktioniert. An dieser Stelle ist ein Blick in die Praxis reizvoll und erhellend. Im zweiten Teil des Buches wird ein komplettes MII-Implementierungsprojekt vorgestellt, vom Blueprint bis zu den Nacharbeiten der Implementierung. Dieser fiktive Projektbericht beruht auf der langjährigen Erfahrung des Autors, der Ihnen auf diese Weise sowohl typische Fallstricke als auch bewährte Vorgehensweisen mit auf den Weg geben kann.

Die theoretische Betrachtung von SAP MII ist nun abgeschlossen, und die bekannten Funktionen und Möglichkeiten von SAP MII werden jetzt in einem fiktiven Projekt rekapituliert und umgesetzt.

7 Projekt – ACME-Motorenwerke

In diesem und in den nächsten Kapiteln werden Sie anhand der Beschreibung eines typischen SAP MII-Projektes mit MII vertraut gemacht, und Ihnen wird anhand realitätsnaher Aufgabenstellungen vermittelt, wie sich MII einsetzen und verwenden lässt. Die im fiktiven Projekt aufkommenden Anforderungen sind repräsentativ und können in dieser Form auch in der Realität auftreten.

Am Beispiel der ACME-Motorenwerke werden Sie einige bereits erläuterte Techniken der Entwicklung näher betrachten und lernen, diese anzuwenden. Von einer einfachen Datenaufbereitung bis zur Report-Funktionalität oder Live-Datenerfassung zeigt dieses Projekt einen interessanten Ausschnitt dessen, was mit SAP MII realisiert werden kann.

Beispielunternehmen: ACME-Motorenwerke (AMW) und ACME-IT-Services (A-IT)	[+]
ACME steht für *A Company that Manufactures Everything* und ist als fiktives Unternehmen aus vielen Filmen bekannt. Alle Namen und Produkte der *ACME-Motorenwerke* (AMW) sind frei erfunden. Darüber hinaus wird auf den folgenden Seiten von der *ACME-IT-Services* (A-IT) die Rede sein. Diese Firma ist nicht das hauseigene IT-Unternehmen des Kunden, das heißt der ACME-Motorenwerke, sondern eine weitere fiktive Firma, aus deren Sicht die Geschehnisse beschrieben werden und die das Projekt beim Kunden realisiert.	

7.1 Der Kunde

Die ACME-Motorenwerke (AMW) fertigen Transportfahrzeuge aller Art. Neben Spezial- und Schwerlasttransportern werden unter anderem Transportfahrzeuge mit Kettenantrieb (KTF) zum Einsatz in unwirtlicher Umgebung hergestellt.

Die ACME-Motorenwerke produzieren mit ca. 6.000 Beschäftigten an fünf verschiedenen Standorten in Deutschland und zählen zu den weltweit größten Anbietern von KTFs. Aufgrund ihrer Historie und Marktpräsenz haben sich die ACME-Motorenwerke unter anderem dazu verpflichtet, detaillierte Angaben zu jedem einzelnen Produkt machen zu können und den kompletten Herstellungsprozess zu protokollieren, um Transparenz und Qualität zu gewährleisten und zu sichern. In den vergangenen Jahren seit der Einführung der ACME-Qualitätssicherung verspürten die ACME-Motorenwerke trotz wirtschaftlich bedingt gestiegener Preise zunehmendes Kaufinteresse. Zu den Kunden der ACME-Motorenwerke gehören unter anderem namhafte Hilfs- und Rettungsorganisationen, die die KTFs als Einsatzfahrzeuge zur Rettung und Bergung nutzen.

Nachdem für die ACME-Motorenwerke in den vergangenen Jahren durch Produktionsumstellungen und eine verbesserte Auftragslage eine Optimierung der IT-Landschaft notwendig geworden war, wurde in einem Großprojekt die Fabrikationsstätte Frankelsbrunn als Pilotanlage auf ein neues ERP-System umgestellt. Man entschied sich für ein SAP ERP-System, das nach einem Jahr planmäßig und ohne Probleme in Betrieb genommen werden konnte. Gemeinsam mit ACME-IT-Services wollen die ACME-Motorenwerke nun nach der Umstellung des Top-Floors auch die Shop-Floor-Umgebung optimieren. Dies soll ebenfalls im Pilotwerk in Frankelsbrunn geschehen und betrifft somit die Fabrikation der bereits erwähnten KTFs.

Das Werk in Frankelsbrunn ist das einzige komplett eigenständige Werk der ACME-Motorenwerke und beschäftigt 250 Mitarbeiter (Fertigung, Ingenieurwesen, IT und Verwaltung), die über das Jahr verteilt 1.250 Spezialtransporter herstellen. AMW verspricht sich eine Optimierung der Produktion von jährlich bis zu 12 % und somit eine zusätzliche Kapazität von ca. 150 weiteren Spezialtransportern. Es ist geplant, die Produktivität von aktuell 170 effektiven Tagen durch Systemoptimierung auf 190 Tage zu erhöhen. Neben der bereits genannten steigenden Produktivzeit und den daraus resultierenden 150 weiteren Spezialtransportern, die nach dem Projekt in Frankelsbrunn zusätzlich produziert werden können, sollen die Produktionskosten für die ACME-Motorenwerke im Schnitt um 4.258,00 EUR auf nunmehr 78.342,00 EUR pro Fahrzeug sinken. Der Umsatz steigt somit um 6.193.774,00 EUR auf dann 109.443.774,00 EUR.

7.2 Anforderungen

Um das Feld möglicher Anbieter nicht allzu sehr einzugrenzen, wurden die Anforderungen an die zu realisierende Optimierungslösung relativ offen gehalten, um verschiedenartige Systeme an der Bewerbung teilnehmen zu lassen. Mehrere Firmen haben sich nach der FIT/GAP-Analyse für den nächsten Schritt (die Blueprint-Workshops) qualifiziert und zusammen mit den ACME-Motorenwerken je einen mehrtägigen Workshop abgehalten.

FIT/GAP-Analyse	[+]
Mithilfe einer FIT/GAP-Analyse oder Lückenanalyse lassen sich Differenzen zwischen den Anforderungen – der Soll-Situation – und der Ist-Situation ermitteln.	

Basierend auf diesen Workshops und den daraus resultierenden Ergebnissen, haben sich die ACME-Motorenwerke für einen Partner entschieden und ACME-IT-Services den Zuschlag gegeben, das Projekt mit dem Namen *OPUS Frankelsbrunn – Optimiertes Produktionsumfeld Standort Frankelsbrunn –* zu entwickeln.

Hier nun die wichtigsten Anforderungen, wie sie von den ACME-Motorenwerken an A-IT gestellt worden sind:

- **Visualisierung**
  Die Produktionsdaten müssen von verschiedensten Rechnern der Anlage in Frankelsbrunn angezeigt werden können. Hierfür muss die zugrunde liegende Software sowohl auf PC- (Windows 2000/XP) als auch auf Macintosh-Systemen (Mac OS 10.x) lauffähig sein. Zum späteren Vergleich und zur Auswertung sollen die Daten im Intranet der ACME-Motorenwerke dargestellt werden können. Protokolle müssen daher im entsprechenden Stil erstellt werden.

- **Maschinenzustände**
  Für die verschiedenen eingesetzten Automationssysteme (Roboter, Fördereinheiten, Waagen, iPunkte) müssen diverse Maschinenzustände abgefragt und angezeigt werden können. Je System werden ca. zehn Werte abgefragt, die von der Software interpretiert werden müssen.

- **Plantafel**
  Es muss eine Auftragsplantafel entwickelt werden, die auf einen Blick die geplanten Auftragsdaten, die zugewiesenen Schichtteams und den aktuellen Status der einzelnen Aufträge anzeigen kann. Diese Plantafel soll sowohl im Meisterbüro als auch auf einem Großbildmonitor im Produktionsbereich zugänglich sein.

Soll-Ist-Zeiten der SAP-Aufträge sollen auf der Plantafel dargestellt werden können. Minimal genügt jedoch die Anzeige, ob ein Auftrag noch in Plan produziert wird oder nicht.

- **Overall Equipment Effectiveness**
  Die Software muss gewisse Kennzahlen berechnen, um daraus den Status der Produktion ableiten zu können und gegebenenfalls Änderungen oder Eingriffe ermöglichen.

  Hierbei sollen Ausfallzeiten der Produktion automatisiert erfasst und durch die jeweiligen Teamleiter bestätigt werden.

> [+] **Overall Equipment Effectiveness – OEE**
> Ein im deutschsprachigen Raum eventuell weiter verbreiteter Begriff für OEE ist GAE, die Gesamt-Anlagen-Effizienz.

- **Protokollierung**
  Es ist notwendig, den kompletten *Teilefluss* eines einzelnen KTF von der ersten Schraube bis zur letzten Folie zu dokumentieren. Hierfür soll ein entsprechendes Protokoll erstellt werden, in dem die verschiedenen Materialien mit ihrer Verarbeitungszeit und der verantwortlichen Person aufgelistet werden. Zusätzlich zur Erfassung des Teileflusses muss es möglich sein, auftragsbezogene Daten zu kumulieren und ein Protokoll zu erstellen. Dieses Protokoll soll neben dem Teilefluss eine grafische Darstellung der OEE-Kennzahlen beinhalten.

- **SAP**
  SAP ERP ist bis zum Beginn der Produktion das führende System. Sobald der Auftrag in Produktion geht, ist das Produktionssystem das führende System. Dies setzt jedoch voraus, dass beide Systeme in enger Verbindung stehen und so wenige Daten wie möglich dupliziert werden. Das SAP-System ist ausfallsicher. Sollte das SAP-System dennoch nicht verfügbar sein, ist keine Produktion möglich. Die Produktion ist in fünf verschiedene Vorgänge unterteilt. Jede einzelne Station darf nur die Daten des eigenen Vorgangs zurückmelden.

- **Datenaustausch**
  Neben dem SAP ERP-System existieren bei den ACME-Motorenwerken weitere ERP- und unterlagerte Systeme, die auf einen Datenaustausch angewiesen sind. Das Produktionssystem muss in der Lage sein, Dateninformationen als Web Service und im Dateiformat bereitzustellen.

- **Automatisierte Prüfung**
  Barcode-Scanner, die in die Roboterarme integriert sind, müssen aus dem ERP-System eine Rückmeldung erhalten, ob das gescannte Teil zum aktuellen Auftrag passt und verwendet werden darf.
- **Sizing**
  Das System muss in der Lage sein, simultan bis zu 152 Benutzer zu unterstützen. Darüber hinaus muss das System simultan 16 Schnittstellen überwachen können, die je vier verschiedene Signale bereitstellen. Diese Schnittstellen sind sechs Übergabepunkte und zehn automatische Scan-Einheiten an Robotern.

Dies ist nur ein Teil der Anforderungen von AMW, die jedoch ohne Zweifel von SAP MII geleistet werden können. MII bietet dazu noch viele weitere Möglichkeiten, die die Verantwortlichen bei den ACME-Motorenwerken überzeugt haben.

In Kapitel 8, »Blueprint-Phase«, werden zu diesen Anforderungen die einzelnen Möglichkeiten und Wege der Umsetzung sowie einige Punkte beschrieben, die in den allgemeinen Anforderungen nicht enthalten waren und sich erst während der Blueprint-Phase herauskristallisiert haben.

7.3 Interessengruppen

Wie bei jedem Projekt gab es auch bei den ACME-Motorenwerken mehrere Parteien, die ein Interesse daran hatten, ihre eigenen Vorstellungen möglichst originalgetreu in der letztlich in Betrieb genommenen Applikation wiederzufinden:

- **Management**
  Das Management befürwortet meist eine möglichst sekundengenaue, detaillierte und ständig aktuelle Überwachung der Produktion (dies geht jedoch meist nicht mit den Vorstellungen des Personalrats einher).
- **IT-Abteilung**
  Die IT-Abteilung ist mehr daran interessiert, ein möglichst simples, leicht zu pflegendes, homogenes Umfeld aufzubauen, um so die Basis der zu pflegenden Systeme zu vereinheitlichen. In vielen Firmen ist es jedoch im Gegenteil eher so, dass für jeden Mitarbeiter proprietäre Systeme bereitgehalten werden, die an Pflegeaufwand nicht zu toppen sind.

▶ **Anwender**
Management und IT-Abteilung müssen sich mit der dritten Gruppe arrangieren. Diese dritte Gruppe sind die Anwender, die am Ende das neue System bedienen und damit zurechtkommen müssen. Doch gerade die Anwender sind zumeist darauf bedacht, keine Änderungen am aktuellen Ist-Zustand in Kauf zu nehmen, auch wenn dies oftmals nur damit zusammen hängt, dass man sich nicht umstellen will. Die Aussage »Es funktioniert ja eigentlich alles ganz gut« schwebt so oft wie ein Damoklesschwert über dem Projekt.

Tabelle 7.1 fasst die Intentionen der einzelnen Gruppen bei den ACME-Motorenwerken zusammen.

Management	IT-Abteilung	Anwender
▶ Optimierung der Produktion ▶ mehr Transparenz ▶ Erhöhung des ROI ▶ Verbesserung der Reaktionszeiten ▶ Vereinfachung der Auftragsbearbeitung	▶ Vereinheitlichung der Systeme ▶ Erhöhung der Wartbarkeit und Zuverlässigkeit	▶ Vereinfachung der Prozesse ▶ Beibehaltung eigener Standards

Tabelle 7.1 Anforderungen der verschiedenen Interessengruppen

SAP MII bietet in dieser immer wiederkehrenden Zwickmühle für Projektleiter eine einmalige Gelegenheit, alle Parteien zu befriedigen. Mit der mächtigen BLS-Engine im Hintergrund und den vielfältigen Möglichkeiten der Erweiterung ist MII in der Lage, alle Wünsche des Managements zu erfüllen. Zugleich ist MII als SAP-Produkt ein weiterer Baustein in der SAP-Systemlandschaft der ACME-Motorenwerke und bietet somit eine Vereinheitlichung der Systeme selbst in der Produktion. Mit der Erfahrung und dem Know-how, die hinter SAP und MII stehen, erhalten die ACME-Motorenwerke eine ausgereifte, stabile und gut zu wartende Composite Application auf Basis des SAP NetWeaver Composition Environments (SAP NetWeaver CE). Für die IT bedeutet dies, dass somit ausschließlich SAP-Server gewartet werden müssen. Last but not least liegt es nun in den fähigen Händen des Projektteams, ob bzw. wie die Prozesse – wie aus der Produktion gewünscht – vereinfacht und in welchem Umfang alte Standards beibehalten werden können.

Ein immer wiederkehrender Bonus von SAP MII ist die Möglichkeit, die GUIs der Applikationen an entsprechende Gegebenheiten anzupassen. So kann zum Beispiel das Layout und Handling der zu ersetzenden Applikation detailgetreu nachgebildet werden. Dies erlaubt es dem Kunden – in dem Fall den ACME-Motorenwerken –, auf das MII-System umzusteigen, ohne Benutzerschulungen durchführen zu müssen. Aber auch die komplett flexible Neugestaltung des Systems hat ihre Vorteile, da gesammelte Erfahrungen und Wünsche für Layout und Handling umgesetzt und für die Benutzer optimiert werden können.

Die ACME-Motorenwerke haben mit der Neueinführung des ERP-Systems mit den alten Banden gebrochen und erwarten vom MII-Projekt eine vollkommen neuartige Umsetzung der vorhandenen Betriebsdatenerfassung.

Als erster logischer Projektschritt nach der Akquise ist die Blueprint-Phase ausschlaggebend für ein erfolgreiches Projekt.

8 Blueprint-Phase

In diesem Kapitel wird beschrieben, worauf bei einem MII-Projekt bezüglich des Bluprints geachtet werden muss und wie die einzelnen Interessengruppen (PM, QM, PT, IT, User) in dieser Phase miteinander arbeiten können. Konkret wird in diesem Kapitel auf den Bluprint-Workshop und auf die anschließende Abnahme des Blueprints eingegangen.

8.1 Blueprint-Workshop

Nach der Sichtung der einzelnen Anbieter wurden ACME-IT-Services dazu eingeladen, zusammen mit einem Teil des Projektteams der ACME-Motorenwerke einen Blueprint-Workshop durchzuführen.

In diesem Workshop sollte neben einer detaillierten Betrachtung der verschiedenen zu lösenden Aufgaben auch geprüft werden, inwieweit der Kunde ACME-Motorenwerke mit den jeweiligen Projektteams zusammenarbeiten kann und wie die Vorstellungen der teilhabenden Parteien umgesetzt werden können.

Der fünftägige Blueprint-Workshop wurde hier grob in drei Teile gegliedert.

Teil 1 – Kennenlernen (1. Tag)

Für den ersten Teil des Blueprint-Workshops, der auch gern als die Kennenlernphase bezeichnet wird, eignet sich am besten der erste Tag des Workshops.

Vorstellung
Das Team von ACME-IT-Services trifft das Stammteam des Kunden ACME-Motorenwerke (Projektleitung, IT-Verantwortliche, Produktionsverantwortliche), um einander bekannt zu machen. Vonseiten der ACME-IT-Services waren neben dem Projektleiter auch der zuständige Entwicklungsleiter und

ein Teil der für das Projekt geplanten Entwickler am ersten Tag zugegen (siehe Tabelle 8.1).

ACME-Motorenwerke (AMW)	ACME-IT-Services (A-IT)
Projektleitung	Projektleitung
IT-Verantwortliche	Entwicklungsleitung
Produktionsverantwortliche	Teil des Entwicklungsteams

Tabelle 8.1 Teilnehmer des Workshops

[+] **SAP-Verantwortlichen des Kunden hinzuziehen**
Je nachdem, wie groß das SAP-Know-how des Kunden ist, ist bei einer projektierten Anbindung von SAP MII an SAP ERP zwingend zu empfehlen, einen entsprechenden Modulbetreuer des den Kunden beratenden SAP-Systemhauses hinzuzuziehen. Auf diese Weise können böse Überraschungen im Projekt vermieden und bereits während der Blueprint-Phase adäquate Anpassungen seitens des SAP ERP-Systems vorgenommen werden.

Begonnen wurde der Workshop mit einer Vorstellungsrunde, in der sich sowohl der Kunde als auch die anwesenden Projektmitglieder vorgestellt haben. Wichtig ist zum aktuellen Zeitpunkt die Aufstellung des Kunden in diesem Projekt, um etwas mehr Transparenz in die einzelnen Absichten und Präferenzen der nächsten Seiten zu bringen. Zu diesem Zweck erhalten Sie nun eine kleine Übersicht des Kundenstammteams (siehe Tabelle 8.2). In Abschnitt 10.1, »Die Entwickler«, finden Sie eine Übersicht über das Entwicklungsteam von ACME-IT-Services.

Projektleitung	Frau Müller Projektsponsorin Leiterin der Gesamtproduktion der ACME-Motorenwerke	Herr Meyer Projektleiter Produktionsleiter für den Standort Frankelsbrunn
IT-Verantwortliche	Herr Schulze Netzwerkadministrator	Frau Schmidt SAP-Verantwortliche
	Herr Weber Systembetreuer Support-Verantwortlicher	Herr Wagner Serveradministrator SAP-Basis-Betreuer
Produktions- verantwortliche	Herr Becker Teamleiter Produktion	Frau Richter Qualitätssicherung

Tabelle 8.2 Stammteam der ACME-Motorenwerke

Betrachten Sie die Projektleitung: Frau Müller beobachtet das Projekt aus rein organisatorischer Sicht. Die eigentliche Projektleitung obliegt Herrn Meyer. Frau Müller berichtet dem Steuerungsausschuss oder Lenkungsausschuss, dem sie angehört, und kann in entsprechenden Situationen eingreifen. Herr Meyer ist für alle Entscheidungen, die getroffen werden müssen, der Ansprechpartner und erwartet eine Produktionssteigerung durch das Projekt.

Wie an der Trennung der verschiedenen Aufgabengebiete zu erkennen ist, sind Frau Schmidt, Herr Schulze, Herr Weber und Herr Wagner ständige Begleiter des Projektes, da sie für die jeweiligen Projektteile die Ansprechpartner sind. Nach der Einführung des SAP ERP-Systems vor einigen Monaten haben sowohl Frau Schmidt als auch Herr Wagner und Herr Weber alle Hände voll damit zu tun, den täglichen Ablauf komplett umzustellen und Fragen und kleinere Probleme – die bei jeder Neueinführung eines ERP-Systems auftreten – zu beantworten und zu lösen.

> **Kombinierte Einführung von MII und ERP** [+]
>
> Wird ein MII-Projekt zusammen mit oder kurz nach einer ERP-Umstellung eingeführt, haben die technischen Ansprechpartner meist schon einen vollen Tagesplan. Für beide Seiten erleichtert sich die Projektarbeit ungemein, wenn sich die Entwicklung der MII-Applikation in einigen Punkten an die Gegebenheiten der Umgebung anpasst, auch wenn dies vielleicht nicht der optimale Weg ist. Generell gilt es aber, dies abzusprechen und mitzuteilen, die Kollegen des Kunden werden es Ihnen sicherlich danken.

Im Gegensatz zu Frau Richter ist Herr Becker nur daran interessiert, ein funktionierendes, einfach zu bedienendes System zu erhalten, das von seinen Arbeitern schnell und einfach erlernt und bedient werden kann. Frau Richter sieht die Herausforderungen des Projektes eher in Entwicklung und Einhaltung der Dokumentation und der jeweiligen Richtlinien, sodass nach erfolgreichem Abschluss des Projektes eine Sicherung der bereits existierenden Qualität der Produktion gewährleistet ist und (so das Ziel) verbessert werden kann.

> **Frühzeitig die Anwender einbeziehen** [+]
>
> Lassen es Projektteam und Projektplan zu, ist es zu empfehlen, während der Projektrealisierungsphase sowohl mit den IT-Verantwortlichen als auch mit den Anwendern zu kommunizieren, um auf die jeweiligen Bedürfnisse eingehen zu können. Oftmals verbessert sich dadurch die Akzeptanz des neuen Systems bei den Anwendern, da sich sowohl Anwender als auch Administratoren eher mit einem System identifizieren können, das sie schon länger »kennen« und an dem sie mitgewirkt haben.

8 | Blueprint-Phase

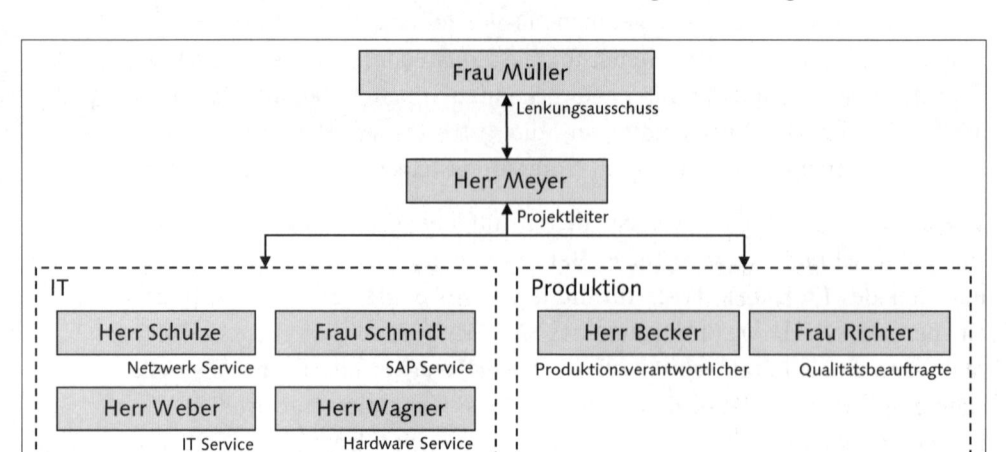

Das Stammteam der ACME-Motorenwerke zeigt Abbildung 8.1.

```
                        Frau Müller
                        ↕ Lenkungsausschuss
                        Herr Meyer
                        ↑ Projektleiter
        ┌───────────────┼───────────────┐
   IT                              Produktion
   ┌─────────────┬─────────────┐   ┌─────────────┬─────────────┐
   Herr Schulze   Frau Schmidt      Herr Becker    Frau Richter
   Netzwerk Service  SAP Service    Produktionsverantwortlicher  Qualitätsbeauftragte
   Herr Weber     Herr Wagner
   IT Service     Hardware Service
```

Abbildung 8.1 Struktur des AMW-Stammteams

Begehung und Besichtigung

Nach der allgemeinen Vorstellung wurde das Projektteam mit der gestellten Aufgabe vertraut gemacht. Um dies zu gewährleisten, wurden die beiden Teams gemischt und in kleine Gruppen aufgeteilt, um die Fertigungsanlage zu besichtigen.

Durch die Anlagenführung und die ersten Gespräche konnten die Entwickler schnell und präzise ein Verständnis für die einzelnen Anforderungen und Aufgaben entwickeln, die durch die Software erfüllt werden müssen. Dies wiederum erleichterte der Projekt- und Entwicklungsleitung ihre Aufgabe und die Beschleunigung des Projektes. Aus diesen Gründen ist eine Begehung der Anlagen mit dem Team in Integrationsprojekten in jedem Fall zu empfehlen.

Unterbrochen wurde die Führung lediglich durch ein gemeinsames Mittagessen, bei dem auch persönliche Kontakte geknüpft und das »firmenübergreifende« Team gefestigt werden konnte.

Teil 2 – Aufnahme der Anforderungen (2.-4. Tag)

Nachdem am ersten Tag des Workshops das gesamte Team einen Eindruck der zu leistenden Arbeit erhalten hatte, wurden an den nun folgenden Tagen des Blueprint-Workshops alle Anforderungen durch den Projekt- und Entwicklungsleiter der ACME-IT-Services im Detail erfasst und zu einem Blueprint zusammengetragen.

> **Dynamische Anforderungen beim Kunden und beim Dienstleister** [+]
>
> Die Anforderungen, wie sie beispielsweise in Abschnitt 7.2 zu finden sind, verändern sich typischerweise im Laufe eines Workshops. Die jeweiligen Verantwortlichen des Kunden erkennen mit fortschreitendem Stand des Möglichen und steter Beratung weitere Optimierungspotenziale und Vereinfachungen des Systems, die dann oft in den Blueprint aufgenommen werden können.
>
> In der Regel besteht der Drang zur Optimierung des Systems nicht nur beim Kunden, sondern auch beim Dienstleister: Fühlt sich der Kunde schon zu Beginn der Blueprint-Phase verstanden und merkt, dass die ihm gegenübersitzenden Berater auf sein Kerngeschäft eingehen können und sich damit auskennen, kann gleich zu Beginn ein gemeinsamer Weg gefunden werden.
>
> So verspricht das Projekt, einen guten Verlauf zu nehmen, und es können oftmals auch nachfolgend weitere Aufträge generiert werden. Dies geschieht natürlich nur, sofern der Kunde mit der geleisteten Arbeit im initialen Projekt zufrieden ist.

Während der Diskussion zu den einzelnen Punkten der Anforderungen konnten schnell mehrere Dinge überarbeitet und angepasst werden. Diese Punkte wurden dem Kunden wie folgt dargelegt:

Visualisierung
Zum Thema der *Visualisierung* entstand kein großer Diskussionsbedarf. SAP MII basiert auf Java und ist eine Webapplikation, mit deren Hilfe schnell und unkompliziert auf fast jedem beliebigen Endsystem die gleichen Daten angezeigt werden können. Zur Nutzung wurden, wie im Anforderungspaket nachzulesen, die Betriebssysteme Windows 2000/XP, Mac OS 10.x und die Webbrowser Microsoft Internet Explorer 7.0 sowie Mozilla Firefox 3.0 definiert.

Zur Optimierung des Fortschritts hatten sich die ACME-Motorenwerke – auf Anraten von ACME-IT-Services – dazu bereit erklärt, für den zu implementierenden Intranetteil entsprechende Stylesheets und Vorlagen im CSS-Format zur Verfügung zu stellen. Aufgrund von Namenskonventionen und Verwendung von klassenbasierten Stylesheets war es für A-IT somit einfach, die GUIs gemäß den Vorgaben zu implementieren.

Der Vorschlag, die komplette Applikation im Layout des Intranets zu gestalten, wurde zwar angenommen, aber nach Kurzem wieder verworfen. Begründet lag dies vor allem darin, dass – entgegen dem Intranet – die Bedienung der Applikation an den Anlagen und hier meist über *industrial PCs* (iPCs) sowie fast ausschließlich via Touchscreen stattfindet. Ein Layout, das für Standard-PCs definiert ist, kann hier leider nur in geringem Maß Anwendung finden.

> **[+] Frühzeitige Berücksichtigung von Layout-Vorgaben**
>
> Im Allgemeinen kann während der Designphase jedoch schon Rücksicht auf Layout-Vorgaben, zum Beispiel eines Intranets, genommen werden. Einzig die Anpassung der Schaltflächen auf zu gewährleistende Touch-Fähigkeit muss gegeben sein, um den Anwendern im Werk das Handling zu erleichtern.

Maschinenzustände

Ein wenig komplizierter hingegen war die Festlegung der Funktionalität der *Maschinenzustände*. Diese sind im Kontext mit den zu erstellenden OEE-Funktionalitäten zu betrachten, und die Maschinenzustände sind die wohl wichtigsten Informationen zur Berechnung von OEE-Kennzahlen. Herr Becker war der Auffassung, dass alle Maschinendaten für die Berechnung der gewünschten OEE-Kennzahlen relevant sind und neben der Anzeige somit auch in die Berechnung mit einfließen müssen. Frau Richter und Herr Müller hingegen waren der Meinung, dass die meisten Informationen zu detailliert und somit unwichtig für eine Gesamtbetrachtung seien.

Diese Standpunkte wurden jeweils vehement vertreten, und es wurden für jede der Aussagen gute Gründe genannt, sodass auch nach längerer Diskussion noch nicht sicher war, in welche Richtung man sich hier bewegen wollte: Sollen Werte in die Bewertung einfließen? Welche Werte sollen in die Bewertung mit einfließen, und welche Werte sollen ignoriert werden?

Jeder projekterfahrene Berater wird diese Situation kennen. Ein großes Problem hierbei liegt häufig in der Verständigung. Aspekte, die der einen Partei ganz logisch erscheinen, sind für die andere Partei absolut nicht zu begreifen und müssen oftmals durch eine dritte Partei erläutert oder aufgeklärt werden. In diesem Fall war für die Entwickler klar, dass die Anzeige, die der Anwender vor sich hat, etwas anderes anzeigen kann als eine Berechnung, die im Hintergrund abläuft. Für andere war es zu diesem Zeitpunkt Fakt, dass immer genau das angezeigt wird, was auch berechnet ist.

Nach reiflicher Überlegung wurde der folgende Vorschlag eingebracht, der letzten Endes umgesetzt werden sollte:

Das SAP MII-System wird alle Werte, die von den Maschinen kommen, verarbeiten. Je nach Typ der Meldung wird diese zur OEE-Berechnung hinzugerechnet bzw. ausschließlich am System angezeigt. Werte, die zur OEE-Berechnung gezählt werden, sind lediglich die Initialinformationen: Anlagenstatus (Start/Stopp/Fehlerzustand)/Stückzähler/Ausschusszähler. Die weiteren Informationen, wie beispielsweise Fehlerdetails oder Ähnliches, sind für die ACME-Motorenwerke rein visueller Natur und nur für den Anwender wichtig, um entsprechende Aktionen durchführen zu können. Hieraus ergeben sich für die Berechnung der einzelnen OEE-Kennziffern wichtige Informationen.

OEE-Berechnung
Für die OEE-Berechnung bei AMW wurde die folgende Formel vorgegeben:

OEE = Verfügbarkeit × Leistung × Qualität

Generell gibt es zur Berechnung der einzelnen OEE-Kennzahlen bei jedem Kunden unterschiedliche Vorgehensweisen und Anforderungen, beispielsweise ob Rüstzeiten zu geplanten oder ungeplanten Zeiten gehören. Im Fall der ACME-Motorenwerke waren Rüstzeiten bisher immer geplante Stillstandszeiten, was bedeutet, dass sie nicht in die OEE-Berechnung mit eingebunden werden.

Das bedeutet für die Berechnung der *Verfügbarkeit* (OEE-1), dass dem Prozentsatz der KPI-1 alle Rüstzeiten zugewiesen und diesem somit faktisch keinerlei Bedeutung zugesprochen wurde. Andere Kunden, die Rüstzeiten zu den einzelnen Auftragszeiten hinzurechnen, haben indes die Möglichkeit, durch Änderung der Auftragsabarbeitung eine Optimierung des Ablaufs zu generieren (wenn mehrere Aufträge des gleichen Typs nacheinander ablaufen, ist zwischen den Aufträgen kein Rüsten erforderlich).

Verfügbarkeitsberechnung (in %)		[zB]
KPI-1:	(Kalenderzeit) – (geplante Stillstandszeit)	
KPI-2:	(KPI-1) – (ungeplante Stillstandszeit)	
KPI-3:	KPI-2 + KPI-1	
OEE-1:	*Kalenderzeit – KPI-3*	

Für die Umsetzung mit MII bedeutet dies, dass die geplanten Auftragslaufzeiten mit den tatsächlichen Laufzeiten (Start/Stopp/Störung) gegengerechnet werden müssen. Hierfür wird lediglich der »Anlagenstatus« von den jeweiligen Geräten benötigt, um eine entsprechende Zahl zu erhalten.

Die zu erbringende *Leistung* setzt sich für die ACME-Motorenwerke relativ simpel durch einen Vergleich der geplanten Menge mit der Ist-Menge zusammen, woraus sich die folgende Formel für OEE-2 ergibt:

Leistungsberechnung (in %)		[zB]
KPI-4:	(geplante Menge)/Ist-Menge	
OEE-2:	*OEE-1 – KPI-4*	

In diesem Fall wird neben der geplanten Menge, die jeweils den Daten des SAP-Auftragskopfes entnommen werden kann, die Information des Stückzählers der einzelnen Maschinen verwendet.

Um den für die ACME-Motorenwerke wichtigen qualitativen Anspruch mit in die OEE-Berechnung zu nehmen, wird mit der OEE-3 KPI die *Qualität* der Produktion berechnet. Hierbei wird das Verhältnis der Gesamtproduktion zur Gut-Menge (Gut-Menge = Ist-Menge – Ausschuss) gesetzt:

[zB]

Qualitätsberechnung (in %)	
KPI-5:	(Gut-Menge)/Ist-Menge
OEE-3:	*OEE-2 – KPI-5*

Für diese Berechnung waren sowohl der Stückzähler als auch der Ausschusszähler der einzelnen Maschinen relevant.

Die Realisierung dieses Datenhaushalts und der dazugehörigen Berechnungen hat dank SAP PCo und der MII-Businesslogik kein Problem dargestellt. Die Darstellung dieser Berechnungen sollte als Wasserfall-Modell (Waterfall-Chart) realisiert und in die jeweiligen Protokolle integriert werden.

Der Name »Wasserfall-Modell« rührt her von der Art und Weise der Darstellung der Daten. Die zur Verfügung stehende Gesamtzeit (100 %) ist hierbei der Ausgangspunkt. Alle weiteren Datenwerte, wie Stillstände oder der Qualitätsgrad, werden von der Gesamtzahl abgezogen, wodurch der Eindruck eines Wasserfalls entsteht (siehe Abbildung 8.2).

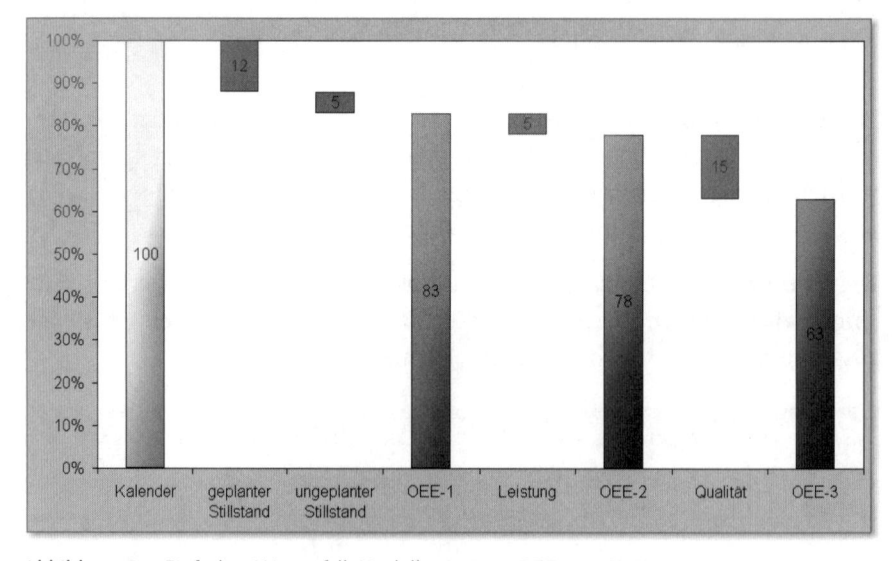

Abbildung 8.2 Einfaches Wasserfall-Modell mit einer OEE von 63 %

Die Visualisierung der bisher nicht berücksichtigten Maschinenzustände wurde als dynamische Übersichtstafel konzipiert, auf der neben den Maschinen die jeweiligen Informationen angezeigt werden sollten.

Plantafel
Ein ebenfalls erwähnenswerter Punkt des Blueprint-Workshops war die *Plantafel*. Bisher haben die ACME-Motorenwerke die entsprechenden Planungen an White-Boards durchgeführt, was nunmehr vollkommen digitalisiert werden sollte. Da die White-Board-Zusammenstellungen nachträglich zu Dokumentationszwecken in Excel dupliziert wurden und dies in Zukunft auch weitergeführt werden sollte, schlug ACME-IT-Services vor, die Excel-Planung als führend zu definieren und die Daten der jeweiligen Excel-Datenblätter via ActiveX auszulesen und darzustellen. Dieser Vorschlag stieß auf große Zustimmung, da sich die Planer keiner Umstellung unterziehen mussten.

Für die *Protokollierung* und Nachverfolgbarkeit der Materialbewegung nach den einzelnen Produktionsvorgängen wurde eine einfache, aber effiziente Variante einer Intramaterialverwaltung überdacht, wonach in den Vorgängen jeweils die Zielcharge des Vorgangsergebnisses mitgegeben werden sollte. In einer Mapping-Tabelle in MII sollten die einzelnen Materialein- und -ausgänge gebucht werden, um die spätere Berechnung leicht durchführen zu können und ein Übergehen von Material A + B in Material C und Auftrag D + E zu gewährleisten. In Abbildung 8.3 ist ein Beispiel für eine solche Materialverfolgung dargestellt.

Ähnlich einfach wie die Aufgabenstellung bei der Protokollierung war auch die Frage nach dem führenden System zu beantworten. Diese Frage spielt wohl in jedem Projekt eine gewisse Rolle, in dem ein ERP-System angebunden wird.

Bei der wohl gängigsten Methode der Aktualisierung von Daten wird im SAP-System bei jeder Änderung ein zugehöriges IDoc an MII gesendet, das die Änderungen beinhaltet. Dies ist genau so lange erlaubt, bis der Auftrag in der Produktion gestartet wird. In diesem Fall sollte von MII eine Meldung an das ERP-System ergehen, wonach der entsprechende Auftrag nicht mehr geändert werden darf. Dies kann schon mit dem Schreiben des Startvorgangs zu diesem Auftrag erreicht werden.

Da jedoch für das OPUS-Projekt in SAP MII keinerlei eigene Datenhaltung geplant war (außer den OEE-Daten), bestand kein Bedarf an einer Datenabgleichung bei Änderungen. Bei jedem Aufruf der Auftragsdaten wurden alle Informationen live aus dem SAP ERP-System gelesen.

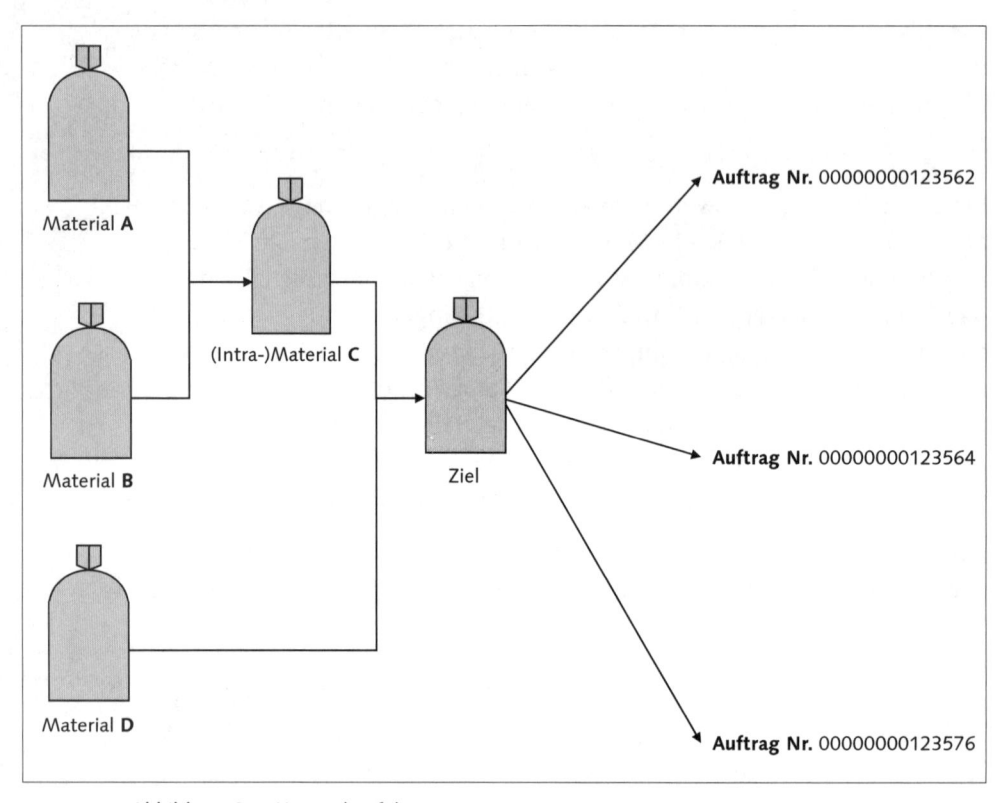

Abbildung 8.3 Materialverfolgung

Für den *Datenaustausch* mit unterlagerten Systemen sollte SAP MII als Web Service für die jeweiligen Systeme fungieren und die notwendigen Daten bereitstellen. Dies bedeutet, dass MII XML-basierte Schnittstellen bereitstellen muss:

- eine Schnittstelle für ein unterlagertes System zur Druckersteuerung
- eine Schnittstelle zur Übergabe von Fräsprogrammen zur Steuerung einzelner Roboter
- eine Schnittstelle zur Anbindung eines Datenbankservers mit vielen Produktionsdaten (Historian-Server)

Sowohl Datenaustausch als auch die Frage nach dem *Sizing* und der *automatisierten Teileprüfung* an den Robotern wurden sehr schnell in den Blueprint übernommen. Es mussten dabei keine Änderungen an den Requirements vorgenommen werden, da diese Aufgabenstellungen mit nativen SAP MII-Funktionalitäten abgedeckt werden konnten.

Server-Sizing [+]

Ein Sizing der zu verwendenden Serverhardware ist im SAP Service Marketplace zu erhalten (Quick Sizer). Generell gilt jedoch, dass die Serverlast bei intensiver Nutzung von Visualisierungskomponenten oder Datenabfragekomponenten (bei direktem Einbau im Frontend) ungleich höher ist als bei reinen Reporting-Funktionalitäten wie dem bloßen Anzeigen von Auftragsdaten oder 1:1-Weiterleiten von Daten.

Zusammenfassung
Nachdem die technischen Punkte des Blueprints so weit geklärt waren, haben sowohl Projektleitung als auch Fach-/Entwicklungsleitung einen guten Einblick in die Thematik der zu realisierenden Applikation.

In den vergangenen drei Tagen konnten während der Gespräche und Definitionen der technischen Gegebenheiten durch den Entwicklungsleiter vom Projektleiter zusätzlich schon Prozesspläne erstellt werden, die im Anschluss an die Besprechungen jeweils direkt mit dem Kunden erörtert werden konnten. Somit wurden neben den eigentlichen technischen Informationen zur Blueprint-Generierung gleich die Prozesse modelliert und vereinbart, die der Applikation zugrunde liegen sollten.

Der Blueprint-Workshop war für beide Seiten ein äußerst wichtiger Schritt bezüglich des weiteren Projektverlaufs, denn durch den Workshop erübrigten sich Diskussionen während der Projektierung, und das gesamte Team konnte sich auf die Realisierung der ihm gegebenen Aufgaben konzentrieren.

Erstellung der Prozesspläne [!]

Generell gilt: Je früher die Prozesspläne erstellt und mit dem Kunden abgestimmt werden können, desto einfacher und effizienter kann die Realisierung der Applikation vonstattengehen.

Teil 3 – Abschluss der Blueprint-Phase (5. Tag)

Am letzten Tag der Blueprint-Phase wurde das Konzept, das an den vorherigen Tagen erarbeitet worden war, vom Projektteam (ACME-Motorenwerke und ACME-IT-Services) allen Projektmitgliedern vorgestellt und besprochen. Insbesondere ACME-IT-Services legte großen Wert auf die Präsentation der einzelnen Prozesse, da sich hier erfahrungsgemäß auch beim besten Projektteam schon mal der eine oder andere Fehler eingeschlichen hat. Zudem wurden die SAP-Schnittstellen, die ebenfalls an den Tagen zuvor definiert und ständig aktualisiert worden waren, dem Blueprint angehängt, das heißt offiziell in den Blueprint aufgenommen.

Auch andere Fragen oder Anregungen, die zur Sprache kamen, wurden vom ACME-IT-Services-Projektleiter aufgenommen und nach Absprache dem Blueprint hinzugefügt oder verworfen.

Das Ziel der vergangenen Woche wurde somit erreicht und nach den verstrichenen fünf Tagen konnte ein Blueprint vorgelegt werden, der sowohl beim Kunden als auch beim Projektteam keine Fragen mehr offen ließ. Darüber hinaus waren die Basisprozesse für die Applikation so weit geklärt, dass die Entwicklungsleitung darauf basierend die entsprechenden Logikprozesse definieren konnte.

8.2 Abnahme des Blueprints

Bevor der Blueprint zur Unterzeichnung an den Kunden weitergegeben wurde, wurde zusammen mit dem Entwicklerteam ein interner, zweitägiger Workshop durchgeführt, bei dem die bereits festgehaltenen Eckpunkte genauer bedacht und vorbereitet wurden.

Mit dieser Besprechung wurde Sorge dafür getragen, dass keinerlei Stolperstein im Blueprint verankert wurde, den man in der Entwicklung nicht problemlos umgehen können würde, wie zum Beispiel die Aufnahme einer Funktion, deren Realisierung zu einem größeren Mehraufwand geführt hätte. Gleichzeitig wurde dieser Workshop als internes Kick-off-Meeting genutzt, um alle beteiligten Kollegen mit der Thematik vertraut zu machen und den Blueprint für jeden verständlich und begreiflich zu formulieren.

Bei diesem Kick-off-Meeting wurden einige kleinere Anpassungen vorgenommen, die den Verlauf der Entwicklung vereinfachten. Die Anpassungen wurden zuvor natürlich am Blueprint geprüft, mit entsprechender separater Dokumentation beigefügt bzw. in einem kurzen Telefonat mit dem Kunden besprochen.

[+] **Blueprint – möglichst präzise und konkret**
Je genauer die Informationen des Blueprints spezifiziert sind, desto einfacher wird der Projektverlauf sein, da kein Spielraum für »Interpretationen« gelassen wird. Darüber hinaus erleichtert die gemeinsame Erarbeitung der Blueprint-Eckdaten die Zusammenarbeit mit dem Kunden, da diese aus gemeinsamer Feder stammen, selbst wenn nachträglich wie hier im Beispiel Änderungen an den Blueprint-Spezifikationen durchgeführt werden müssen.

Der leicht angepasste Blueprint wurde am darauffolgenden Arbeitstag demgemäß aufbereitet an den Kunden verschickt und zwei Tage später unterschrieben an die ACME-IT-Services zurückgesendet. Damit war der Grundstein für ein erfolgreiches Projekt gelegt, und die Spezifikationen zur Realisierung konnten beginnen.

Nach der Abnahme des Blueprints wurde vonseiten der ACME-Motorenwerke die *User Requirement Specification* (URS) erstellt/angepasst, die die einzelnen Bedürfnisse an die Software definiert. Basierend darauf, wurde vom Projektteam der AMCE-IT-Services die *Functional Specification* (FS) erarbeitet, die den funktionalen Rahmen der OPUS-Applikation beschreibt. Durch die detaillierte Aufnahme aller Rahmenbedingungen schon während der Blueprint-Phase war es ein Leichtes, diese Functional Specification gemäß den Spezifikationen zu erstellen.

Wie bereits für den Blueprint war es bei der Erstellung der Functional Specification notwendig, alle Informationen mit aufzunehmen, die zur Definition der zu erbringenden Leistung erforderlich sind und die die zu realisierenden Aufgaben möglichst passend definieren.

Mit der Abnahme des Blueprints wurde neben den zu entwickelnden Funktionen auch die Erstellung von Installations- und Benutzerhandbüchern vereinbart, die durch A-IT erstellt und zur Endabnahme des Projektes ausgeliefert werden sollten.

Wie können die Software und die Systeme gemäß den Anforderungen des Blueprints am besten aufgebaut werden? In diesem Kapitel werden anhand des zuvor erstellten Blueprints die daraus resultierenden Spezifikationen für eine SAP MII-Applikation erstellt.

9 Systemarchitektur

Für den Erfolg eines jeden Integrationsprojektes ist die richtige Strukturierung der Logik und des Systems wichtig. Mit jedem System, das an MII angebunden und in die logischen Prozesse eingebettet werden soll, steigen die Anforderungen an eine gute Systemarchitektur und somit an den Softwarearchitekten.

9.1 Wichtige Kennziffern ermitteln

Wie für jede andere Software gilt auch für jede in SAP MII implementierte Applikation: Wichtige Kennziffern müssen berücksichtigt werden, ohne die eine ordnungsgemäße Funktion nicht gewährleistet werden kann.

> **Kennziffern eines MII-Projektes** [+]
>
> Wichtige Kennziffern in Bezug auf ein erfolgreiches SAP MII-Projekt sind Informationen wie »Anzahl simultaner Benutzer«, »aufkommendes Datenvolumen«, »Anzahl Benutzergruppen« etc. Die Beachtung dieser Kennziffern beginnt in einem SAP MII-Projekt bereits bei der Spezifizierung der SAP NetWeaver CE-Hardware, die hier aber nicht weiter betrachtet werden soll.
>
> Wichtige Kennziffern sind ausschlaggebend für die Systemarchitektur und das Verhalten von SAP MII sowie der darauf implementierten Applikationen. Die Fehlinterpretation oder gar das Ignorieren dieser Kennzahlen kann ungeahnte Folgen für das Projekt mit sich bringen.

Für das Integrationsprojekt bei den ACME-Motorenwerken (AMW) wurden die folgenden Kennziffern mitgeteilt:

- **Belastung – Anzahl der Benutzer**
  Die Applikation muss simultan bis zu 152 Benutzer unterstützen. Realis-

tisch betrachtet, ist eine Anzahl von 76 simultanen Benutzern die Regel, da bei AMW im Zweischichtbetrieb gearbeitet wird.

▶ **Signalverarbeitung**
Das System muss gleichzeitig 64 eingehende Signale interpretieren können. Die zu lesenden Steuerungssignale der einzelnen Maschinen ändern sich im Mittel einmal alle halbe Stunde, die der Montageroboter mehrmals in der Minute.

▶ **Serveranbindung**
Die SAP-Server stehen am Standort in Frankelsbrunn und befinden sich im Hauptgebäude in ca. 50 Metern Entfernung. Die Gebäude sind durch Glasfaserkabel miteinander verbunden.

▶ **Endgeräteanbindung**
Es besteht eine ständige 100-MBit-Verbindung zwischen den einzelnen Endgeräten und eine 1.000-MBit-Verbindung zwischen den einzelnen Routern.

▶ **Betriebszeiten**
Der Betrieb arbeitet fünf Tage die Woche im Zweischichtbetrieb bei 15 Stunden Betriebszeit am Tag.

▶ **Netztopologie**
Produktionsnetz und Verwaltungsnetz sind logisch voneinander getrennt. Beide Netze haben jeweils ein eigenes *V-LAN* (virtuelles LAN).

Die Informationen zu den Kennziffern wurden von ACME-IT-Services (A-IT) aufgenommen und bewertet. Anhand dieser Kennziffern lassen sich die folgenden Aussagen treffen:

▶ Eine Live-Anbindung an die SAP-Systeme kann ohne Probleme erfolgen, bei hohem Datenaufkommen (viele Benutzer greifen gleichzeitig auf SAP zu) kann es jedoch zu Engpässen kommen.

▶ Das aufkommende Datenvolumen kann ohne Probleme von Server und Netzwerk bewältigt werden. Hierbei wird von einer ständigen Belastung von 1 MBit pro Benutzer ausgegangen, was bei der Maximalanzahl von 152 Benutzern 152 MBit Netzbelastung bedeutet, die jedoch über mehrere Gebäude verteilt sind. Maximal 50 Benutzer, das heißt 50 MBit pro Hauptverteiler fallen zur Last.

▶ Obwohl diese Belastung zu bewältigen ist, sollte überlegt werden, die Netzlast zu optimieren, um gegebenenfalls auftretende Engpässe zu vermeiden.

Zusätzlich wurden die angetragenen Informationen zur LAN-Topologie in einem entsprechenden Diagramm festgehalten und die Feinspezifikation als Anhang hinzugefügt (siehe Abbildung 9.1).

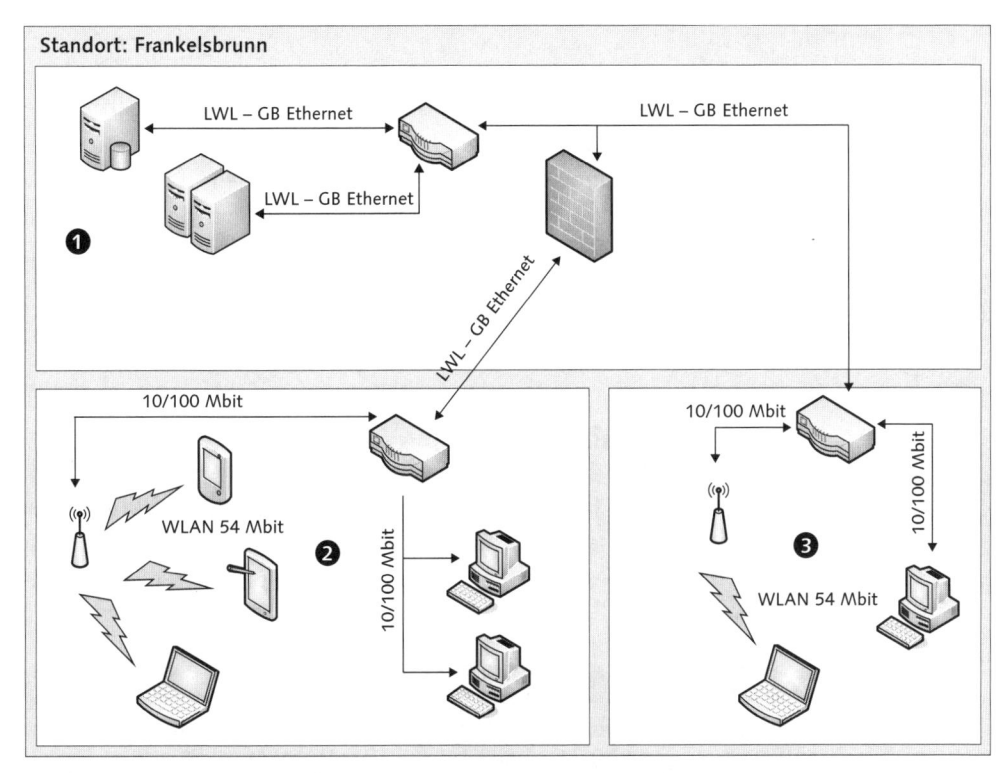

Abbildung 9.1 AMW-Netztopologie

Abbildung 9.1 zeigt die Netztopologie in einer groben Übersicht. ❶ zeigt die Datenwege innerhalb des Rechenzentrums in Frankelsbrunn, unter ❷ ist die logische Struktur der Datenwege innerhalb des Produktionsnetzes zu sehen, und ❸ zeigt die Struktur des Verwaltungsnetzes.

> **Serverbelastung reduzieren** [+]
>
> Mit einem kleinen Trick kann die Serverlast bei vielen simultanen Benutzern, die unterschiedliche Datenquellen verwenden, reduziert werden, indem die Datenkommunikation von der Server- auf die Client-Seite übertragen wird. Dies kann beispielsweise über die Nutzung von AJAX-Funktionalitäten bei der Kommunikation mit OPC XML-DA-Servern realisiert werden.
>
> Außerdem können etwaige Bausteine anstatt in der Businesslogik ebenfalls clientseitig ausgeführt werden – was aber nur für kleinere Logiken zu empfehlen ist.

> Darüber hinaus empfiehlt es sich bei intensiver Datenkommunikation zwischen einem Client und beispielsweise einer Siemens S7-Steuerung, die Kommunikationswege zu minimieren. Dies kann beispielsweise durch einen seriellen Anschluss der S7 an den Client oder den Einzug einer weiteren Netzwerkinstanz (Switch) erreicht werden.

Da nunmehr die Notwendigkeit bestand, das Datenvolumen so gering wie möglich zu halten, wurden für einige Client-Systeme an den Produktionsanlagen und deren Verbindung an die Roboter eigene kleine Netzwerke installiert, indem zu den jeweiligen iPCs ein Switch gestellt wurde, der sowohl den iPC als auch den Roboter-Signalgeber verband. Somit waren die hoch frequentierten Robotersignale lokal an den iPC gebunden und wurden nicht mehr über das Netz verteilt.

9.2 Prozessvisualisierung

Mitunter der wichtigste Teil während der Entwicklungsvorbereitung ist die *Prozessvisualisierung*. Sie dient dazu, komplexe Prozesse in grafischer Form niederzuschreiben und festzuhalten und somit für alle Beteiligten verständlicher zu machen.

[+] **Prozessvisualisierung**
Prozessvisualisierung ist die grafische Darstellung von Prozessen auf einer Benutzerschnittstelle. Prozessvisualisierung wird angewendet für Qualitätsmanagement, Automatisierungstechnik, Verfahrenstechnik, Managementprozesse, betriebswirtschaftliche Prozesse etc., aber auch in Forschung und Entwicklung zur Simulation von Abläufen. (Quelle: wikipedia)

Zunächst dient die Prozessvisualisierung dazu, dem Entwicklungsteam einen Gesamtüberblick über die zu realisierende Software zu geben und die Zusammenhänge begreifbar zu gestalten. Die Prozessvisualisierung hat hierbei nicht den Anspruch, vollständig alle Prozesse bis ins Detail abzubilden, sollte aber alle wichtigen Zusammenhänge und Abhängigkeiten beinhalten, sodass im darauffolgenden Schritt durch die Entwicklungsleitung entsprechende Ablaufdiagramme erstellt werden können.

Aus diesem Grund wird oftmals die Erstellung eines Prozessmodells oder besser noch einer Prozesslandkarte (oder beides) zur initialen Beschreibung forciert. Für das Projekt bei AMW wurde zu Beginn ein Standardkernprozess abgebildet, der mit einigen Zusatzinformationen angereichert war.

Abbildung 9.2 zeigt den Kernprozess der AMW-Auftragsbearbeitung von der Planung und Freigabe eines Auftrags über die eigentliche Fertigung sowie Prüfung und gegebenenfalls eine Zwischenlagerung im Ausgangslager in Frankelsbrunn.

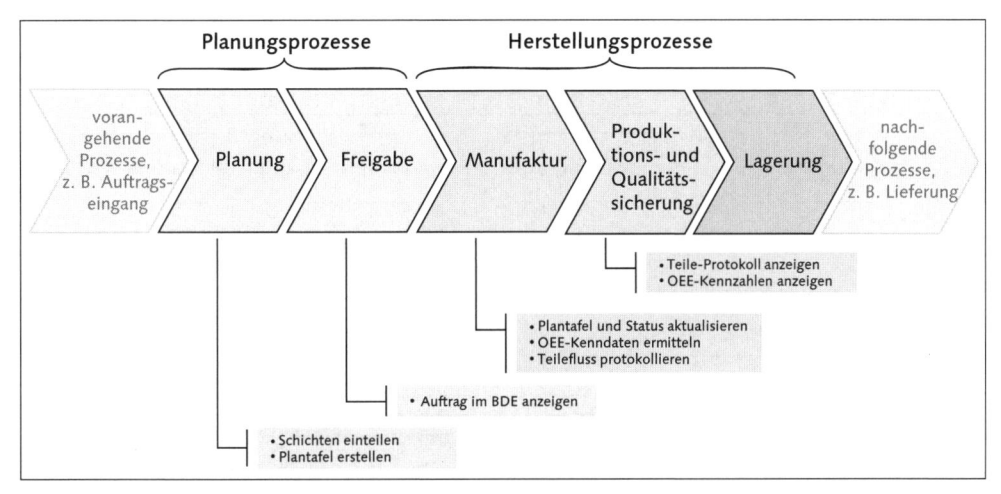

Abbildung 9.2 AMW-Kernprozess

Basierend auf diesem Kernprozess, wurde nun eine Prozesslandkarte gefertigt, die die einzelnen Schritte der Fahrzeugherstellung und die Verbindung zu den einzelnen zu entwickelnden Funktionalitäten der Applikation beinhaltet.

Sowohl die Kernprozessmappe (die ausführliche Betrachtung des Kernprozesses und der detaillierten Beschreibung der einzelnen Prozessteile) als auch die Prozesselandkarte wurden nach der Abnahme des Blueprints erstellt, basierend auf den Ergebnissen des internen Workshops. Als Beispiel für die Prozesslandkarte zeigt Abbildung 9.3 die Planungsprozesse. Die ERP/MII-Prozesse werden hier vertikal gegenübergestellt, sodass die korrespondierenden Aktionen untereinander stehen.

Es ist zu erkennen, dass schon beim eigentlichen Anlegen der Auftragsdaten in SAP ein Abgleich zu MII stattfinden soll. Für die Visualisierung wurde definiert, dass der soeben erstellte Auftrag grau gefärbt angezeigt werden soll ❶, um zu indizieren, dass sich der Auftrag zurzeit noch in Planung befindet.

Planung und Änderungen der Planung im SAP-System sollen in MII generell in einer Anpassung der Auftragsplandaten resultieren. Im Gegensatz zum gerade erstellten Auftrag soll ein geplanter Auftrag nunmehr grau eingefärbt,

9 | Systemarchitektur

aber mit blauen Streifen versehen werden, um anzuzeigen, dass sich dieser Auftrag noch in der Planung befindet ❷. Dies war von Herrn Becker gewünscht, um es den Vorarbeitern zu ermöglichen, frühzeitig auf Planänderungen reagieren zu können.

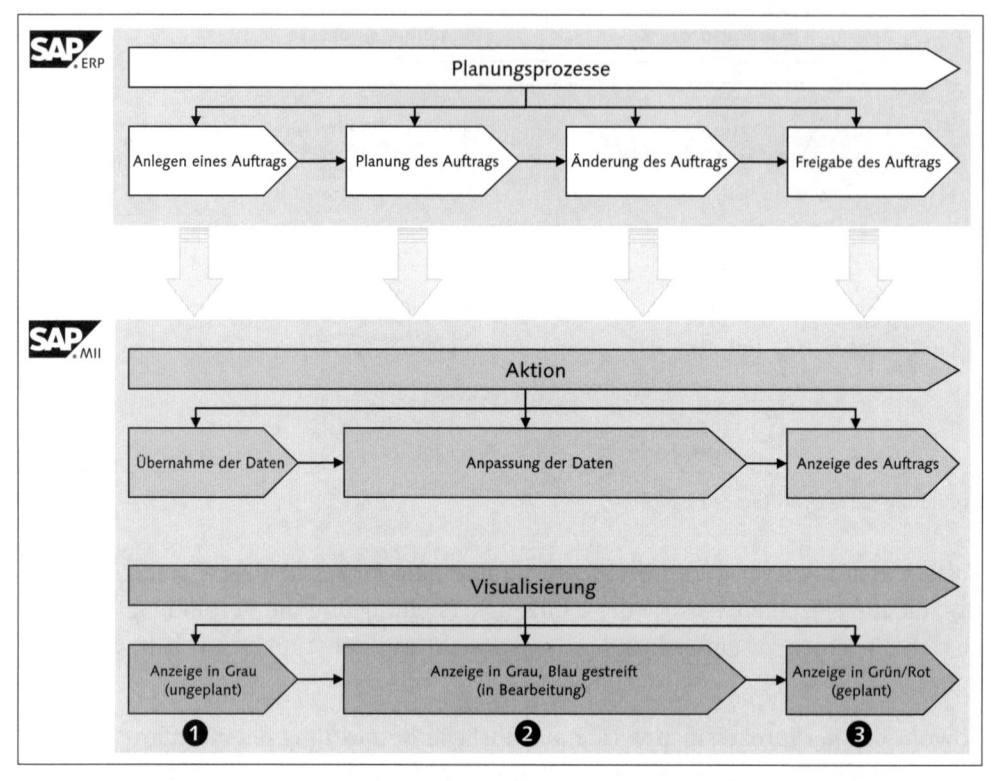

Abbildung 9.3 Prozesslandkarte

Mit der Freigabe des Auftrags soll auch in MII der Auftrag nun zur »Anzeige« gebracht werden. Im Hintergrund soll der Vermerk GEPLANT gesetzt werden, sodass der Auftrag festgeschrieben wird. »Festgeschrieben« bedeutet bei AMW, dass keinerlei Änderungen am Auftrag mehr vorgenommen werden und der Auftrag gemäß Planung durchgeführt wird. Freigegebene Aufträge sollen entweder grün oder rot eingefärbt werden, je nachdem, ob der Auftrag »in-time« gefertigt werden kann oder nicht (siehe ❸ in Abbildung 9.3).

Die erstellten Prozesslandkarten dienten somit als Grobkonzept und wurden dem Blueprint zur Bestätigung durch den Kunden beigelegt.

9.3 Logische Ablaufdiagramme

Mit den zu diesem Zeitpunkt freigegebenen Prozesslandkarten konnte der Entwicklungsleiter der A-IT nunmehr beginnen, die Feinkonzepte zu den einzelnen Funktionalitäten der Applikation zu definieren.

> **Hinweis** [+]
>
> Hier soll nicht die Verwendung eines Ablaufdiagrammtyps vorgeschrieben werden, vielmehr soll die Nutzung eines Programmablaufplans statt beispielsweise eines Nassi-Schneiderman-Diagramms oder eines Jackson-Diagramms den Unterschied zu einer Prozessvisualisierung aufzeigen und verständlich machen.

Abbildung 9.4 zeigt einen Programmablaufplan (PAP) zur Datenübernahme der Visualisierung der Planungsprozesse. Ein solches Ablaufdiagramm besteht theoretisch aus drei Teilen, logisch ist es jedoch mit zwei Teilen abzubilden.

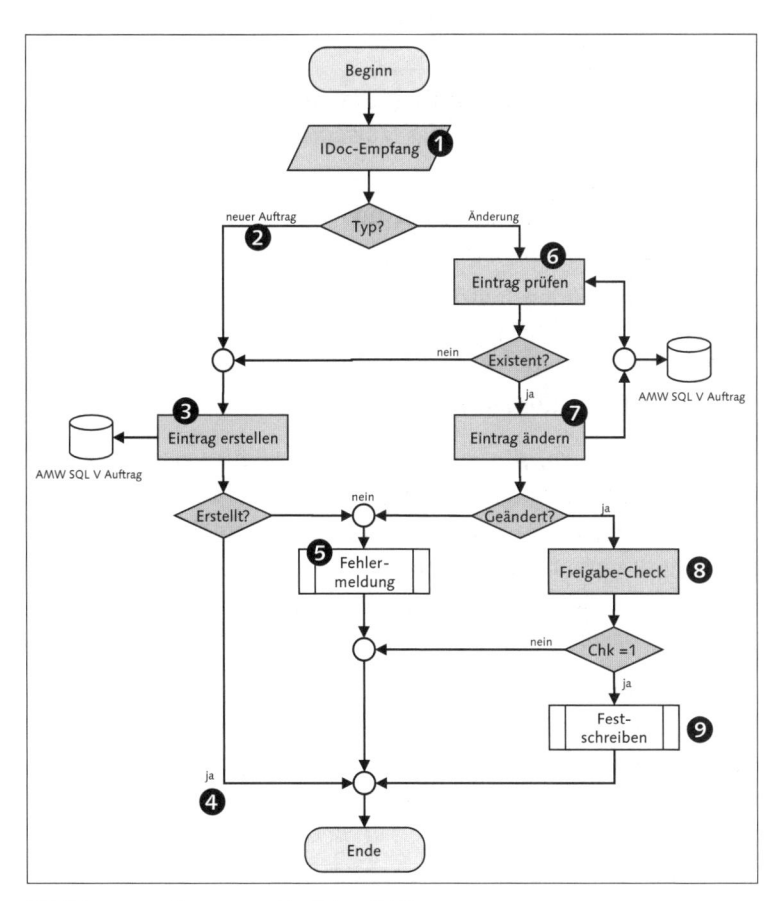

Abbildung 9.4 Programmablaufplan (PAP)

Der logische Ablauf zum Empfangen und Bearbeiten der Prozesse startet mit dem Erhalt des IDocs ❶, das laut Blueprint drei definierte Zustände kennt (»erstellt«, »geändert«, »freigegeben«). Anhand dieses IDoc-Typs wird bei dem Erhalt des IDocs geprüft, ob es sich um einen neuen Auftrag handelt oder um eine Änderungsanweisung für einen bereits existierenden Eintrag.

- **Neuer Auftrag**
  Handelt es sich um einen neuen Auftrag ❷, wird für diesen Auftrag ein neuer Datensatz in der Tabelle V AUFTRAG (alternativ VISUALISIERUNG AUFTRAG) erstellt ❸.
  - Konnte dieser Eintrag erstellt werden, ist die Logik für diesen Part beendet ❹.
  - Konnte der Eintrag nicht erstellt werden, handelt es sich um einen Fehler ❺. Wie im Programmablaufplan zu erkennen, wird nunmehr eine externe Funktion aufgerufen, die sich mit der Fehlerbehandlung beschäftigt. Danach endet auch hier die Logik.

- **Auftrag existiert bereits**
  Handelt es sich bei dem erhaltenen IDoc um einen bereits existierenden Auftrag, wird von der Logik zuerst das Vorhandensein des entsprechenden Eintrags geprüft ❻.
  - Ist der Eintrag nicht in der Datenbank vorhanden (beispielsweise durch einen Fehler im initialen Eintrag), wird er neu angelegt ❸.
  - Ist der Eintrag vorhanden, wird der bestehende Eintrag geändert ❼, und die neuen Daten werden gespeichert. Sollte dies fehlschlagen, wird die bereits erwähnte externe Funktion aufgerufen, die sich um die Fehlerbehandlung kümmert ❺.

War die Änderung erfolgreich, wird das IDoc auf den Status FREIGEGEBEN hin überprüft ❽. Ist die Prüfung erfolgreich (und der Auftrag somit im Status FREIGEGEBEN), wird eine externe Funktion aufgerufen, die eine entsprechende Aufbereitung des Auftrags vornimmt ❾, und das Programm ist beendet. Sollte die Prüfung nicht erfolgreich sein (der Auftrag befindet sich somit nur im Status »geändert«), wird das Programm direkt beendet.

Sie sehen, dass bei einem Prozessablaufplan nicht nur die einzelnen Schritte aufgeführt, sondern ihre Ergebnisse mit in den Ablauf einbezogen werden. Dadurch entsteht keine eindimensionale Reihung wie bei der Prozessvisualisierung, sondern ein mehrschichtiges Schema, das alle möglichen Optionen mit einbezieht. Dieses Beispiel sollte Ihnen verdeutlichen, worin die hauptsächlichen Unterschiede zwischen einer Prozessvisualisierung und einem Ablaufdiagramm bestehen.

> **Entwickler nutzen häufig Ablaufdiagramme**
>
> Im Umgang mit SAP MII werden die meisten Projekte programmatisch durch MII-Entwickler oder Juniorberater durchgeführt (siehe Abschnitt 10.1, »Die Entwickler«). Für beide sind Ablaufdiagramme in der Regel hilfreich, beschleunigen den Fortschritt und minimieren die Notwenigkeit von Korrekturen.

Neben dieser Tatsache sind Ablaufdiagramme generell für jede Projektierung zu empfehlen, da neben der Vereinfachung für die Entwickler sowohl der Kunde als auch die Kollegen aus der Qualitätssicherung immer genau wissen, was an welcher Stelle in der Applikation geschehen soll.

Aus diesem Grund sollten Ablaufdiagramme möglichst zeitnah und vor der Umsetzung durch die Entwickler gemeinsam mit dem Kunden besprochen und freigegeben werden.

Im Anschluss an die eigentliche Projektentwicklung sollten diese Diagramme die Qualitätssicherung in die Lage versetzen, die Applikation auf Herz und Nieren zu prüfen und eine adäquate Aussage über die Qualität des Produktes treffen zu können. Dies ist gerade dann erforderlich, wenn die Qualitätssicherung sich nur am Ende des Projektzyklus mit der Applikation beschäftigt.

Darüber hinaus besteht durch vorhandene Ablaufdiagramme zu jedem Zeitpunkt des Projektes die Möglichkeit, eine Aussage über den Stand und die Qualität der Entwicklung zu treffen (sofern die Ablaufdiagramme umgesetzt werden). Dies wiederum erhöht die Transparenz der Entwicklung und steigert das Vertrauen in die Arbeit des Teams.

Insgesamt wurden für das AMW-Projekt 52 Ablaufdiagramme erstellt, wobei sich die meisten Diagramme mit dem Datentransfer und der entsprechenden Datenhaltung beschäftigen. Auf einige der wichtigsten Ablaufdiagramme im Rahmen des AMW-Projektes wird im Folgenden etwas näher eingegangen.

9.3.1 GUI-Berechtigungen

Berechtigungen der GUIs sind eine der Kernfunktionen größerer Applikationen. So mussten im Rahmen der AMW-Projektierung verschiedenste Benutzerrechte/-gruppen verwaltet und eine passende Berechtigungslogik im System implementiert werden. Eine genaue Definition der Gruppen, mit denen im AMW-Projekt gearbeitet wurde, findet sich in Abschnitt 9.5, »Benutzer und Gruppen«, wieder. Neben dem MII-eigenen Berechtigungskonzept (beschrieben in Abschnitt 3.2, »Benutzer und Gruppen«) war aufgrund der Anforderungen bei AMW die Notwendigkeit gegeben, ein Berechtigungskonzept zu realisieren, das bis auf die Feldebene herunterreicht.

Eine Variante einer Berechtigungskonzeption in der Workbench sowie der für AMW erstellten GUIs wird in Kapitel 10, »Start der Entwicklung«, genauer beleuchtet.

Die in Abbildung 9.5 beschriebene Logik ist im System sowohl in der Businesslogik als auch in den verschiedenen GUIs aufzurufen und wurde in jeder Webseite und jeder Funktion der Applikation fest verankert. Wie zu sehen ist, kommt es bei der Erstellung eines Ablaufdiagramms nicht darauf an, ein möglichst großes Dokument zu verfassen – man muss sich nicht für eine Woche im Büro einschließen, um ein zufriedenstellendes Diagramm zu entwickeln.

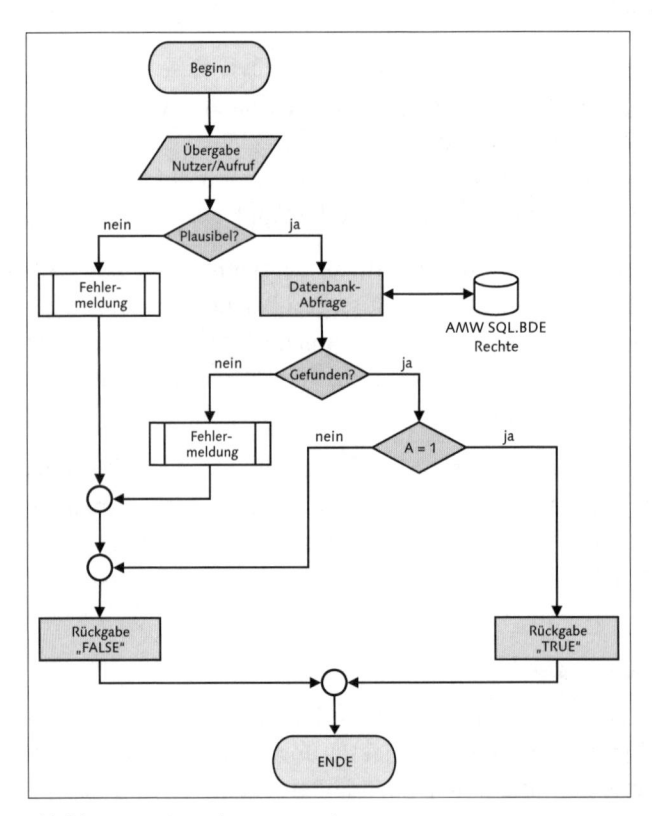

Abbildung 9.5 Berechtigungsprüfung

Es wäre zwar möglich – und von der Komplexität sicherlich sehr viel weniger aufwendig – gewesen, die Informationen beim Login eines bestimmten Benutzers für alle Seiten vorzuladen, doch Frau Richter bestand darauf, dass zu jedem Zeitpunkt die neuesten Berechtigungsinformationen im System verfügbar sein sollten. Denn somit wären Änderungen der Benutzerrechte sofort wirksam, ohne dass die Anwender ihre Stationen neu initialisieren müssten.

Durch die Trennung des Berechtigungskonzeptes in den Bereich Businesslogik und Frontend konnte die A-IT dem System größtmögliche Flexibilität erlauben. Zum einen konnten nun die GUIs bis auf Feldebene definiert werden, zum anderen konnten größere Transaktionen ausgeführt werden und je nach Berechtigung Teile ihrer Funktion ausführen oder nicht.

9.3.2 Maschinenvisualisierung

Ein immer wiederkehrendes Thema der Maschinenvisualisierung ist die Frage nach der Umsetzung. Für AMW wurde die Übersicht über die zur Verfügung stehenden Maschinen in ein Datenbankkonzept gegossen, das schon in vorherigen Projekten erfolgreich war. Maschinen waren frei definierbar und konnten in Gruppen bzw. Linien zusammengefasst werden. Die entsprechenden Maschinensignale konnten in Gruppen zusammengefasst den Maschinen zugewiesen werden.

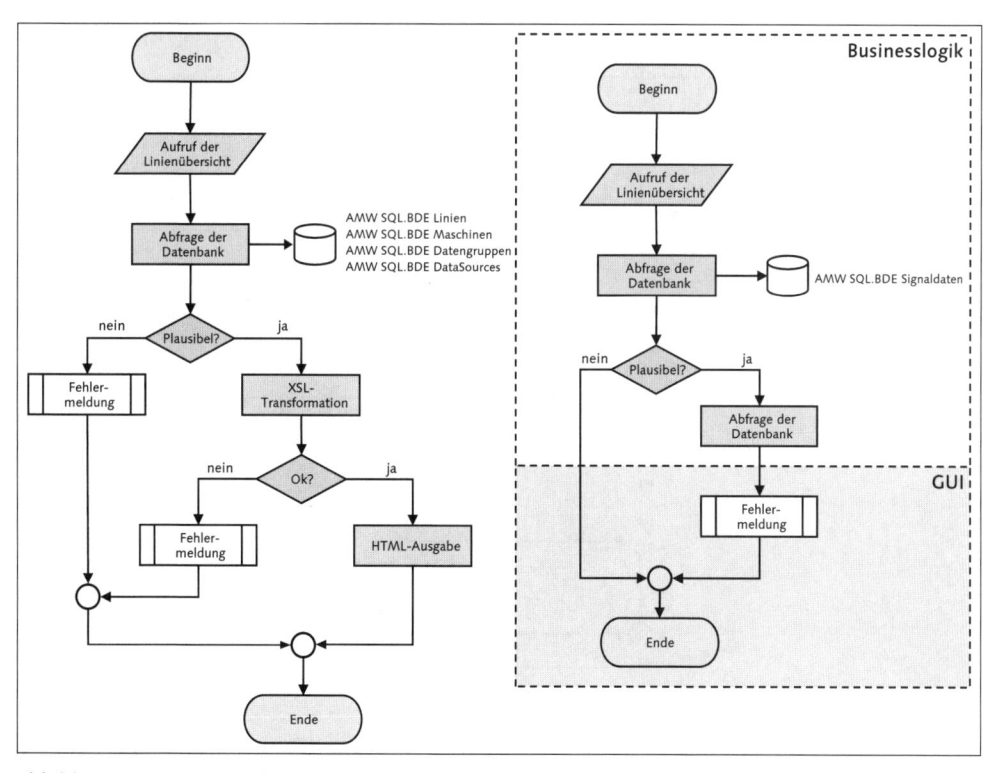

Abbildung 9.6 Linienvisualisierung

Abbildung 9.6 zeigt das Laden der Linienvisualisierung. Nach der Abfrage der relevanten Maschinen wird das Ergebnis mithilfe einer XSL-Transformation berechnet und ausgegeben. Der rechte Logikstamm stellt die zu implementierende Logik dar, die den Statuswechsel der einzelnen Maschinen im GUI durchführt.

9.3.3 Meldungsquittierung

Speziell für Frau Richter und ihr Validierungsteam war die Quittierung der Meldungen eine der wichtigsten Realisierungen im gesamten Projekt, da nicht jeder MII-Benutzer berechtigt war, jede Meldung zu signieren. Im entsprechenden Ablaufdiagramm (siehe Abbildung 9.7) ist zu sehen, welche Logik der Meldungsausgabe und der jeweiligen Quittierung zugrunde lag, die letzten Endes zu einer erfolgreichen Implementierung der Meldungslogik führte. Die Implementierung geschah unter Nutzung des Authentifizierungsdialogs von SAP MII.

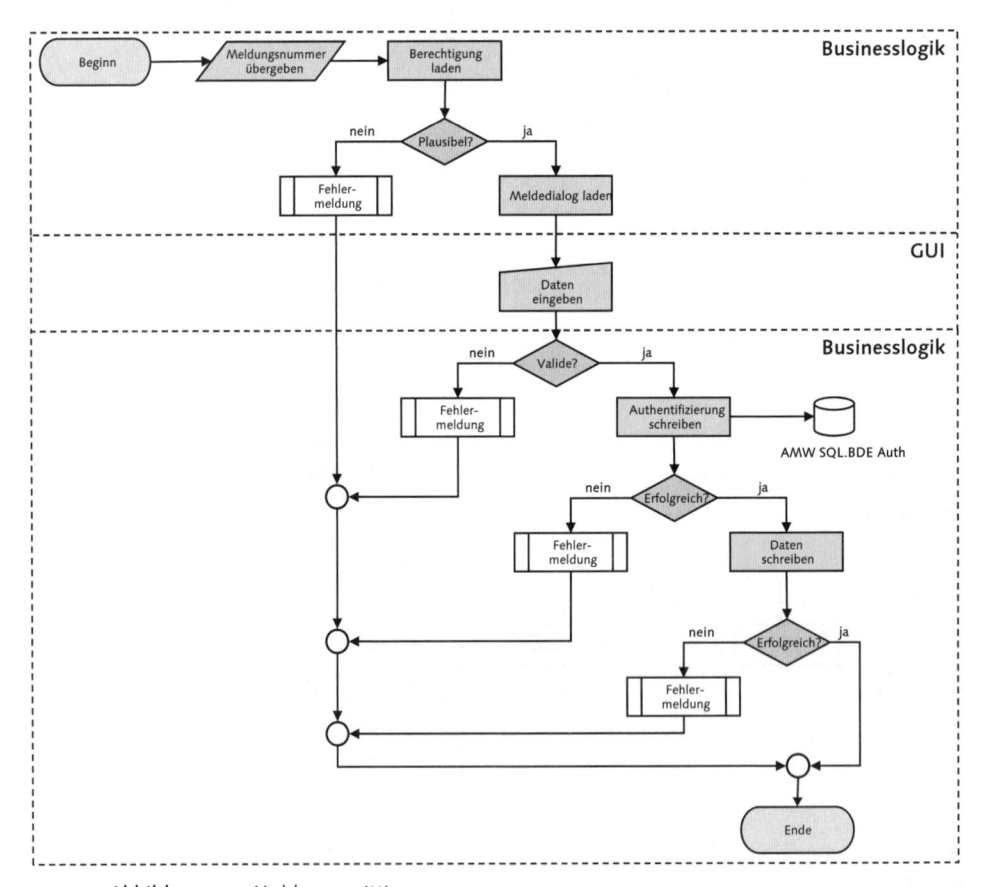

Abbildung 9.7 Meldungsquittierung

Mit der Übergabe der zu signierenden Meldung wählt die Businesslogik die zu verwendende Signaturqualität. Ist zu der angegebenen Meldenummer keine Signaturgruppe hinterlegt, bricht das System mit einer entsprechenden Fehlermeldung ab. Falls doch, werden die Signaturinformationen geprüft, die der Benutzer am GUI hinterlassen hat. Sollte die Signatur nicht zu der notwendigen Signaturgruppe gehören, bricht das System mit einer Fehlermeldung ab. Anderenfalls werden die Signaturinformationen zur späteren Rückverfolgbarkeit und Qualitätssicherung gespeichert und dem Auftrag zugeordnet. Schlägt dieser Datenbankzugriff fehl, bricht die Funktion mit einer Fehlermeldung ab. Bei erfolgreicher Durchführung des Datenbankzugriffs werden die Meldungsdaten geschrieben und die Signatur gilt als erfolgreiche Authentifizierung.

9.3.4 Teilefluss

Für Herrn Becker, und zusätzlich auch für Frau Richter, ist die Protokollierung des Teileflusses interessant. Ziel des Projektes sollte es sein, automatisiert den kompletten Teilefluss zu protokollieren und somit bis auf die einzelne Schraube dokumentieren zu können, welche Teile in einem fertigen KTF verbaut worden sind. Für Herrn Becker war die Intention die nachträgliche Prüfung auf Vollständigkeit hin (als Abgleich mit den Auftragsdaten), für Frau Richter die Rückverfolgbarkeit der einzelnen Teile, um bei auftretenden Problemen sofort reagieren zu können.

Wie in Abbildung 9.8 zu sehen ist, beruht die Erstellung des Teileflussprotokolls sowohl auf der Informationssammlung via GUI als auch auf der Informationsbereitstellung via Businesslogik. So kann der Anwender zum Beispiel entsprechend verwendete Bauteile dem KTF zuweisen oder defekte Bauteile melden. Ebenso werden die vom Roboter gescannten Bauteile via GUI an das Teileflussprotokoll gesendet. Bauteile, die von weiteren, voll automatisierten Systemen verarbeitet werden, werden direkt über die Businesslogik verarbeitet.

Alles in allem wird nach dem Aufruf einer Teileidentifiktation die gemeldete ID im SAP-System auf Verfügbarkeit hin geprüft. Sollte diese Prüfung fehlschlagen – zum Beispiel existiert das Teil gar nicht oder ist für einen anderen Auftrag vorgesehen –, bricht die Funktion mit einer Fehlermeldung ab. Hat das Bauteil die Prüfung bestanden, werden im nächsten Schritt die notwendigen Auftragsdaten geladen, um zu überprüfen, ob das identifizierte Teil für diesen Auftrag gültig ist. Auch hier bricht die Funktion im Fehlerfall ab und meldet diesen. Bei erfolgreicher Plausibilitätsprüfung am Auftrag werden die

Teiledaten mit Bezug auf den Auftrag in der Tabelle BDE TEILEFLUSS gespeichert und sind somit für das Protokoll verfügbar. Bei einem Fehler in der Speicherung bricht die Funktion wie schon gehabt mit einer Fehlermeldung ab. Im Erfolgsfall wird eine Verbrauchsverbuchung an SAP geschickt.

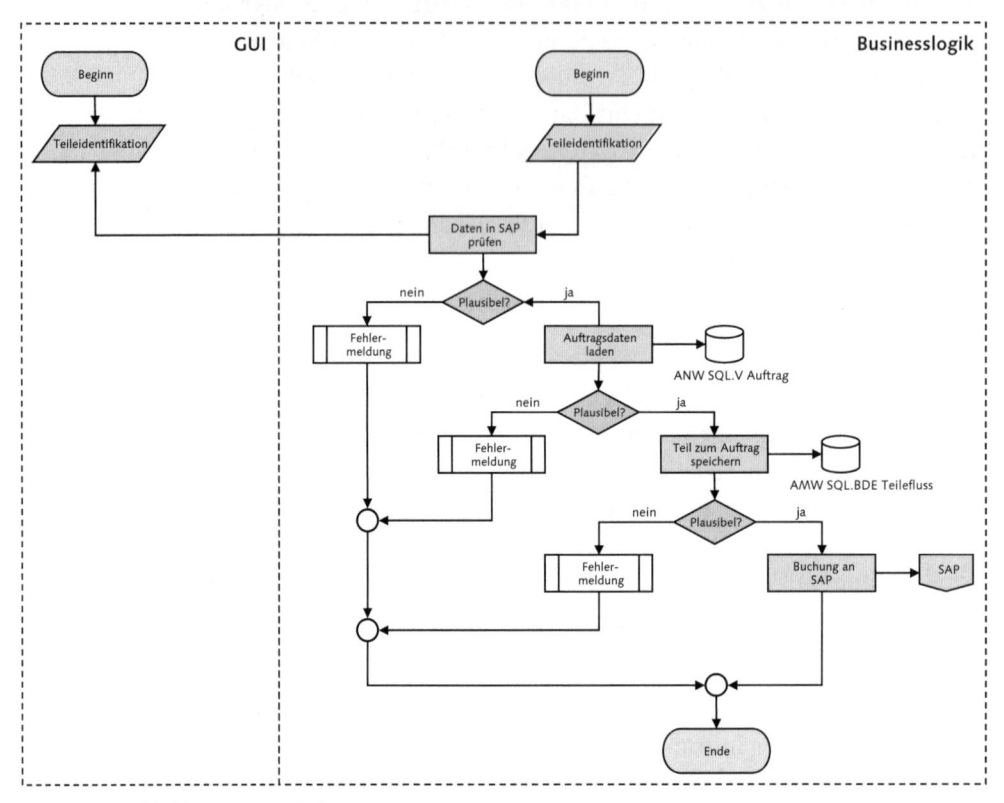

Abbildung 9.8 Teilefluss

9.3.5 OEE-Berechnungen

Als letztes Ablaufdiagramm steht die Berechnung der OEE-Kennzahlen an (siehe Abbildung 9.9). Diese Logik wurde komplett in die Businesslogik implementiert, da ausschließlich die Ausgabe der entstandenen Ergebnisse für eine Interaktion geplant war.

Wichtig für die Berechnung der OEE-Daten ist die richtige Zuordnung relevanter Signale zu den entsprechenden Maschinen und deren Zuordnung zu den einzelnen Aufträgen.

Nachdem geprüft wurde, ob die gewählte Auftrags-/Schichtkombination schon als OEE-Protokoll vorliegt, soll die Funktion die im Optimalfall vorhandenen OEE-Daten aus der Datenbank auslesen und zurückgeben. Sollte das gewählte Protokoll noch nicht erstellt sein, werden zuerst die Auftragsinformationen und danach die dazugehörigen Maschinendaten geladen. Da nun bekannt ist, welche Maschinen zu welchem Zeitpunkt am gewählten Auftrag aktiv waren, werden die relevanten OEE-Daten aus der Tabelle geladen und daraus die OEE-Kennzahlen berechnet. Nach erfolgter Berechnung wird das Protokoll in der Datenbank gespeichert und zurückgegeben.

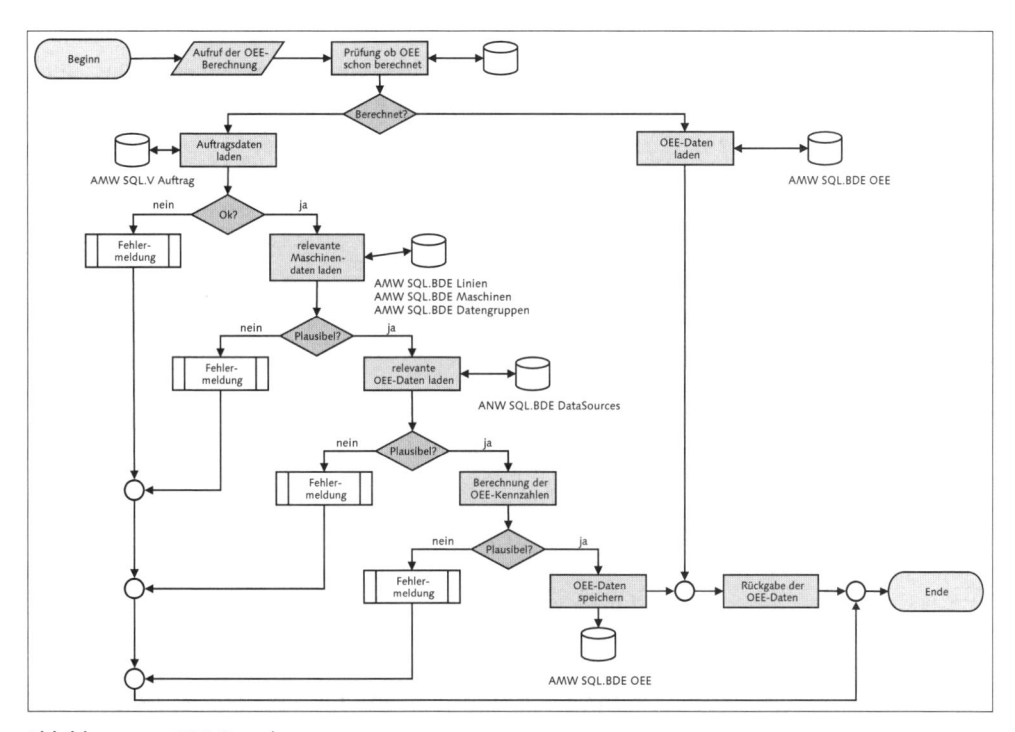

Abbildung 9.9 OEE-Berechnung

9.4 Kommunikationswege definieren

Eine immer wiederkehrende und durchaus spannende Aufgabenstellung bei jedem MII-Projekt ist seit jeher die Definition der Kommunikationswege. Dies liegt nicht zuletzt darin begründet, dass sich der SAP MII-Server in einem Projekt direkt im Local Area Network (LAN) befindet und über 100 oder gar 1.000 MBit aus der Produktion angesteuert werden kann und im nächsten Projekt plötzlich Hunderte Kilometer entfernt in einem Rechenzentrum eines Hosting-Partners aufgestellt ist. Auch wenn AMW keine eigenen SAP NetWeaver CE-Basis-Berater beschäftigt, wurde der SAP NetWeaver CE-Server und somit der SAP MII-Server auf dem Betriebsgelände in Frankelsbrunn positioniert, da hier auch schon die SAP ERP-Server betrieben werden. Damit ist die entsprechende Serversicherheit gegeben und AMW erhält kostengünstige Serverwartung von A-IT.

Im AMW-Rechenzentrum in Frankelsbrunn wurde ebenfalls die SQL-Serverfarm installiert, was eine optimale Anbindung der Datenbankserver an SAP MII garantiert. Die Anbindung der MSSQL- und SAP ERP-Server wurde, nicht zuletzt aufgrund der örtlichen Gegebenheiten, direkt realisiert und besteht aus einer Gigabit-Glasfaser-Leitung, die zwischen den einzelnen Server-Racks und den Hauptverteiler-Switches eingezogen wurde. Die Netzwerkperformance zwischen MSSQL/SAP ERP und SAP MII ist somit optimal definiert und zukunftssicher.

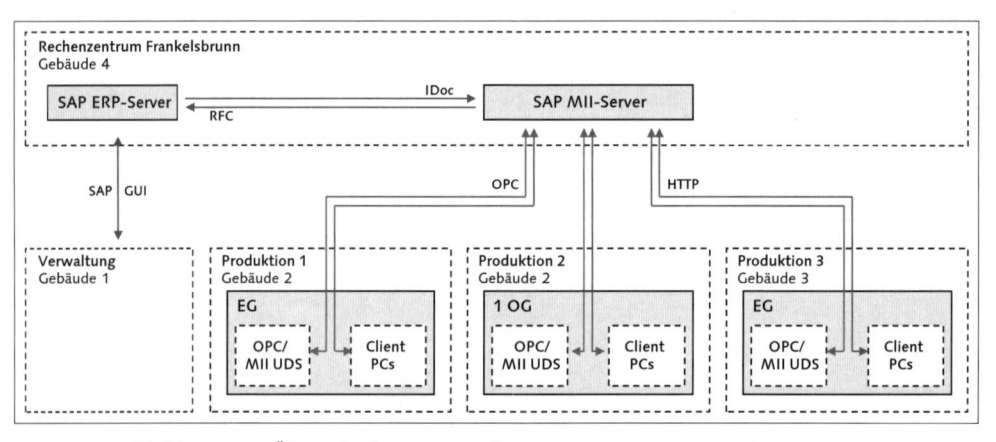

Abbildung 9.10 Übersicht der Kommunikationswege im OPUS-Projekt

Die Anlagenbetreuer-Konsolen sind direkt am LAN angebunden, was im Fall von AMW eine ständige 100-MBit-Anbindung bedeutet. Zusätzlich ist zu erwähnen, dass auf dem Werksgelände in Frankelsbrunn alle Produktionsgebäude untereinander ebenfalls mit 1-GBit-LWL-Kabeln verbunden sind.

Wie in Abschnitt 9.1, »Wichtige Kennziffern ermitteln«, beschrieben, sollte und kann die Netzlast, die von kommunikationsintensiven Netzwerkteilnehmern strapaziert wird, verringert werden. Im konkreten Fall der AMW-Hardware sind es die OPC-Schnittstellen der Produktionshardware, die sehr kommunikativ sind. Da beim Senden aller verfügbaren Daten nicht nur das Netz an der Fülle der Daten leidet, sondern auch die Delay-Zeiten unangenehm hoch werden können, hat sich A-IT im Rahmen des Projektes eines kleinen Tricks bedient.

Die Roboter, die mit ihren Steuerrechnern lokal sehr nahe an den entsprechenden BDE-Terminals stehen (< zehn Meter), werden zusammen mit den Terminal-PCs in einem kleinen, lokalen Netzwerk zusammengeschlossen. Somit beschränkt sich der Datenaustausch zwischen den Robotersteuerungen und den BDE-Terminals auf das aufgebaute Netz. Dadurch wurde die Performance der Datenübertragung merklich verbessert.

Ähnliches wurde bei der Anbindung der übrigen Produktionshardware eingerichtet. Da hier aber nicht so viele Datensignale und vor allem nicht in solch rascher Folge im Netz ausgetauscht werden, wurde hier pro Produktionsgebäude ein SAP PCo installiert, der bei Statusänderung eine entsprechende Meldung an SAP MII schickt und somit die Netzlast zwischen den einzelnen Gebäuden reduziert.

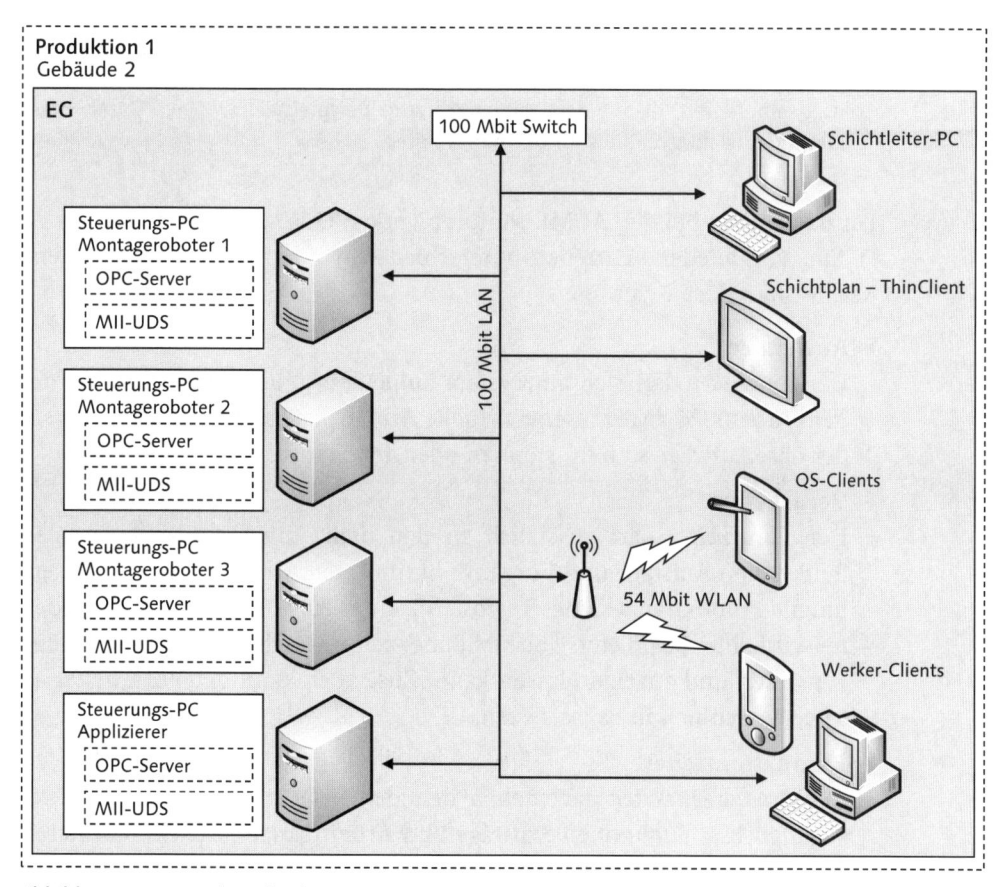

Abbildung 9.11 Detailansicht des P1-Netzes

9.5 Benutzer und Gruppen

Ein weiterer wichtiger Punkt bei der Erstellung der Systemarchitektur war die Notwendigkeit, Funktionsgruppen zu implementieren, um damit verschiedenste Rechte zu gewähren oder zu verweigern. Je nach Typ der Einschränkung empfiehlt es sich, eigene Seiten für die jeweiligen Gruppen zu schreiben. Oftmals reicht es jedoch aus, bestimmte Buttons oder Funktionen für Benutzergruppen zu sperren, die keinen Zugriff darauf haben sollen.

[zB] **Beispiele für und gegen eine seitenbasierte Funktionstrennung**

Ein Beispiel ist das Löschen von Umlaufdaten, was einem »einfachen« Anlagenbediener nicht, aber seinem Vorarbeiter sehr wohl erlaubt sein kann. In diesem Fall lohnt es sich, den Löschen-Button mit einer entsprechenden Rechteprüfung zu versehen.

Ein Gegenbeispiel ist eine Seite für die Verwaltung von Meldedaten, die der Anlagenbediener sehen können muss. Der Vorarbeiter muss diese Liste aber zusätzlich bearbeiten und einzelne Meldungen löschen können. Hier wäre ein Split der Seiten zu empfehlen, da für den Anwender zum Beispiel viel weniger Daten und Funktionen wichtig sind als für den Vorarbeiter.

Für das Projekt bei den ACME-Motorenwerken (AWM) mussten von der A-IT fünf verschiedene Gruppen unterschieden werden, denen verschiedene Rechte zugewiesen wurden.

- **Anwender**
  Der *Anwender* darf sich am System anmelden, und ihm wird sofort der dem Arbeits-PC zugewiesene virtuelle Arbeitsplatz angezeigt. Der Anwender darf Aufträge starten, stoppen oder den Status ändern.

- **Vorarbeiter**
  Der *Vorarbeiter* darf zusätzlich zu den dem Anwender zugewiesenen Funktionen Aufträge und Vorgänge bestimmten Arbeitsplätzen zuweisen, um die Produktivität seines Teams effizienter zu gestalten. Dem Vorarbeiter wird beim Login eine Übersicht über seine Maschinen angezeigt, die er verwalten und anzeigen lassen kann. Zusätzlich kann der Vorarbeiter all seine Maschinen in Pause setzen.

- **Produktionsleiter**
  Der *Produktionsleiter* darf neben den dem Anwender und Vorarbeiter zugänglichen Funktionen Aufträge und Arbeitsgänge löschen, stornieren oder bearbeiten. Dem Produktionsleiter wird beim Login eine Übersicht seiner Produktionslinien angezeigt, über die er sich bis zu den einzelnen Geräten vortasten kann. Zusätzlich kann der Produktionsleiter all seine Linien in Pause setzen und für jede Linie OEE-Kennzahlen berechnen.

- **Administrator**
  Der *Administrator* darf keine direkten produktionsbezogenen Eingriffe vornehmen, ihm obliegt jedoch die Verwaltung und Zuordnung der einzelnen Maschinen, iPCs und Linien. Nach dem Login wird der Administrator in ein Administrationsmenü weitergeleitet.

- **Analyst**
  Der *Analyst* hat ausschließlich Zugriff auf die Analysefunktionen der Applikation. Er kann mit deren Hilfe Auswertungen über die Produktion fahren und OEE-Kennzahlen berechnen. Ebenso kann der Analyst die Funktionalität der Materialverfolgung/Traceability nutzen.

Mit dieser Einteilung war relativ klar, dass dem Produktionsteam gänzlich andere Funktionalitäten bereitgestellt werden sollten als dem Administrator oder Analysten.

Die GUIs der Anwender, Vorarbeiter und Produktionsleiter konnten logisch aufeinander aufbauen und mussten somit jeweils nur einmal entwickelt werden, um die volle Funktionalität zu gewährleisten. Da es keine Benutzer gab, die gruppenübergreifende Rechte benötigten, waren keine weiteren Einschränkungen oder Definitionen erforderlich.

Gruppenübergreifende Rechte sind notwendig	[+]
Sollte die Notwendigkeit oder der Bedarf an gruppenübergreifenden Rechten bestehen, empfiehlt sich die Verwendung einer *Rechtetabelle*, in der Elemente für Benutzer oder Gruppen einzeln freigeschaltet werden können. Diese Tabelle kann auch genutzt werden, um bis auf Feldebene herunter Rechte zu setzen.	

9.6 Datenmodell erstellen

Um die bei AMW zu implementierende SAP MII-basierte Lösung möglichst performant zu gestalten, musste das Datenmodell entsprechend erstellt werden. Ein erster Ansatz war in diesem Fall die komplette Trennung der Stamm- und Bewegungsdaten in zwei unterschiedliche Datenbanken. Tatsächlich leidet die Performance bei datenbankübergreifenden Abfragen, was jedoch keine große Auswirkung auf die einzelnen Seiten oder logischen Objekte hat.

Eine grundsätzliche Trennung von Stamm- und Bewegungsdaten wäre im Prinzip durch unterschiedliche Tabellen schon ausreichend, doch bestand Frau Richter auf der Trennung der Daten, um in SAP MII – mit der Einrichtung verschiedener Konnektoren und Anpassung der Zugriffsrechte – einen generellen Zugriff Unbefugter auf die Daten zu verhindern.

9 | Systemarchitektur

> **[+] Stammdaten in einer separaten Datenbank verwalten**
>
> Bei größeren Projekten mit vielen Stamm- bzw. Administrationsdaten ist generell zu empfehlen, diese Daten von den Umlauf-/Produktionsdaten mithilfe einer separaten Datenbank zu trennen. Es ist dabei aber nicht nötig, auf unterschiedliche Datenbankinstanzen zu setzen.
>
> In vielen großen Projekten wurde die Trennung auch vom Kunden gewünscht, da Stammdaten einem anderen Sicherungszyklus unterworfen werden müssen als Umlauf-/Produktionsdaten. Sollten nun in beiden Datenbanken große Datenmengen hinterlegt sein, müssen keine überflüssig großen Sicherungen erstellt werden, um die jeweiligen Sicherungskriterien und teilweise auch vorgegebenen Standards zu erfüllen.

Gemäß den gerade genannten Anforderungen zur Datensicherung wurden für das Entwicklungsprojekt die Datenbanken OPUS_Stammdaten und OPUS_Produktionsdaten kreiert.

Eine stets wichtige Frage bei der Arbeit mit Datenbanksystemen ist die Optimierung der Strukturen gemäß verschiedenen Normalformen.

9.6.1   1. Normalform (1NF)

Für die erste Normalform gilt, dass Tabellen eine feste Breite besitzen. Jedes Attribut hat einen atomaren Wertebereich; Datenfelder der ersten Normalform dürfen jeweils nur einen Wert enthalten.

id	name	vorname	team	firma	anschrift	mail
1	Becker	Alfred	PRO	AMW	Fahrzeugweg 1, 12345 Frankelsbrunn	alfred.becker@acme-mw.de
2	Meyer	Maximilian	PM	AMW	Fahrzeugweg 1, 12345 Frankelsbrunn	maximilian.meyer@acme-mw.de
3	Müller	Claudia	PM	AMW	Fahrzeugweg 1, 12345 Frankelsbrunn	claudia.mueller@acme-mw.de
4	Richter	Angelika	PRO	AMW	Fahrzeugweg 1, 12345 Frankelsbrunn	angelika.richter@acme-mw.de
5	Weber	Manfred	IT	AMW	Fahrzeugweg 1, 12345 Frankelsbrunn	manfred.weber@acme-mw.de
6	Schulze	Benjamin	IT	AMW	Fahrzeugweg 1, 12345 Frankelsbrunn	benjamin.schulze@acme-mw.de
7	Schmidt	Susanne	IT	AMW	Fahrzeugweg 1, 12345 Frankelsbrunn	susanne.schmidt@acme-mw.de
8	Wagner	Volker	IT	AMW	Fahrzeugweg 1, 12345 Frankelsbrunn	volker.wagner@acme-mw.de

id	name	vorname	team	firma	strasse	hausnr	plz	ort	mail
1	Becker	Alfred	PRO	AMW	Fahrzeugweg	1	12345	Frankelsbrunn	alfred.becker@acme-mw.de
2	Meyer	Maximilian	PM	AMW	Fahrzeugweg	1	12345	Frankelsbrunn	maximilian.meyer@acme-mw.de
3	Müller	Claudia	PM	AMW	Fahrzeugweg	1	12345	Frankelsbrunn	claudia.mueller@acme-mw.de
4	Richter	Angelika	PRO	AMW	Fahrzeugweg	1	12345	Frankelsbrunn	angelika.richter@acme-mw.de
5	Weber	Manfred	IT	AMW	Fahrzeugweg	1	12345	Frankelsbrunn	manfred.weber@acme-mw.de
6	Schulze	Benjamin	IT	AMW	Fahrzeugweg	1	12345	Frankelsbrunn	benjamin.schulze@acme-mw.de
7	Schmidt	Susanne	IT	AMW	Fahrzeugweg	1	12345	Frankelsbrunn	susanne.schmidt@acme-mw.de
8	Wagner	Volker	IT	AMW	Fahrzeugweg	1	12345	Frankelsbrunn	volker.wagner@acme-mw.de

Abbildung 9.12 Anwendung der 1NF

Hieraus erschließt sich die in Abbildung 9.12 durchgeführte Normalisierung, indem das Feld der Firmenanschrift »AMW Straße 1, 12345 Frankelsbrunn« aus der ursprünglichen Tabelle in vier unterschiedliche Felder STRASSE, HAUSNR, PLZ und ORT aufgeteilt wurde. Damit sind die Vorgaben für die 1NF erfüllt.

9.6.2 2. Normalform (2NF)

Die erste Bedingung der 2NF ist, dass alle Bedingungen der 1NF erfüllt sind! Darüber hinaus muss jeder Datensatz durch einen Primärschlüssel eindeutig zu identifizieren sein, weshalb für jede Tabelle ein Attribut gefunden werden muss, das eindeutig ist. Sollte kein solches Attribut gefunden werden können, muss ein künstliches geschaffen werden. Sehr beliebt in diesem Zusammenhang ist das Einfügen einer ID-Spalte als Schlüssel.

Die einzelnen Tabellen erhalten jeweils Daten eines Themengebietes. So lassen sich aus den bereits bekannten Rohdaten die folgenden Tabellen erstellen (siehe Abbildung 9.13).

id	name	vorname	email
1	Becker	Alfred	alfred.becker@acme-mw.de
2	Meyer	Maximilian	maximilian.meyer@acme-mw.de
3	Müller	Claudia	claudia.mueller@acme-mw.de
4	Richter	Angelika	angelika.richter@acme-mw.de
5	Weber	Manfred	manfred.weber@acme-mw.de
6	Schulze	Benjamin	benjamin.schulze@acme-mw.de
7	Schmidt	Susanne	susanne.schmidt@acme-mw.de
8	Wagner	Volker	volker.wagner@acme-mw.de

id	team	firma	straße	hausnr	plz	ort
1	PM	AMW	Fahrzeugweg	1	12345	Frankelsbrunn
2	IT	AMW	Fahrzeugweg	1	12345	Frankelsbrunn
3	PRO	AMW	Fahrzeugweg	1	12345	Frankelsbrunn

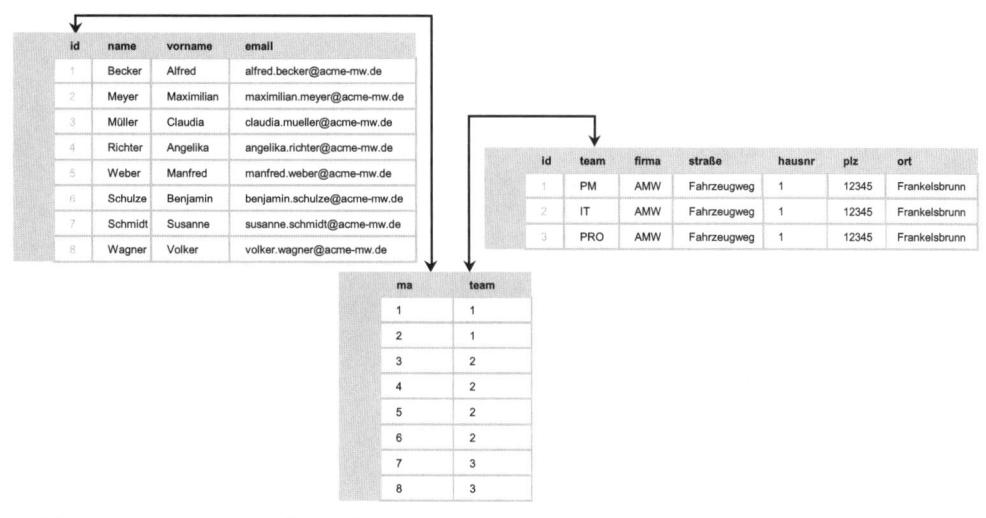

ma	team
1	1
2	1
3	2
4	2
5	2
6	2
7	3
8	3

Abbildung 9.13 Anwendung der 2NF

9.6.3 3. Normalform (3NF)

Im Optimalfall beruht die Datenbankstruktur einer SAP MII-Applikation auf der dritten Normalform (3NF), die ACME-IT-Services (A-IT) für das AMW-Projekt hat realisieren können.

Die erste Bedingung der 3NF ist, dass alle Bedingungen der 2NF erfüllt sind! Zudem gilt Folgendes: Um die Kriterien der 3. Normalform zu erfüllen, dürfen alle Datenfelder nur vom Primärschlüssel abhängig sein. Aufgrund dessen darf es keine transitiven (kettenartigen) Abhängigkeiten geben. Eine transitive Abhängigkeit besteht dann, wenn ein Attribut über ein anderes Attribut (nicht direkt) vom Primärschlüssel abhängig ist.

Mit der 3. Normalform werden zwar viel mehr einzelne Tabellen benötigt, um die Optimierung der Datenwerte und deren Zugehörigkeiten zu sichern, dafür werden jedoch weniger Daten gespeichert, da keine Mehrfacheinträge nötig sind.

Wie am Beispiel von Abbildung 9.14 zu erkennen ist, bedeutet die Optimierung einen Mehraufwand beim Anlegen der Tabellen (eine zweite Tabelle, die ausschließlich die Firmeninformationen beinhaltet, muss erstellt werden), dafür wird durch die Indizierung der notwendigen Firmeninformationen das Datenaufkommen eingegrenzt, denn der Firmeneintrag wird nur einmal geschrieben und in der Haupttabelle nur noch referenziert. Dies kann Datenabfragen insbesondere dann beschleunigen, wenn initial große Tabellen, deren Werte immer nur partiell benötigt werden, geteilt und normalisiert werden.

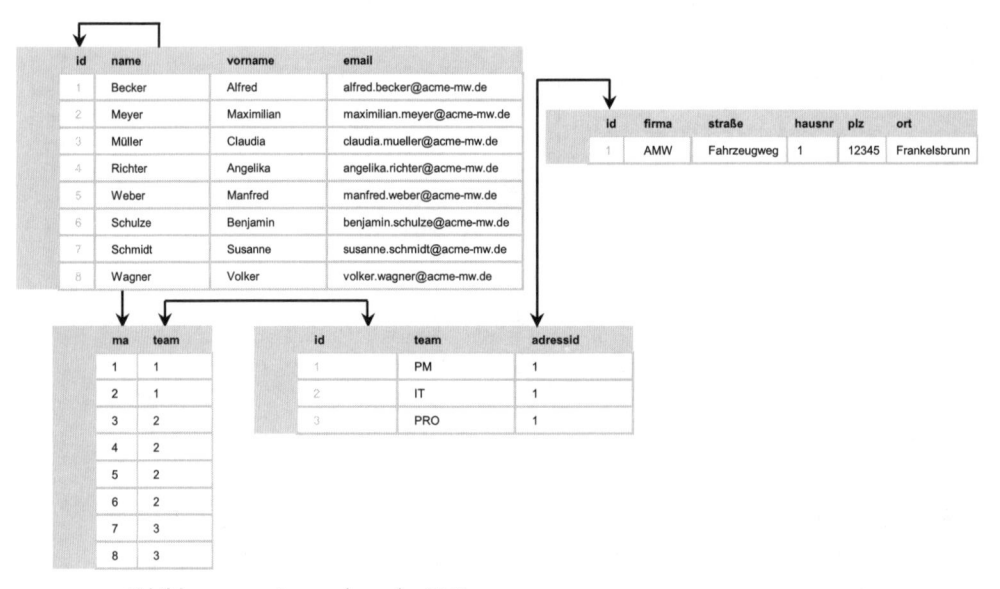

id	name	vorname	email
1	Becker	Alfred	alfred.becker@acme-mw.de
2	Meyer	Maximilian	maximilian.meyer@acme-mw.de
3	Müller	Claudia	claudia.mueller@acme-mw.de
4	Richter	Angelika	angelika.richter@acme-mw.de
5	Weber	Manfred	manfred.weber@acme-mw.de
6	Schulze	Benjamin	benjamin.schulze@acme-mw.de
7	Schmidt	Susanne	susanne.schmidt@acme-mw.de
8	Wagner	Volker	volker.wagner@acme-mw.de

id	firma	straße	hausnr	plz	ort
1	AMW	Fahrzeugweg	1	12345	Frankelsbrunn

ma	team
1	1
2	1
3	2
4	2
5	2
6	2
7	3
8	3

id	team	adressid
1	PM	1
2	IT	1
3	PRO	1

Abbildung 9.14 Anwendung der 3NF

Für das Beispiel der Benutzerrechteverwaltung lässt sich mit der Normalisierung ein Modell mit drei Tabellen erstellen, deren Daten miteinander verbunden sind, wie in Abbildung 9.15 dargestellt ist.

Wie zu sehen ist, sind die einzelnen Elemente der Seitenübersicht mit den Elementen der Benutzergruppen über die Zugriffsmatrix miteinander verbunden. Für jede Gruppe gibt es zu jeder Seite eine entsprechende Zugriffsstruktur, die später in der Anwendungslogik genutzt wird. Schaut man sich beispielsweise die Berechtigungen für den Anlagenbediener (ID 1) am OEE-REPORTING (ID OEE1) an, sieht man, dass der Anwender keinerlei Rechte für diese Seite besitzt – im Gegensatz zum Analysten, der im OEE-Reporting die vollen Rechte besitzt.

Seitenübersicht

id	title	description
ac1	Rechteverwaltung	Verwaltung der Nutzerrechte auf Feldebene
fav1	FA Verwaltung	Verwaltung der Fertigungsaufträge
oee1	OEE Reporting	Erstellen/Öffnen der OEE Reports
trc1	Materialverfolgung	Ausführen der Materialrückverfolgung/Tracability

Benutzergruppen

id	title
1	AMW_Werker
2	AMW_Vorarbeiter
3	AMW_Produktionsleiter
4	AMW_Administrator
5	AMW_Analyst

Zugriffsmatrix

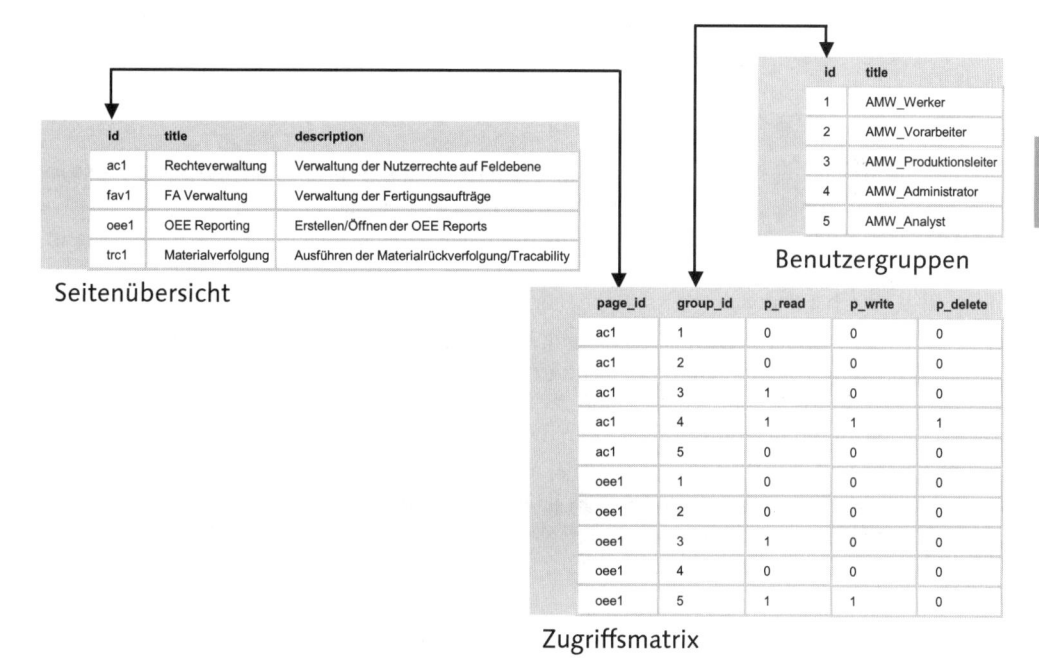

page_id	group_id	p_read	p_write	p_delete
ac1	1	0	0	0
ac1	2	0	0	0
ac1	3	1	0	0
ac1	4	1	1	1
ac1	5	0	0	0
oee1	1	0	0	0
oee1	2	0	0	0
oee1	3	1	0	0
oee1	4	0	0	0
oee1	5	1	1	0

Abbildung 9.15 Tabellenkonzept – Zugriffsberechtigung

Der Schlüssel der einzelnen Seiten wurde alphanumerisch gewählt, um bei späterer Prüfung im Code eine gewisse Lesbarkeit zu gewährleisten. Bei der Erstellung des Datenmodells sollte zudem darauf geachtet werden, dass Tabellen, die zusammengehören, auch über den Namen einander zugeordnet werden können. Es spielt hierbei keine Rolle, wie dies geschieht, doch ist zu empfehlen, die Tabellennamen mit einem Präfix zu versehen.

Im Rahmen der Implementierung der Zugriffskontrolle (engl. Access Control) wurde den entsprechenden Tabellen das Präfix AC gegeben (siehe Abbildung 9.16).

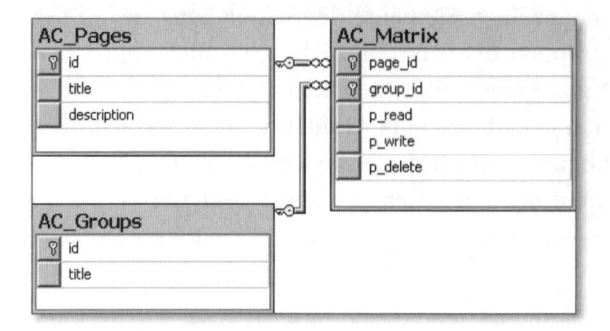

Abbildung 9.16 Tabellendiagramm – Access Control

> **[+] Entwurf eines Datenmodells**
>
> Aktuell geschieht es nur sehr selten, dass während der Planungsphase eines SAP MII-Projektes die komplette Datenstruktur erfasst werden kann. Da sich Änderungen an Daten und auch Abhängigkeiten gerade in der Implementierungsphase recht häufig ergeben, ist es zu empfehlen, die Datenstrukturen möglichst dynamisch aufzubauen.
>
> Dass Änderungen an Daten und Abhängigkeiten in der Implementierungsphase häufig vorkommen, muss nicht an einer schlechten Planung liegen, sondern vielmehr daran, dass sich im Laufe der Projekte oftmals neue Ideen aufdrängen, die die Realisierung erleichtern oder vom Kunden zusätzlich gewünscht werden.
>
> In Projekten, in denen ein hoher Validierungsgrad gegeben ist, dienen eine gute Strukturierung und eine dynamische Gestaltung des Aufbaus der Minimierung von Validierungsaufwänden, da oft nur ein Bruchteil der jeweiligen Datenstrukturen geprüft werden muss.

Alle Tabellen einer MII-Applikation (ob Projekt- oder Produktentwicklung) sollten einem bestimmten Schema folgen und einen entsprechenden Namen tragen, um nach der Installation eindeutig zugeordnet werden zu können.

Eine gängige Methode ist die Verwendung von Funktionsgruppen, am Beispiel der Zugriffsberechtigung ist dies deutlich zu sehen.

Wie kann man die Entwicklung möglichst effizient gestalten, und wie bindet man den Kunden in die Prozesse mit ein? Dieses Kapitel zeigt Ihnen, wie Sie an die Spezifikation anschließen. Dabei werden praktische Bezüge hergestellt sowie einzelne Aspekte der Projektarbeit mit SAP MII beleuchtet.

10 Start der Entwicklung

Im Idealfall ist der eigentliche Start der Entwicklung gekoppelt mit dem Abschluss und der Abnahme der Spezifikation durch den Kunden. Häufig, gerade wenn sich ein Projekt mit neuen Techniken und Systemen beschäftigt, die bis dato noch nicht projektiert wurden, fangen die Entwickler gerne direkt mit den Tests zu neuen oder vermeintlich schwierigen Passagen der Entwicklung an. Auch wenn dies etwas am Budget des Projektes zehren mag, sollte man dem Team zu Beginn etwas Spielraum lassen. Das Projekt wird es Ihnen danken.

10.1 Die Entwickler

Spricht man von einem SAP MII-Berater, spricht man in erster Linie von einem Webentwickler mit Schnittstellenerfahrung in den Bereichen ERP und MES. Auch wenn ein großer Teil bei der Entwicklung von MII-Applikationen auf die Entwicklung der Businesslogik entfällt, ist ein nicht zu unterschätzender Teil die Gestaltung benutzerfreundlicher GUIs, die auf den neuesten Webtechnologien basieren.

Die optimalen Voraussetzungen für Entwickler sind somit schon vorgegeben, und dies betrifft auch die einzelnen Typen von MII-Professionals (siehe Abbildung 10.1).

Werfen Sie einen genaueren Blick auf die verschiedenen Gruppen:

▶ **MII-Entwickler**
Spricht man von MII-Entwicklern, spricht man im eigentlichen Sinn von Webentwicklern, deren hauptsächliche Erfahrung im Bereich Webentwicklung liegt. Ein MII-Entwickler beherrscht (nur im Hinblick auf die

10 | Start der Entwicklung

Visualisierung) mindestens HTML, JavaScript, CSS und XML/XSLT. Darüber hinaus ist der MII-Entwickler in der Lage, die Workbench zu bedienen und kennt sich mit den gängigsten Datenbanksystemen aus (zum Beispiel MSSQL/Oracle). »Auskennen« bedeutet hier nicht, die Systeme administrieren zu können, vielmehr aus den Systemen die benötigten Daten herauslesen zu können.

▶ **Juniorberater und Junior Consultant**
Berater oder Consultants können neben der eigentlichen Entwicklung von MII-Applikationen und der Arbeit mit Datenbanksystemen auch weitere unter- oder überlagerte Systeme anbinden, mit MII verbinden und mit ihnen kommunizieren. Dabei ist es gleichgültig, ob es sich um ein SAP ERP-System handelt, um ein MES-System, um Steuerungssysteme oder weitere Datenbanksysteme (wie beispielsweise MySQL). Der Juniorberater beherrscht die Workbench und weiß komplizierte Transaktionen mithilfe von XSLT zu verbessern und zu beschleunigen.

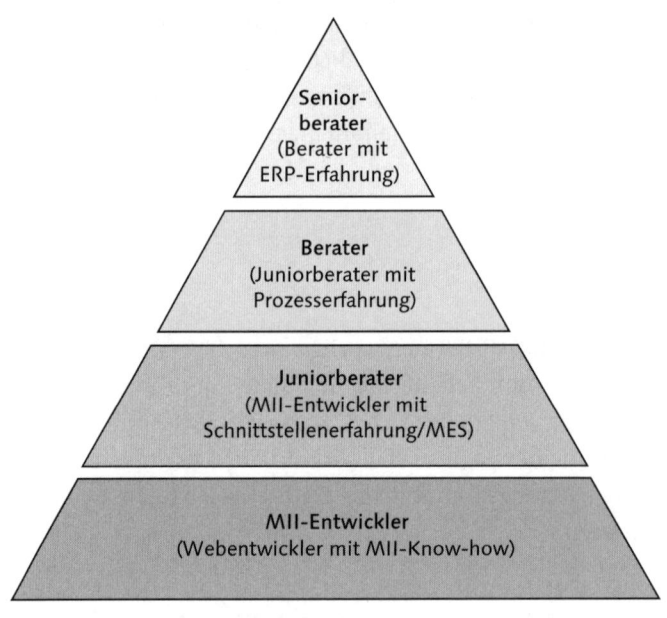

Abbildung 10.1 Typen von MII-Professionals

▶ **Berater und Consultants**
Ist der Juniorberater nach einiger Zeit zusätzlich in der Lage, die Fertigungs- und Herstellungsprozesse der Kunden zu verstehen und zu beraten (entweder auf MES- oder SAP ERP-Basis), hat er sich den Titel Berater durchaus verdient. Hinzu kommt, dass der »klassische« MII-Consultant

sich gut mit Datenbanken und deren Strukturen sowie Funktionalitäten auskennt und in der Lage ist, MII-Datenbankapplikationen zu konzipieren und umzusetzen sowie Schulungen und Workshops durchzuführen.

- **Seniorberater/Consultant**
Der Seniorberater kann sowohl zu MES als auch SAP ERP beraten und kennt sich in mehreren SAP-Modulen aus, gängig sind hier zumeist PP/PP-PI/MM und vielleicht auch PM. Ein Senior ist in der Lage, komplexe Prozesse der Fertigung/Herstellung zu verstehen und große MII-Applikationen zu konzipieren. Üblicherweise hat ein Senior langjährige Erfahrung entweder im Bereich Webentwicklung oder SAP-Beratung und kennt sich in beiden Bereichen aus.

> **Zum Verständnis der Klassifizierung** [+]
>
> Bisher existiert keine offizielle Klassifizierung, Abbildung 10.1 und die zugehörige Erläuterung beruhen auf der Erfahrung des Autors und vieler MII-Berater.
>
> Oftmals verschwimmen die »Grenzen« zwischen den einzelnen Erfahrungsstufen, da sich viele Kollegen in diesem breiten und dynamischen Umfeld unheimlich schnell weiterentwickeln können.

Nach dieser Einleitung nun zum Entwicklerteam, das für das Projekt der ACME-IT-Services (A-IT) bei den ACME-Motorenwerken (AMW) eingesetzt wurde. Gemäß den zuvor genannten Kriterien wurden im AMW-Projekt ein MII-Entwickler, zwei Juniorberater und ein Seniorberater eingesetzt, die das Projekt realisieren sollten.

Hier einige Eckdaten zum Team der A-IT:

- **Maximilian Grüne – Senior Consultant**
Maximilian Grüne verfügt über folgende Qualifikationen:
    - ein Jahr Erfahrung im Webdevelopment
    - vier Jahre Erfahrung mit der Entwicklung von SAP MII-Applikationen und deren Systemarchitektur sowie mit Datenbanksystemen
    - fünf Jahre Erfahrung im Bereich MES/Automotive
    - zehn Jahre Erfahrung in der Beratung der Module PP/PP-PI

    Maximilian Grüne wurde als Systemarchitekt eingesetzt und hat bereits mehrere MII-Projekte im Bereich Automotive erfolgreich durchgeführt. Seine langjährige Erfahrung in der Beratung von PP und PP-PI war gerade in der Anfangsphase des Projektes von Vorteil und konnte auch dem Kunden schon im Vorfeld vieles erleichtern.

- **Sascha Schwarz – Junior Consultant**

  Sascha Schwarz verfügt über folgende Qualifikationen:
  - zwei Jahre Erfahrung im Webdevelopment
  - drei Jahre Erfahrung im Bereich Automotive
  - fünf Jahre Erfahrung mit der Entwicklung von SAP MII-Applikationen

  Sascha Schwarz übernahm die Konzeption der Businesslogik und hier hauptsächlich den Teil der Anbindung der verschiedenen unterlagerten Produktionssysteme und Datenbanken. Durch seine Erfahrung im Bereich Automotive konnten zahlreiche Anforderungen bezüglich der Maschinenanbindung schnell realisiert werden.

- **Klaus Braun – Junior Consultant**

  Klaus Braun verfügt über folgende Qualifikationen:
  - ein Jahr Erfahrung im Bereich Automotive
  - zwei Jahre Erfahrung in der Entwicklung von SAP MII-Applikationen
  - fünf Jahre Erfahrung im Webdevelopment

  Klaus Braun war durch seine langjährige Erfahrung im Bereich Webdevelopment dazu prädestiniert, sich mit der Konzeption der einzelnen GUIs und Logiksteuerelemente für die Applikation zu befassen. Mit seiner Hilfe wurde das Projekt nicht nur ein technischer, sondern auch ein optischer Erfolg auf ganzer Linie.

- **Benjamin Roth – MII-Entwickler**

  Benjamin Roth verfügt über folgende Qualifikationen:
  - ein Jahr Erfahrung in der Entwicklung von SAP MII-Applikationen
  - drei Jahre Erfahrung im Webdevelopment

  Benjamin Roth war während der gesamten Entwicklungsphase zusammen mit Klaus Braun an der Umsetzung der GUI-Vorgaben und der gesamten Bedienlogik beschäftigt. Als Webentwickler konnte er schon in vorherigen Projekten wertvolle Erfahrungen mit SAP MII sammeln und war im AMW-Projekt ein wertvoller Mitarbeiter.

> [+] **Zusammensetzung des Teams ist von großer Bedeutung**
>
> Wie in jedem Bereich ist der Einsatz von erfahrenen Projektmitgliedern (in Technik und Prozess) im Umgang mit dem Kunden von Vorteil. Speziell bei SAP MII, einem zugegebenermaßen noch recht jungen Betätigungsgebiet im Rahmen der SAP-Beratung, ist der Einsatz von erfahrenen Allroundern empfehlenswert.

Mit dieser Teamzusammensetzung konnte ACME-IT-Services (A-IT) neben AMW noch weitere Projekte erfolgreich abschließen. Bevor die Entwicklung starten kann, sollten alle im Blueprint und in der Prozessvisualisierung entdeckten Aufgaben in Paketen zusammengefasst auf die einzelnen Projektteam-Mitglieder verteilt werden. Hierdurch gewinnt das Team zu Beginn einen guten Einstieg, da alle Punkte parallel angegangen und durchdacht werden können.

10.2 Allgemeine Funktionsplanung

Mit der allgemeinen Funktionsplanung werden nun endlich die im Blueprint beschriebenen und in den Ablaufdiagrammen visualisierten Punkte entwickelt. Für die Entwickler selbst bedeutet dies, dass alle zu implementierenden Funktionen analysiert und auf Wiederverwendbarkeit hin geprüft werden müssen. So lassen sich diverse Transaktionen und Codezeilen einsparen.

Ein weiterer Vorteil ist, dass bei späteren, eventuell zentralen Änderungen am System nur eine bestimmte Stelle angepasst werden muss, um die Funktionalität gemäß den Wünschen bzw. Notwendigkeiten an allen entsprechenden Stellen zu verändern.

10.2.1 Meldungen

Ein typisches Beispiel für die wiederkehrende Nutzung ein und derselben Funktion ist die MELDUNG, die in den Ablaufdiagrammen in Kapitel 9, »Systemarchitektur«, beschrieben wurde. Hier werden in der Regel die auftretenden Anforderungen (wie beispielsweise »Anzeige einer Fehlermeldung« oder »Anzeige von Hinweistexten«) der einzelnen Projektteam-Mitglieder zusammengefasst und in einem Funktionsblatt definiert.

Wie in Abbildung 10.2 zu sehen ist, beinhaltet das »einfache« Funktionsblatt alle möglichen wichtigen Informationen für den Entwickler. Neben einer allgemeinen Beschreibung sind auch alle notwendigen Eingabe- und Ausgabeparameter für die Businesslogik definiert sowie alle benötigten Frontend-Daten angegeben.

Eine weiterführende Definition der durchzuführenden Aktionen bzw. der zu realisierenden GUIs kann in einer detaillierten Anforderungsbeschreibung festgehalten werden (siehe Abbildung 10.3). Für Klaus Braun ist dies zu diesem Zeitpunkt aufgrund seiner Erfahrung jedoch nicht mehr notwendig gewesen.

Fehlermeldung
Funktionsblatt

Beschreibung: Fehlermeldungen müssen in der Transaktionslogik erzeugt und am Frontend entsprechend dargestellt werden können.

Verantwortlich: ▓▓▓

Priorität: sehr hoch

Anforderungen

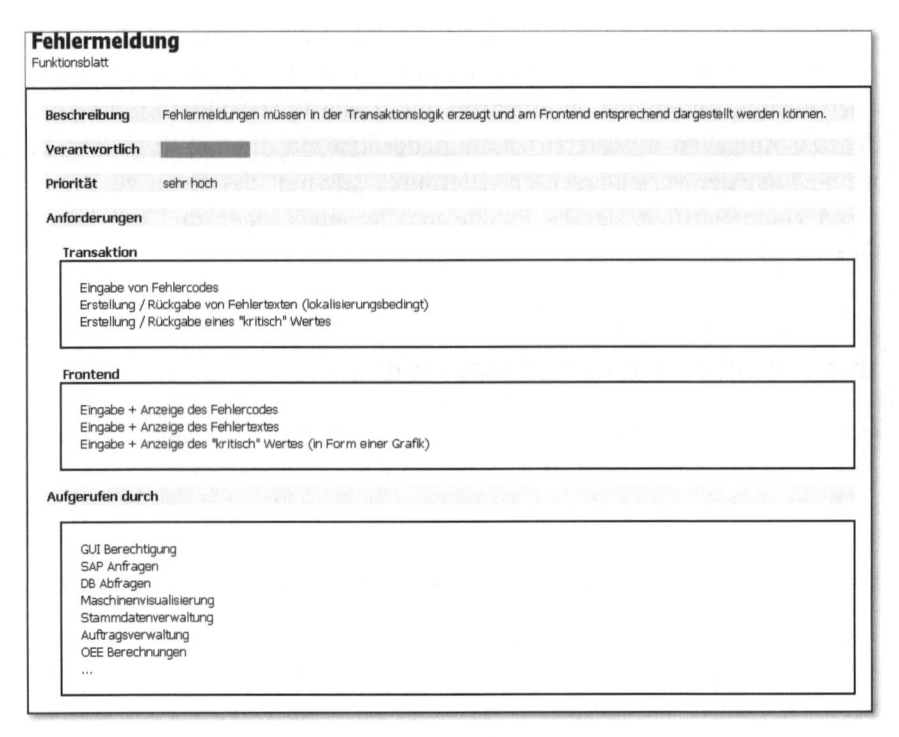

Transaktion
- Eingabe von Fehlercodes
- Erstellung / Rückgabe von Fehlertexten (lokalisierungsbedingt)
- Erstellung / Rückgabe eines "kritisch" Wertes

Frontend
- Eingabe + Anzeige des Fehlercodes
- Eingabe + Anzeige des Fehlertextes
- Eingabe + Anzeige des "kritisch" Wertes (in Form einer Grafik)

Aufgerufen durch
- GUI Berechtigung
- SAP Anfragen
- DB Abfragen
- Maschinenvisualisierung
- Stammdatenverwaltung
- Auftragsverwaltung
- OEE Berechnungen
- …

Abbildung 10.2 Funktionsblatt

Einzig die Informationen im Bereich AUFGERUFEN DURCH sollte im Normalfall etwas detaillierter ausgelegt werden und nicht auf »…« enden. Dies ist wichtig, um alle notwendigen Testszenarien definieren zu können, damit keine potenzielle Fehlerquelle offen gelassen wird.

> **[+] Nach der Entwicklung – Strukturdiagramm erstellen**
>
> Bei der Nachbereitung der Entwicklung jeder einzelnen Funktion bzw. Funktionsgruppe sollte die Gesamtheit der entwickelten Funktionalitäten in einer Art Struktogramm festgehalten werden, um so die einzelnen Abhängigkeiten voneinander zu definieren.
>
> Dies erleichtert nach der Fertigstellung des Produktes ein Upgrade oder Update, da Abhängigkeiten so leicht erkannt und aufgelöst werden können.

Wie die Ablaufdiagramme sind auch die Funktionsblätter ein wichtiger Bestandteil der Applikationsdokumentation und können im späteren Verlauf die Erstellung und Abarbeitung der einzelnen Testszenarien maßgeblich beeinflussen und erleichtern.

Aus diesem Grund empfiehlt es sich, die Funktionsblätter (ob schlicht oder detailliert) nach der Realisierung mit einer entsprechenden *Umsetzungsinfor-*

mation zu versehen. So kann im Nachhinein genau geprüft werden, ob die Umsetzung realisiert wurde wie geplant und ob die Funktionsbeschreibung noch dazu passt.

```
Kommunikation an SAP MII

Mit dem Auslösen des Speichern-Vorgangs wird für das geänderte Element ein JSON String erstellt,
welcher einer Funktion „f_DataTransfer" übergeben wird. Dieser String hat den folgenden Aufbau:

{
    DBFortlaufendeID : {
        „QueryType" : „xacute" / „sql"
        „Type" : „update" / „insert" / „delete"
        „Query" : QueryPfad+Name
        „User" : IllumLoginName
        „DateTime" : yyyyMMddHHmmss
        „Name" : ElementName,
        „Access" : ListeBerechtigterUser+Gruppen
    }
}

Beispiel:

{
    1 : {
        „QueryType" : „xacute",
        „Type" : „update",
        „Query" : „AMW_Administration/bo/trx_bo_administration",
        „User" : „itholzs",
        „DateTime" : „20090820094323"
        „Name" : „order_admin_changeassignment",
        „Access" : „SAP_XMII_Administrator, AMW_Administrator"
    }
}

Der Funktionsaufruf lautet:

f_DataTransfer( JSONString )
```

Abbildung 10.3 Detaillierte Anforderungsbeschreibung (Seite 3/4)

Darüber hinaus erleichtert ein solches Procedere die Übergabe, beispielsweise bei Urlaubsantritt, da alle wichtigen Informationen zu den jeweiligen Funktionen hier gebündelt sind. Aber natürlich ersetzt dies nicht die Notwendigkeit, innerhalb der entwickelten Funktionalitäten eine Dokumentation bzw. Kommentierung zu hinterlegen.

Verwendung von Funktionsblättern [+]

Die Verwendung von Funktionsblättern oder gleichwertiger Dokumentationssoftware ist zwar empfehlenswert, jedoch beliebig und unterliegt keinerlei Normierung. Je nach Notwendigkeit, zumeist begründet durch die eigenen bzw. Anforderungen des Kunden, genügt die Dokumentation der einzelnen To-do-Listen in E-Mails. Bei anderen Kunden (speziell im regulierten Umfeld) kann es hingegen schon einmal geschehen, dass schriftliche Abhandlungen meist von mehreren Personen signiert werden müssen, weshalb eine möglichst sprechende und detaillierte Beschreibung sinnvoll ist.

10.2.2 Berechtigungskonzept

Ein etwas komplexeres Beispiel für die Planung einer Funktion im Rahmen eines SAP MII-Projektes ist das Berechtigungskonzept. Hier zählt neben dem »simplen« Aufruf der entsprechend zu planenden Funktionalität (siehe Kapitel 9, »Systemarchitektur«) auch noch die Realisierung der entsprechenden Logik auf GUI-Ebene.

Im Gegensatz zur Anzeige der Meldungen, die eine relativ simple Umsetzung erlaubt (Informationen müssen einfach nur angezeigt werden), beruht die Umsetzung des Berechtigungskonzeptes unter anderem darauf, dass bestimmte Teile der GUIs nicht verfügbar sein oder mit anderer Funktionalität versehen werden müssen.

Eine solche Planung erfordert von Beginn an das Verständnis dafür, was realisiert werden soll. Sollen beispielsweise Elemente einfach nur nicht verfügbar sein, ist die Umsetzung einfacher, als wenn je nach Benutzer unterschiedliche Funktionen auf gleiche Elemente gelegt werden sollen.

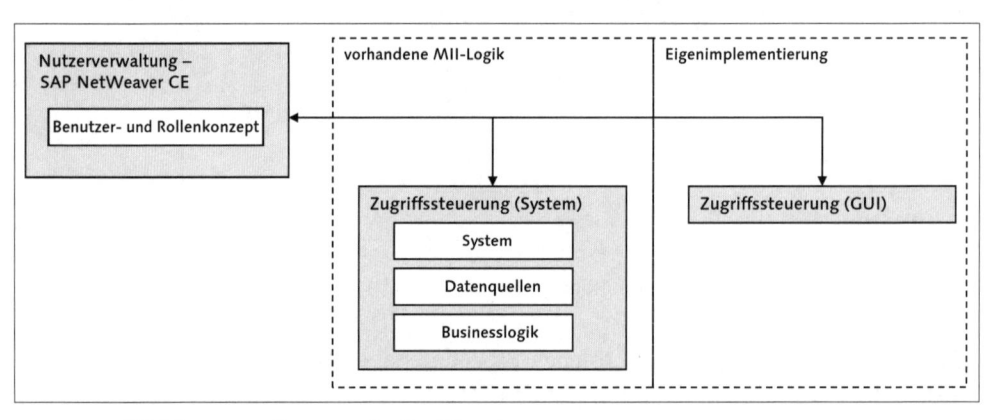

Abbildung 10.4 Trennung der Funktionen

Das Berechtigungskonzept bei AMW beruhte auf dem Ein- und Ausblenden verschiedener Funktionalitäten je nach Benutzerstatus und Recht (siehe Abbildung 10.10.). Hier wurde zwischen zwei Möglichkeiten entschieden: der Erstellung einer eigenen Zugriffsverwaltung und der Nutzung der SAP MII- bzw. SAP NetWeaver-Benutzerverwaltung.

Ehrlicherweise muss die letztendliche Entscheidung wohl als Kompromiss aus beidem gesehen werden: Die Benutzerrollen wurden dazu verwendet, die Zugehörigkeit der Benutzer zu definieren, und eine eigene kleine Implementierung wurde genutzt, um die Zugriffsrechte zu setzen.

Die Planung sah vor, ein GUI zu entwickeln, auf dem die Administratoren einzelne Sicherheitsobjekte (SO) verwalten können sollten. Diesen Sicherheitsobjekten sollten SAP MII-Gruppen und Benutzer zugewiesen werden können. Die Sicherheitsobjekte sollten darüber hinaus innerhalb des zu entwickelnden OPUS-Systems als Indikatoren zur Rechteverwaltung eingesetzt werden.

Da es für AMW ausreichend war, Objekte, die nicht für den aktuellen Benutzer ausführbar sein oder angezeigt werden sollten, nicht anzuzeigen, wurde die Funktionalität auf die Ebene von Session-Variablen gehoben.

Demnach sollte beim Login des Benutzers eine Transaktion alle vorhandenen Sicherheitsobjekte verifizieren und den entsprechenden Status setzen. Nähere Informationen hierzu finden Sie ab Abschnitt 10.4.

10.2.3 Navigation

Ein weiterer für die Planung relevanter Punkt ist die Navigation. Während Benutzer aus der Produktion andere Ansprüche an die Steuerung und somit auch an die Navigation innerhalb der Software haben, wurden bei AMW unterschiedliche Navigationstypen entwickelt. Daraus resultierend entstanden zum einen die reinen Anwender-GUI und zum anderen die Manager-GUI, die je nach zugewiesener Benutzer-Rolle angezeigt werden.

Das Manager-GUI, das alle Funktionen zur Steuerung beinhaltet, ist im Gegensatz zum Anwender-GUI ansprechender gestaltet, nicht zuletzt da in den meisten Büros neuere Technik (das heißt größere Monitore und schnellere Rechner), aber auch andere Softwarepakete vorhanden sind als an den Maschinensteuerungen.

Wie Sie in Abschnitt 10.4, »Definition und Entwicklung der GUIs«, erfahren werden, bedeutet dies aber nicht, dass nicht auch das Anwender-GUI ansprechend gestaltet werden kann.

10.3 Strukturen, Software und Vorgaben

Gemäß den Vorgaben zur Entwicklung von MII-Applikationen der A-IT wurden zu Projektbeginn unter anderem die zu verwendenden Softwarepakete an die Projektbeteiligten ausgehändigt (sofern nicht schon vorhanden). Zur Koordination und Planung wurden ein Sharepoint-System sowie Microsoft Project und Microsoft Excel eingesetzt.

10.3.1 Entwicklungssoftware

Neben den IDEs (Integrated Development Environment – integrierte Entwicklungsumgebung) der Entwickler (hier wurde zur Effizienzsteigerung den Vorlieben jedes einzelnen Entwicklers entsprochen) wurden diverse Programme zur Bildbearbeitung sowie ein Repository-System aufgesetzt, um eine lückenlose Dokumentation der Entwicklungen und Änderungen zu gewährleisten und zu jedem Zeitpunkt des Projektes jeden Stand replizieren zu können, der gewünscht war.

> **[+] Was ist ein Repository?**
>
> Am besten beschreibt allein schon die deutsche Übersetzung des Wortes den Nutzen des Systems. Das Repository (dt. Lager/Depot) enthält Programm- und Metadaten (zum Beispiel Beschreibung der Dateien, Abhängigkeitsinformationen, Änderungsprotokolle). Das Repository ist somit eine zentral gelegene Serversoftware, die es mehreren Entwicklern ermöglicht, simultan am selben Programmteil zu arbeiten. Ein Repository-System, wie beispielsweise SVN, ist in der Lage, Änderungen an gleichen Abschnitten zu erkennen und Überschneidungen aufzulösen.
>
> Mit SAP MII 12.1 ist die Notwendigkeit eines externen Repository-Systems dank der Einführung der SAP NWDI nicht mehr notwendig.

Aufgrund der guten Erfahrungen in den vorhergehenden Projekten wurden somit die Editoren *PSPad* und *Notepad++* zur Entwicklung des HTML/JS/CSS/XSLT-Codes sowie die Grafikprogramme GIMP und Adobe Photoshop zur Erstellung der System-Layouts verwendet.

10.3.2 Projektstruktur

Die Projektstruktur bei AMW wurde gemäß den in Abschnitt 4.4 erläuterten Strukturvorgaben aufgesetzt. Da das AMW-OPUS-Projekt aus mehreren, logisch voneinander getrennten Bereichen bestand, wurden in SAP MII entsprechend viele Projekte angelegt.

Eines dieser Projekte war die AMW_ADM (Administration), ein anderes AMW_WT (Anwender- oder Werker-Terminal), ein weiteres das AMW_MDE (zur Maschinendatenerfassung) und wieder ein anderes das AMW_RST-Projekt, in dem alle Reports und Statistikberechnungen und Darstellungen ausgeführt wurden.

Aus diesem Grund wurde der Projektstruktur noch ein weiteres logisches Projekt hinzugefügt, das AMW_STD (Standard) genannt wurde (siehe Abbildung 10.5).

Abbildung 10.5 AMW-Projekte

In diesem Projekt wurden alle Transaktionen, Abfragen, Grafiken, Funktionen und Bausteine abgespeichert, die in allen anderen Projekten benötigt wurden. Als Beispiel hierfür ist die Fehleranzeige anzuführen, die durchgängig in fast jedem Projekt (bei der MDE gab es hierfür keine Notwendigkeit) eingesetzt wurde.

Dementsprechend wurden dem Projekt AMW_STD im WEB die Verzeichnisse IMAGES, STYLESHEETS und SCRIPTS zugewiesen, in denen die genannten »gängigen« Informationen abgelegt wurden (siehe Abbildung 10.6). GUIs, wie zum Beispiel für die Meldungen, wurden in einem Extraverzeichnis abgelegt, das in struktureller Hinsicht ebenfalls im CATALOG angelegt wurde, um Datenabfragen und Transaktionen zu hinterlegen.

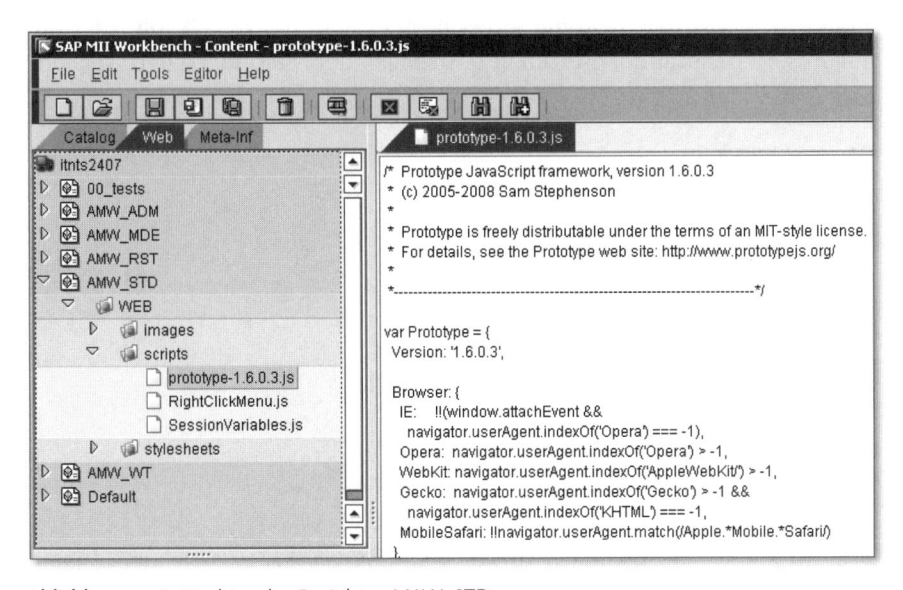

Abbildung 10.6 Struktur des Projektes AMW_STD

10.3.3 Namenskonventionen und Programmierrichtlinien

Für die Namenskonventionen sind unterschiedliche Bereiche von SAP MII zu betrachten. Zum einen natürlich die Entwicklungsumgebung, wobei für Skript- und Transaktionsentwicklung die gleichen Namenskonventionen gelten können, zum anderen die Dateiverwaltung, für die entsprechend Konventionen für Dateinamen festgelegt werden müssen, und Session- und Lokalisierungsvariablen.

Dadurch dass das AMW-OPUS-Projekt aus mehreren SAP MII-Projekten bestand, wurden die Session- und Lokalisierungsvariablen, die explizit einem der Teilprojekte zugewiesen werden konnten, mit den jeweiligen Projektkürzeln versehen (siehe Listing 10.1):

```
amw_oee_report_title      // "OEE Bericht"
amw_adm_security_object_adm // "Zugriffsberechtigung"
```

Listing 10.1 Namenskonventionen

Für die Skript-/Transaktionsentwicklung wurden die in Anhang A beschriebenen Namenskonventionen verwendet, für die Dateiverwaltung wurden in Anlehnung an Java auf Wunsch des Kunden spezifische Dateinamen vergeben.

Dies bedeutet, dass für jede geschriebene JavaScript-Klasse eine Datei gleichen Namens erstellt wurde. Dies hat den Vorteil einer transparenten Dateiverwaltung, da je nach Dateinamen schon gedeutet werden kann, welche Funktionalität sich in dieser Datei verbirgt.

Somit wurde für die Meldung eine eigene Klasse entwickelt, die sich mit dem Auslesen, Zusammensetzen und Anzeigen der Meldungen befasst (siehe Listing 10.2).

```
var Message = {
 Initialize : function() {
   ...
 },
 Get : function( MessageID ) {
   ...
 },
 Show : function( Message ) {
   ...
 }
}
```

Listing 10.2 Meldungsklasse

Diese Klasse wurde demnach in der Datei *Message.js* gespeichert. Zudem wurde für alle Klassen definiert, dass die Funktion `Initialize` alle notwendigen Informationen erhalten muss, um die Klasse innerhalb einer Datei einzubinden. Mit dem Aufruf `Message.Initialize()` konnte die `Message`-Funktion somit auf Anhieb in jedes GUI integriert werden.

10.4 Definition und Entwicklung der GUIs

Je nach Teamstruktur wird die Entwicklung der GUIs parallel zur Entwicklung der Logik initialisiert. Dies bedarf jedoch erfahrener Entwickler auf beiden Seiten, sodass Änderungen an den jeweiligen Teilen (Logik/Visualisierung), die während der Entwicklung stets auftreten, immer schnell und effektiv durchgeführt werden können (beispielsweise die Ergänzung von Eingabefeldern auf dem Frontend, die während der Entwicklung der Hintergrundlogik notwendig geworden sind).

10.4.1 Usability

Begibt man sich mit dem Begriff *Usability* zurück ins Deutsche, kommt als Übersetzung die *Benutzerfreundlichkeit* zum Vorschein.

Im Allgemeinen werden eine einfache, zu den Ansprüchen des Benutzers passende Bedienung und der Aufbau einer Software als bedienerfreundlich bezeichnet.

> **Einige Prinzipien der Benutzerfreundlichkeit** [+]
>
> Für die Definition von GUIs bedeutet dies, dass alle Elemente gut sichtbar, geordnet und von Nicht-Bedienelementen zu unterscheiden sind. Eine Gruppierung von Elementen ähnlicher Funktionalität sowie eine farbliche Unterscheidung dieser Elemente und deren ergonomische Anordnung verbessern die Wahrnehmung des Benutzers und ermöglicht bei gleichbleibender Farbgebung eine intuitive Bedienung weiterer Elemente.

Hieraus ergab sich zwangsläufig, dass die unterschiedlichen Benutzergruppen bei AMW auch unterschiedliche Ansprüche an die Software hatten. Statistiker und Manager sind im Umgang mit Software meist geübter als Anwender, was jedoch speziell im AMW-Projekt nicht bedeutet hat, dass die GUIs der unterschiedlichen Gruppen stark voneinander abwichen.

Bei der Definition der GUIs und deren Elementen musste darauf geachtet werden, welche Bedienelemente den einzelnen Benutzern vertraut sind und welche eher aus dem Konzept herausgenommen werden sollten.

10.4.2 Anwender

Dies führte zu dem Ergebnis, dass die Anwender-GUIs je als einzelne, bildfüllende Arbeitsschritte definiert wurden. Jeder Schritt war in sich abgeschlossen, was dazu beitragen sollte, dass keine Eingabefehler gemacht werden konnten.

Die einzelnen Bildelemente wurden bei dem GUI für die Anwender sowie bei dem für Report und Statistik identisch gewählt, um ein gleiches Look & Feel zu erreichen. Wie in jedem Projekt begannen die Definition und die Umsetzung der jeweiligen Layouts mit der Analyse der Requirements und der Prüfung der Realisierung.

Maximilian Grüne, seines Zeichens Projektleiter und Herr über die Requirements, und Klaus Braun, mit seiner langjährigen Erfahrung als Webdesigner (prädestiniert für die GUI-Gestaltung), übernahmen diese Aufgabe.

[+] **Entwicklung von Webapplikationen – Zwischenschritt über Grafikprogramme**

In der Regel wird bei der Entwicklung von Webapplikationen das Layout zuerst in einem Grafikprogramm erstellt, bevor es an die Umsetzung des Designs in der Entwicklungsumgebung geht.

Damit lassen sich exakte Vorgaben für das erwartete Ergebnis definieren und die Entwickler, die letzten Endes die Realisierung durchführen, können sich anhand dieser Vorgabe bestens orientieren.

Mit der Touch-Notwendigkeit an den Anwender-Terminals mussten die Menüeinträge in entsprechender Größe definiert werden. Dies hatte natürlich zur Folge, dass die einzelnen Menüeinträge einen Großteil der zur Verfügung stehenden Fläche einnahmen. Im Fall des Anwender-GUI musste jedoch für jede Seite der Webapplikation der maximale Raum zur Darstellung zur Verfügung stehen, da auch hier gewisse Elemente für den Touch-Betrieb optimiert werden mussten. Der erste Entwurf eines Layouts ist in Abbildung 10.7 zu sehen.

[+] **Große Darstellung von kleinen Grafiken**

Werden kleine Grafiken vergrößert, sieht das Resultat unscharf und verwaschen aus. Es sollte daher vermieden werden, Grafiken über ihre eigentliche Größe hinaus zu vergrößern.

Sollte dies nötig sein, sollte eher darüber nachgedacht werden, die Grafik in passender Größe neu zu erstellen.

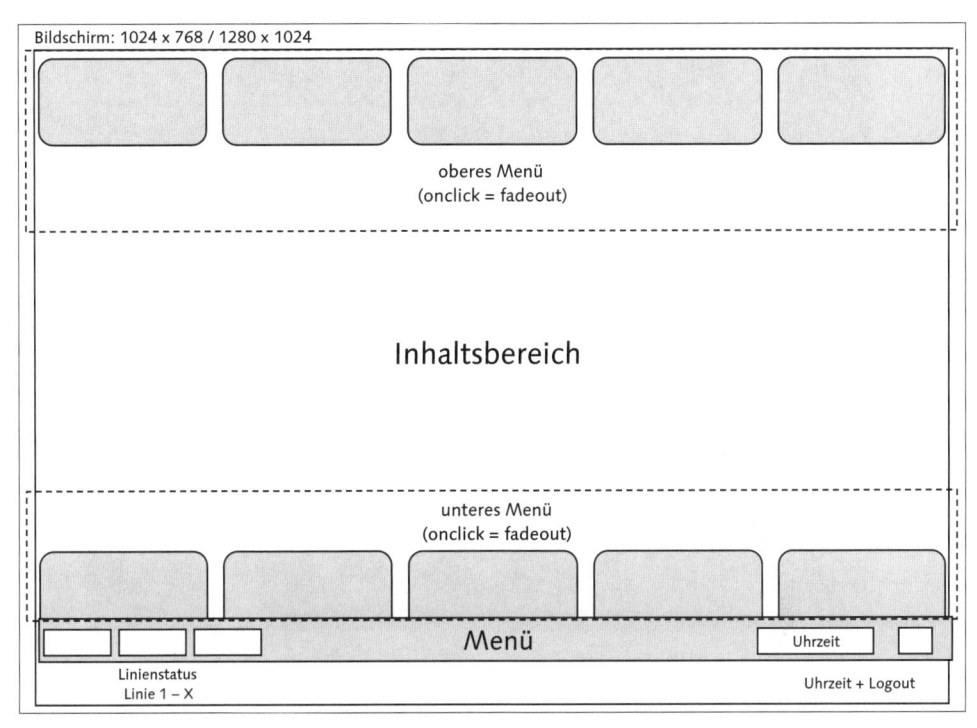

Abbildung 10.7 Konzept für das Anwender-GUI

Aus diesem Grund entschied sich Klaus Braun dafür, das Bedienermenü aufzuteilen und die jeweiligen Menükomponenten nach der Auswahl eines Menüpunktes zu einem Großteil auszublenden. Dies hatte die Aufteilung der Menüpunkte in ein oberes und ein unteres Menü zur Folge. Im oberen Menüteil wurden die Punkte angeordnet, die die Produktion direkt betreffen, und im unteren Teil wurden die Punkte angeordnet, die zur Informationsbeschaffung und -optimierung (für OEE oder einen Produktionsbericht) benötigt wurden (siehe Abbildung 10.8).

Nachdem das skizzierte GUI-Layout besprochen und von Maximilian Grüne genehmigt worden war, konnte Klaus Braun mit der Umsetzung des Layouts beginnen. Dies betraf in erster Linie das Haupt-Layout inklusive der zu realisierenden Menüpunkte. Auf diese Weise konnte Benjamin Roth bereits mit der Realisierung anfangen, sobald das Ergebnis der grafischen Aufbereitung abgesegnet war.

Nachdem dies der Fall war und Benjamin Roth mit der Entwicklung des Hauptbereichs der Anwender-GUIs anfangen konnte, begann Klaus Braun mit der Aufbereitung der einzelnen Seiten der Applikation. In Abbildung 10.9 sehen Sie dies am Beispiel der Störungsquittierung.

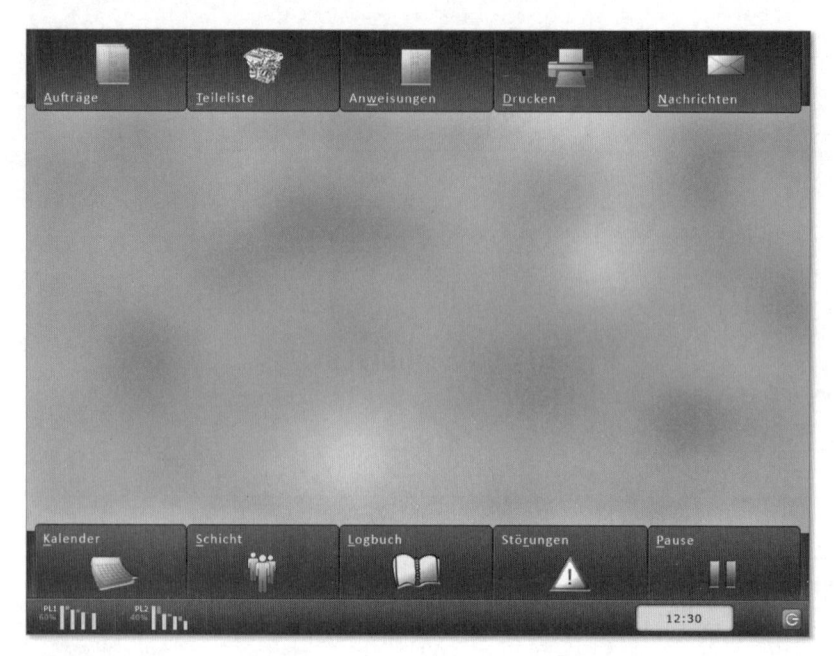

Abbildung 10.8 Anwender-GUI

Abbildung 10.9 Anwender-GUI – Störungen

Mit der Umsetzung der GUI-Vorgaben wird das Layout in die Grundbereiche aufgeteilt, um so eine Basis für die Realisierung zu erhalten. Im nachfolgenden Programmierbeispiel (ebenfalls im Begleitmaterial zu finden) ist die Unterteilung der einzelnen Hauptbereiche in die des oberen Menüs (`main_menu_top`), des unteren Menüs (`main_menu_bottom`) und der unteren Menüleiste (`main_menu`) vorgenommen worden.

Zusätzliche Elemente, die im Standard-Anwender-GUI immer vorhanden sind, wurden dem Basis-Layout hinzugefügt. Dies sind der Bereich für die Systeminformationen (`main_sysinfo`) und die Teilbereiche der Menüleiste für den Linienstatus (`main_menu_linestatus`), die Systemuhr (`main_menu_clock`) und der Logout-Button (`main_logout`).

Dynamische Layouts [+]

Durch die Benutzung von DIV-Elementen im HTML-Code kann die Grundstruktur sehr dynamisch gehalten werden. Durch entsprechende CSS-Angaben, wie beispielsweise die folgenden, wird ein zugehöriges DIV-Element bei der Ausgabe immer am oberen rechten Rand der Seite angezeigt.

```
position:   absolute;
top:        10px;
right:      10px;
```

Die Kommentierung des Quelltextes ermöglicht im späteren Verlauf, nachdem die jeweiligen Quelltexte um ihren Inhalt erweitert wurden, eine schnelle Identifizierung der jeweiligen Komponententeile.

Um die später hinzukommende Funktionalität der jeweiligen Skriptklassen zu sichern, wird jeder Bereich, der dynamisch erstellt wird, mit der Information hinterlegt, dass hier noch keine Initialisierung stattgefunden hat. Sobald die jeweiligen Initialisierungen erfolgen, wird der Text entfernt und durch die entsprechenden Daten ersetzt.

Inhalte nachladen [+]

Leider existiert in SAP MII kein Äquivalent zu `INCLUDE`, weshalb an den zugehörigen Stellen nicht einfach dynamische Informationen hinterlegt werden können. Auch aus diesem Grund sind die DIV-Elementes eine gute Möglichkeit, die passenden Elemente nachzuladen. Das dynamische Nachladen von Skripten und Webinhalten wird zu einem späteren Zeitpunkt erläutert.

Listing 10.3 können Sie die Grundstruktur einer dynamischen Webseite entnehmen.

```
<body id="main_body" onload="Main.Initialize()">
    <!-- START SYSINFO -->
    <div id="main_sysinfo">
        sysinfo not initialized
```

```
        </div>
        <!-- END SYSINFO -->
        <!-- START TOP MENU -->
        <div id="main_menu_top">
        </div>
        <!-- END TOP MENU -->
        <!-- START BOTTOM MENU -->
        <div id="main_menu_top">
        </div>
        <!-- END BOTTOM MENU -->
        <!-- START MENU BAR -->
        <div id="main_menu">
            <!-- START MENU BAR WIDGETAREA -->
            <div id="main_menu_linestatus">
                linestatus not initialized
            </div>
            <!-- END MENU BAR WIDGETAREA -->
            <!-- START CLOCK -->
            <div id="main_menu_clock">
                clock not initialized
            </div>
            <!-- END CLOCK -->
            <!-- START LOGOUT -->
            <div id="main_logout" onclick="window.close()">
            </div>
            <!-- END LOGOUT -->
        </div>
        <!-- END MENU BAR -->
    </body>
```

Listing 10.3 Grundstruktur einer dynamischen Webseite

10.4.3 Report und Statistik

Im Gegensatz zum Anwender-GUI existierte für das Report- und Statistik-GUI keine Touch-Anforderung, da die Reports und Statistiken durchweg an Arbeitsstationen ausgeführt werden sollten, denen sowohl eine Maus als auch eine Tastatur zur Verfügung stehen würde.

Aus diesem Grund wurde für die Erstellung des Report- und Statistik-GUI ein Design in normaler Größe erstellt, das jedoch, wie bereits erwähnt, im Vergleich der verschiedenen Abbildungen erkennbar sein sollte (siehe Abbildung 10.10).

Außerdem wurden für die Report- und Statistik-GUIs auf Wunsch von AMW zusätzliche neue Grafikelemente eingebaut. Diese Grafikelemente werden in Abschnitt 10.4.6, »Fusion Charts«, näher erläutert, Abbildung 10.10 vermittelt bereits einen ersten Eindruck davon.

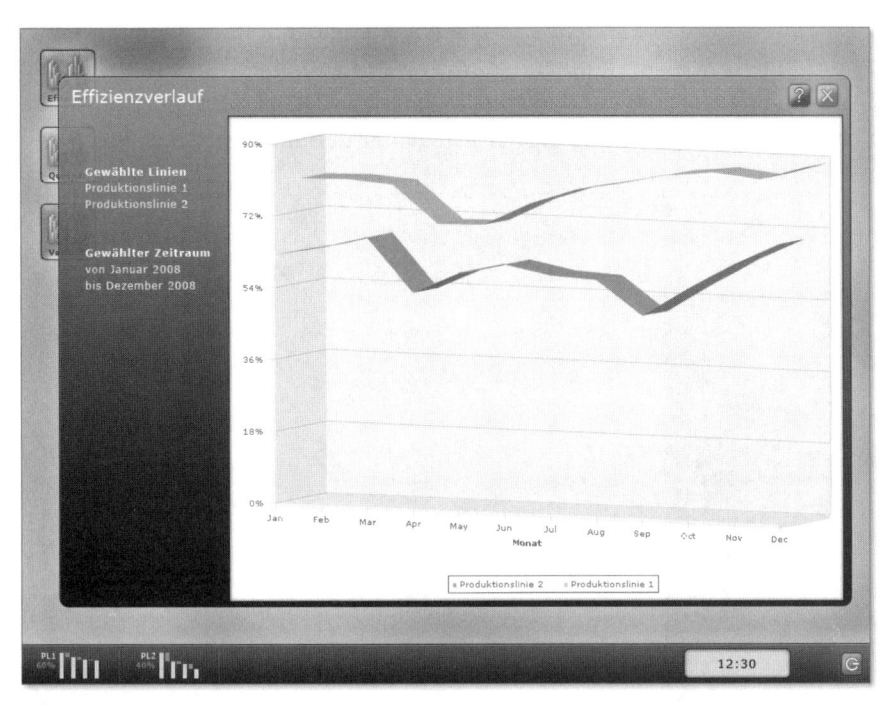

Abbildung 10.10 Report- und Statistik-GUI

> **Mit möglichst wenigen Klicks ans Ziel** [+]
>
> Für alle zu entwickelnden GUIs inklusive deren Layout gilt, dass die Tiefe der zu erreichenden Bedienungsebenen möglichst gering gehalten werden sollte. Anders ausgedrückt: Der Benutzer muss immer mit möglichst wenigen Klicks und Seitenwechseln zum gewünschten Bereich der Applikation gelangen.

Ein weiterer Bestandteil des Report- und Statistik-GUI ist die Administration der OPUS-Applikation. Darunter fällt auch die Verwaltung der in Abschnitt 10.2.2, »Berechtigungskonzept«, beschriebenen Berechtigungsobjekte.

Bei diesem GUI sollten alle zur Verfügung stehenden Berechtigungsobjekte angezeigt werden und zu verändern sein. Da AMW keine Modifikationen am Quelltext der Applikation vornehmen wollte, konnte man sich bei diesem Teil der Administration darauf beschränken, ausschließlich vorhandene Objekte zu ändern.

Beim Aufruf dieses GUI sollte die in der Datenbank hinterlegte Rechtezuordnung geladen und in dem in Abbildung 10.11 gezeigten Layout dargestellt werden. Den einzelnen Objekten, deren Namen nicht zu verändern sind, sollte eine frei zusammenstellbare Anordnung an Rollen und Benutzern zugewiesen werden können. Zusätzlich sollte anhand einer weiteren Funktion definiert werden können, ob das jeweilige Objekt im Fall fehlender Berechtigung ersatzlos aus den entsprechenden GUIs entfernt oder ob an seiner Stelle ein entsprechend großer Platzhalter definiert werden sollte.

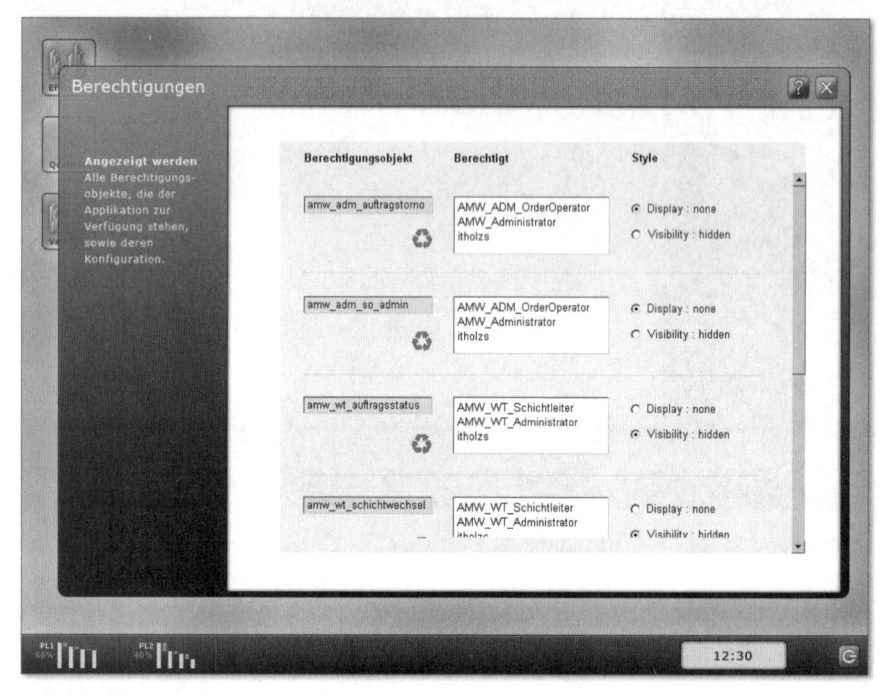

Abbildung 10.11 GUI zur Administration von Berechtigungsobjekten

In der Vorlage von Abbildung 10.11 (erstellt im Grafikprogramm) ist für die Berechtigungsobjekte (in der ersten Spalte, beginnend mit amw_adm) jeweils das ersatzlose Entfernen (Auswahl von »Display : none«) und für die Berechtigungsobjekte des Anwender-Terminals (in der ersten Spalte, beginnend mit amw_wt) der Platzhalter gewählt.

Die Umsetzung des Berechtigungskonzeptes fällt generell zwar in die Definition und Entwicklung der GUIs, wird aber aufgrund der Nutzung von JavaScript-Funktionalitäten in Abschnitt 10.5 erläutert.

10.4.4 Standard-Layout

Um die Strukturierung der einzelnen Projekte wieder aufzugreifen, wurden die Layout-Informationen, die in beiden GUI-Typen verwendet wurden, an zentraler Stelle im AWT_STD-Projekt gespeichert. Dies betraf den größten Teil der CSS-Definitionen sowie einen Großteil der verwendeten Grafiken.

Unter Betrachtung des Quelltextes aus Abschnitt 10.4.2, »Anwender« (siehe Listing 10.3), können die Elemente `main_sysinfo`, `menu_main`, `main_menu_clock` und `main_logout` als solche Elemente identifiziert werden, da sie sowohl im Anwender-GUI als auch im Report- und Statistik-GUI verwendet und deshalb im Projekt AMW_STD definiert wurden.

Diese Gruppe von Stylesheets und Grafiken bildete für das AMW-Projekt das Standard-Layout und lieferte für die jeweiligen GUIs einen Großteil der gesamten Optik.

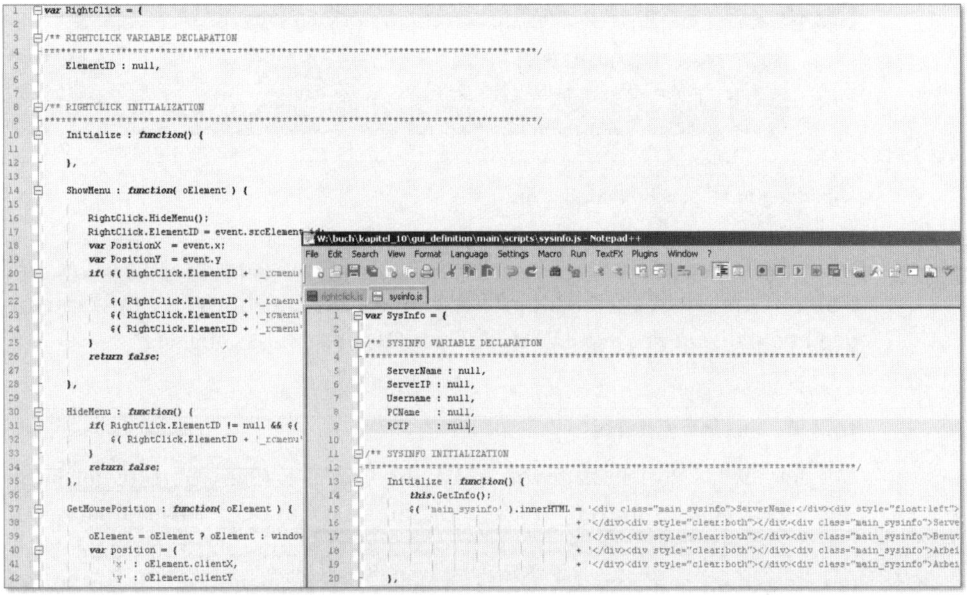

Abbildung 10.12 Klassen »RightClick« und »SysInfo«

Zum Standard-Layout wurden ebenfalls einige Skriptklassen hinzugefügt, die wichtige Funktionen zum Aufbau des GUI beinhalten. Ein Beispiel hierzu sind die Klassen `RightClick` und `SysInfo`, die alle Informationen zu möglichen Rechtsklickmenüs und den aktuellen Systeminformationen enthalten. Sie wurden in beiden GUI-Bereichen benötigt (siehe Abbildung 10.12).

10.4.5 Seitenbezogene Layouts

Zusätzlich zu den bereits besprochenen Layout-Informationen existieren für jeden GUI-Bereich mehrere eigenständige Layout-Objekte, die die einzelnen GUIs komplettieren.

Es muss jedoch wieder unterschieden werden zwischen den Objekten, die das Layout des GUI definieren, und den Objekten, die für die Darstellung des Inhalts verantwortlich sind. Denn Letztere sind den einzelnen Unterseiten zugewiesen und werden dementsprechend dort gespeichert.

Ein gutes Beispiel für ein Objekt, das einem spezifischen GUI-Layout angehört, sind die Touchscreen-Elemente (siehe Abbildung 10.13).

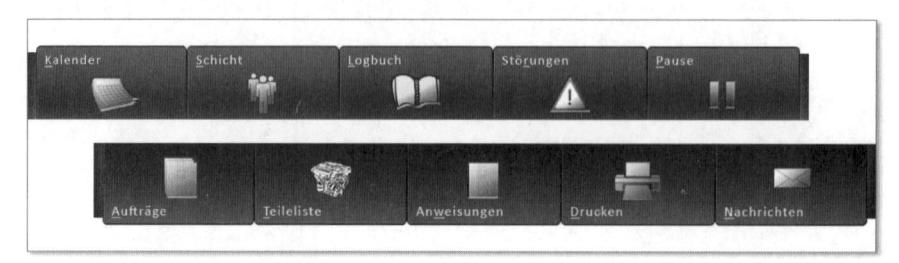

Abbildung 10.13 Touchscreen-Buttons

Diese Buttons wurden im `werker_terminal_main.css` im Projekt AWM_WT definiert und ausschließlich dort verwendet. Die zugehörigen Grafiken wurden ebenfalls im Projekt AWM_WT, im Ordner IMAGES abgelegt.

10.4.6 Fusion Charts

Mit dem OPUS-Projekt kam von AMW die Vorgabe, Chart-Objekte der Firma InfoSoft Global zu nutzen. Die sogenannten Fusion oder Power Charts sind Flash-basierte Charts, die von AMW schon seit geraumer Zeit unter Beobachtung standen und nun im OPUS-Projekt ihre Anwendung finden sollten (siehe Abbildung 10.14).

[+] **Software von Drittanbietern nutzen**

Der Einsatz von Drittanbieter-Software ist aufgrund der offenen Architektur und des webbasierten Frontends nahezu unbeschränkt möglich. Es können alle modernen Webkomponenten integriert und eingesetzt werden.

Aufgrund der Möglichkeit, die einzelnen Charts mit CSS-Informationen zu versorgen und sie somit leicht dem individuellen Layout von AMW anpassen zu können, waren die Charts in die bisherige Planung auch leicht zu integrieren. Die einfache Steuerung und die Option, die den jeweiligen Charts zugrunde liegenden Daten als XML-Stream zur Laufzeit an die Charts zu übergeben, machen diese Charts zu einer perfekten Erweiterung von SAP MII. Wie Sie in Abbildung 10.10 sehen konnten, fügt sich diese Erweiterung nahtlos in das OPUS-Layout ein.

Abbildung 10.14 Homepage von InfoSoft Global (Quelle: *www.fusioncharts.com*)

10.5 Definition und Entwicklung der GUI-Steuerung

Nachdem die Definition der GUIs abgeschlossen ist, ist es Zeit, die Steuerung der Oberflächen zu definieren und zu realisieren. Dies ist – wie auch die Entwicklung des Designs – eine sehr anspruchsvolle Aufgabe, wenn sie richtig gelöst werden soll. Richtig gelöst bedeutet bei allen Applikationen, dass jede Seite gleichermaßen gesteuert werden kann. Im Optimalfall ist dies eine Mischung aus Tastatur und Maussteuerung.

10.5.1 Usability

Um bei den Benutzern ein gewisses Gefühl der Vertrautheit zu schaffen, wurde im OPUS-Projekt bei AMW darauf geachtet, so viele betriebssystemähnliche Steuerungskomponenten in das Projekt mit aufzunehmen wie möglich.

> **[+] Intuitive Bedienbarkeit der Steuerung**
>
> Wie bei der Definition der GUIs muss auch bei der Definition und der Entwicklung der GUI-Steuerung darauf geachtet werden, dass der Benutzer sie intuitiv und schnell bedienen kann, da sonst das Interesse und die Akzeptanz der Software (mag sie noch so hübsch aussehen) nicht gewährleistet werden kann.

Da sowohl Anwender als auch Manager die Bedienung der Microsoft- oder Macintosh-Betriebssysteme gewohnt waren, erleichterte die Anlehnung an die Steuerung des Betriebssystems die Eingewöhnung in das System erheblich.

Klaus Braun und Benjamin Roth waren schnell zu der Überzeugung gelangt, eine betriebssystemtypische Steuerung zu implementieren, was neben dem »normalen« Linksklick natürlich einen Rechtsklick sowie die Eingabe von Tastaturbefehlen ermöglichen sollte.

10.5.2 Standardfunktionen

Zu den wohl eher banalen Funktionalitäten der GUI-Steuerung gehörten und gehören Elemente wie Auswahllisten, Buttons und Eingabefelder. Für diese Elemente wurden je nach Typ unterschiedliche Prüffunktionen in der AMW_STD-Klasse `CheckField` zur Verfügung gestellt.

So sollten Eingabefelder, die nur Zahlenwerte akzeptieren sollten, einfach als Integer oder Double definiert werden. Die Aufgabe der Prüffunktion wurde nunmehr das Prüfen der tatsächlich eingegebenen Daten sowie das Einfärben bei Falscheingabe und das Melden des Fehlers unter Benutzung des Meldungsdialogs. Zudem wurde die Prüffunktion dahin gehend erweitert, dass entsprechende Prüfvariablen gesetzt werden können, um so das Absenden falscher Werte zu verhindern.

10.5.3 Rechtsklickmenü

Die Verwendung eines Rechtsklickmenüs zum Erhalt bestimmter, zusätzlicher Möglichkeiten war in vielerlei Hinsicht eine Bereicherung der Funktionalitäten und der Steuerung der OPUS-Webapplikation. Die Implementierung eines solchen Menüs dahin gehend war nicht einmal so schwierig.

Neben dem obligatorischen Stylesheet, das dem Rechtsklickmenü sein Aussehen verlieh, musste entschieden werden, wie bei der Implementierung vorgegangen werden sollte.

Maximilian Grüne und Sascha Schwarz waren zu Beginn der Besprechung davon ausgegangen, dass nur bestimmte Elementtypen ein Rechtsklickmenü benötigen. Daraufhin wurde der Einwand laut, dass man bei der Begrenzung der Funktionalität auf einen einzelnen Elementtyp die Widerverwendbarkeit dieser Funktion stark limitieren würde und vor allem aktuell noch nicht festzusetzen war, welche Elementtypen das Rechtsklickmenü dann erhalten sollten. Klaus Braun überzeugte das Team davon, das Menü dynamisch zu erstellen, wonach alle Elemente, denen ein entsprechendes Rechtsklickmenü zuzuweisen war auch ein solches erhalten sollten.

Mit dieser Vorgabe konnte nun daran gearbeitet werden, ein dynamisches Rechtsklickmenü aufzubauen.

Der erste Schritt zur Definition eines eigenen Rechtsklickmenüs war das Abfangen der browsereigenen Rechtsklickbehandlung.

Zu diesem Zweck musste die Eigenschaft `document.oncontextmenu`, die für die Behandlung des Rechtsklicks benutzt werden kann, angepasst werden.

Mit der Zeile `document.oncontextmenu = Main.OnContext;` wurde dem Rechtsklick im Browser die Funktion `OnContext` der Klasse `Main` zugeordnet. Generell bedeutet dies jedoch nur, dass beim Rechtsklick die Funktion `Main.OnContext` ausgeführt wird, bevor das eigentliche Rechtsklickmenü angezeigt wird. Aus diesem Grund musste die Funktion `Main.OnContext` um einen *Rückgabeparameter* erweitert werden, der jegliche weitere Ausführung von Funktionen unterbinden würde.

Dies konnte mit dem Einfügen der Zeile `return false;` am Ende der `Main.OnContext`-Funktion erreicht werden.

Da je nach Verwendung der `Main`-Klasse eine andere Rechtsklickbehandlung notwendig sein könnte, wurde eine weitere Klasse erstellt, die sich ausschließlich mit dem Rechtsklickmenü beschäftigte und die leicht durch eine andere Funktion ersetzt werden konnte. Somit war der Aufruf des Rechtsklicks durch `RightClick.ShowMenu();` gewährleistet. Die gesamte `OnContext`-Funktion, die bei einem Rechtsklick aufgerufen wurde, war somit wie folgt notiert (siehe Listing 10.4):

```
OnContext : function() {
        RightClick.ShowMenu();
            return false;
    }
```

Listing 10.4 Aufruf des Rechtsklicks

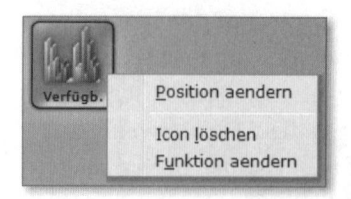

Abbildung 10.15 Sichtbares Rechtsklickmenü

Auf Drängen von Klaus Braun zugunsten einer dynamischen Benutzung des Rechtsklickmenüs musste nunmehr die Frage beantwortet werden, wie die HTML-Objekte ihr Rechtsklickmenü erhalten würden, um ein Menü wie in Abbildung 10.15 zu realisieren.

Diese Zusammengehörigkeit wurde über die Verwendung verschiedenster GUI-Elemente definiert. Demnach wurde einem HTML-Objekt mit der ID `myElement` genau dann ein Rechtsklickmenü zugewiesen, wenn ein weiteres HTML-Objekt mit der ID `myElement_rcmenu` vorhanden war, das die Informationen zum Rechtsklickmenü beinhaltete. Dies sollte am Beispiel des folgenden Quelltextes leicht verständlich sein (siehe Listing 10.5 und Listing 10.6):

```
<input type="text" id="myElement"></input>
```

Listing 10.5 HTML-Objekt

```
<div id="myElement_rcmenu" class="rcmenu">
 <dl class="rcmenu">
  <dd class="rcmenu">Inhalt <u>k</u>opieren</dd>
  <dd class="rcmenu_spacer"></dd>
  <dd class="rcmenu"
    onclick="RightClick.Clear()">Inhalt    <u>l</u>eeren</dd>
 </dl>
</div>
```

Listing 10.6 HTML-Rechtsklickobjekt

Das Stylesheet für die DIV-Klasse `rcmenu` wurde im Standard mit dem CSS Style `display:none` versehen, womit das komplette DIV `myElement_rcmenu` nicht sichtbar war.

Das Rechtsklickmenü wurde so entwickelt, dass es bei einem auftretenden Rechtsklick die ID des auslösenden Elementes auslas (im Beispielfall `myElement`) und damit das Element `myElement_rcmenu` überprüfte (siehe Listing 10.7).

```
RightClick.HideMenu();
RightClick.ElementID = event.srcElement.id;
```

```
var PositionX   = event.x;
var PositionY   = event.y

if( $( RightClick.ElementID + '_rcmenu' ) ) {
$( RightClick.ElementID + '_rcmenu' ).style.left
    = PositionX - 10 + 'px';
$( RightClick.ElementID + '_rcmenu' ).style.top
    = PositionY - 10 + 'px';
$( RightClick.ElementID + '_rcmenu' ).style.display
    = 'inline';
}
```

Listing 10.7 Anzeigen des Rechtsklickmenüs

Wie Listing 10.7 zeigt, wurde eine weitere Funktion `RightClick.HideMenu` entwickelt, die vor dem Anzeigen eines Rechtsklickmenüs ein zuvor geöffnetes Rechtsklickmenü wieder schließt.

Mit dem Aufruf dieser Funktion wird die Mauszeigerposition bestimmt und das gefundene Rechtsklickmenü an der entsprechenden Stelle eingeblendet.

Abgeschlossen wurde die Funktionalität mit der Einführung eines weiteren Event Listeners, der das Click Event der Webapplikation prüft und bei einem Linksklick das Rechtsklickmenü wieder ausblendet: `document.onclick = Main.OnClick;`

Somit mussten auf jeder Applikationsseite, der die Rechtsklickklasse zugewiesen war, lediglich die _rcmenu-Objekte hinzugefügt werden, um für die jeweiligen Ziele ein Rechtsklickmenü zu etablieren.

> **Beispielhafte Integration von Rechtsklickmenüs in die Webapplikation** [+]
>
> Dies ist wohl die einfachste Möglichkeit, Rechtsklickmenüs in Webapplikationen zu integrieren, obgleich es natürlich viele verschiedene Wege gibt, dies zu realisieren.

10.5.4 Tastatursteuerung

Die Umsetzung der Tastatursteuerung, die durch Benjamin Roth übernommen wurde, war ein wenig schwieriger zu realisieren als das dynamische Rechtsklickmenü. Denn derselbe Tastendruck sollte je nach offener Applikationsseite unterschiedliche Funktionen auslösen.

Um definitiv entscheiden zu können, auf welchen Bereich die Tastatureingabe reagieren soll, musste eine globale Variable (`amw_current_dialog`) definiert werden, der jeweils der Titel des aktuellen Applikationsdialogs mitgegeben wurde. Für die Entwicklung bedeutete dies, dass jeder Aufruf, der einen Dialog öffnet, und jede Funktion, die einen Dialog schließt, diese Variable mit Werten befüllt.

Darüber hinaus musste eine globale Variable erstellt werden, um zu definieren, wann Tastenkürzel berücksichtigt werden und wann nicht. Diese Variable (amw_capture_keyevent) musste immer dann den Status false erhalten, wenn eine Eingabe in ein Textfeld vorgenommen wurde, und den Status true, sobald dieses Textfeld verlassen wurde.

[+] **Hinweis**

Da globale Funktionen oftmals Auswirkungen auf andere Funktionen und deren Ergebnisse haben können, sollten die globalen Funktionen stets zu Beginn der Entwicklung implementiert werden. So kann verhindert werden, dass nachträgliche Änderungen durch das ganze System gezogen werden müssen (siehe das Beispiel der globalen Tastatureingabevariablen).

Die Grundfunktion der Tastatursteuerung wurde für die Anwender und das Report- und Statistik-GUI separat definiert. Im Projekt AMW_ST wurde zwar die Grundstruktur hinterlegt, die den Tastendruck an sich abfängt, alles Weitere war jedoch GUI-spezifisch zu entwickeln.

Mit dem Event Listener onkeydown kann für die Webapplikation wie beim Rechtsklickmenü eine Funktion hinterlegt werden, die beim Tastendruck aufgerufen wird. In JavaScript wird dieser Listener wie folgt definiert: document.onkeydown = Main.CaptureKey;

Ist diese Zuweisung ausgeführt, wird die Funktion CaptureKey() ab diesem Zeitpunkt bei jedem Tastendruck aufgerufen. Die erste Aufgabe der Funktion ist die Verifikation und die Prüfung des Events (siehe Listing 10.8):

```
CaptureKey : function( evnt ) {
  /** CHECK EVENT **/
  evnt = (evnt) ? evnt : ((event) ? event : null);
  /** IF EVENT EXISTS (sth. hit the keyboard) **/
  if( evnt && Main.amw_capture_keyevent ) {
    ...
```

Listing 10.8 Tastatureingabe

Wie zu sehen ist, wird neben der Variablen event auch Main.amw_capture_keyevent geprüft, um sicherzustellen, dass die Key Events zu diesem Zeitpunkt auch abgefangen werden.

Nachdem nun sichergestellt ist, dass ein Key Event auftreten und auch bearbeitet werden kann, kann die logische Verarbeitung der Informationen beginnen.

Mit der Prüfung der Variablen `amw_current_dialog` wird der Tastendruck dem entsprechenden Handler zugeordnet und der dort dafür vorgesehenen Funktion zugewiesen (siehe Listing 10.9):

```
/** Main Page Key.Events **/
if( Main.amw_current_dialog == 'main' ) {
  ...
}
/** Other Pages Key.Events **/
else {
 switch( Main.amw_current_dialog ) {
   case 'desk_contextmenu' :
     RightClick.KeyEvent( evnt );
     break;
   case 'line_status' :
     LineStatus.KeyEvent( evnt );
     break;
   ...
  }
}
```

Listing 10.9 Hinzufügen spezifischer Events

Wie Listing 10.9 zeigt, ist jedes Objekt, das ein Key Event beinhalten kann und nicht das `Main`-Objekt ist, mit einer entsprechenden Key-Event-Funktionalität ausgestattet. Die Verarbeitung der einzelnen Key Events entspricht in allen Dialogen demselben Aufbau und Ablauf.

Die Aufschlüsselung des Key Events, hier am Beispiel von `/** Main Page Key.Events **/` aus dem Quelltextbeispiel, erfolgt nach dem Code der gedrückten Taste (siehe Listing 10.10):

```
switch( evnt.keyCode ) {
 // Taste "a" wurde gedrückt
 case 65 : OrderList.Initialize();
   break;
 // Taste "d" wurde gedrückt
 case 68 : Print.Initialize();
   break;
 ...
```

Listing 10.10 Abfrage von Tastencodes

Die Taste A ergibt in JavaScript den Wert 65, die Taste D den Wert 68. Leider entsprechen nicht alle Tastencodes der ASCII-Tabelle (ASCII = American Standard Code for Information Interchange), sodass mit den Schlüsseln (Codes) aus Tabelle 10.1 gearbeitet werden muss:

Key	Code	Key	Code	Key	Code	Key	Code
backspace	8	6	54	v	86	f3	114
tab	9	7	55	w	87	f4	115
enter	13	8	56	x	88	f5	116
shift	16	9	57	y	89	f6	117
ctrl	17	a	65	z	90	f7	118
alt	18	b	66	left window key	91	f8	119
pause/break	19	c	67	right window key	92	f9	120
caps lock	20	d	68	select key	93	f10	121
escape	27	e	69	numpad 0	96	f11	122
page up	33	f	70	numpad 1	97	f12	123
page down	34	g	71	numpad 2	98	num lock	144
end	35	h	72	numpad 3	99	scroll lock	145
home	36	i	73	numpad 4	100	semi-colon	186
left arrow	37	j	74	numpad 5	101	equal sign	187
up arrow	38	k	75	numpad 6	102	comma	188
right arrow	39	l	76	numpad 7	103	dash	189
down arrow	40	m	77	numpad 8	104	period	190
insert	45	n	78	numpad 9	105	forward slash	191
delete	46	o	79	multiply	106	grave accent	192
0	48	p	80	add	107	open bracket	219
1	49	q	81	subtract	109	back slash	220
2	50	r	82	decimal point	110	close braket	221
3	51	s	83	divide	111	single quote	222
4	52	t	84	f1	112		
5	53	u	85	f2	113		

Tabelle 10.1 ASCII-Zeichencodes, aufsteigend nach Code geordnet

Mit dem Start der Entwicklung der Tastatursteuerung wurden von Benjamin Roth und Klaus Braun sogenannte Shortcut-Sheets erstellt, um je nach Dialog sehen zu können, welche Tasten noch frei und welche bereits durch Funktionen belegt sind (siehe Abbildung 10.16).

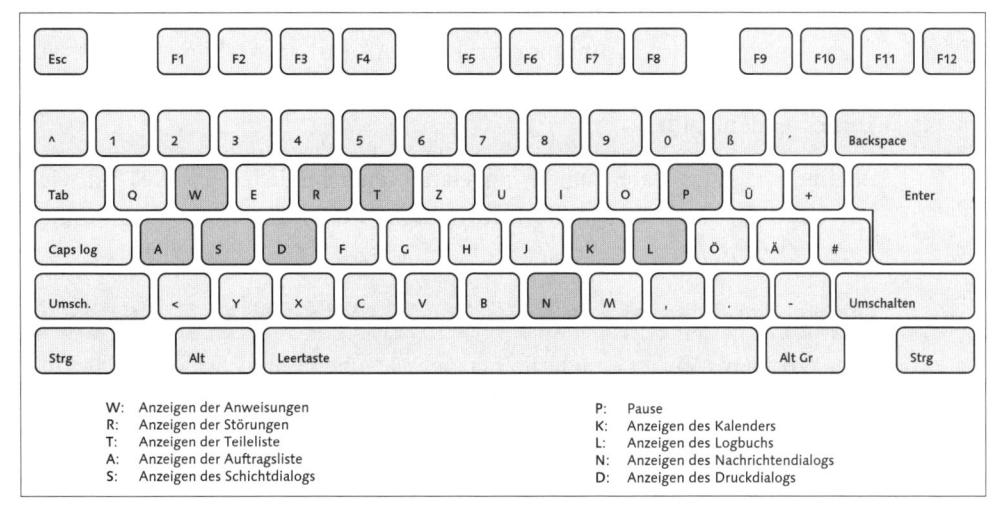

Abbildung 10.16 Shortcut-Sheet für das Anwender-GUI

10.5.5 Berechtigungskonzept

Wie bereits in Abschnitt 10.4.3, »Report und Statistik«, beschrieben wurde, wurde zur Umsetzung des Berechtigungskonzeptes eine JavaScript-Funktion verwendet, die die Objektinformationen in den Applikationsspeicher übernehmen sollte.

Die Konzeption des Berechtigungskonzeptes wurde so weit als möglich offen gehalten, sodass sie keinerlei Beschränkungen hinsichtlich der nutzbaren HTML-Objekte kennt. Daher kann jedes HTML-Objekt, sei es ein span, eine table oder ein button, durch das Berechtigungskonzept beeinflusst und der Zugriff darauf gesperrt werden.

In der Datenbank vorhandene Berechtigungsobjekte wurden während der Entwicklungsphase in der jeweiligen Objekttabelle gepflegt und im HTML-Code an der passenden Stelle hinterlegt. Ein Button, dem das Berechtigungsobjekt awm_wt_schichtwechsel zugewiesen wurde, musste im Quelltext lediglich mit dem zugehörigen Aufruf versehen werden (siehe Listing 10.11).

```
<button id="meinButton" onclick="Shift.Change()"
  tyle="{SOB|amw_wt_schichtwechsel|SOB}">
```

Listing 10.11 HTML-Button mit Security Object

Dieser Aufruf war nötig, um auf die in der Datenbank abgelegten Einträge zu reagieren. Dank vorhandener SAP MII-Logik konnten diese Objekte direkt übersetzt werden.

Hierfür wurden zwei Elemente entwickelt: zum einen die obligatorische Webschnittstelle und zum anderen eine SAP MII-Transaktion, die die von der Webschnittstelle übergebenen Daten auswerten und an die Schnittstelle zurücksenden sollte.

Bei der Frage des Datenzugriffs angelangt, entschied sich das A-IT-Entwicklerteam dafür, die Abfrage der Informationen über den Aufruf des Runners vorzunehmen.

> **[+] Orientierungshinweis**
>
> Der Abschnitt »Applets oder nicht?« in Kapitel 14 beschäftigt sich mit den Vorzügen und Nachteilen der Nutzung von Applets gegenüber anderen Möglichkeiten.

Der Rückgabewert der Abfrage sollte als JSON-String formatiert sein, da dieser leicht von JavaScript gelesen und weiterverarbeitet werden kann.

> **[+] JavaScript Object Notation (JSON)**
>
> JSON steht für *JavaScript Object Notation* und bezeichnet ein kompaktes Datenformat, das für Mensch und Maschine leicht zu lesen ist. Auch wenn der Name etwas anderes vermuten lässt, ist JSON ein offenes und unabhängiges Format. Dies wird durch die Tatsache verdeutlicht, dass viele Programmiersprachen entsprechende JSON-Schnittstellen besitzen. Für die Entwicklung mit SAP MII sind hier vor allem Java, ColdFusion, JavaFX, Perl, PHP, Adobe Flash/Flex, Python oder Ruby interessant.
>
> Ein JSON-String (häufig auch nicht ganz korrekt als *Hash* bezeichnet) kann in mehreren Dimensionen verwendet werden und besteht immer aus zwei zusammengehörenden Informationspaaren in der Form:
>
> ```
> { key1 : value1, key2 : value2 }
> ```

Das Ergebnis der Abfrage wurde als JSON-String definiert und liefert Werte in der Form: `{ "Name 1" : "Wert 1", "Name 2" : "Wert 2" }`

In der Funktion `parseJSON` wird der erhaltene JSON-String aus der Runner-Abfrage verarbeitet. Die Prototype-Funktion `$H` formt aus dem JSON-String einen Hash, der in den folgenden Zeilen verarbeitet wird (siehe Listing 10.12):

```
function parseJSON( JSON ) {
  JSON = $H( JSON.evalJSON() );
  JSON.each( function( pair ) {
    SessionVariable.Set( "SOB|" + pair.key + "|SOB",
        pair.value );
```

```
});
}
```

Listing 10.12 Security Object Generator

Aus der Transaktionsrückgabe "`awm_wt_schichtwechsel`" : "`display:inline`" wird somit die Session-Variable `SOB|amw_wt_schichtwechsel|SOB` mit dem Wert `display:none`. Beim Aufruf der entsprechenden Applikationsseite wird das eingefügte Sicherheitsobjekt automatisch ersetzt und blendet das jeweilige Element aus.

Die Transaktion wurde dementsprechend aufgebaut und enthielt drei Hauptstränge (siehe Abbildung 10.17).

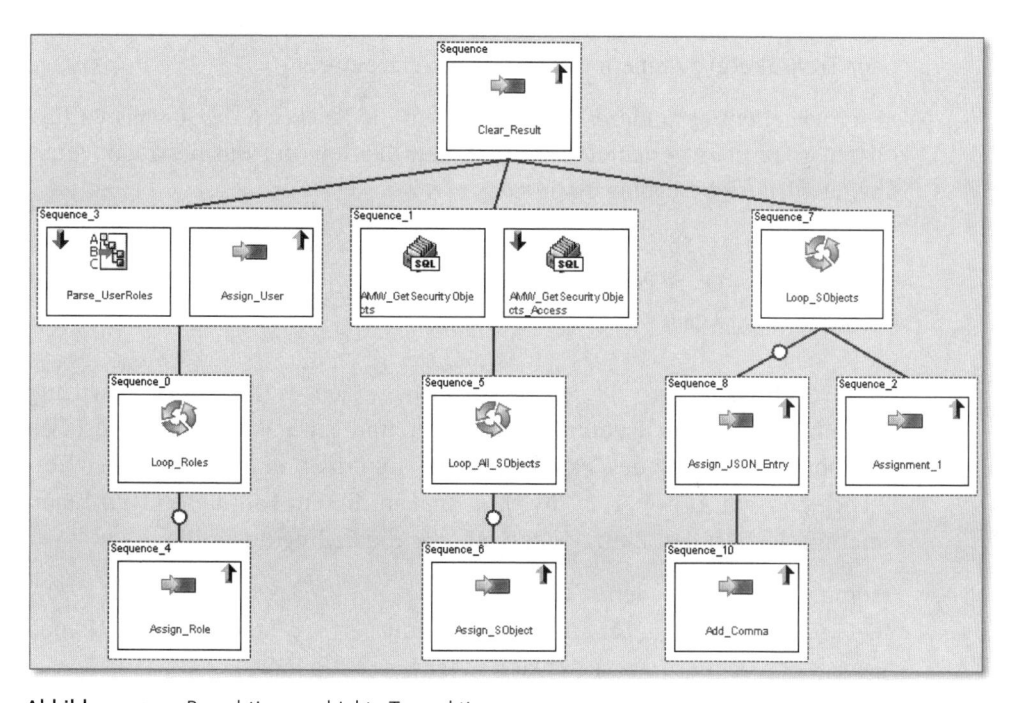

Abbildung 10.17 Berechtigungsobjekt »Transaktion«

Im linken Strang der Transaktion werden die eingegebenen Werte zu einer Abfrage zusammengebaut, sodass aus dem eingegebenen Parameter 1 (IllumLoginName = itholzs) und aus Parameter 2 (IllumLoginRoles = AWM_ADM_OrderOperator, SAP_XMII_Administrator, SAP_XMII_User, Everyone) die folgende Abfrage hervorgebracht wird (siehe Listing 10.13):

```
SELECT object_name, show_code FROM amw_security_objects
WHERE   access LIKE '%itholzs%'
```

```
OR    access LIKE '%AMW_ADM_OrderOperator%'
OR    access LIKE '%SAP_XMII_Administrator%'
```
Listing 10.13 SQL-Statement zum Auslesen von Berechtigungsinformationen

Diese Abfrage wird im mittleren Strang ausgeführt. Als Ergebnis sind alle Berechtigungsobjekte, die dem Benutzer `itholzs` und den ihm zugewiesenen Rollen zugeteilt sind, mit den entsprechenden Anzeigeinformationen versehen.

Eine weitere Abfrage selektiert alle vorhandenen Berechtigungsobjekte mit der Standardeinstellung des `hide_code`, das heißt der Abfrage `SELECT object_name, hide_code FROM amw_security_objects`.

Die Ergebnisse dieser beiden Abfragen werden ebenfalls im mittleren Strang der Transaktion zu einem Gesamt-XML verarbeitet.

Hierbei sei ein besonderes Augenmerk auf die Selektion des jeweils verfügbaren `show_code` gerichtet, der durch den XPath in der Businesslogik verarbeitet wird (siehe Listing 10.14):

```
AMW_GetSecurityObjects_Access.Results{/Rowsets/Rowset/Row[object_
name='#Loop_All_SObjects.Output{/Row/object_name}#']/show_code}
```
Listing 10.14 ShowCode XPath

Der Ausdruck `#Loop_All_SObjects.Output{/Row/object_name}#` (wichtig sind hier die Rautensymbole zu Beginn und zum Ende des Ausdrucks) erlaubt die Nutzung des Variablenwertes innerhalb eines XPaths. Der Vergleich `[object_name=... ]` (wichtig sind in diesem Fall die eckigen Klammern) selektiert den Eintrag des XML, das die Bedingung erfüllt.

Somit selektiert der XPath jenen `show_code` aus dem `AMW_GetSecurityObjects_Access`-XML, der zum `object_name` mit dem Namen `Loop_All_SObjects.Output{/Row/object_name}` gehört.

Sie fragen sich sicherlich, warum für die beiden Abfragen der Sicherheitsobjekte zwei SQL-Abfragen erstellt wurden, anstatt die kleinen SQL-Statements einfach in den jeweiligen Action Blocks zu codieren. Dies wäre sicherlich einfacher gewesen und hätte auch garantiert das gleiche Ergebnis erzielt, ist jedoch generell nicht zu empfehlen, da dadurch die »Lesbarkeit« der Transaktion leidet (siehe Abschnitt »SQL-Abfragen in Transaktionen« in Kapitel 14).

Im rechten Strang der Transaktion wird schließlich der Inhalt des JSON-Strings erstellt und als Ausgabeparameter zugewiesen.

> **Hinweis – Expression im Link Editor kann nicht mehr aufgerufen werden** [+]
>
> Es kann vorkommen, dass nach dem Einfügen und Speichern der JSON-Start-/End-Klammern die Expression im Link Editor nicht mehr aufgerufen werden kann. Es handelt sich hierbei um einen kleinen Bug in der MII-Logik, durch den die geschweiften Klammern im String nicht korrekt interpretiert werden. Die Funktionalität ist jedoch korrekt.
>
> Prüfen Sie an dieser Stelle die verfügbaren MII-Updates/Fixes.

Den Aufruf der Transaktion und die Rückgabe der Daten sehen Sie beispielhaft in Abbildung 10.18.

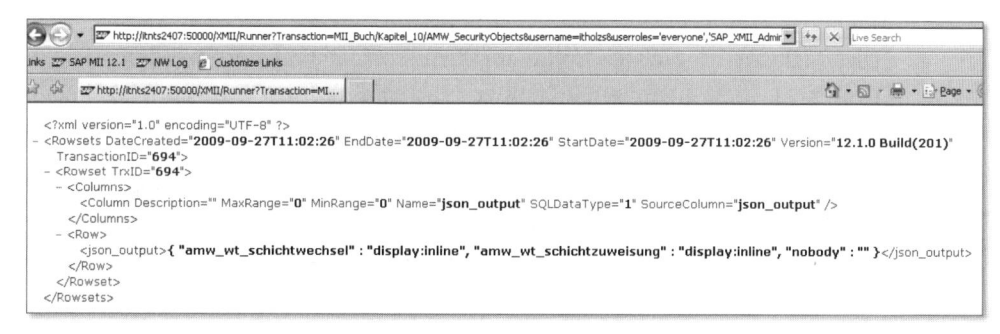

Abbildung 10.18 Return XML – Rückgabe der Daten

10.6 Implementierung der Schnittstellen

Schnittstellen sind für Webentwickler in erster Linie alle Verbindungen, die mit dem Frontend verknüpft werden. Dies beinhaltet neben der für Consultants gängigen Bedeutung einer Anbindung an ein anderes System (wie beispielsweise ein R/3-System) auch die Anbindung an einen Datenbankserver. Dieser Abschnitt behandelt daher neben der Implementierung von SAP-Abfragen auch die Anbindung der Datenbank; Letzteres ist beispielsweise für die Umsetzung des Berechtigungskonzeptes notwendig.

Es ist üblich, die Implementierung der Schnittstellen in zwei Teile zu gliedern: zum einen in die Entwicklung der verschiedenen Schnittstellen und zum anderen in die Dynamisierung dieser Schnittstellen. Dieser Weg wurde auch von der A-IT verfolgt.

Dies hat den Vorteil, dass die komplette Datenanbindung mit relativ geringem Aufwand entwickelt und direkt mit der Anpassung der GUIs begonnen werden kann. Erst im späteren Verlauf, nachdem alle notwendigen Werte identifiziert und konfiguriert sowie alle Probleme an den GUIs beseitigt sind, wird mit der Dynamisierung begonnen.

Am Beispiel der SAP-Abfragen wurde eine solche Trennung dargestellt.

10.6.1 Abfrage der Auftragsliste

Die Implementierung der Schnittstellen wurde durch Klaus Braun mit der Erstellung der Abfrage der Auftragsliste an SAP begonnen. Die Aufgabe bestand im ersten Schritt darin, aktuelle Aufträge aus dem System zu filtern, um damit die Entwicklung der GUIs abschließen zu können. Die Abfrage sollte im späteren Verlauf nur mit mehr dynamischen Inhalten versehen werden.

Die Rückgabe der Daten sollte im XML-Format realisiert werden. Da ein IDoc-XML aber nicht einfach über ein Transaktions-XML zurückgegeben werden kann, setzte Klaus Braun einen altbewährten Kniff ein:

Die Daten aus dem IDoc mussten in ein neues Illuminator-XML umgewandelt werden und konnten über diesen Workaround als Transaktions-XML zurückgegeben werden. Abbildung 10.19 zeigt die fertige Auftragslisten-Transaktion.

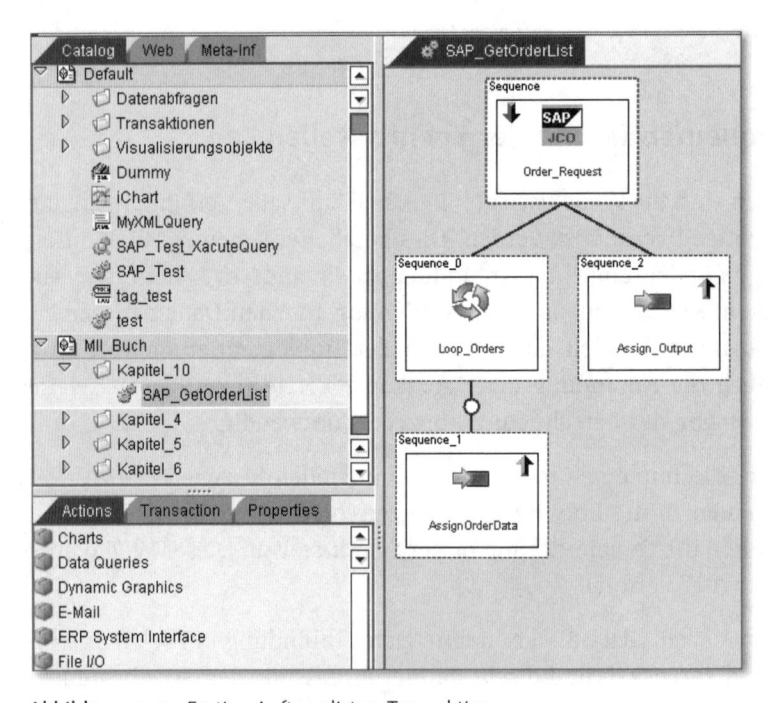

Abbildung 10.19 Fertige Auftragslisten-Transaktion

> **String oder XML-Ausgabe?** [+]
> Es ist ohne Weiteres möglich, ein IDoc in XML-Form als String aus einer Transaktion herauszugeben. Eine direkte Weiterverarbeitung in einem MII-Applet wäre damit jedoch leider nicht möglich, weshalb eine Umformung in einem solchen Fall notwendig ist.

Mit dem SAP_JCo_Interface gelang Klaus Braun der Zugriff auf das SAP ERP-System und mit dem BAPI `BAPI_PRODORD_GET_LIST` die Abfrage der Auftragsliste. Nach Einschränkung der Abfrage über die Parameter des JCo_Interface konnte das Ergebnis auf die aktuellen Aufträge beschränkt werden. Mit diesem Ergebnis aus dem JCo_Interface konnte nun weitergearbeitet werden.

Wie bereits erwähnt, liegt der interessante Teil der Transaktion auf den ersten Blick etwas im Verborgenen. Mit der Action `AssignOrderData` wurden aus dem jeweils aktuellen IDoc-Auftrag alle notwendigen Informationen ausgelesen und einem neuen XML zugewiesen.

Die zwei dafür erforderlichen Parameter – `xml` und `xml_row` – sind Abbildung 10.20 zu entnehmen.

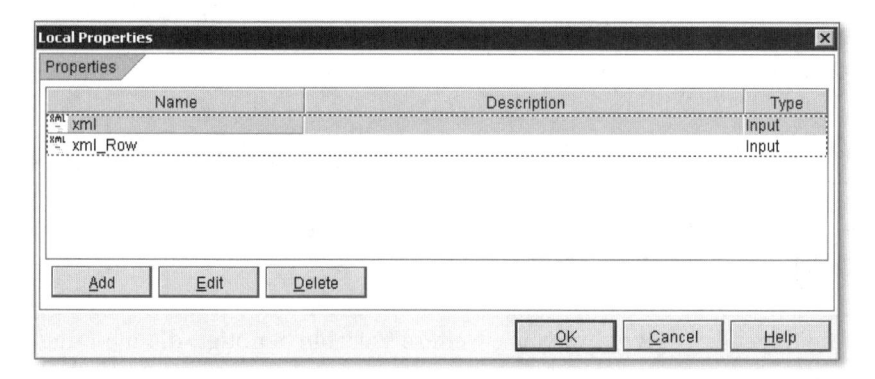

Abbildung 10.20 Lokale Parameter

Der Hauptparameter, dem später das komplette generierte Resultat zugrunde liegen sollte, ist der Parameter `xml`. Dieser wurde als leere, aber valide Illuminator-XML-Struktur definiert (siehe Abbildung 10.21).

Wichtig hierfür ist die Definition der einzelnen Columns, die im Fall der Auftragsliste alle als String heruntergegeben werden.

Um einen Platzhalter für alle dynamisch hinzugefügten Einträge zu erhalten, wurde eine Row definiert, der die komplette zu erwartende Unterstruktur mitgegeben wurde.

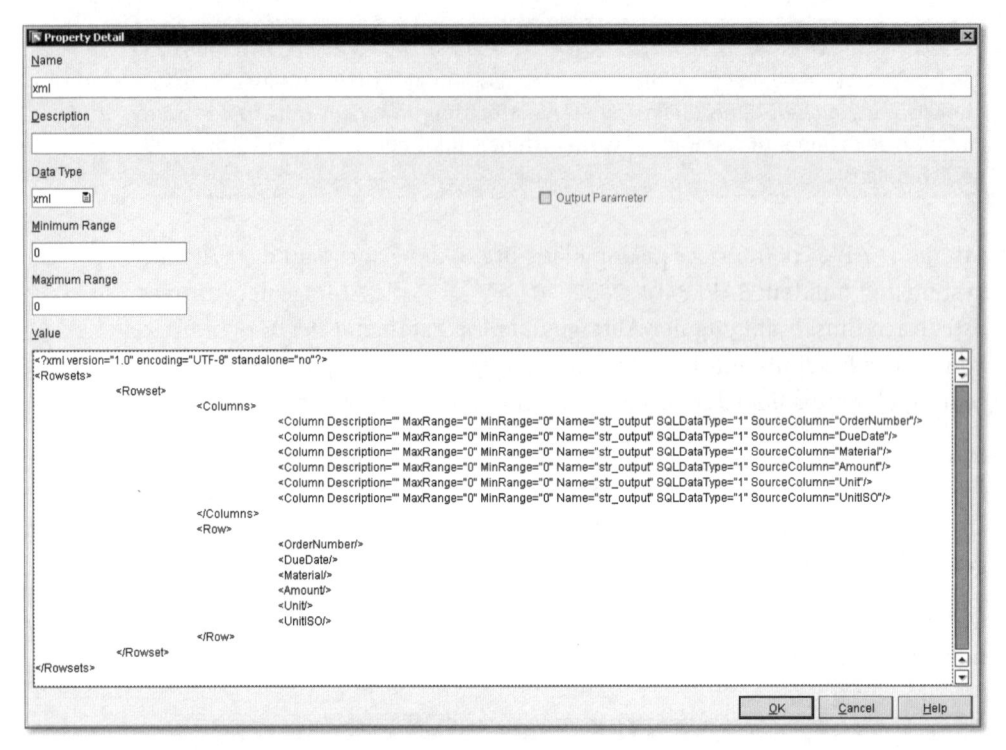

Abbildung 10.21 Parameter »xml«

[+] **BLS – XML-Ausgabe**

Soll ein XML als Ausgabeparameter definiert werden, dem keine valide Illuminator-XML-Struktur gegeben ist, wird die Ausgabevariable immer leer sein, das System aber keinen Fehler ausgeben!

Für die folgende Logik wurde eine weitere Variable benötigt, die die Daten jedes einzelnen Elementes aufnehmen und weitergeben konnte. Diese Variable sollte xml_Row heißen (siehe Abbildung 10.22).

Der Struktur von xml_Row wurden wie auch der Row innerhalb der xml-Variablen alle Informationen mitgegeben, die für die Abfrage relevant waren. Im Übrigen bestand die Struktur xml_Row ausschließlich aus dem Row-Tag.

[+] **Empfehlung: Weitere Variable »xml_Row_empty« definieren**

Es ist sinnvoll, eine weitere Variable xml_Row_empty zu definieren, die als leere Vorlage vor jedem Durchlauf der xml_Row-Variablen zugewiesen wird. Damit kann dafür Sorge getragen werden, dass die Struktur xml_Row keine Werte aus einem alten Lauf beinhaltet.

> Die Zuweisung von xml_Row_empty nach xml_Row kann mit dem Link Type Assign-XML, aber auch ReplaceXML vorgenommen werden und als erste Zuweisung im bereits existierenden Assignment-Block geschehen.

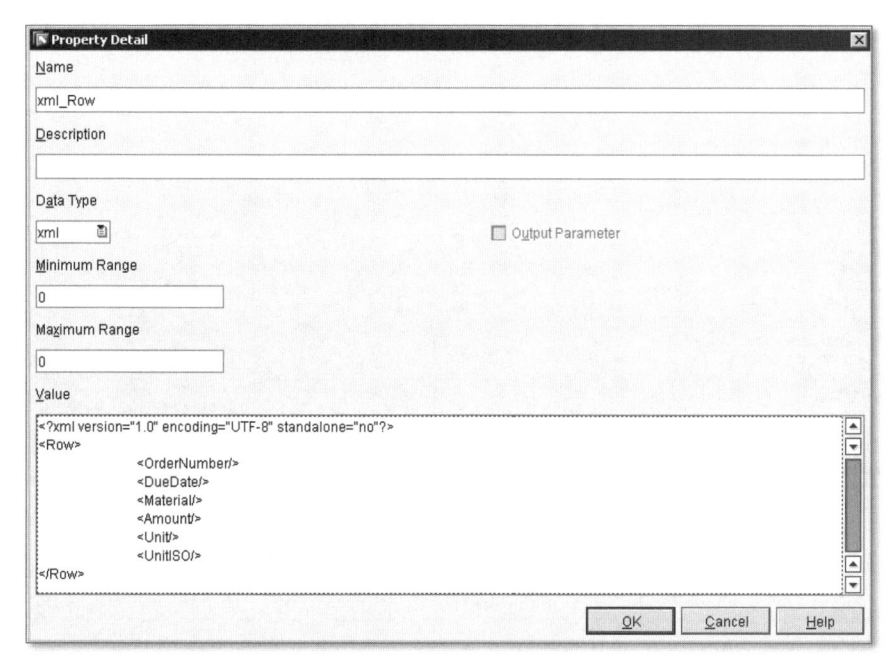

Abbildung 10.22 Parameter »xml_Row«

Der wichtigste Punkt bei der Zuweisung der einzelnen XML-Daten ist der letzte, wonach das zuvor gefüllte XML xml_Row dem übergeordneten XML xml hinzugefügt wird (siehe Abbildung 10.23).

Entgegen den Standardeinstellungen musste hier mit dem Typ Append XML gearbeitet werden, damit die einzelnen Einträge dem übergeordneten XML angehängt werden konnten.

Orientierungshinweis [+]

Die Wirkung der anderen Link-Typen kann in Abschnitt 5.3.3, »Zusammenführung der Daten«, nachgelesen werden.

Je mehr Action Blocks innerhalb einer Transaktion verwendet werden, desto länger ist die Laufzeit dieser Transaktion. Aus diesem Grund – und der Tatsache, dass Klaus Braun im Umgang mit dem Link Editor viel Erfahrung hat – wurden alle Zuweisungen in einem Assignment untergebracht.

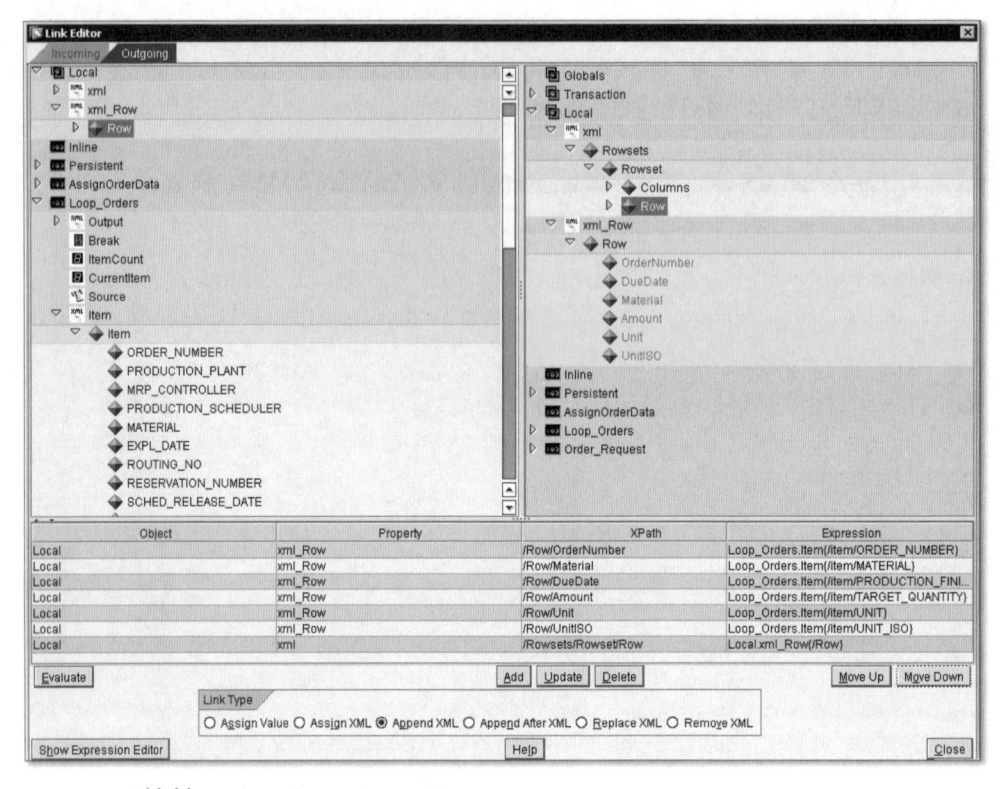

Abbildung 10.23 Parameterzuweisung

Es ist jedoch generell zu empfehlen, Zuweisungen wie die in Abbildung Abbildung 10.23 in mehreren Assignments unterzubringen, da die Reihenfolge der Zuweisungen in der Abbildung eine große Rolle spielt.

Trennt man die einzelnen Zuweisungen jedoch nach folgenden Gruppen in einen jeweils eigenen Assignment-Action-Block, die untereinander, in jeweils eigenen Sequenzen abgearbeitet werden, gibt es keine Notwendigkeit für das Einhalten einer bestimmten Reihenfolge innerhalb der jeweiligen Gruppen:

- XML-Überschreiben (xml_Row_empty)
- Parameterzuweisung
- XML-Zuweisung

Bei drei unterschiedlichen Assignment Actions wird die Laufzeit der Transaktion nur unmerklich verändert, dafür würde jedoch eine Fehlerquelle eliminiert. In der Praxis ist es jedoch oft der Fall, dass aufgrund der Übersichtlichkeit auf mehrere Actions verzichtet und bei der Erstellung der einen dafür mehr auf die Reihenfolge geachtet wird.

Abgeschlossen wurde die Entwicklung mit der Zuweisung der generierten XML-Struktur zum XML-Ausgabeparameter.

Im Normalfall würde nun die Erstellung einer Xacute-Query die Daten der Transaktion an ein Applet weiterreichen. Im OPUS-Projekt bei AMW wurde hierauf jedoch verzichtet und ein direktes Einlesen und Verarbeiten innerhalb des Web-Frontends via JavaScript implementiert.

Für diesen Zweck wurde eine Funktion geschrieben, die aus JavaScript heraus eine Transaktion starten und den Rückgabewert an die Logik übergeben kann.

Um Arbeit zu sparen, wurde die Funktion von Klaus Braun so realisiert, dass sie stellvertretend für jeden Transaktionsaufruf genutzt werden konnte. Die Abfragetransaktion für die Auftragsliste wurde damit wie folgt aufgerufen (siehe Listing 10.15):

```
Call.Transaction( "Kapitel_10/SAP_
GetMaterialList&OutputParameter=xml_response",
"CreateMaterialListe" );
```

Listing 10.15 Klassenaufruf – TransactionCall

Die übergebenen Werte waren der Transaktions-String sowie die nach dem erfolgreichen Aufruf auszuführende (`callback`-)Funktion. Wie diesem Aufruf zu entnehmen ist, wurde eine Klasse `Call` generiert, die die Funktion `Transaktion` beinhaltete (siehe Listing 10.16).

```
var Call = {
  Transaction : function( url, callback ) {
  var url = "http://itnts2407:50000/XMII/Runner?Transaction="+url;
    var Request = new Ajax.Request(
      url, {
        method: 'post',
        asynchronous: 'true',
        onSuccess: function(transport) {
          eval( callback + '( transport.responseText )' );
        },
        onError: function( transport ) {
          alert( transport.responseText );
        },
        onFailure: function(transport, e) {
          alert( e.message )
        }
      }
    );
  }
}
```

Listing 10.16 Runner-Aufruf

Mit der Übergabe des Transaktionsaufrufs an `Call.Transaction` wurde die URL vervollständigt, sodass ein Runner-Aufruf gestartet werden konnte. Bei erfolgreichem `Ajax.Request` sollte dann die Funktion, deren Name in der Variablen `callback` verborgen liegt, mit dem entsprechenden Inhalt (`transport.responseText`) aufgerufen werden.

> **[+] Hinweis**
>
> Der anfänglich generierte Quelltext war nicht dynamisch gehalten und diente allein der Prüfung des Konzeptes und dem schnellen Ergebnis, Live-Daten auf den GUIs anzeigen zu können.

10.6.2 Abfrage der Materialliste

Zunächst war vorgesehen, dass die Abfrage der Materialliste mit der Abfrage der Auftragsliste identisch ist. Während eines Meetings mit AMW kam jedoch die Frage nach der Optimierung des Datenaufkommens auf. Benjamin Roth hatte die Idee, auf den XML-Overhead, der bei jedem XML-Transfer auftritt, durch die Nutzung eines JSON-Strings (anstelle eines XML-Strings) zu verzichten. Darüber hinaus könnte der JSON-String auch ohne weitere Verarbeitung direkt von JavaScript genutzt werden.

Aus diesem Grund wurde die Transaktion der Materialliste mit einer etwas anderen Ausgabe versehen, die in der folgenden Form als String ausgegeben wurde (siehe Listing 10.17).

```
{
  "Material_1" :
  {
    "matnr" : "000000000141",
    "ktext" : "Beispieltext",
    "meins" : "kg"
  },
  "Material_2" :
  {
    "matnr" : "000000000142",
    "ktext" : "Anderes Material",
    "meins" : "g"
  }
}
```

Listing 10.17 Aufbau des JSON-Strings für die Materialliste

Für die Transaktion bedeutete dies jedoch keineswegs das Hinzufügen neuer Actions, sondern eher das Umstellen der vorhandenen. Demnach wurden statt der lokalen xml-Parameter die String-Variablen `json_start`, `json_ende` und `json_row` definiert, und statt eines XML-Ausgabeparameters wurde ein String-Ausgabeparameter eingeführt.

Die Ablauflogik der Transaktion blieb gegenüber der Transaktion zur Abfrage der Auftragsliste die gleiche (siehe Abbildung 10.24).

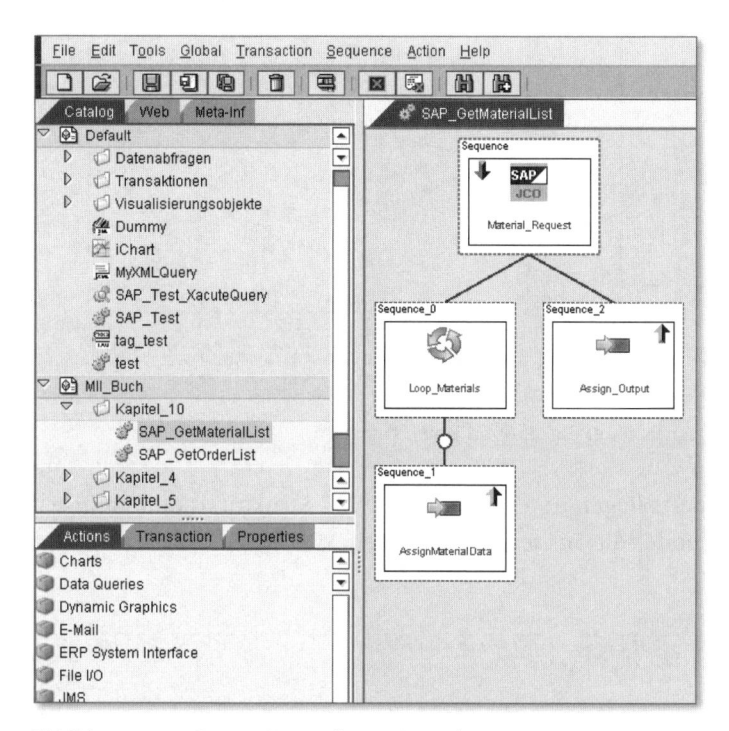

Abbildung 10.24 Fertige Materiallisten-Transaktion

10.6.3 Datenanbindung für Fusion Charts

Wie bereits in Abschnitt 10.4.6, »Fusion Charts«, beschrieben wurde, werden die Fusion Charts durch XMLs mit Daten versorgt. Die größte Herausforderung bei der Anbindung der im OPUS-Projekt verwendeten Charts war die Erstellung der einzelnen XML-Strukturen, die leider bei fast allen Charts unterschiedlich sind. Dennoch war dies kein großer Aufwand, da mit den Standard-MII-Funktionen entsprechende Chart-XMLs sehr schnell generiert werden konnten.

Die ersten beiden für AMW zu implementierenden Darstellungen waren eine Liste der Stückmengenbetrachtung auf Bereichsebene und die Betrachtung der Anlagenverfügbarkeit und Anlagenleistung über einen bestimmten Zeitraum. Beide Implementierungen sind Abbildung 10.25 zu entnehmen.

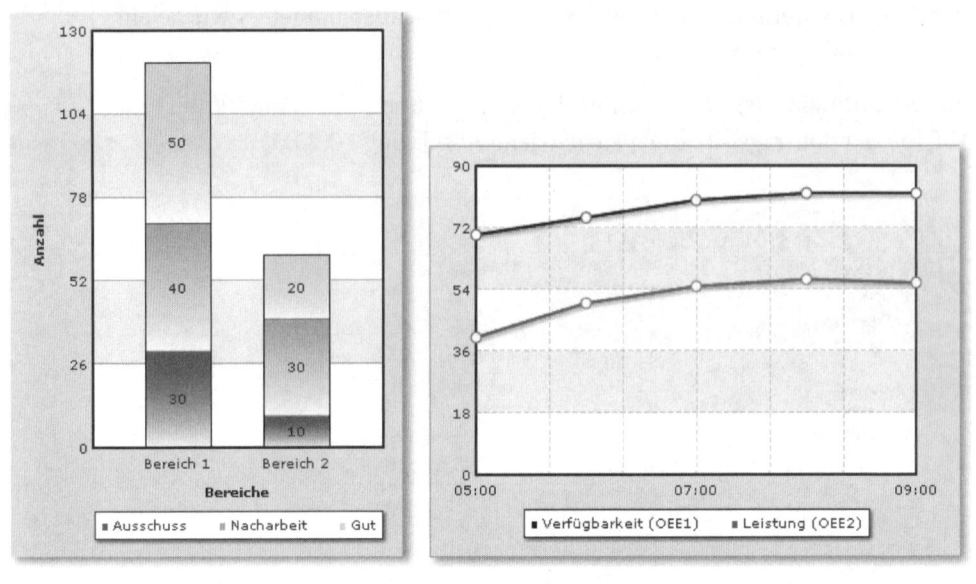

Abbildung 10.25 Verschachteltes Balken- und Liniendiagramm

Diesen beiden Charts liegen unterschiedliche XML-Strukturen und natürlich auch Daten zugrunde, die in den Abbildungen 10.26 und 10.27 zu sehen sind.

```xml
<chart xAxisName='Bereiche' yAxisName='Anzahl' paletteColors='FF0000,FFAA00,

    <categories>
        <category label='Bereich 1' />
        <category label='Bereich 2' />
    </categories>

    <dataset seriesName='Ausschuss'>
        <set value='30' />
        <set value='10'/>
    </dataset>

    <dataset seriesName='Nacharbeit'>
        <set value='40'/>
        <set value='30'/>
    </dataset>

    <dataset seriesName='Gut'>
        <set value='50'/>
        <set value='20'/>
    </dataset>

</chart>
```

Abbildung 10.26 XML des Balkendiagramms

Diese XML-Daten können den Charts im Quelltext als Parameter übergeben werden, wie im folgenden Beispiel zu sehen ist (siehe Listing 10.18):

```
<object id="Balken" … class="chart">
  <param name="movie" value="charts/StackedColumn2D.swf" />
  <param name="FlashVars" value="&dataURL=data_column.xml">
  <param name="quality" value="high" />
  <param name="borderThickness" value="5" />
  <param name="borderAlpha" value="20" />
</object>
```

Listing 10.18 Implementierung eines Balkendiagramms der Fusion Charts

Dies erlaubt die Generierung von Charts für den Bereich Reporting. Für die für AMW zu entwickelnde Applikation war das jedoch nicht ausreichend, weshalb Benjamin Roth und Klaus Braun nach neuen Möglichkeiten suchten und in der beigefügten Dokumentation recherchierten.

```
 1 <chart lineThickness='1' showValues='0' formatNumberScale='0' anchorRadius='
 2 <categories >
 3 <category label='05:00' />
 4 <category label='06:00' />
 5 <category label='07:00' />
 6 <category label='08:00' />
 7 <category label='09:00' />
 8
 9 </categories>
10
11 <dataset seriesName='Verfügbarkeit (OEE1)' color='0000FF' anchorBorderColor=
12   <set value='70' toolText='Verfügbarkeit 70%' />
13   <set value='75' toolText='Verfügbarkeit 75%' />
14   <set value='80' toolText='Verfügbarkeit 80%' />
15   <set value='82' toolText='Verfügbarkeit 82%' />
16   <set value='82' toolText='Verfügbarkeit 82%' />
17 </dataset>
18
19 <dataset seriesName='Leistung (OEE2)' color='FF0000' anchorBorderColor='F168
20   <set value='40' toolText='Leistung 60%' />
21   <set value='50' toolText='Leistung 50%' />
22   <set value='55' toolText='Leistung 55%' />
23   <set value='57' toolText='Leistung 54%' />
24   <set value='56' toolText='Leistung 50%' />
25 </dataset>
26
27 </chart>
28
```

Abbildung 10.27 XML des Liniendiagramms

Hieraus ergab sich die Möglichkeit, Fusion Charts dynamisch zu generieren und Daten ebenso dynamisch nachladen zu lassen, was mit der Verwendung von SAP MII und JavaScript die optimale Voraussetzung für ein dynamisches GUI bildete.

Anders als in den bisherigen Implementierungen der Charts (siehe Kapitel_ 10/fusion_charts/fusion_charts.html) wurden die Charts nun durch JavaScript generiert.

Notwendig hierfür ist die den Fusion Charts beigelegte Logik der Datei `FusionCharts.js`. Nach dem Einbinden dieser Datei kann eine beliebige Anzahl von Charts mithilfe einiger JavaScript-Funktionen generiert werden. Das folgende Codebeispiel generiert das Chart mit der Objekt-ID `DynChart` und fügt das zu rendernde Objekt dem DIV-Element `chart1div` hinzu (siehe Listing 10.19):

```
<script language="JavaScript">
  var chart1 = new FusionCharts("Column3D.swf", "DynChart",
                                "800", "600", "0", "1");
      chart1.setDataXML("<chart></chart>");
      chart1.render("chart1div");
</script>
<div id="chart1div">
  FusionCharts
</div>
```

Listing 10.19 Dynamisches Erstellen eines Fusion Charts

Mit der Funktion `setDataXML()` wurde dem Chart bei der Generierung ein leeres Daten-XML mitgegeben, weshalb zur Ladezeit keine Informationen dargestellt werden. Um dem dynamisch generierten Chart nun von SAP MII generierte Daten zuweisen zu können, bedarf es einer weiteren kleinen Funktion, die ähnliche Elemente verwendet (siehe Listing 10.20):

```
function updateChart( chartXML ){
  //Get reference to chart object using Dom ID
  var chartObj = getChartFromId("DynChart");
  //Update it's XML
  chartObj.setDataXML( chartXML );
}
```

Listing 10.20 Update eines Fusion Charts

Mit der Funktion `getChartFromId` konnte Benjamin Roth auf Anhieb eine Verbindung zu dem zuvor generierten Chart aufbauen und über die Funktion `setDataXML()` (bereits im vorangegangenen Beispiel verwendet) die entsprechende XML-Struktur übergeben.

Ein Beispiel zum dynamischen Laden von Chart-Informationen finden Sie bei den zum Buch verfügbaren Downloaddateien unter Kapitel_10/fusion_charts_dynamisch/fusion_charts_dynamisch.html (siehe Abbildung 10.28).

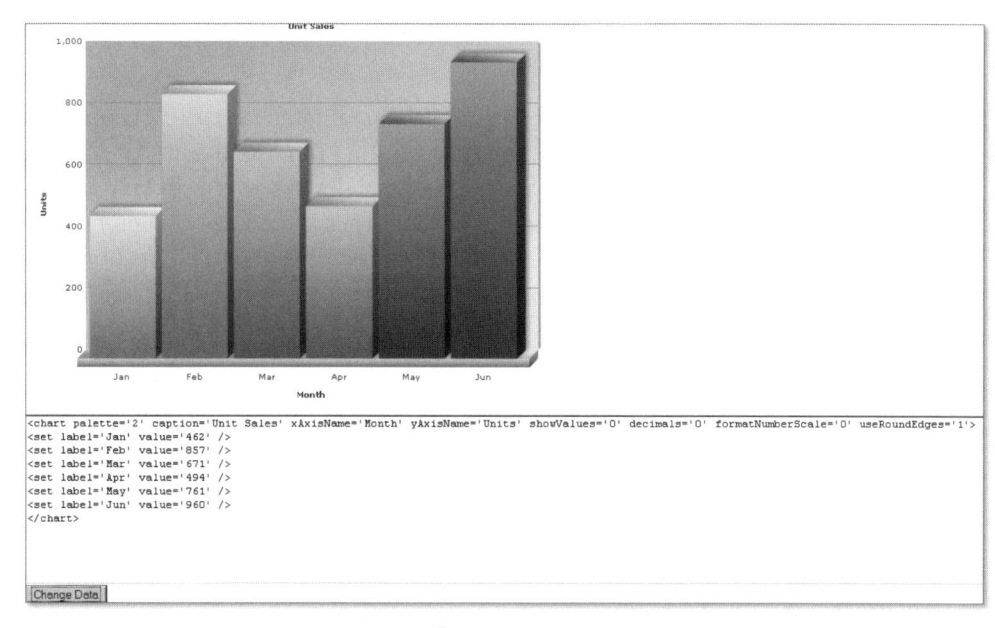

Abbildung 10.28 Beispiel zum dynamischen Übergeben von XML-Daten

> **Chart-Refresh** [+]
>
> Mit der Erweiterung des `<chart>`-Tags um das Attribut `animation='0'` können die Chart-Informationen erneuert werden, ohne eine Animation auszuführen. Dies kann bei schnellen Refresh-Zyklen, aber auch generell beim Auffrischen der Daten notwendig sein.

10.7 Interaktiven Inhalt entwickeln und die vorhandene Logik anpassen

Die Logiken wurden entwickelt und müssen nun entsprechend den Vorgaben in die Applikation integriert werden. Dies bedeutet, dass feste Werte, die zum Testen von Abfragen fest eingebaut wurden, nun durch Variablen ersetzt werden mussten.

10.7.1 Dynamisierung der Auftragsliste

Nachdem die generelle Abfrage der Auftragsliste erfolgreich implementiert wurde, konnte sich Benjamin Roth nun damit befassen, die Abfrage den jeweiligen Umständen anzupassen und damit zu dynamisieren. Beispielsweise sollten jeweils nur jene Aufträge abgefragt werden, die innerhalb einer

10 | Start der Entwicklung

bestimmten Zeit fertiggestellt werden mussten, und auch nur jene, die dem eigenen Werk zugewiesen waren.

Dies bedeutete die Erstellung von Eingabeparametern für die Transaktion (siehe Abbildung 10.29) sowie deren Zuweisung innerhalb der SAP-Abfrage (siehe Abbildung 10.30) und die Anpassung des Aufrufs der Transaktion über die entsprechenden Skripte.

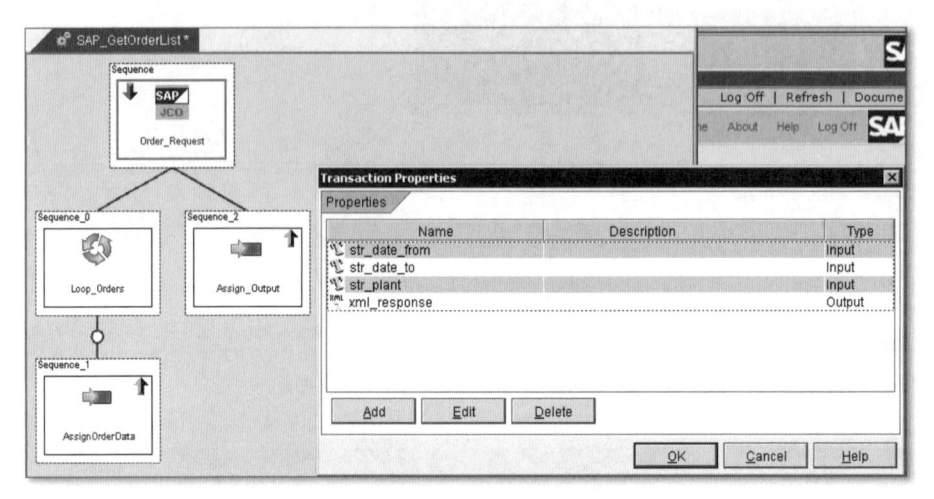

Abbildung 10.29 Transaktionsparameter der Auftragsliste

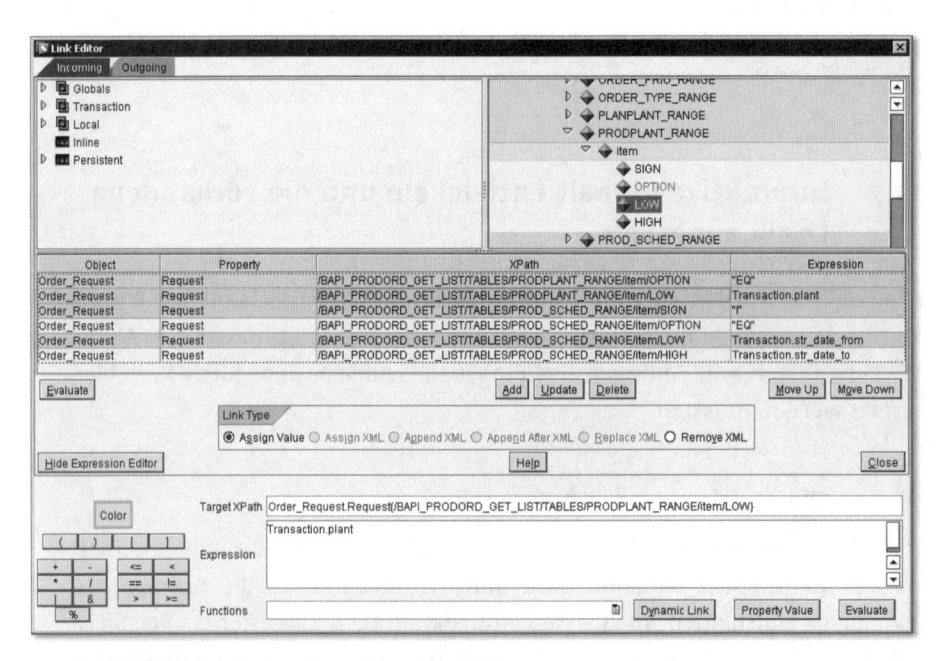

Abbildung 10.30 Dynamisierung der Auftragsliste

Da das Skript im Vorfeld schon dynamisiert wurde, müssen dort nur noch minimale Änderungen eingefügt werden. Demnach muss der bisherige Aufruf der Transaktion lediglich durch die neuen Eingabeparameter ergänzt werden (siehe Listing 10.21 und Listing 10.22):

```
Call.Transaction( "Kapitel_10/SAP_GetOrderList&OutputParameter=xml_
response", "CreateOrderList" );
```

Listing 10.21 Bisheriger Aufruf der Transaktion

```
Call.Transaction("Kapitel_10/SAP_GetOrderList&str_plant=" + Werk +
"&str_date_from=" + StartDatum + "&str_date_to=" + EndDatum +
"&OutputParameter=xml_response", "CreateOrderList" );
```

Listing 10.22 Neuer Eingabeparameter

10.7.2 Dynamisierung der Materialliste

Analog hierzu musste die Materialliste um die Dynamisierung der Auftragsnummer und des Werks erweitert werden (siehe Abbildung 10.31).

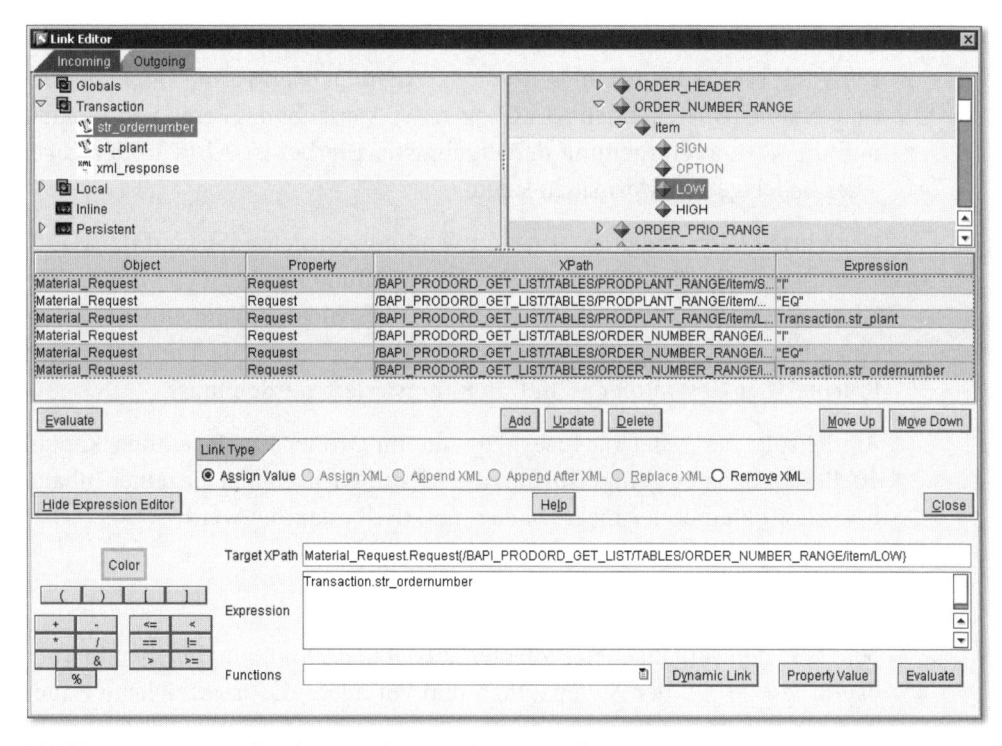

Abbildung 10.31 Screenshot der Transaktion und Parameterdynamisierung

Der entsprechende Aufruf wurde in JavaScript angepasst und mit Variabeln erweitert (siehe die ursprüngliche Form in Listing 10.23 und die geänderte Form in Listing 10.24):

```
Call.Transaction( "Kapitel_10/SAP_
GetMaterialList&OutputParameter=xml_response",
"CreateMaterialListe" );
```

Listing 10.23 Ursprünglicher Aufruf

```
Call.Transaction( "Kapitel_10/SAP_GetMaterialList&str_ordernumber="
+ OrderNumber + "&str_plant" + Plant + "&OutputParameter=xml_
response", "CreateMaterialListe" );
```

Listing 10.24 Dynamisierter Aufruf

Hinzugefügt wurden dem Aufruf die Auftragsnummer und die Werksnummer, sodass diese über JavaScript gesetzt und in der Transaktion weiterverarbeitet werden konnten.

10.7.3 Dateien laden

Der erste Schritt beim Einlesen von externen Dateien ist die Implementierung einer entsprechenden AJAX-Logik. AJAX erlaubt das Lesen von Dateien und die Weiterverarbeitung der Ergebnisse. Hierbei ist AJAX in der Lage, jedes beliebige Dateiformat zu laden.

Der Vorteil beim Laden externer Anwendungsbausteine liegt auf der Hand: Es müssen immer nur die Teile einer Anwendung neu geladen werden, die auch neue Informationen beinhalten. Dies beschleunigt zum einen den Seitenaufbau und verringert zum anderen die Datenlast, da immer nur ein Bruchteil der Gesamtmenge an Daten transferiert werden muss.

Am Beispiel der Datei `include.irpt`, die im Ordner EXT_FILE unter Kapitel 10 diesem Buch beigefügt ist kann das nachträgliche Laden einzelner Inhalte bzw. das Inkludieren ganzer Dateien praktisch erkundet werden.

10.7.4 Einzelinhalte nachladen

Bereits in den vergangenen Projekten waren Klaus Braun und Benjamin Roth damit beschäftigt, den Seitenaufbau und vor allem das nachträgliche Handling der einzelnen Seiten zu optimieren. So entstand bis zum OPUS-Projekt bei AMW eine Funktion, die es ermöglicht, einzelne Komponenten der IRPT-Seite zu überschreiben und durch neue, dynamische Inhalte zu ersetzen.

Die Logik sah vor, vordefinierte Bereiche einer Seite zyklisch zu aktualisieren, ohne dabei die gesamte Seite neu laden zu müssen. Somit erfährt der Benutzer lediglich durch die Änderung der ihm zugänglichen Daten, dass das System neuen Inhalt geladen hat. Der klassische Neuaufbau der Seite erübrigte sich damit und fiel nicht mehr zur Last.

Im OPUS-Projekt fand diese Logik bei der Gestaltung der Nachrichtenliste ihre erste Anwendung:

Im HTML-Bereich, in dem die Nachrichtenliste dargestellt werden sollte, wurden primär keine Daten hinterlegt, sondern ein Hinweis hinterlassen, der sofort nach dem ersten Laden der Nachrichtenliste überschrieben würde (siehe Listing 10.25).

```
<div id="message_data">
 MESSAGE SYSTEM NOT INITIALIZED
</div>
```

Listing 10.25 HTML-Hinweis

Dieses Vorgehen ermöglicht eine einfache, aber effektive Kennzeichnung, ob die Logik des Nachrichtensystems aktiviert wurde oder nicht.

Die Funktion zum Laden des externen Inhalts enthält einen AJAX-Request, den Klaus Braun bereits bei der Entwicklung früherer Applikationen als Teil der Funktionalitäten des prototype.js-Frameworks eingesetzt hatte.

> **Prototype** [+]
> Prototype ist eine Bibliothek von verschiedenen JavaScript-Funktionen, die auch AJAX-Funktionalitäten beinhaltet.

Mithilfe dieses Requests (Ajax.Request) wird durch den Browser eine weitere Datenverbindung zu einem definierten Ziel (url) aufgebaut. Die Werte werden gelesen und können bei Erfolg (onSuccess) weiterverarbeitet werden. Bei auftretenden Fehlern (onError/onFailure) würde der Fehlertext anstelle des Initialisierungstextes erscheinen.

Da sich der Browser beim Laden der Seite messagelist.irpt mit derselben Session verbindet, in der sich der Benutzer gerade befindet, gelten für die aufgerufenen IRPT-Seiten alle Einstellungen, Session-Variablen und Restriktionen, wie sie bei einem manuellen Aufruf gelten würden. Damit interpretiert MII die Anfrage und liefert den entsprechend korrekten HTML-Inhalt (responseText) zurück.

Dieser Inhalt wird dann dem zuvor definierten Element zugewiesen ($('message_data').replace). Für den Benutzer wird dieses »neue Laden« als Aktualisierung wahrgenommen (siehe Listing 10.26).

```
function RequestExt () {
  var url = "messagelist/messagelist.irpt";
  var Request = new Ajax.Request(
    url, {
      method: 'get',
      onSuccess: function(transport) {
        $( 'message_data' ).replace( transport.responseText );
      },
      onError: function( transport ) {
        $( 'message_data' ).replace( transport.responseText );
      },
      onFailure: function(transport, e) {
        $( 'message_data' ).replace( e.message );
      }
    }
  );
}
```

Listing 10.26 Statischer Dateilade-Aufruf in AJAX

[+] **Hinweis**

Die soeben dargestellte Funktion ist lediglich für ein Element und ein Ladeziel wirksam, wonach die Datei messagelist in das Element message_data übernommen wird. Diese Funktion kann selbstverständlich dynamisiert werden, was im nächsten Abschnitt geschieht. Die Funktion RequestExt wird hierbei nur leicht verändert.

10.7.5 Datei-Include IRPT/TXT/HTML

Viele Programmiersprachen, gerade im Bereich der Webentwicklung, sowie natürlich auch Klaus Braun und Benjamin Roth, hegten für die strukturierte Entwicklung bei AMW den Anspruch, Dateien in IRPT-Dateien inkludieren zu können. Leider ist dies mit dem MII-Standard aktuell noch nicht zu realisieren, weshalb sich Benjamin Roth der von Klaus Braun implementierten Funktion RequestExt bediente und diese mit leichten Modifikationen für seine Zwecke dynamisierte.

Die aus Abschnitt 10.7.4, »Einzelinhalte nachladen«, bekannte Funktion wurde nunmehr in der folgenden Version genutzt (siehe Listing 10.27):

```
function RequestExt ( url, id ) {
  var Request = new Ajax.Request(
```

```
  url, {
    method: 'get',
    onSuccess: function(transport) {
      $( id ).replace( transport.responseText );
    },
    onError: function( transport ) {
      $( id ).replace( transport.responseText );
    },
    onFailure: function(transport, e) {
      $( id ).replace( e.message );
    }
  }
  );
}
```

Listing 10.27 Dynamischer Dateilade-Aufruf in AJAX

Mit der Übergabe der zu ladenden URL und der ID des Elementes, in das der Rückgabewert übergeben werden sollte, konnte diese Funktion ab sofort aus jeder anderen Funktion mit entsprechenden Parametern aufgerufen werden.

Benjamin Roth brachte dies mit der Definition eines neuen HTML-Tags und einer weiteren Funktion in Einklang und erlangte somit die Möglichkeit, Dateien in IRPT-Seiten zu inkludieren.

Die Definition des neuen HTML-Tags wurde dem Zweck gemäß durchgeführt und entsprach dem Tag include, dem eine Datenquelle (src) zugewiesen werden muss (siehe Listing 10.28).

```
<include id="infotext" src="inc_infotext.irpt" />
```

Listing 10.28 Include-Tag in HTML

Die Funktion IncludeIT() sollte nunmehr nach dem Laden der Seite alle HTML-Elemente des Typs include abarbeiten und die angegebenen src-Elemente laden (siehe Listing 10.29).

```
function IncludeIT() {
  var Includes = document.getElementsByTagName( 'include' );
  for(Include in Includes) {
    if(typeof(Includes[ Include ].src) != 'undefined') {
      RequestExt(Includes[Include].src,Includes[Include].id);
    }
  }
}
```

Listing 10.29 Funktion zur Verarbeitung von Include-Tags

Damit waren Klaus Braun und Benjamin Roth nunmehr in der Lage, leicht lesbare und sauber strukturierte Seiten zu entwickeln, die immer nur das Notwendigste an Quelltext beinhalten mussten. Dies war vor allem für die Teile der Seiten vorteilhaft, die immer wieder genutzt wurden, wie beispielsweise der Header, der Footer oder eine Menübar (siehe Listing 10.30).

```
<include id="header" src="../../awm_header.irpt" />
<include id="standard_menu" src="../../awm_std_menu.irpt" />
...
<include id="footer" src="../../awm_footer.irpt" />
```

Listing 10.30 Implementierung von Include-Tags

Die von Klaus Braun und Benjamin Roth verwendeten und in diesem Kapitel beschriebenen Methoden zur Implementierung von MII-Projekten beschränken sich auf die Grundlagen der MII-Entwicklung. Es gibt – wie bereits mehrfach erwähnt – kaum Einschränkungen bei der Wahl der zu verwendenden Visualisierungskomponenten.

Wie die Fusion Charts können beispielsweise eigene Flash- oder Flex-Komponenten in die Applikationen eingebettet werden, und es können eigene Java-Applets oder auch andere ActiveX-Komponenten benutzt werden.

Der Kreativität der Entwickler ist hier kaum eine Grenze gesetzt. Darüber hinaus kann die Businesslogik um eigene Bausteine erweitert werden, die Aufgaben übernehmen, die bis dato noch nicht implementiert wurden.

Der Factory Acceptance Test (FAT) ist die Probe aufs Exempel! Die entwickelte Applikation muss nun alles zeigen und alle Testteilnehmer überzeugen.

11 FAT – Factory Acceptance Test

Beim Factory Acceptance Test (FAT) muss die Applikation, die entwickelt wurde, zeigen, was sie kann. Der FAT lässt sich gut in zwei verschiedene Phasen aufteilen: zum einen in die Vorbereitung des Tests – die sogenannten Vortests, Pre-Tests oder Alphatests – und zum anderen in die Durchführung des FAT. Im Folgenden werden diese beiden Phasen betrachtet, und anschließend wird auf die Bedeutung des FAT für Ihr Projekt eingegangen.

11.1 Vorbereitung

In Vorbereitung auf den FAT war es (nicht nur für die Nerven der Projektleitung) angebracht, das OPUS-System auf Herz und Nieren zu prüfen und möglichst alle offenen Fehlerquellen zu identifizieren und noch vor den eigentlichen Tests beseitigen zu können.

In dieser Phase – vergleichbar mit dem Alphastadium einer »normalen« Software – sind neben dem Entwicklerteam auch die Qualitätsbeauftragten gefragt, um die Vortests (Pre-Tests) möglichst realitätsnah abzuschließen. Wie die richtigen Abnahmetests sollten die Alphatests protokolliert und dokumentiert werden, um etwaig auftretende Fehler nachbilden zu können.

> **Rahmenbedingungen der Alphatests** [+]
>
> Schon die Alphatests sollten in einer FAT-ähnlichen Umgebung getestet werden. Dies bedeutet, dass die Installation einer Software auf einem leeren System durchgeführt wird, das sich in einem kleinen, geschlossenen Netzwerk befindet, in das keine anderen Systeme außer den Testsystemen eingreifen können.
>
> Damit kann schon während der Alphatests ein Szenario begutachtet werden, das in der Vergangenheit oftmals erst mit dem eigentlichen FAT aufgetreten war: *Installation und Lauffähigkeit auf Fremdsystemen*.

Zumeist treten bei den Alphatests Probleme auf, die bei den Entwicklern noch nie aufgetreten sind. Dies liegt häufig daran, dass vergessen wurde, Dateipfade oder Serverpfade zu dynamisieren. Im Fall des OPUS-Projektes bei den ACME-Motorenwerken konnten aber all diese Dinge dank dynamischer Programmierung (zum Beispiel Übergabe aller relevanten Verbindungsinformationen durch Session-Variablen) leicht angepasst werden, zumeist über einfaches Customizing.

Nachdem die Entwickler-/QM-Vortests erfolgreich durchgeführt worden waren, wurde ein weiterer Test durch fachfremde Mitarbeiter vorgenommen, um die Benutzerfreundlichkeit und das System selbst zu testen. Hierbei wurden einige Punkte entdeckt (beispielsweise etwas zu komplizierte Abläufe in einigen Auswahlsequenzen), die notiert wurden, um sie den ACME-Motorenwerken als Änderungsvorschläge nach dem FAT zu unterbreiten.

Zu diesem Zeitpunkt wurde im Repository der aktuelle Entwicklungsstand als sogenanntes Tag festgehalten. Ein Tag ist ein fester Versionsstand, der unter anderem wichtig für das Qualitätsmanagement ist. Aus diesem Tag kann zu jedem Zeitpunkt ein gegenüber vorherigen Systemen identisches System generiert werden.

Das bedeutet, dass der Tag der Vortests, installiert auf dem FAT-System, zu 100 % die gleichen Resultate bringt, die auf dem Alphasystem erzielt wurden. Und sollte der FAT ohne Änderungen akzeptiert werden, kann aus diesem Tag direkt das Produktivsystem generiert werden (siehe Abbildung 11.1).

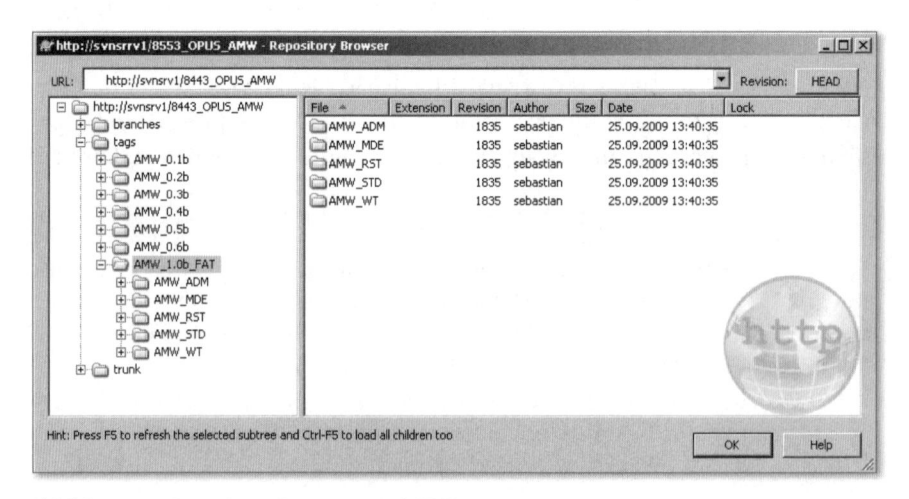

Abbildung 11.1 Repository-System – mit FAT-Tag

Nach dem Einfrieren des Entwicklungsstandes und der abgeschlossenen »leichten« Dokumentation der Pre-Tests wurde eine kleine Besprechung angesetzt. Bei dieser Besprechung war die Projektleitung der ACME-Motorenwerke (AMW) eingeladen, sich über das Ergebnis der Pre-Tests zu informieren und den anstehenden Termin des FAT zu bestätigen.

Während dieses Treffens wurde das FAT-Team festgelegt, das seitens AMW und A-IT den FAT durchführen sollte. Vom Kunden wurden EDV- und SAP-Betreuer sowie Produktions- und Projektverantwortliche für den FAT entsendet. A-IT wurde durch den Projekt-, den Entwicklungs- und den Leiter für Qualitätsmanagement vertreten.

11.2 Durchführung und Abnahme

Für die Durchführung des FAT in den Räumlichkeiten von ACME-IT-Services (A-IT) wurden insgesamt drei Tage veranschlagt.

Wie üblich wurde zu Beginn ein neues Serversystem aufgesetzt, um in einer frischen und authentischen Umgebung arbeiten zu können. Dieses Serversystem wurde gemäß den Spezifikationen, die auch den Rechnern des Kunden zugrunde lagen, konfiguriert.

Anschließend wurde zusammen mit den EDV- und SAP-Vertretern des Kunden die Installation von SAP NetWeaver CE und SAP MII 12.1 durchgeführt. Während der Installation und Konfiguration wurden die einzelnen Vorgänge dokumentiert und, sofern notwendig, Notizen bezüglich aufgetretener Fragen und Probleme beigefügt.

Am darauffolgenden Tag wurde das Hauptaugenmerk auf die Anbindung der über- und unterlagerten Systeme gerichtet. Da die ACME-Motorenwerke der ACME-IT-Services durch ein *Virtual Private Network* (VPN) Zugriff auf die Systemlandschaft geben konnten, wurde der FAT mit den originalen Testsystemen des späteren *Site Acceptance Tests* (SAT) durchgeführt.

Dies sorgte nach der erfolgreichen Anbindung der jeweiligen Systeme und dem Test der ersten Datenaustausche schon nach kurzer Zeit für eine gute Stimmung hinsichtlich des Abschlusses des FAT und des Beginns des SAT.

Um nach Möglichkeit alle noch vorhandenen Fehler zu beseitigen, hatten die ACME-Motorenwerke insgesamt 25 verschiedene Testszenarien vorbereitet, um die einzelnen Kommunikationsarten zu testen, wie beispielsweise das Senden von Änderungen an Aufträgen an SAP MII über IDocs oder das Rückmelden von Daten an SAP ERP via RFCs.

> **[+] Beispiel für ein Testszenario**
>
> Ein Beispiel ist die Überprüfung der Wiederaufnahme der Kommunikation nach dem Neustart eines unterlagerten Systems. Typische Prüfmerkmale waren hier, ob die Kommunikation wieder aufgenommen wurde, ob zwischenzeitlich aufgelaufene Meldungen abgearbeitet wurden und ob die Abarbeitung in der richtigen Reihenfolge durchgeführt wurde.

Nachdem sichergestellt war, dass alle Schnittstellen funktionieren und die gewünschten Ergebnisse liefern, wurde der FAT mit der Überprüfung der Funktionalitäten des Frontends durch die Produktionsverantwortlichen des Kunden abgeschlossen.

Wie in vielen Projekten kamen bei der Überprüfung der Frontend-Funktionalitäten hier und da noch einige Änderungswünsche auf, bei denen es sich größtenteils lediglich um Anpassungen an der Bedienung der Oberflächen handelte. Eine Änderung, die zwar für den Benutzer keine große, aber für die Logik eine enorme Änderung bedeutete, war die Anpassung der führenden Nullen in der Anzeige der Auftrags- und Materialnummern.

Auch dieser Punkt wurde in die Liste der gefundenen Probleme, Wünsche und Ideen aufgenommen: Nach Abschluss der Tests waren drei marginale Fehler (gemäß Blueprint) an der Berechnungslogik aufgetreten; vier Änderungswünsche wurden gemäß Blueprint als Change Requests (Änderungsanforderungen) behandelt.

ACME-IT-Services	Test Protokoll FAT OPUS Frankelsbrunn					
	Dokumenten-Nr.:					Ausdruck: 24.11.2009
	Version:	1.00.001 vom 22.07.2009			1.1	Seite 39 von 40

Es wurden gemäß der ABC-Fehlerklassifizierung die folgenden Fehler gefunden					
Fehler Nr.	Testschritt	A	B	C	Kommentar
1	6.5.8			X	SAP-Fertigungsaufträge im Status 43 („in Prüfung") dürfen nicht für die Verarbeitung innerhalb des Auftragsleitstandes freigegeben sein.
2	10.2.2			X	Die OPUS-Verbindung, die Auftragsinformationen zu den S7-Steuerungen sendet, muss die erfolgreich gesendeten Aufträge in den Status 51 („in Produktion") setzen. Eine SAP-Meldung darf zu diesem Zeitpunkt nicht losgetreten werden!
3	10.3.7			X	Die an SAP gemeldeten Mengen müssen in der Form ###,### mit drei Nachkommastellen anstatt der aktuell formatierten vier Nachkommastellen übertragen werden.

Abbildung 11.2 Fehlerprotokoll

In dieser Phase des Projektes ist ein guter Kontakt zum Kunden erforderlich. Nur auf diese Weise kann bei auftretenden Änderungswünschen auf Augenhöhe darüber beratschlagt werden, welche dieser Punkte noch vor dem SAT implementiert werden sollen und welche vielleicht nachträglich, im Rahmen des Wartungsvertrages, realisiert werden sollten.

In diesem Beispielprojekt einigte man sich auf Folgendes: Die Fehler der Berechnungslogik sollten noch behoben werden; alle zusätzlichen Wünsche, wie beispielsweise die Logikerweiterung zur Verringerung der zur Bedienung notwendigen Klicks in der Auftragsverwaltung, hatten für den SAT keine Relevanz.

Mit Vorschlägen, die während der FAT-Vortests aufgekommen waren, konnte ACME-IT-Services im FAT einige Punkte ansprechen, die die Zufriedenheit des Kunden nochmals steigerten (beispielsweise die Vereinheitlichung von Bedienelementen und deren Anordnung). Denn das Verständnis der Entwickler für die Bedürfnisse der Bediener war erkennbar und spürbar.

Änderungen – im vorgegebenen Rahmen und mit Einverständnis des Kunden	[+]
Die Änderungen, die durch ACME-IT-Services vorgeschlagen worden sind, waren ausschließlich Verbesserungen der Funktionen, die von den ACME-Motorenwerken verlangt wurden. Diese Verbesserungen waren nach der Fertigstellung der Entwicklung leicht zu bemerken und sorgten für eine erhöhte Akzeptanz der Applikation bei den Anwendern.	
Zu diesem Zeitpunkt des Projektes benötigte ACME-IT-Services – gemäß den Richtlinien des Qualitätsmanagements – für Änderungen am System, die nicht fehlerbasiert waren, das Einverständnis des Kunden.	

Gemäß der in SAP üblichen QM-Einteilung der Fehler in drei Klassen (»kritischer Fehler«, »Hauptfehler«, »Nebenfehler«) wurden die Vorschläge durch ACME-IT-Services ebenfalls in drei Klassen eingeteilt: »kritische Änderung«, »Änderung«, »geringe Änderung«. Diese Vorschläge wurden dem FAT-Protokoll angehängt.

Mit der Unterschrift des Kunden unter den FAT-Protokollen (siehe Abbildung 11.2) sowie der Unterschrift unter dem FAT-Bericht, der alle gefundenen Probleme, einen adäquat definierten Ansatz zur Lösung, einen entsprechenden Plan und die Anlagen für Änderungen beinhaltete, war der FAT abgeschlossen.

11.3 Was bedeutet der FAT für das Projekt?

Der FAT ist meist als Projektmeilenstein definiert, an den Zahlungsziele gekoppelt sind. Dies war auch im OPUS-Projekt der Fall. Für die Projektleitung war und ist der FAT somit ein wichtiger Schritt in der Erfüllung der zu erbringenden Leistungen, der das Projekt dem Ziel (Go-live) einen großen Schritt näher bringt.

Zugleich dient der FAT als Richtpunkt, um die Einhaltung des SAT bzw. Go-live verifizieren zu können oder ein mögliches Verschieben des Termins noch rechtzeitig anzustreben. Abbildung 11.3 zeigt den High-Level-Projektplan des OPUS-Projektes mit den entsprechenden Meilensteinen.

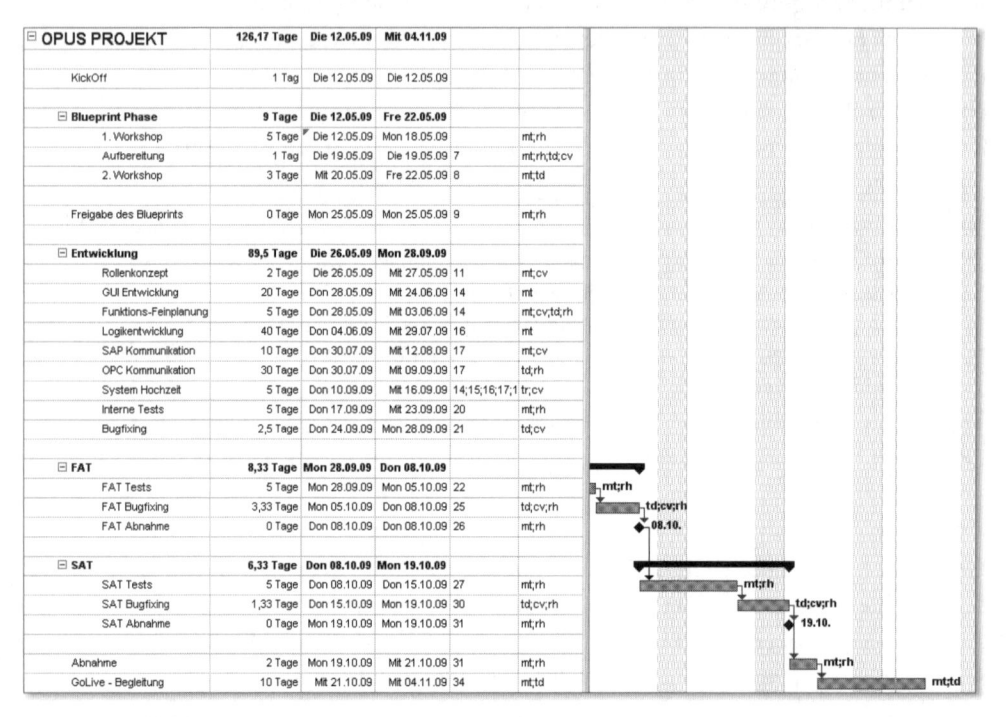

⊟ OPUS PROJEKT	126,17 Tage	Die 12.05.09	Mit 04.11.09		
KickOff	1 Tag	Die 12.05.09	Die 12.05.09		
⊟ Blueprint Phase	9 Tage	Die 12.05.09	Fre 22.05.09		
1. Workshop	5 Tage	Die 12.05.09	Mon 18.05.09		mt;rh
Aufbereitung	1 Tag	Die 19.05.09	Die 19.05.09	7	mt;rh;td;cv
2. Workshop	3 Tage	Mit 20.05.09	Fre 22.05.09	8	mt;td
Freigabe des Blueprints	0 Tage	Mon 25.05.09	Mon 25.05.09	9	
⊟ Entwicklung	89,5 Tage	Die 26.05.09	Mon 28.09.09		
Rollenkonzept	2 Tage	Die 26.05.09	Mit 27.05.09	11	mt;cv
GUI Entwicklung	20 Tage	Don 28.05.09	Mit 24.06.09	14	mt
Funktions-Feinplanung	5 Tage	Don 28.05.09	Mit 03.06.09	14	mt;cv;td;rh
Logikentwicklung	40 Tage	Don 04.06.09	Mit 29.07.09	16	mt
SAP Kommunikation	10 Tage	Don 30.07.09	Mit 12.08.09	17	mt;cv
OPC Kommunikation	30 Tage	Don 30.07.09	Mit 09.09.09	17	td;rh
System Hochzeit	5 Tage	Don 10.09.09	Mit 16.09.09	14;15;16;17;1	tr;cv
Interne Tests	5 Tage	Don 17.09.09	Mit 23.09.09	20	mt;rh
Bugfixing	2,5 Tage	Don 24.09.09	Mon 28.09.09	21	td;cv
⊟ FAT	8,33 Tage	Mon 28.09.09	Don 08.10.09		
FAT Tests	5 Tage	Mon 28.09.09	Mon 05.10.09	22	mt;rh
FAT Bugfixing	3,33 Tage	Mon 05.10.09	Don 08.10.09	25	td;cv;rh
FAT Abnahme	0 Tage	Don 08.10.09	Don 08.10.09	26	mt;rh
⊟ SAT	6,33 Tage	Don 08.10.09	Mon 19.10.09		
SAT Tests	5 Tage	Don 08.10.09	Don 15.10.09	27	mt;rh
SAT Bugfixing	1,33 Tage	Don 15.10.09	Mon 19.10.09	30	td;cv;rh
SAT Abnahme	0 Tage	Mon 19.10.09	Mon 19.10.09	31	mt;rh
Abnahme	2 Tage	Mon 19.10.09	Mit 21.10.09	31	mt;rh
GoLive - Begleitung	10 Tage	Mit 21.10.09	Mit 04.11.09	34	mt;td

Abbildung 11.3 Projektplan mit FAT und SAT als Meilenstein

Für die Architekten und Entwickler ist der FAT zusätzlich aber noch etwas ganz anderes! Für sie ist er der Prüfstein des eigenen Wissens und des eigenen Know-hows, das durch den Kunden verifiziert wird. Im Fall des OPUS-Projektes bei den ACME-Motorenwerken war der FAT zusätzlich ein Ausblick auf den Go-live-Termin, da aufgrund der in Abschnitt 11.2, »Durchführung und Abnahme«, beschriebenen Begleitung des FAT durch die Mitarbeiter des Kunden zahlreiche Aspekte des SAT schon vorab geklärt werden konnten.

Nachdem die zu dokumentierenden und zu verrichtenden Nacharbeiten durchgeführt worden sind, ist die Applikation nun bereit für den abschließenden Site Acceptance Test.

12 SAT – Site Acceptance Test

Mit den im FAT gefundenen Punkten war die Arbeit am System um eine weitere Phase ergänzt. Dem Abschluss der letzten Projektentwicklung stand nun nichts mehr im Weg, und der SAT konnte kommen.

12.1 Dokumentierte Änderungen am System

Bei durchzuführenden Änderungen am System zwischen dem FAT und dem SAT ist es sehr wichtig, eine entsprechende Dokumentation zu generieren. Mithilfe dieser Dokumentation müssen die Unterschiede und vor allem die Gründe der jeweiligen Änderung nachzuvollziehen sein (siehe Abbildung 12.1).

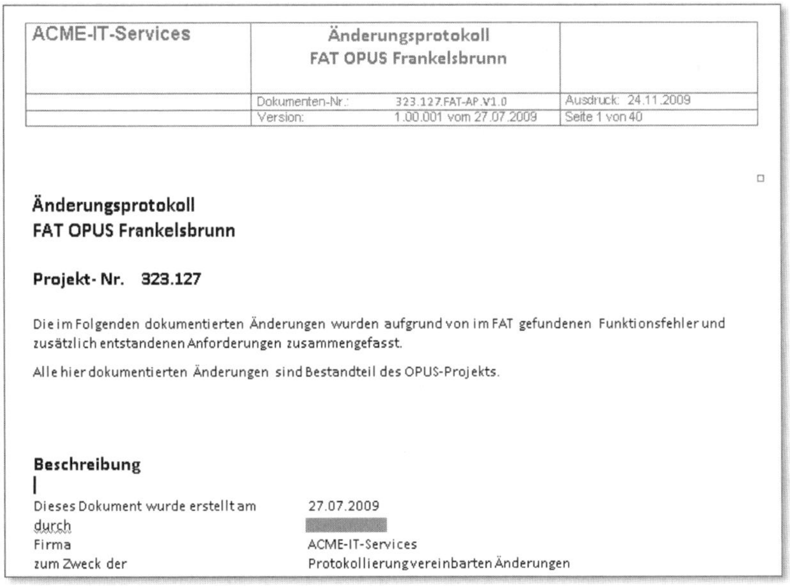

Abbildung 12.1 Änderungsprotokoll

Auf Basis der erstellten FAT-Dokumentation sowie der beigelegten Dokumente für Veränderungswünsche und Vorschläge wurde für die ACME-Motorenwerke eine Dokumentation aufgebaut, die zum einen die zu behebenden Fehlerpunkte und zum anderen die bestätigten Änderungen im Rahmen eines Change Requests (CR) beinhaltete.

Da während der Entwicklung eine Beschreibung der in der Software verfügbaren Komponenten angelegt wurde, konnte zusätzlich anhand dieser Dokumentation verifiziert und dem Kunden dargestellt werden, welche einzelnen Funktionalitäten von den jeweiligen Änderungen betroffen waren.

Am Beispiel des Fehlers 1 (Testschritt 6.5.8) aus Abschnitt 11.2, »Durchführung und Abnahme«, mit der Beschreibung »SAP Fertigungsaufträge im Status 43 (»in Prüfung«) dürfen nicht für die Verarbeitung innerhalb des Auftragsleitstandes freigegeben sein« lässt sich die Dokumentation der Änderungen gut skizzieren.

Im Dokument 323.127.FAT-AP.V1.0 wurden alle durchzuführenden und durchgeführten Änderungen beschrieben. Der Dokumentencode setzt sich zusammen aus der Projektnummer (AMW: 323.127), dem eigentlichen Dokumententyp (FAT-AP = FAT-Änderungsprotokoll) und der Dateiversion (V1.0).

Für jede Änderung wurde ein Informationsblatt zusammengestellt (siehe Abbildung 12.2), das den Fehler und die dafür vorgeschlagene Lösung beinhaltet. Die auf diesem Formblatt angegebene Fehlerbeschreibung und der damit verbundene Lösungsansatz wurden nach der Analyse des Fehlers direkt mit dem Kunden besprochen.

ACME-IT-Services		Änderungsprotokoll FAT OPUS Frankelsbrunn		
	Dokumenten-Nr.:	323.127.FAT-AP.V1.0		Ausdruck: 24.11.2009
	Version:	1.00.001 vom 27.07.2009	1.1	Seite 2 von 40

1. Anpassung

Fehler Nummer	1
Fehler Klasse	C
Fehler Kommentar	SAP-Fertigungsaufträge im Status 43 („in Prüfung") dürfen nicht für die Verarbeitung innerhalb des Auftragsleitstandes freigegeben sein.
Fehler Beschreibung	Bisher waren Aufträge ab dem Status 50 nicht mehr für die Verarbeitung innerhalb des Auftragsleitstandes freigegeben. Dies muss durch Änderung der Statusprüfung angepasst werden. Da AMW im Moment nicht mit Bestimmtheit sagen kann, ob der Status 43 bestehen bleibt, wird eine Dynamisierung der Status-Grenze am System implementiert.

akzeptiert von	Datum / Unterschrift
A-IT	
AMW	

Abbildung 12.2 Zusammenfassung des Fehlers und Beschreibung der Aufgabe

Als Lösung des Problems wurde die Einführung eines dynamischen Parameters vorgeschlagen, der in der entsprechenden Transaktion als Prüfkriterium eingefügt werden sollte.

Erst nachdem der Lösungsvorschlag durch den Kunden akzeptiert war, wurde mit der Realisierung begonnen. Aufwandsabschätzungen, die sich auf Change Requests bezogen, wurden in den jeweiligen CR-Dokumenten festgehalten. Aufwände, die für Fehlerbeseitigung erbracht wurden, wurden im Projektplan notiert.

> **Trennung von Projektplan und Änderungsprotokollen** [+]
>
> Dies hat den Zweck, dass in dem Änderungsprotokoll nur die Informationen enthalten sind, die für eine mögliche Prüfung der Qualität der Software notwendig sind.
>
> Durch das konsequente Durchhalten dieses Vorgehens können firmenexterne Prüfer einen Einblick erhalten, ohne Informationen zu bekommen, die nicht für sie bestimmt sind.
>
> Da solche Überprüfungen bei den ACME-Motorenwerken (AMW) mehr als zweimal im Jahr durchgeführt werden (zweimal durch offizielle Prüfer, mehrmals im Jahr durch Kunden), legte das Unternehmen großen Wert auf die Neutralisierung der Protokolle.

Mit dem Beginn der Planung und der Realisierung wurden alle Informationen zusammengetragen, die für die einzelnen Änderungen relevant waren. So wurde, wie in Abbildung 12.3 zu sehen ist, eine Liste der einzelnen Änderungsschritte erstellt, der alle neu hinzugefügten und angepassten Dateien zugeordnet wurden.

In einer entsprechenden Beschreibung wurde notiert, ob es sich um eine Änderung am Web- oder Catalog-Modul handelte, ob die Datei neu erstellt oder verändert wurde, welchen Zweck die Erstellung bzw. die Änderung an der Datei hatte und durch wen diese durchgeführt wurde (siehe Abbildung 12.3).

Ein entsprechender Beleg wurde durch die Nutzung des Subversion Repository Systems automatisiert generiert. Das Subversion Reporting System hat alle Änderungen zum zuvor angelegten FAT-Tag zusammengetragen und daraus einen zusätzlich FAT-Tag generiert.

> **NWDI und DTR** [+]
>
> Durch die Nutzung der SAP NetWeaver Development Infrastructure (NWDI) kommt ein SAP-eigenes Repository-System zum Zug. Mithilfe des Design Time Repositorys (DTR) können die gleichen Ergebnisse erzielt werden wie mit dem hier verwendeten Subversion Repository System.

ACME-IT-Services		Änderungsprotokoll FAT OPUS Frankelsbrunn		
	Dokumenten-Nr.:	323.127.FAT-AP.V1.0		Ausdruck: 24.11.2009
	Version:	1.00.001 vom 27.07.2009	1.1	Seite 3 von 40

Doku. Nr.	Titel	Inhalt		Akzeptiert
1.1	Erstellung einer Pflege-GUI	Typ: Priorität: Beschreibung:	ChangeRequest (CR-323.127-0001) Mittel (notwendig, aber nicht kritisch) Über ein GUI soll die Pflege des Ändern-Status dynamisiert werden.	
	Angepasste Dateien	MII-Modul: Typ: Pfad: Beschreibung: Entwickler:	WEB NEU /AMW_Auftragsleitstand/administration/statuspflege/statuspflege.irpt IRPT-Seite zur Statuspflege, diese Seite beinhaltet alle GUI-Informationen. Christian Vitzthum	
		MII-Modul: Typ: Pfad: Beschreibung: Entwickler:	WEB NEU /AMW_Auftragsleitstand/administration/statuspflege/statuspflege.js Script-Seite zur Statuspflege. Diese Seite beinhaltet alle Scripte zur Steuerung der GUI der Statuspflege. Christian Vitzthum	
		MII-Modul: Typ: Pfad: Beschreibung: Entwickler:	CATALOG NEU /AMW_Auftragsleitstand/administration/statuspflege/sql_get_status SQL-Abfrage zum Erhalt des aktuellen Schwellen-Status. Christian Vitzthum	
Kommentar				

Abbildung 12.3 Änderung von Dateien

Abschließend wurde eine weitere Liste generiert, die die Abhängigkeiten zwischen den verschiedenen Objekten und den einzelnen Komponenten verdeutlichte, um bei den anstehenden Tests alle betroffenen Komponenten erfassen und testen zu können (siehe Abbildung 12.4).

Objekt-Nr.	Beschreibung	Abhängigkeiten	Relevanz	Akzeptiert
D-OBJ-2.43	Datenobjekt **Astat** (Änderungsstatus) muss den aktuellen fixen Status ersetzen.	WEB /AMW_Auftragsleitstand/auftragsleitstand.js /AMW_Auftragsleitstand/administration/statuspflege/statuspflege.irpt /AMW_Auftragsleitstand/administration/statuspflege/statuspflege.js CATALOG /AMW_Auftragsleitstand/administration/statuspflege/sql_get_status /AMW_Auftragsleitstand/administration/statuspflege/sql_set_status	Kritisch, da hierdurch Aufträge bearbeitet werden könnten, die nicht geprüft sind.	

Abbildung 12.4 Abhängigkeiten von Objekten

Damit waren die Änderungen am System geleistet und adäquat dokumentiert. Nach intensiven Tests und dem nochmaligen Durchspielen der FAT-Protokolle zur Verifizierung der Änderung – durchgeführt von ACME-IT-Services und einem Kollegen der ACME-Motorenwerke – war man zum Abschlusstest des Systems bereit.

12.2 Vorbereitung

Mit den Dokumenten der durchgeführten Änderungen wurde zwei Tage vor dem eigentlichen SAT ein weiteres Meeting mit dem gesamten Projektteam anberaumt. Dies hatte zum einen den Sinn, jedes einzelne der Projektmitglieder auf den neuesten Stand zu bringen, aber auch darzustellen, in welchem Zustand sich das Produkt zu diesem Zeitpunkt befand.

Während des Meetings wurden von einigen Teilnehmern weitere Änderungswünsche angesprochen und bereits bearbeitete Mängel mit großem Interesse wohlwollend angenommen.

Um beim SAT möglichst genau die Schritte nachzuvollziehen, die bei den Probe- und FAT-Installationen durchgeführt worden waren, wurden die Installations- und Konfigurationshandbücher an jeweiligen Stellen erweitert und für den SAT in einer neuen Version gebündelt.

Ebenfalls neu erstellt wurde ein entsprechendes Tag im Repository-System, um den initialen Stand des SAT jederzeit reproduzieren zu können.

> **Version 1.0** [+]
>
> Im optimalen Fall, der im Fall der ACME-Motorenwerke eintrat, ist das SAT-Tag gleichzeitig das Tag der Version 1.0.

Nach dem Neuaufsetzen des Testservers wurden dann (wie auch vor dem FAT) alle Sources aus dem Repository ausgecheckt und anhand des Manuals die Installation nochmals durchgeführt.

Einige kleine Dokumentationsfehler sowie Tipps der Entwickler und SAP-Administratoren wurden nachträglich in den Dokumenten berichtigt bzw. aufgenommen. Diese Version 2.1 wurde am Tag vor dem SAT an den Kunden verschickt.

> **Verständlichkeit und Nachvollziehbarkeit von Installations- und Update-Dokumenten** [+]
>
> Installations-/Update-Dokumente werden oftmals von Kunden gefordert, um im Notfall selbst ein System aufsetzen zu können. Dies ist, vor allem im Bereich der pharmazeutischen Produktion, Usus.
>
> Vor allem im SAP MII-Bereich sollten Installations-/Update-Dokumente so geschrieben werden, dass selbst fachfremde (SAP-fremde) Personen eine Installation durchführen können.

Es ist Interpretationssache, ob die Installation der Software auf den Kundensystemen noch zur Vorbereitung oder schon zu den eigentlichen Tests gehört. Bei den ACME-Motorenwerken wurde die Installation des Systems zwar dokumentiert, aber vor dem eigentlichen SAT durchgeführt.

Begleitet wurde die Installation durch Mitarbeiter der Produktionsadministration und einem Kollegen aus der kundeneigenen SAP-Beratung. Die Installation umfasste das Deployment von SAP MII, das Einspielen der Projekte und Datenbanken sowie die Konfiguration aller unterlagerten Systeme und der entsprechenden Systemeinstellungen am SAP MII-System.

Zusätzlich wurde die Zeit genutzt, um eine intensive Schulung der Beisitzer durchzuführen. Die Voraussetzungen dieser Schulung waren in diesem Fall optimal: Für die Installation war ein eigener Raum belegt, am Beamer konnte jeder Teilnehmer verfolgen, was geschieht, und die Installation musste von Grund auf durchgeführt werden.

12.3 Durchführung

Entgegen dem FAT, der in den Räumlichkeiten von A-IT-Services durchgeführt wurde, wurde der SAT (wie der Name schon vermuten lässt) auf der Anlage des Kunden durchgeführt. Aufgrund der guten Ergebnisse im FAT und der vorbereitenden Tests wurden für den SAT lediglich zwei Tage angesetzt.

1. Tag

Innerhalb des SAT-Teams wurden nun mehrere Gruppen gebildet, denen spezifische Aufgabengebiete zugewiesen wurden und die dementsprechende Beobachtungen durchführen sollten. Diese Teams waren das Team »Produktion«, das Team »EDV« und das Team »SAP«.

[+] **Entwickler testen mit**

Um bei einem SAT möglichst vielen Fehlerquellen vorbeugen zu können, ist es von Vorteil, die eigenen Entwickler mit einzubinden.

Für die Arbeit der Anwender hat dies den Vorteil, dass die Entwickler die besten Tipps bei der Bedienung geben können, und Fehleingaben, die dann zu Fehlern in anderen Bereichen führen, leicht identifizieren können. Ebenso ist es von Vorteil, wenn fachbezogenes Personal auch in anderen Bereichen mit einbezogen wird.

Damit können nicht nur Fragen im Umgang mit der Software selbst, sondern auch zu angrenzenden Gebieten der doch relativ jungen SAP-Software beantwortet werden.

Ein definierter Ablaufplan, der den im FAT beschriebenen Testszenarien ähnlich war, wurde um definierte Meilensteine erweitert. An diesen Meilensteinen konnte das Fortschreiten der Tests gemessen werden. Zweimal am Tag wurden kurze, viertelstündige Zwischenmeetings einberufen, in denen die jeweiligen Teamsprecher das aktuelle Ergebnis vorstellten und eine Empfehlung für den weiteren Verlauf der Tests abgaben.

Dies hatte zur Folge, dass das SAP-Team nach anfänglichen Schwierigkeiten mit den Benutzerberechtigungen einiger Anwender (bezüglich der Rückmeldungen an SAP) im ersten Meeting die Empfehlung ausspracht, den SAT um einen Tag zu verschieben, sofern das Problem nicht innerhalb der nächsten Stunde gelöst würde. Glücklicherweise waren die Kommunikationsprobleme auf eine falsche Einstellung bei einigen Anwendern zurückzuführen.

Da seitens der ACME-IT-Services die Entwickler mit am SAT beteiligt waren, konnte dieser Fehler durch Herrn Roth sehr schnell gefunden werden. Er hat als Entwickler dieses spezifischen Teils das Systemverhalten richtig interpretieren können. Dadurch konnte der SAT wie geplant fortgesetzt werden.

Nachdem die ersten Tests beendet und die ersten Szenarien abgearbeitet waren, wurde in der Abschlussbesprechung des ersten Tages seitens des Kunden einstimmig die Empfehlung ausgesprochen, die Tests fortzuführen. Eine Aussage bezüglich des Go-live-Termins, der eine Woche später geplant war, wollte man noch nicht treffen, die Stimmung hierzu war jedoch positiver Natur.

Bei einem internen Nachbereitungsgespräch der ACME-IT-Services wurden die erkannten Probleme und auch die Verbesserungsvorschläge/-wünsche aufgenommen und die Szenarien des nächsten Tages vorbereitet.

> **Feedback der Anwender einbeziehen** [+]
>
> Es ist normal, wenn während des SAT, sofern dieser beim Kunden durch die Anwender begleitet wird, Änderungswünsche bezüglich der GUIs oder deren Steuerungslogik angebracht werden.
>
> Dies liegt darin begründet, dass Anwender zumeist eine gewisse Steuerung der vorhergehenden Software gewohnt waren und nun etwaige Komponenten vermissen oder sich schlichtweg umgewöhnen müssen.
>
> Oftmals sind Anregungen, die durch die Bediener angebracht werden, Anregungen für die Entwickler, die in den nächsten Projekten umgesetzt werden können und so für noch größere Akzeptanz beim Kunden sorgen.

2. Tag

Am zweiten Tag des SAT wurden keinerlei Probleme gemeldet, weshalb schon während des ersten Meetings um die Mittagszeit klar war, dass der Go-live-Termin gehalten und der SAT an diesem Tag abgeschlossen werden konnte.

Erwartungsgemäß wurden die letzten Tests sogar frühzeitig beendet, wodurch am zweiten Tag gegen 16 Uhr das letzte SAT-Meeting einberufen wurde. Nach dem erfolgreichen SAT war die Unterzeichnung der Abnahme nur noch eine reine Formalität, die nach mündlicher Zusage durch den Geschäftsführer von AMW eine Woche später schriftlich bei ACME-IT-Services einging.

Wie nach dem FAT wurde auch nach dem SAT ein Protokoll geschrieben, dem alle Wünsche und gefundenen Verbesserungsvorschläge angehängt wurden.

12.4 Go-live

Nach dem erfolgreichen Abschluss des SAT wurde dem Go-live, der eine Woche nach den erfolgreichen Tests geplant war, entgegengesehen. AMW nutzte diese Zeit, um die für den SAT aufgesetzten Systeme zu sichern und entsprechend auf die Produktivsysteme zu überspielen.

In dieser Zeit wurden notwendige Schulungen der IT-Betreuer sowie der Schichtleiter durchgeführt, denen später die Systemadministration bzw. der First Level Support übertragen wurde.

Eine Schulung der Anwender wurde aufgrund der intuitiven Steuerung des Systems nicht gewünscht. Lediglich ein kleines Training on the job in den ersten ein bis zwei Tagen wurde erbeten, das aber von ACME-IT-Services nur begleitet wurde. Das eigentliche Training wurde von den IT-Betreuern und Schichtleitern übernommen, die sich dank der engen Zusammenarbeit im Projekt schon sehr gut mit der Materie und der Ausführung auskannten.

Schließlich war es so weit, und das erste Transportfahrzeug mit Kettenantrieb (KTF) wurde unter der Nutzung der OPUS-Software in Produktion gegeben. Zu diesem Anlass wurde seitens ACME-IT-Services (A-IT) das komplette Projektteam nach Frankelsbrunn eingeladen, um gemeinsam mit dem Pendant der ACME-Motorenwerke das gelungene Projekt mit einem Abendessen abzuschließen. Ein paar Tage später wurde das gelungene Projekt bei ACME-IT-Services intern mit einem Grillfest gefeiert.

> **Nach dem Projekt ist vor dem Projekt** [+]
>
> Bei solchen Festen sprechen Entwickler gerne darüber, was man alles hätte besser machen können und was man beim nächsten Projekt zusätzlich implementieren möchte. Dies ist normal!
>
> Entwickler, im speziellen bei Webentwicklungen, sind meist genau so lange mit einem Thema zufrieden, bis es zur Hälfte umgesetzt ist. Ab diesem Zeitpunkt wird ein Teil der Gedanken darum kreisen, wie es hätte besser gemacht werden können. Nutzen Sie dies, notieren Sie alle Ideen während der Projektphase, und besprechen Sie diese nach dem Projekt mit Ihren Mitarbeitern und Kollegen. Es wird sich lohnen.

Der SAT konnte problemlos vorbereitet und durchgeführt werden und mündete schließlich in einen gelungenen Go-live. Dies war vor allem einer klaren, lückenlosen und leicht verständlichen Dokumentation sowie einer guten Kommunikation zu verdanken.

Der Go-live nach dem OPUS-Projekt liegt nun etwas mehr als ein Quartal zurück – Zeit für ein Resümee der vergangenen Wochen und ein Fazit des Projektes sowie der Einführung von SAP MII am Standort.

13 100+ Tage

Immer wenn eine sich bereits im Einsatz befindliche und langjährig aktive Software durch eine neue abgelöst wird, steht das Softwareteam (ob intern oder extern) vor der schwierigen Aufgabe, die Akzeptanz derer zu erhalten, die das Ersetzen betrifft: Anwender/Operatoren/Analysten etc.

13.1 Akzeptanz der Anwender

Bei den ACME-Motorenwerken war es die klare Zielsetzung, die Produktion zu verbessern und die verschiedenen Abläufe zu vereinfachen. Dies hat für die Anwender zum einen bedeutet, sich auf ein neues Softwaresystem einzustellen, und zum anderen, dass diverse bereits genutzte Abläufe geändert wurden.

Aussagen wie »Hier findet man sich doch NIE zurecht« oder »Es kann ja wohl nicht sein, dass ich das jetzt so machen muss, bisher hab ich es doch immer anders gemacht« sind hier keine Seltenheit und waren auch bei den ACME-Autorenwerken, zumindest im ersten Monat nach der Einführung, an der Tagesordnung.

Mittlerweile haben sich die Anwender jedoch an die neuen Gegebenheiten gewöhnt. Sie haben schätzen gelernt, dass Materialverbräuche direkt über das System gemeldet werden, ohne dass sich jemand direkt darum kümmern muss. Es wurde akzeptiert, die Bestätigung von Störgründen gemäß den Vorgaben vorzunehmen, um so eine entsprechende Transparenz der Produktion zu gewährleisten und die Berechnung einer OEE zu ermöglichen.

Ein großer und zugleich wichtiger Aspekt bei der schnellen Akzeptanz des OPUS-Projektes war die Implementierung der Software mit neuen Standards der Webentwicklung. Bereits während der Entwicklung wurde viel Wert auf die Optik und Benutzerfreundlichkeit/Usability der Software gelegt und gemeinsam mit den Vorarbeitern so lange wie möglich an den GUIs gefeilt. Daraus resultierte eine Software, die durch ihre Funktionalität den Anforderungen der Anwender genügte und durch ihre Optik für ein angenehmes Arbeiten sorgte.

Dank dieser Hilfe der Vorarbeiter konnte das System bereits zum Produktivstart weitestgehend den bekannten Anforderungen der Anwender entsprechen und diesen somit auch leicht verständlich gemacht werden.

Trotz der engen zusätzlichen Zusammenarbeit mit den Vorarbeitern, die von den ACME-Motorenwerken explizit gewünscht und von A-IT gerne aufgenommen wurde, konnte auch in diesem Projekt keine absolute Akzeptanz von Beginn an erreicht werden (siehe Abbildung 13.1). Die Akzeptanzkurve bei den Mitarbeitern der ACME-Motorenwerke hat sich nicht wesentlich von der Akzeptanz bei anderen Projekten der ACME-IT-Services unterschieden.

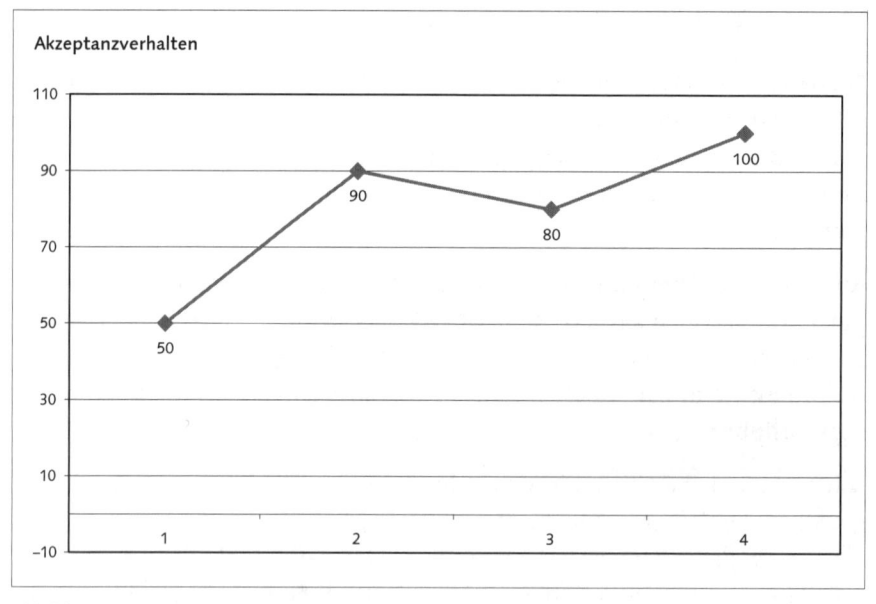

Abbildung 13.1 Akzeptanzverhalten

Die größten Akzeptanzprobleme, die sich zu Beginn eines Projektes seitens der Anwenderschaft aufbauen, können bei enger Zusammenarbeit mit den Endnutzern (wie bereits beschrieben) noch während der Projektierungsphase aus der Welt geschafft werden. Sehr nützlich hierbei (dies wurde auch immer wieder von Kunden bestätigt) war die Anpassung der GUIs an moderne Standards, wonach oftmals die Aussage »och, das ist ja schön« oder »das sieht ja gar nicht aus wie ein SAP-System« dem einen oder anderen Anwender der Produktion zu entlocken war.

In der Regel erleidet die Akzeptanz beim Kunden nach dem Go-live (siehe Abbildung 13.1) einen kleinen Einbruch, da die Benutzer nunmehr mit dem System konfrontiert sind und doch noch das eine oder andere Problem mit der Software und auch den einen oder anderen Änderungswunsch haben. Am Ende dieser Eingewöhnungsphase stand bisher jedoch überwiegend ein zufriedener Kunde, der gerne mit der implementierten Applikation arbeitet. Dies war auch bei den ACME-Motorenwerken der Fall.

13.2 Nachbereitung

Wie mit den ACME-Motorenwerken vereinbart, wurden in den ersten drei Monaten nach dem Go-live mehrere Treffen abgehalten, bei denen abschließend Erfahrungen ausgetauscht und neue Ideen besprochen wurden.

Als Folge aus diesen Nachtreffen wurde das Bedürfnis klar, die Lagerarbeiter mit in den Produktionsprozess mit SAP MII einzubeziehen. Zwar sind die Arbeit des Lagerverwaltungssystems und das konsequente Nutzen dessen kein Problem an sich, nur war die Kopplung an die Produktion an einigen Stellen verbesserungsfähig.

Mit dieser Anforderung wurde in einem weiteren kleinen Projekt (< zehn Personentage) eine zusätzliche Applikation entwickelt, die Materialengpässe der Produktion live über SAP MII an die Handheld-Geräte der Staplerfahrer und einen zentralen Lagerleitstand liefert. Dadurch können auftretende Engpässe direkt an die Staplerführer im Lager gemeldet und von diesen unter Vorgaben aus dem Leitstand direkt weiterverarbeitet werden.

> **Folgeprojekte generieren** [+]
>
> Generell ist es nicht unüblich, dass bei einer erfolgreichen Einführung eines so dynamischen Systems wie SAP MII für den Integrator, das beauftragte Unternehmen, noch weitere Projekte mit diesem Kunden angegangen werden können.
>
> Ebenso ist es eine Tatsache, dass die Akzeptanz und der Eindruck eines erfolgreichen Projektes bei den beteiligten Finanziers hoch angesiedelt sind. Dies liegt in geringeren Integrationskosten als bei anderen Systemen und in einem schnelleren Return on Investment (ROI) begründet.

> Geringere Integrationskosten als bei der Nutzung anderer Software entstehen unter anderem dadurch, dass mit SAP MII viele unterschiedliche Systeme nativ angebunden werden können und die Implementierung oder Anpassung einer entsprechenden Logik schnell vonstattengehen kann.
>
> Eine Verbesserung des ROI entsteht dadurch, dass das investierte Kapital durch den Mehrwert der neuen Applikation und die als Ziel vorgegebene Verbesserung der Produktion (in Effizienz und Qualität) sich schnell im Kapitalumschlag erkennen lassen.

Im Fall des AMW-Projektes wurden, basierend auf den in Kapitel 12, »SAT – Site Acceptance Test«, beschriebenen und dokumentierten Änderungsvorschlägen/-wünschen seitens der Anwender in den Wochen nach dem Go-live verschiedenste Anforderungen definiert. Diese führten zu mehreren kleineren Projekten, um die OPUS-Software zu verbessern.

In diesem Kapitel werden Erfahrungen beschrieben, die die Projektarbeit und die Arbeit mit SAP MII erleichtern.

14 Was Sie über MII wissen sollten

Neben den üblichen Punkten eines Fachbuches gibt es immer das eine oder andere, das vielleicht in den einzelnen Kapiteln nicht seinen Platz finden kann; solche dennoch wichtigen Dinge legen wir Ihnen hier ans Herz.

Lokalisation

Mit der von SAP MII angebotenen Lokalisation lassen sich viele Dinge bewerkstelligen und leicht eine Multisprachfähigkeit erreichen. Aus diesem Grund sollten nach Möglichkeit alle Textelemente schon von Beginn an als Lokalisierungsvariablen konfiguriert werden.

Um auch die Überschriften der Ergebnisse von Abfragen lokalisiert zu gestalten, können die Lokalisierungsvariablen als Parameter in die Abfragen übergeben und dort als Spaltenname verwendet werden: `SELECT spalte AS [Param.20]`.

Zusätzlich können Lokalisierungsvariablen beispielsweise aber auch dazu genutzt werden, Versionsnummern zu führen. Sollte es sich bei der zu entwickelnden Applikation um ein Produkt handeln, das in mehreren Versionen geplant ist, empfiehlt es sich jedoch, diese Nummern in einer Datenbank zu halten, da hier Updates einfacher auszuführen sind.

Session-Variablen

Bei Session-Variablen ist es wichtig zu wissen, dass Browser, wie beispielsweise der Internet Explorer, die Übergabe von formatierten Zahlen (wie beispielsweise 1,25) fehl interpretieren und das Komma entfernen können. So wird aus einem kleinen Wert, zum Beispiel 1,25, schnell ein großer Wert, nämlich 125, was definitiv große Auswirkungen auf alle nachfolgenden Berechnungen hat.

Um dies zu umgehen, sollten auch Zahlen immer als String in Session-Variablen übergeben werden. Dies kann in JavaScript einfach mit dem Befehl `String(Variable)` erreicht werden.

Java Connector und Cache

Leider ist es dem Java Connector (JCo) hier und da erlaubt, aufgerufene RFCs/BAPIs zu cachen. Das bedeutet, dass es während der Entwicklungsphase vorkommen kann, dass Änderungen an Bausteinen von SAP ERP nicht in SAP MII ankommen.

Um dieses Problem zu umgehen, existiert ein Aufruf, der den JCo-Proxy resettet und somit den Cache leert. Dieser Aufruf lautet:

`http://server:port/XMII/JCOProxy?Mode=Reset`

HTML vs. IRPT

Im Grunde sind HTML- und IRPT-Seiten gar nicht so verschieden. Einfache HTML-Seiten zum Anzeigen von Informationen, wie beispielsweise Handbücher oder Online-Hilfen, können gerne und ohne Weiteres als HTML-Seiten entwickelt werden.

Sobald jedoch dynamische Informationen wie Lokalisierungsvariablen oder Session-Variablen innerhalb der Seite genutzt werden sollen, sollte die Nutzung der IRPT-Seiten die erste Wahl sein.

MII Actions selbst entwickeln

MII bietet die Möglichkeit, eigene Actions (Logikbausteine der MII Workbench) zu entwickeln und im System zu installieren. Ein Handbuch zum Entwickeln solcher Actions ist im *SAP Developer Network* (SDN) momentan nur zur SAP MII-Version 11.5 verfügbar. Dieses Dokument kann jedoch dabei helfen, eigene Actions zu entwickeln.

Defekte Actions?

Von Zeit zu Zeit kann es vorkommen, dass während der Entwicklung einer Transaktion plötzlich unbekannte Fehler auftreten, die zumeist darauf schließen lassen, dass ein Assignment nicht korrekt gesetzt war. Tatsächlich kann es jedoch sein, dass eine gewählte Action nicht korrekt gespeichert wurde und somit ihren Dienst versagt.

Sollten Sie daher Meldungen zu einem Fehler erhalten, der noch vor einer Minute nicht da war und der nicht auf soeben getätigte Änderungen zurückgeführt werden kann, sollten Sie Folgendes in Erwägung ziehen: Löschen Sie einfach den Baustein, und rekonstruieren Sie seine Funktion.

Applets oder nicht?

Oftmals steht man als Entwickler oder Systemarchitekt vor der Frage, ob man die von MII gebotenen Java-Applets nutzen soll oder nicht. Tatsächlich kann man komplexe SAP MII-Anwendungen entwickeln, ohne auch nur ein Java-Applet zu verwenden. Dies kann vor allem dann notwendig werden, wenn Applikationen auf mobilen Geräten lauffähig sein sollen.

Der größte Vorteil der Nutzung von SAP MII-Applets liegt in der Verbindung zu SAP NetWeaver und der dazugehörigen Session. Mit den Applets lassen sich leicht Datenverbindungen aufbauen und Daten hin und her transferieren. Darüber hinaus bieten die Applets eine ganze Menge zusätzlicher Funktionen, wie beispielsweise Datumsfunktionen. Ein Nachteil der Applets ist die Ladezeit. Jedes Applet, das einer Seite hinzugefügt wurde, verändert das Ladeverhalten.

Wir haben in unseren Projekten häufig eine Mischung der beiden Extreme genutzt: Es wurde ein iCommand-Applet implementiert, über das dynamisch Datenabfragen abgesetzt wurden. Aufrufe, die nur hier und da benötigt werden, wurden dann über den Runner vorgenommen.

Beeinträchtigungen des Runners	[+]
Ein großes Problem des Runners ist die Begrenzung des Aufrufs auf browserspezifische Längen. Beim Internet Explorer 7 sind das 2.083 Zeichen. Sollten viele Daten in eine Transaktion/Abfrage gegeben werden, kann dies nicht über einen Runner-Aufruf geschehen.	

Transaktions-Debugging

Beim Testen von Transaktionen existieren mehrere Varianten der Debugging-Ausgabe: zum einen die Standardausgabe, die über [Strg] + [T] bzw. [Strg] + [F6] aufgerufen werden kann, und zum anderen die detaillierte Ausgabe, die über [Strg] + [F5] aufgerufen wird.

Beim detaillierten Testen der Transaktion werden zu jedem Action Block mehrere Informationen ausgegeben, wie beispielsweise Start/Action/Ende, aber im Gegensatz hierzu, beim normalen Debugging, lediglich die Information, dass die Action gestartet wurde.

Während der Entwicklung ist zu empfehlen, möglichst viele Tracer Actions in der Transaktion zu implementieren, um bei auftretenden Fehlern Schritt für Schritt nachvollziehen zu können, wo und warum die Fehler aufgetreten sind.

Im Ausgabefenster des Logikeditors werden die entsprechenden Daten dann ausgegeben. Beachten Sie, dass die ausgegebenen Informationen abgeschnitten werden, wenn sie zu lang sind. Gehen Sie in diesem Fall folgendermaßen vor:

1. Mit einem Doppelklick auf den jeweiligen Eintrag des Ausgabefensters wird die selektierte Zeile in den Cache kopiert und kann an beliebiger Stelle eingefügt werden.
2. Der kopierte Eintrag ist damit in voller Länge verfügbar, auch wenn er im Ausgabefenster zuvor abgeschnitten war.

Beim Debugging von XML-Daten, gerade im Support-Fall auf Remote-Systemen, können XML-Daten sehr leicht und ebenso schnell strukturiert und formatiert ausgegeben werden.

Hierzu muss per Doppelklick ein XML-Eintrag aus dem Ausgabefenster kopiert und auf dem Desktop in eine leere Textdatei eingefügt werden. Der Eintrag [INFO] zu Beginn muss dabei aus dem Text entfernt werden. Anschließend kann die Datei gespeichert und in *<dateiname>.xml* umbenannt werden.

Mit einem Doppelklick auf die Datei wird diese in dem im System eingerichteten Standard-Browser geöffnet, der in der Lage sein sollte (wie beispielsweise IE und Firefox), die XML-Daten zu interpretieren und formatiert auszugeben.

SQL-Abfragen in Transaktionen

Mit den verschiedenen Query Actions können Abfragen entweder vordefiniert oder direkt innerhalb einer Transaktion befüllt werden. Dies gilt nicht nur für die Übergabeparameter (Param.1–32), sondern auch für die Abfragen selbst.

Zu empfehlen ist, Abfragen immer separat in eigenen Templates zu definieren. Dies hat den Vorteil, dass die Transaktionen übersichtlich bleiben und sich jeder Entwickler sicher sein kann, dass lediglich Parameter, nicht aber komplette Statements in die jeweiligen Abfragen übergeben werden.

Anhang

A	Namens- und Programmierkonventionen	361
B	Glossar	365
C	Abkürzungsverzeichnis	369
D	Der Autor	373

A Namens- und Programmierkonventionen

Die folgenden Programmierkonventionen basieren zum größten Teil auf Erfahrungen aus vergangenen SAP MII-Projekten. Sie sollen Ihnen als Beispiel und Anregung für Ihre Programmierung dienen.

Businesslogik (Xacute) – Namenskonventionen

Folgende Namenskonventionen haben sich bewährt:

- `sql_`Abfragen, beginnend mit `sql_`, sind SQL-Abfragen.
- `tag_`Abfragen, beginnend mit `tag_`, sind tagbasierte Abfragen, um beispielsweise eine Verbindung mit Historian oder OPC-Servern aufzubauen.
- `x_`Abfragen, beginnend mit `x_`, sind Xacute-Abfragen und rufen SAP MII-Transaktionen auf. Handelt es sich um eine Variable und nicht um eine Abfrage, bezeichnet `x_` eine XML-Variable.
- `xml_`Abfragen, beginnend mit `xml_`, sind XML-Abfragen und rufen SAP MII-Transaktionen auf.
- `i_`Variablen, beginnend mit `i_` oder `i`, sind Integer-Variablen.
- `b_`Variablen, beginnend mit `b_` oder `b`, sind Boolsche Variablen.
- `d_`Variablen, beginnend mit `d_` oder `d`, sind Double-/Float-Variablen.
- `s_`Variablen, beginnend mit `s_` oder `s`, sind String-Variablen.

Businesslogik (Xacute) – Programmierkonventionen

Betrachten wir im Folgenden den Link Editor und den Xacute Editor.

- **Link Editor – Incoming/Outgoing**
  Für den Fall, dass Ihre Transaktion nicht nur aus einem einzigen Action Block besteht, sollte in einem Action Block jeweils nur einer der beiden Logikbereiche Verwendung finden. Dies erhöht die Lesbarkeit der Transaktion und erleichtert das Arbeiten mit dieser. Die Verwendung zweier Actions statt einer lässt die Transaktion nicht merklich langsamer werden.

  Dynamische Entwicklung stellt für die meisten Projekte die Hürde zu einem erfolgreichen Abschluss dar. Achten Sie stets darauf, dass wichtige Informationen wie Servernamen oder Projektpfade immer dynamisch gehalten werden. Dann haben Sie leicht die Möglichkeit, Projekte parallel zu betreiben oder für unterschiedliche Systeme aufzusetzen. Der Ursprung dieser Informationen kann entweder in einer entsprechenden Konfigurationsdatei oder in einer Datenbanktabelle liegen. Daher stellt es kein Problem dar, zwischen Entwicklungs-, Test- und Produktivsystemen zu wechseln.

▶ **Xacute Editor**

Das Aufsplitten von Transaktionen zur Steigerung der Wiederverwendbarkeit der Transaktionen ist generell eine gute Idee und sollte bei der Erstellung jedes Logikteils geprüft werden. Alle Funktionen, die mehrmals Anwendung finden, können somit als eigene kleine Transaktion erstellt werden.

Transaktionen zu stark aufzusplitten ist jedoch auch nicht von Vorteil, da Transaction Call Action Blocks mehr Zeit für die Kompilierung und die Ausführung benötigen als beispielsweise eine große Transaktion.

Transaktionen sollten stets logische Namen erhalten, sodass schon in der Übersicht erkennbar ist, welche Transaktion welche Funktion hat. Es stellt dabei kein Problem dar, wenn die Namen etwas länger werden.

JavaScript – Namenskonventionen

Folgende Namenskonventionen haben sich bewährt:

▶ c_Variablen, beginnend mit c_ oder c, sind Bezeichner für JavaScript-Klassen.

▶ o_Variablen, beginnend mit o_ oder o, sind Objektvariablen. Dies deutet meist auf die Verknüpfung mit einem Java-Applet hin.

▶ q_Variablen, beginnend mit q_ oder q, sind Query-Container und stehen in direkter Verbindung mit Java-Applets.

▶ f_Variablen, beginnend mit f_ oder f, sind Funktionsnamen.

▶ i_Variablen, beginnend mit i_ oder i, sind Integer-Variablen.

▶ b_Variablen, beginnend mit b_ oder b, sind Boolean-Variablen.

▶ d_Variablen, beginnend mit d_ oder d, sind Double-/Float-Variablen.

▶ s_Variablen, beginnend mit s_ oder s, sind String-Variablen

▶ xml_Variablen, beginnend mit xml_xm oder l, sind XML-Variablen.

JavaScript – Programmierkonventionen

Funktionen, die dieselbe Thematik bearbeiten, sollten immer in entsprechenden Gruppen/Klassen zusammengefasst werden (siehe Listing A.1).

```
var SessionVariable = {
Initialize : function() { … },
Set : function( VarName, Value ) { … },
Get: function( VarName ) { … }
}
```

Listing A.1 Klassenerstellung für Themenbereiche

Für jede Funktionsgruppe/-klasse sollte eine eigene Datei mit dem gleichen Namen angelegt werden:

`SessionVariable.js` beinhaltet somit die `SessionVariable`-Klasse aus dem vorherigen Beispiel.

Externe Variablen, die in Funktionsgruppen/-klassen verwendet werden, sollten stets innerhalb der Klasse in einer speziellen Funktion aufbereitet und in interne Variablen übertragen werden (siehe Listing A.2). So können neue Funktionen beliebige Variablen nutzen, ohne diese abzuändern.

```
var MeineKlasse = {
OrderNumber : null,
BatchNumber : null,
PlantID : null,
GetExternals : function() {
this.OrderNumber = SV.Get( OrderNumber );
this.BatchNumer = SV.Get( BatchNumber);
this.PlantID = SV.Get( PlantID );
}
}
```

Listing A.2 Aufbereitung interner Variablen

Variablennamen sollten stets sprechend, aber dennoch nicht zu lang sein. Variablennamen wie `dietvzpdd` oder das Äquivalent `dasisteinetestvariablezumpruefenderdatenstruktur` sollten vermieden werden und stattdessen durch eine Variable namens `strukturpruefung` ersetzt werden.

B Glossar

Action Eine Action ist ein eigenständiges Java-Programm, das unter bestimmten Voraussetzungen in MII als Logikbaustein verwendet werden kann. Actions werden in der MII Workbench zu komplexen Logikketten zusammengefügt und erlauben so die einfache Gestaltung komplexer Businesslogiken.

Action Block Ein Action Block stellt eine gekapselte Funktion für Businesslogik-Transaktionen zur Verfügung.

Adaptive Manufacturing Adaptive Manufacturing beschreibt die dynamische Art der Produktion, die es dem Fertiger ermöglicht, direkt und zielgerichtet zu agieren. Sowohl im Hinblick auf die Lieferung als auch auf die Leistung beschleunigt adaptive Manufacturing die einzelnen Prozesse des Unternehmens und dynamisiert diese gleichzeitig.

Alphatest Alphatests, auch bekannt unter den Namen Entwicklertests oder Pretests, sind Softwaretests, die während der Entwicklung durch die Entwickler und die Entwicklungsleitung stattfinden. Alphatests sind inoffizielle Tests, die die Intention haben, den Fortschritt des Projektes zu überprüfen.

Applet Ein Applet ist ein Java-Programm, das in einem Webbrowser gestartet und ausgeführt wird. Der Ursprung des Namens findet sich in den Worten *Appl*ication (Anwendung) und Snipp*et* (Schnipsel).

Assignment-Block Ein Assignment-Block ist einer der meist verwendeten Funktionsbausteine in den BLS. Mit dieser Action können einfache Zuweisungen genauso realisiert werden wie ergebnisabhängige Zuweisungen oder ganze Berechnungen.

BLS BLS steht für Business Logic Services und beschreibt den Logikteil der SAP MII Composite Application, in dem Datenabfragen und Logiktransaktionen ihren Platz haben.

Composite Application Composite Applications sind Anwendungen, die existierende Daten und Funktionen mithilfe von Service-Aufrufen nutzen. Diese Aufrufe werden von den Lösungen bereitgestellt, die in der Systemlandschaft vorhanden sind.

Dashboard Ein Dashboard oder deutsch »Armaturenbrett« ist die Darstellung von Informationen in verdichteter Form auf einer entsprechenden Oberfläche.

DTR Das SAP Design Time Repository (DTR) ist ein Repository-System, das Dateiversionierung ermöglicht. Alle Objekte oder jeglicher Quellcode des DTR werden zentral gespeichert und unterliegen einer Versionskontrolle.

GUI GUI steht für Graphical User Interface und bezeichnet die Benutzeroberfläche einer Software.

Historian Ein Historian ist ein Datenbanksystem, das in kürzester Zeit sehr viele Datenpunkte aufnehmen und speichern kann. Historian-Systeme sind darauf ausgelegt, zahlreiche Daten über eine sehr lange Zeit zu speichern.

HTML Die Hypertext Markup Language (HTML) ist eine textbasierte Auszeichnungssprache zur Strukturierung von Inhalten wie Texten, Bildern und Hyperlinks in Dokumenten. HTML-Dokumente sind die Grundlage des World Wide Webs und werden von einem Webbrowser dargestellt. (Quelle: Wikipedia)

Illuminator-XML Das Illuminator-XML ist eine SAP MII-basierte Standard-XML-Datei, die zusätzliche Regeln befolgt. In einem Illuminator müssen alle verwendeten Datenpunkte in einem Header-Bereich, der Column-Definition, festgelegt werden. Darüber hinaus ist der Aufbau und somit die Benennung der Knoten eines Illuminator-XML immer identisch und folgt der Hierarchie */Rowsets/Rowset/Row/Datenpunkt*.

IRPT Die *Illuminator Report Page* (IRPT) ist eine an HTML angelehnte Webseiten-Beschreibung, der durch den SAP MII-eigenen Präprozessor ein Mehrwert gegenüber HTML gegeben wurde. So kennen IRPT-Seiten Session-Variablen oder auch Übersetzungsvariablen und konnten seit den frühen Anfängen der Lighthammer-CMS nur nach Authentifizierung am System aufgerufen werden.

Jackson-Diagramm Dieser Diagrammtyp wurde in den Jahren 1975 bis 1979 von Michael A. Jackson entwickelt und dient der strukturierten Darstellung von Programmen in hierarchischer Form.

Manufacturing Execution System (MES) Ein MES ist ein Fertigungsverwaltungssystem, das prozessnah arbeitet. Im deutschsprachigen Raum ebenfalls geläufig ist die Bezeichnung »Prozessleitsystem«.

MSSQL Ende der 1980er-Jahre entstand ein relationales Datenbanksystem aus dem Hause Microsoft – Microsoft SQL –, das auf dem SQL-Standard basierte. Mittlerweile ist der MSSQL Server eines der am meisten verbreiteten Datenbanksysteme der Welt.

Nach-/Rückverfolgung Nachverfolgbarkeit/Tracability ist in der Produktion die Möglichkeit, zu jedem Zeitpunkt nachvollziehen zu können, welche Bestandteile eines Produktes zu dessen Herstellung verwendet wurden (Rückverfolgbarkeit) und an welcher Stelle im Produktionsprozess sich die einzelnen Bestandteile befinden (Nachverfolgbarkeit).

Nassi-Shneidermann-Diagramm Dieser Diagrammtyp wurde in den Jahren 1972/73 von Isaac Nassi und Ben Shneidermann entwickelt und anschließend vom Deutschen Institut für Normung in die entsprechende Norm DIN 66261 übernommen. Das Nassi-Shneidermann-Diagramm ist ein Diagramm zur Darstellung von Programmentwürfen, auch bekannt als »Struktogramm«.

Normalform Die Normalform steht für die schrittweise Optimierung von Datenbeständen im Hinblick auf Redundanz. Je weiter fortgeschritten die Normalisierung einer Datenstruktur ist, desto geringer sind die Redundanzen in den in den Tabellen hinterlegten Daten.

NWDI Die *SAP NetWeaver Development Infrastructure* (NWDI) ist eine Komposition mehrerer einzelner Services, wie beispielsweise dem SAP Change Management System (CMS), dem SAP Design Time Repository (DTR), dem SAP Component Build Service (CBS) und dem SAP System Landscape Directory (SLD). Zudem sind Werkzeuge für das Monitoring der Development Infrastructure (DI) Teil der NWDI.

OEE Der englische Ausdruck Overall Equipment Effectiveness (dt. Gesamtanlagen-Effizienz, GAE) steht für eine vom Japan Institute of Plant Maintenance erstellte Kennzahl und ist das Maß für die Wertschöpfung einer Anlage.

OPC XML-DA XML-DA ist eine OPC-Art. Bei OPC XML-DA wird ein XML-Dokument als Kommunikationsträger genutzt, das nativ von SAP MII verarbeitet oder von Webbrowsern angezeigt werden kann.

Page-Generator Dieser Generator ist ein von SAP MII bereitgestelltes Werkzeug zum schnellen Testen und für die rasche Zusammenführung von MII-Datenabfragen und MII-Visualisierungsobjekten.

Präprozessor Ein Präprozessor ist ein Computerprogramm, das einen Eingabetext konvertiert und das Ergebnis ausgibt. (Quelle: Wikipedia)

Runner Als Runner wird ein Service von SAP MII bezeichnet, der Businesslogiken durch URL-Aufrufe ausführbar macht. Mit dem Aufruf des Runner-Service können außerdem Parameter an Transaktionen übergeben werden. Der Runner-Service und somit jegliche als Transaktion realisierte Businesslogik von SAP MII kann von jedem System aufgerufen werden, das HTTP-Requests absetzen kann.

SAP NetWeaver CE Das SAP NetWeaver Composition Environment, kurz SAP NetWeaver CE, ist eine Modellierungs- und Ablaufumgebung für Composite Applications.

SCADA-System SCADA steht für *Supervisory Control and Data Acquisition* und ist ebenfalls unter dem Begriff Prozessleitsystem bekannt. SCADA-Systeme überwachen und steuern Anlagen und stellen deren Kennwerte dar.

Servlet Servlets sind ähnlich wie Applets Java-Klassen, die innerhalb eines Java-Webservers eingesetzt werden können. Servlets bearbeiten Anfragen des Clients und beantworten diese direkt.

Session-Variable Eine Session-Variable ist eine Variable innerhalb einer einzelnen Sitzung. Sitzung meint in diesem Zusammenhang den Nutzungszeitraum einer bestimmten Software, für den bestimmte Werte zur Verfügung stehen.

Sizing Sizing von Systemen bezeichnet die Definition notwendiger Hardwarekomponenten anhand der geplanten Funktionsgröße und Nutzlast (sowie anderer Kenngrößen) eines SAP-Systems.

SQL Die Structured Query Language (SQL) ist eine Datenbanksprache, mit deren Hilfe Daten in relationalen Datenbanksystemen definiert abgefragt und manipuliert werden. SQL ist zum Beispiel ISO-standardisiert und wird von allen gängigen Datenbanksystemen unterstützt. (Quelle: Wikipedia)

Stream Ein Stream bezeichnet eine kontinuierliche Übertragung von Daten, wie beispielsweise bei einer OPC-Kommunikation.

Teilefluss Der Begriff *Teilefluss* bezeichnet den Umstand, dass zu jeder Zeit der Produktion die notwendigen Teile an der richtigen Stelle der Fabrikation vorhanden sind. Da Teile somit ständig in Bewegung sind, spricht man von einem Teilefluss.

Wasserfallmodell Das Wasserfallmodell ist ein Vorgehensmodell in der Softwareentwicklung, bei dem die einzelnen Schritte in der Entwicklung in Form von Phasen dargestellt werden. Das Ergebnis einer Phase ist dabei immer der Ausgangspunkt und die notwendige Voraussetzung für die nächste Phase.

Web Service Ein Web Service oder Webdienst ist eine durch einen Uniform Resource Identifier (URI) eindeutig identifizierbare Softwareanwendung. Ein Web Service verfügt über eine XML-Schnittstelle und unterstützt die direkte Interaktion mit anderen Softwareanwendungen. Dabei werden XML-basierte Nachrichten über internetbasierte Protokolle ausgetauscht. (Quelle: Wikipedia)

Xacute *Xacute* ist die Bezeichnung für den Businesslogik-Editor der Workbench. Innerhalb des Xacutes werden die Transaktionen erstellt und ausgeführt.

xApp xApps, die Abkürzung für SAP Collaborative Cross Applications, stehen für gebündelte Composite Applications, die mehrere Business-Solutions abdecken. Um xApps entwickeln und ausführen zu können, wird das SAP Composite Application Framework (CAF) benötigt. (Quelle: SAP-Hilfe)

XML Die Auszeichnungssprache Extensible Markup Language (XML) stellt hierarchisch strukturierte Daten in Textform dar.

XPath Expression XPath ist eine Abfragesprache eines XML-Dokumentes und unter anderem die Grundlage für XSLT. Eine XPath Expression (oder auch XPath-Ausdruck) adressiert einen Teil des XML-Dokumentes; das XML-Dokument wird dabei als Baum betrachtet.

XSL Die Extensible Stylesheet Language (XSL) ist eine Familie von Transformationssprachen für XML-Dokumente, die in gleicher Notation gehalten sind.

XSLT Die XSL-Transformation ist ein Teil von XSL und wird zur Transformation von XML-Dokumenten in andere Formate wie einfachen Text, HTML oder auch andere XMLs genutzt.

C Abkürzungsverzeichnis

ACME	A Company that Manufactures Everything
AJAX	Asynchronous JavaScript and XML
ASCII	American Standard Code for Information Interchange
ASP	Active Server Page
B2B	Business-to-Business
BAPI	Business Application Programming Interface
BC	SAP Business Connector
BDE	Betriebsdatenerfassung
BLS	Business Logic Service
CBS	Component Build Service
CMS	Collaborative Manufacturing Suite
CMS	Change Management System
CSS	Cascading Style Sheet
DBS	Database System
DCOM	Distributed Component Object Model
DI	Development Infrastructure
DHTML	Dynamic HTML
DTR	Design Time Repository
EJB	Enterprise Java Beans
ERP	Enterprise Resource Planning
FAT	Factory Acceptance Test
FS	Functional Specification
GUI	Graphical User Interface
GxP	Good x Practice (z.B. Good Manufacturing Practice – GMP)
HTML	Hypertext Markup Language
HTTP	Hypertext Transfer Protocol
IDE	Integrierte Entwicklungsumgebung – Integrated Development Environment

IRPT	Illuminator Report Page
IDoc	Intermediate Document
iPC	industrial PC
ISA	International Society of Automation
JDBC	Java Database Connectivity
JCo	Java Connector
JS	JavaScript
KTF	Kettengetriebenes Transportfahrzeug
LAN	Local Area Network
LIMS	Labor Information Management System
MES	Manufacturing Execution System
MSSQL	Microsoft SQL
ODBC	Open Database Connectivity
NWDI	SAP NetWeaver Development Infrastructure
OEE	Overall Equipment Effectiveness (auch: Gesamtanlageneffektivität, GAE)
OPC	OLE for Process Control
PCo	SAP Plant Connectivity
PHP	PHP: Hypertext Preprocessor (rekursives Akronym)
PLS	Produktionsleitstand
RFC	Remote Function Call
ROI	Return on Investment
SAP MII	SAP for Manufacturing Integration and Intelligence
SAP ME	SAP Manufacturing Execution
SAP NetWeaver AS	SAP NetWeaver Application Server
SAP NetWeaver CE	SAP NetWeaver Composition Environment
SAP NetWeaver PI	SAP NetWeaver Process Integration
SAT	Site Acceptance Test

SCADA	System Supervisory Control and Data Acquisition
SDN	Supplier Developer Network
SLD	System Landscape Directory
SOA	Serviceorientierte Architektur
SOAP	Simple Object Access Protocol
SPC-Engine	Statistical Process Control Engine
SQL	Structured Query Language
SVOT	Single Version of the Truth
TCO	Total Cost of Ownership
TCP/IP	Transmission Control Protocol/Internet Protocol
TRX	Transaction
UDC	Universal Data Connector
UDS	Universal Data Server
URI	Uniform Resource Identifier
URS	User Requirement Specification
VI	Vertikale Integration
VPN	Virtual Private Network
WAS	Web Application Service
WIP	Ware in Produktion
WSDL	Web Service Description Language
XML	Extensible Markup Language
XSL(T)	Extensible Stylesheet Language (Transformation)

D   Der Autor

Sebastian Holzschuh arbeitet seit 2009 bei Freudenberg IT und ist dort unter anderem als Senior Consultant und Projektleiter für SAP MII tätig. Er beschäftigt sich seit mehr als zehn Jahren mit der Entwicklung von mehrschichtigen Softwarelösungen und ist seit 2005 als technischer IT-Berater, Systemarchitekt und -entwickler für SAP MII-basierte Lösungen tätig. Seine Schwerpunkte sind Produktentwicklung, System Usability und Schnittstellenprozesse. Darüber hinaus kann Herr Holzschuh auf eine mehrjährige Erfahrung als Schulungsleiter für SAP MII zurückblicken.

Index

A

Abfrage
  Testen 97
Abfrageeditor 96
Abfragetypen 92, 125
Abfrage-Wizard 93
Ablaufdiagramm 263, 265
ACME-IT-Services 235
ACME-Motorenwerke 235
Action 109, 122
  defekte 356
  Entwickeln 356
  selbst Entwickeln 356
  Zuweisen 118
Action Block
  Informationsfluss 110
ActiveX 251
adaptive Manufacturing 25, 365
Add Property 115
Administrationsmenü 45
AJAX 31
Aktualisierung 168
Akzeptanz 351
Akzeptanzproblem 352
Alarmabfrage 92
Alias 71
  Konfiguration 211
Alphatest 335
Änderung
  dokumentierte 341
Anforderung 237, 257, 352
  dynamische 247
Anforderungsbeschreibung
  detaillierte 287
Anlagenstatus 248, 249
Anlegen
  Datei und Ordner 85
ANSI/ISA-95 201
Anwender-GUI 294, 296
  Shortcut-Sheet 311
  Störung 296
Applet 157, 357
  Definieren 158

Applet-Funktion 176
Applet-Zugriff 176
  dynamischer 178
  schreibender 178
  statischer 177
ASCII-Zeichencode 309, 310
Assign XML 187
Assignment 134
Auftragsliste 97, 316
  Abfragen 316
  Dymanisieren 327
Auftragsplandaten 261
Ausschusszähler 248
automatisierte Prüfung 239

B

B2B 35
B2M 201
Belastung 257
Benutzer
  Verwalten 52
Benutzer und Gruppe 274
Benutzerfreundlichkeit → Usability
Benutzergruppe 257
Benutzerkonto 67
Benutzerverwaltung 47, 48
Berechtigungsinformation
  Auslesen 314
Berechtigungskonzept 265, 288, 311
Berechtigungsobjekt 300
Berechtigungsprüfung 266
Bestellnummer 187
Betriebsdatenerfassung (BDE) 36
Betriebszeit 258
Blackbox 41
Blueprint 243
  Abnahme 254
Blueprint-Phase
  Abschluss 253
  Workshop 243
Browser 97
Browser-Cache 87

Business Logic Service 28
Businesslogik 83
Businesslogik-Transaktion 107

C

Cache 87, 356
Catalog 46, 83, 152
Change Management System 27
Change Request 338, 342
Chart-Refresh 327
Command 94
Composite Application 27, 39
Conditional 137
Configuration 46
Create Zip 130
Cronjob 30
Crystal Reports 27
CSS 290

D

Data Access 62
Data Query Actions 122
Data Service 58
DataSource 94
Datei
  Anlegen 85
  Import 89
  Laden 330
Datei-Include 332
Dateilade-Aufruf (AJAX)
  dynamischer 333
  statischer 332
Daten zusammenführen 185
Datenabfrage 30, 92
Datenaufbereitung 235
Datenaustausch 238, 252
Datenbank
  separate 276
Datenbankabfrage 182
  Browser 98
Datenbankanbindung 56
Datenbankkonzept 267
Datenbankserver anbinden 55
Datenbankverbindung
  abgebrochene 62

Erstellen 58
Verwalten 59
Datenbankverwaltung
  eigene Benutzer 62
Datenbasis ändern 179
Datenbeschaffung 83
Datendrehscheibe 36
Datenerfassung 235
Datenmodell 275
  Entwerfen 280
  Erstellen 275
Datenvolumen 257, 258
DCOM 208
defekte Action 356
Delete File 130
Design Time Repository 27
detaillierte Anforderungsbeschreibung
  287
DHTML 26
Display-Template 170
Dokumentation
  verständliche 345
dokumentierte Änderung 341
Drittanbieter-Software 302
Dropdown-Box 179
DTR 27
Dynamic Transaction Call 141
dynamisch
  Anforderung 247
  Layout 297
Dynamisierung 327, 329

E

Echtzeit 25
Echtzeiterfassung 196
eigene Menüs erstellen 63
Eingewöhnungsphase 353
Einsatzmöglichkeit 36
Einzelinhalt
  Nachladen 330
EJB 70
E-Mail
  Actions 125
  Empfangen 71
  Senden 71
Endgeräteanbindung 258
Entwicklerproduktivität 40

Entwicklung 83, 281
   Software 290
   Umgebung 30, 40
Erstellerinformation 87
Event Logger 132
Export 47, 88
Extensible Markup Language 191

F

Factory Acceptance Test (FAT) 335
   Änderungen 339
   Durchführung 337
   Vorbereitung 335
Farbkontext 166
Fehlermeldung 285
Fehlerprotokoll 338
Fehlerquelle 335
File I/O 127
File I/O Actions 127
FIT/GAP-Analyse 237
FixedQuery 94
Flash 26
Flex 26
Flexibilität 40
Folgeprojekt 353
Fördersystem 201
Freigabe 262
Frontend-Entwicklung 83
FTP 69
führendes System 251
Functional Specification (FS) 255
Funktionsblatt 286, 287
Funktionsplanung 285
Funktionstrennung 274, 288
   seitenbasierte 274
Fusion Chart 302, 323
   Balkendiagramm 324
   Datenanbindung 323
   dynamisch Erstellen 326
   Liniendiagramm 325
   Update 326

G

Gemeinkosten 26
Generic Sort Filter 148

Geschäftsprozessmodellierung 40
Get File List 129
Global Properties 115
Global Property 117
Grafik 294
Grafikprogramm 294
gruppenübergreifende Rechte 275
GUI 300
   Rollennutzung 55
GUI-Steuerung 303
   Definieren 303
   Entwickeln 303
   Standardfunktionen 304

H

Hinweistext 285
Historian 32, 252
Homogenisierung 36
HTML 176, 290
   Button 311
   Objekt 306
   Rechtsklickobjekt 306
   vs. IRPT 356

I

iBrowser 99
iCalendar 100
iChart 100
   Custom 102
   EventHorizon 102
   Floating Bar 101
   Gauge 102
   Group Bar 101
   Horizontal Bar 102
   Horizontal Group Bar 102
   Pie 101
   Polar 101
   Radar 102
   Stacked Bar 101
   Strip 102
   Variability Bar 101
   Waterfall 102
   XY 102
   XY Regression 102

Index

iCharts
   Bar 101
   Line 100
IDE 290
IDoc 33, 251
iGrid 103, 158
   Tabellenbereich 159
Illuminator 28
Illuminator Report Page 29
Illuminator-XML 112, 202, 203
IllumLoginName 173
Import 47, 78
Include-Tag 333
   Implementieren 334
   Verarbeiten 333
industrial PC (iPC) 247
Information 80
Inhalt nachladen 297
Initialisierung 186
InitialUpdate 168
interaktiver Inhalt
   Entwickeln 327
Interessengruppen 239
   Anwender 240
   IT-Management 239
   Management 239
Internal Frame 97, 98
Internal Panel 97
Intramaterialverwaltung 251
IRPT 86, 157, 175, 194
iSPCChart 103
   BOX-WHISKER 106
   EWMA 105
   EWMA-RANGE 105
   EWMA-SDEV 105
   HISTOGRAM 106
   MEDIAN 105
   MEDIAN-RANGE 105
   NP-Modus 106
   P-Modusi 106
   XBAR 104
   XBAR-MR 104
   XBAR-SDEV 105
iSPCCharts
   C-Modus 106
   U-Modus 106
iTicker 107

J

Jackson-Diagramm 263
Java Connector (JCo) → SAP JCo
Java Resource Adapter (JRA) 33
Java-Applet 157
JavaScript 83, 175
JavaScript Object Notation 312
Java-Stack 27
JDBC 32, 56
JMS 69
jQuery 31
JS 290
JSON 312
JSP 175

K

Karteireiter
   Aktualisierung (Refresh Page) 168
   Catalog 46, 76, 83, 89, 152
   Farbkontext (Color Context) 166
   Kopf (Header) 162
   Layout 160
   Meta-Inf 80, 90
   Sicherheit (Security) 169
   Verhalten des UI (UI Behavior) 163
   Verhalten Kontextmenü (Context Menu Behaviors) 167
   Web 84
   Zeilenüberschrift (Row Heading) 165
Kennziffer 257
   Ermitteln 257
   MII-Projekt 257
Kernfunktion 265
Kerngeschäft 247
Kernprozess 261
Kernprozessmappe 261
Kick-off 254
Klassenaufruf 321
Knotenpunkt 55
kombinierte Einführung (MII und ERP) 245
Kommunikationsweg 271
   Definieren 271
   Übersicht 272

Index

Konfiguration
   Alias 211
   UDS 210
Konnektor 32, 59
   Auwählen 94
   Status 61
   Typ auswählen 59
   Zugriffsverwaltung 62
Kontextmenü 88
Konzept 295
Kopfdaten
   Verarbeiten 227

L

Labor Information Management System (LIMS) 36
Laufzeit 249
Laufzeitumgebung 44
Layout
   dynamisches 297
   seitenbezogenes 301
   Standard 300
Layout-Definition 181
Layout-Eigenschaften (iGrid) 161
Layout-Vorgabe 248
Leistungsberechnung 249
Lighthammer 29, 39, 46
Linienvisualisierung 268
Link Editor 110, 315
   Aufbau 111
   Einsatz 112
Link Type 187
Local Area Network (LAN) 271
Local Property 122
Localization 173
Log Viewer 82
Logging 81, 131
Logging Actions 131
Logic 134
Logik
   Anpassen 327
logische Systeme anbinden 66
lokale Parameter 222, 317
Lokalisation 355
Lokalisierungseditor 174
Lokalisierungsvariable 173, 355

M

Mail 69, 125
Manufacturing Execution (SAP ME) 38
Mapping-Tabelle 251
Maschinenvisualisierung 267
Maschinenzustand 237, 248
MasterData 71
Materialliste 97, 184, 322
   Abfragen 322
   Dynamisieren 329
   JSON-Liste aufbauen 322
Materialverbrauch 351
Materialverfolgung 252
Meldung 285
Meldungsklasse 292
Meldungsquittierung 268
Message Listener 33
Messwert 230
Meta-Inf 46, 83
Modellierung 40
Modus
   Auswählen 94
Multiselect 93

N

Nachladen
   Inhalt 297
Namenskonvention 292
Nassi-Schneiderman-Diagramm 263
Navigation 289
Navigation Service 54
Navigationsbaum 54, 86
Navigationseditor 54
Navigationsmenü 54, 63
Netzlast 272
Netztopologie 258, 259
Neuanmeldung 51
Normalform
   erste (1NF) 276
   zweite (2NF) 277
   dritte (3NF) 277
Notifier 217
NWDI 26, 34

O

Objekt »Fixed Query Details« 95
ODBC 32, 56
Online-Handbuch 159
OPC 207, 272
   Anbindung 207
   Kommunikationsweg 208
   OPC XML-DA 199, 212, 259, 366
   OPC/DA 214
   OPC/UA 214
   Server 207
Optimierung 247
Optimierungspotenzial 247
OPUS-Projekt 237
Oracle-Verbindung 60
Ordner anlegen 85
Overall Equipment Effectiveness (OEE) 36, 174, 238
   Berechnung 249, 270
   Kennzahl 270
   Protokoll 270

P

Page-Generator 157
Parameter
   lokaler 222, 317
   Parser-Parameter 226
   Switch-Parameter 228
   Transaktionsparameter 222
Parameter »int_current_item« 230
Parameterersetzung 114
Parameterverwaltung 115
Parameterzuweisung 320
Parser-Parameter 226
PDF-Report 181
Plant Connectivity (PCo) → SAP PCo
Plantafel 237, 251
Planungsprozess 261
Plattform 44
Plausibilitätsprüfung 269
PM 243
Positionierung 35
Produktionsdaten 36
Produktionskennzahl 25
Produktionsleitstand (PLS) 36
Programmablaufplan 263
Programmierrichtlinie 292

Projekt 75
   Anlegen 73, 84
   Anwender 294
   Anwenderfeedback 347
   Entwickler 346
   Exportieren 76
   FAT 340
   Go-live 348
   Importieren 78
   in der Datenbank 80
   IT-Verantwortliche 244
   Leitung 245
   Löschen 77
   Nachbereitung 349, 353
   Plan 340
   Produktionsverantwortliche 244
   Rechte zuweisen 274
   Struktur 151, 290
   Team 284
   Verwaltung 73, 75
   Workshop 243
Projektplan vs. Änderungsprotokoll 343
Projektstrukturvorgaben 151
proprietäre Datendatei
   Anbinden 221
Protokollierung 238, 251, 269
Prototype 31, 331
Prozessinteraktion 43
Prozesslandkarte 260, 262
Prozessplan 253
Prozessvisualisierung 260
Prüfung
   automatisierte 239

Q

QM 243
Qualitätsberechnung 250
Qualitätssicherung 265, 269
Query 94
Query-Container 180
Query-Template 170, 194

R

Read Mail 126
Rechte
   gruppenübergreifende 275

Rechtsklickmenü 304, 306
  Aufrufen 305
  Integrieren 307
Rechtsklickmenü anzeigen 307
Refresh-Zyklus 37
Release-Zyklus 44
Reliability 218
Repeater 139, 227
Report 181, 298, 311
Report-Funktionalität 235
Repository 290
Repository-Tag 336
Return on Investment (ROI) 36, 353
RFID 201
Rolle
  Editieren 51
  eigene 50
  Everyone 49
  systemeigene 48
  Verändern 51
  Zuweisen 53
Rückverfolgbarkeit 27, 269
Runner 205, 357
  Übergabe 205
Runner-Aufruf 207, 321
Runner-URL 206
Runtime 28
Rüstzeit 249

S

S95 201
SAP Business Connector (SAP BC) 32
SAP BusinessObjects 44
SAP BusinessObjects Edge Series 27
SAP ERP 29
SAP JCo 32, 69, 356
  Commit 144
  End Session 145
  Function 143
  Interface 142, 145
  Rollback 144
  Start Session 142
SAP ME 107
SAP MII
  Berater 281
  Entwickler 281
  Intention 25
SAP NetWeaver AS 39

SAP NetWeaver CE 26, 39
SAP NetWeaver PI (ehemals XI) 35
SAP NWDI 290
SAP PCo 37, 107, 197, 198, 201, 214
  Installieren 216
SAP_XMII_Administrator 48
SAP_XMII_Developer 49
SAP_XMII_DynamicQuery 49
SAP_XMII_Read_Only 49
SAP_XMII_Super_Administrator 49
SAP_XMII_User 49
SAP-Session 33
SCADA-System 196, 208
Scheduler 30
Schnittstelle 56, 315
  Implementieren 315
Script Assistant 175
Security Object Generator 313
Security Service 62
seitenbasierte Funktionstrennung 274
seitenbezogenes Layout 301
Send Mail 125
Seniorberater 283
separate Datenbank 276
Sequenz 108
Serveranbindung 258
Serverbelastung reduzieren 259
serviceorientierte Architektur (SOA) 33
Servlet 157, 171, 180, 194
  Aufruf 194
  Definieren 181
Session-Variable 29, 64, 173, 185, 336, 355
Session-Variable »IllumLoginName« 185
Shared Property 116
Shop-Floor 25
ShowTimeControl 168
Siemens S7 260
Signalverarbeitung 258
Single Version of the Truth (SVOT) 26
Site Acceptance Test (SAT) 341
  Änderungsprotokoll 341
  Durchführung 346
  Vorbereitung 345
Site Acceptance Tests (SAT) 337
Six-Sigma 31
Sizing 239, 253
Skriptkommunikation 198
SMTP 70

SOAP 212
  Body 213
  Definition 213
  End-Definition 213
SPC 31
spezifische Events
  Hinzufügen 309
SQL Query 124
SQL Query Detail 95
SQL-Abfrage 92, 94
  Transaktion 358
Stammdaten 276
Standard-Layout 300
Statistical Process Control (SPC) 36
Statistik 298
Stored Procedure 93
String 317
String List to XML Parser 147, 223
Strukturdiagramm 286
Stückzähler 248
Stylesheet 194, 291
Switch 135, 228
Switch-Parameter 228
Sync to tree 88
System
  führendes 251
  untergelagertes 201
System Landscape Directory 27
System Management 46, 75
Systemarchitektur 257
Systemdaten erstellen 68
Systemkonfiguration
  Verwalten 47
Systemverwaltung 45

T

Tag Query 123
Tag-Abfrage 92
Tag-Auswahl 217
Tag-Konfiguration 124
Tastatureingabe 308
Tastatursteuerung 307
Tastencode 309
TCO 26
Teilefluss 269
Teileflussprotokoll 269
Test 88

Testszenario 337
TextLoader 223, 225
Top-Floor 25
Touchscreen 247, 302
Tracability-Matrix 38
Tracer 121, 131, 358
Track-and-Trace 201
Transaction Call 140
Transaction Property 118
Transaktion 30
  Abbruch 139
  Debugging 357
  Parameter 222
  SQL-Abfrage 358
  Variable 223
Transportfahrzeug mit Kettenantrieb (KTF) 236
Trigger 107

U

Überschreiben 47
Übersetzungsvariable 29, 91
UDC-Alias
  Anlegen 210
UDC-Konfiguration 211
UDS 197, 201, 207
  Dokumentation 209
  Konfiguration 210
  Software 208
UME (User Management Engine) 48
Universal Data Connector (UDC) 32, 207
unterlagertes System 201
Usability 293, 299, 303, 352
  GUI-Steuerung 304
  Prinzipien 293
User Interface 163
User Management 47
User Requirement Specification (URS) 255

V

Validate XML 149
Variable »xml_Row_empty« 318
Verbindungsinformation 60
Verbindungs-Layer 28
Verfügbarkeitsberechnung 249

verständliche Dokumentation 345
vertikale Integration 36
Visiprise 38
Visual Composer 34
Visualisierung 83, 157, 237, 247
   Linienvisualisierung 268
   Maschinenvisualisierung 267
Visualisierungsebene 28
Visualisierungskomponente 92, 98, 157
   Anlegen 99
Visualization Service 173
Vortest 336

W

Ware in Produktion (WIP) 38
WAS 69
Wasserfall-Modell 250
Web 46
Web Application Service (SAP WAS) 32
Web Dynpro 34
Web Service 30, 107, 205, 206
Web-Frontend-Inhalte
   Entwickeln 87
Webobjekt 176
Webprogrammierung 176
Wildcard 51
Wizard 92
Workbench 30, 46, 76, 83, 86
Write File 127
WSDL 206

X

Xacute 28, 30
Xacute-Abfrage 92
Xacute-Query 194, 206
Xacute-Transaktion 58
xApp 39
xMII-Menü 64
XML 189, 191, 201
   Abfrage 58, 92
   Ausgabe 317, 318
   Function 147
   XML/XSLT 181
XML-Datei
   Einlesen 202
XMLLoader 202
XML-Query 202, 203
   Erstellen 203
XPath 227, 229
XSL 192, 268
XSL (Extensible Stylesheet Language) 182
XSLT 182, 190, 191, 192, 290

Z

Zeilenüberschrift 164
Zugriffsberechtigung 279
Zugriffskontrolle 280

www.sap-press.de

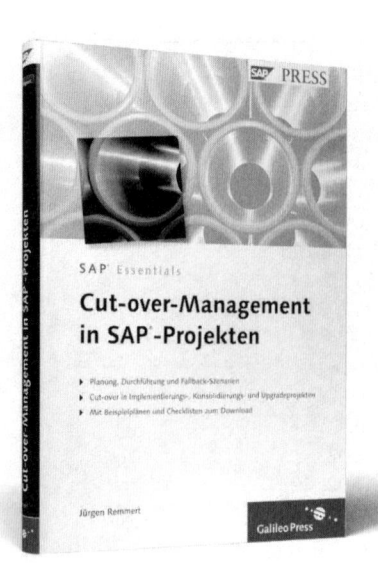

Planung, Durchführung und Fallback-Szenarien

Cut-over in Implementierungs-, Konsolidierungs- und Upgradeprojekten

Mit Beispielplänen und Checklisten zum Download

Jürgen Remmert

Cut-over-Management in SAP-Projekten

Der Cut-over ist ein kritischer Moment: Geht hier etwas schief, kann das neue System nicht zur Nutzung freigegeben werden. Dieser detaillierte Leitfaden zeigt Ihnen alles, was Sie für einen erfolgreichen Cut-over benötigen: Planung, Durchführung, Fallback-Strategien. Der Autor führt Sie dabei durch die komplette Projektphase: Von den Erfordernissen des Cut-overs in verschiedenen Projekttypen über die Erstellung eines Plans und dessen Durchführung (inklusive der Entscheidung für oder gegen das „Go!") bis hin zu Rückfallplänen und dem Abschluss des Projekts. Damit Ihr Cut-over gut geht, können Sie schließlich anhand zahlreicher Schaubilder und Checklisten prüfen, ob Sie an alles gedacht haben.

238 S., 2010, 59,90 Euro, 99,90 CHF
ISBN 978-3-8362-1391-2

\>\> www.sap-press.de/2088

SAP PRESS